# 1987년 민주화 이후 30년,
# 한국의 언론과
# 언론 운동 성찰

컬처룩 미디어 총서 016

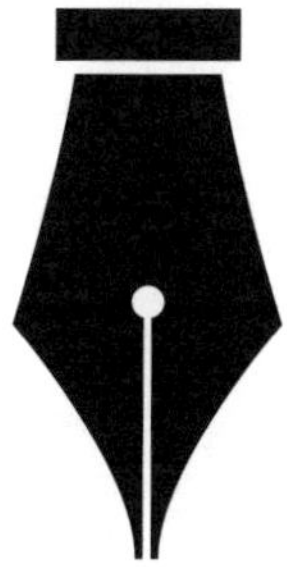

# 1987년 민주화 이후 30년, 한국의 언론과 언론 운동 성찰

한국언론정보학회 엮음 | 이범수 문종대 외 지음

culture look

컬처룩 미디어 총서 016
1987년 민주화 이후 30년,
한국의 언론과 언론 운동 성찰

엮은이 한국언론정보학회
지은이 이범수 문종대 외
펴낸이 이리라

책임 편집 이여진
편집 에디토리얼 렌즈
표지 디자인 엄혜리

2018년 12월 31일 1판 1쇄 펴냄

펴낸곳 컬처룩
등록 2010. 2. 26 제2011-000149호
주소 03993 서울시 마포구 동교로 27길 12 씨티빌딩 302호
전화 02.322.7019 | 팩스 070.8257.7019 | culturelook@daum.net
www.culturelook.net



ISBN 979-11-85521-69-5 94300
ISBN 979-11-85521-06-0 94300(세트)


* 이 책은 한국언론진흥재단의 출판 지원을 받았습니다.

culturelook

차례

## 2부 1987년 민주화 이후 한국 언론 운동: 성찰과 과제

## 3부 한국 언론과 언론 운동: 도전과 전망

일러두기

- 한글 전용을 원칙으로 하되, 필요한 경우 원어나 한자를 병기하였다.
- 한글 맞춤법은 '한글 맞춤법' 및 '표준어 규정'(1988), '표준어 모음'(1990)을 적용하였다.
- 외국의 인명, 지명 등은 국립국어원의 외래어 표기법을 따랐으며, 관례로 굳어진 경우는 예외를 두었다.
- 사용된 기호는 다음과 같다.

  신문 및 잡지 등 정기 간행물, 논문, 방송 프로그램, 시 제목 등 : 〈 〉

  책(단행본):《 》

머리말

## 자주적 공동체를 위하여

1987년 민주화 운동 이후 한국 사회는 거대한 전환 과정을 거쳤다. 그러한 전환기에 유발되는 제반 모순을 극복하는 데 실천적 노력이 미흡했다는 비판으로부터, 자주성을 가져야 하는 공동체 구성원으로서 언론인이나 언론학자 모두 자유로울 수 없다. 민주화 이후 변혁기를 거치는 동안, 양심적 지식인의 고유 사명인 비판 기능을 수행하고 시대적 소명 의식을 발현하여 도덕적 의무감을 완수하는 등에서 언론인·언론학자들은 공동체의 기대 수준에 미치지 못했기 때문이다.

한국언론정보학회는 이러한 언론인·언론학자의 사명에 대한 이념과 실천성에 입각하여, 그 노력과 성과를 평가하고 더불어 자기 성찰을 일상화하고 있는바, 이 책을 통해 학회 창립 30년을 정리하고자 한다. 1987년 민주화 운동 이후, 한국 언론 현상을 분석하고 통찰한 뒤, 언론 운동에 대한 성찰과 과제 등에 대해 피력하면서, 한국의 언론과 언론 운동에 대한 미래 도전 및 전망까지 고찰하려는 것이다. 이는 지난

30년 한국 언론에 대한 회고이자 이후 한국 언론의 방향 모색으로서, 1987년 이후 한국 언론 변화 과정에서 노정되었던 사회 제 모순들에 대한 분석이자 통찰이며 대안이기도 하다.

이 책에서 다루는 주제는 역사성을 토대로 현실성과 미래 지향성을 고루 갖춘 것들이다. 생존 전략 찾기에 고심하고 있는 '올드 미디어' 신문 및 지상파 방송, 뉴스 생태계 '포식자' 인터넷 포털, '기레기'로 구상具象되는 언론 윤리 실종, 이념성·실천성에 입각한 언론 학술 운동의 성과와 통찰 그리고 개혁 과제, 미디어 자본 형성 경로에 따른 언론 노동 운동 분석과 미디어 노동 운동 전환, 시민 언론 운동의 단계별 특성과 과제 그리고 새로운 방향 모색, 사회 변혁 운동으로서 대안 미디어 운동의 성과와 한계, '세월호 보도 참사'로 대표되는 기존 매체 저널리즘 위기의 극복과 새 플랫폼의 공공성 강화, 미디어 자체가 사회 운동의 주체이며 필수임을 전제로 한 '대항 공론장' 관련 한국 사회 운동 미디어 조직 원리 및 가치 변화에 대한 분석과 재구성 방식, 신자유주의와 촛불 혁명 시대 '4차 산업 혁명'으로 표상되는 포스트미디어에 대한 기술 철학적 고찰 등이 그것이다.

주제의 역사성·현실성·미래 지향성을 우선으로 고려해 이를 잘 반영할 수 있는 필진으로 구성했다. 지성인으로서의 이념성·실천성과 더불어, 각 장별 주제에 대한 학문적 천착 및 현실 개혁 의지가 강한 연구자들이 모였다. 이를 통해 대학 강단뿐만 아니라 시민 사회·언론계·학계 '현장'의 현실reality을 이 책에 최대한 두루 반영하려 하였다. 현실 개혁 동지애를 바탕으로 한 이러한 시도는 한국언론정보학회의 정체성identity 강화이자 연구자로서 학회 구성원들의 사명 의식 구현을 위한 결기이기도 하다.

지금 한국 사회가 필요로 하는 언론인·지식인상은, 전문성을 넘어, 보편적 가치 실현과 시대적 사명을 다하기로 새로운 가치와 비전을 제시, 변혁 이념을 구현하는 실천가實踐家 바로 그것이라는 점을, 학회 30주년 성찰 결과로 거듭 강조, 자주성을 갖는 언론인·언론학자 공동체적 삶의 지침으로 제시하는 바다.

1987년 민주화 운동 이후 30년간 한국의 언론과 언론 운동에 대한 올바른 이해와 지평을 열고자 하는 의도로 기획된 이 책이지만, 각 장이 담고 있는 내용의 수준과 문제의식 모두에서 지적 가능한 편차와 한계가 있으리라고 본다. 이에 대한 여러 독자의 채찍질과 질타를 부탁드린다.

2018년 12월

한국언론정보학회

# 한국 언론,
# 1987년 이전과 이후,
# 그리고 미래

## 서론

문종대

문종대는 동의대학교 신문방송학과 교수로, 저널리즘과 언론학의 기초가 되는 언론사상을 중심으로 연구하고 있다. 서강대학교 신문방송학과를 졸업하고, 같은 학교 대학원에서 언론학 석사 및 박사 학위를 받았다. 시민을 위한 인문학 강좌 '이야기카페'를 운영하는 등 시민 사회 활동을 했고, 한국언론정보학회 회장, 부산울산경남언론학회 회장 등을 지냈다. 저서로는《표현의 자유와 권리》,《지역언론의 발전과 개혁》 등이 있다.

1987년 6월 민주화 항쟁 후 30년이 흘렀다. 그리고 1960년 5·16 군사 쿠데타 이후 1987년까지 군사 정부 27년이 있었다. 1987년 이전까지 반독재 민주화 운동의 결과가 1987년 6·29 선언이다. 대통령 직선제 개헌을 통한 1988년 2월 평화적 정권 이양, 대통령선거법 개정을 통한 공정한 경쟁 보장, 김대중의 사면복권과 시국 관련 사범들의 석방, 인간 존엄성 존중 및 기본 인권 신장, 자유 언론의 창달, 지방 자치 및 교육 자치 실시, 정당의 건전한 활동 보장, 과감한 사회 정화 조치의 단행 등 수구 정치 세력과 자유주의 정치 세력의 타협 체제인 1987년 체제가 시작되었다. 정태석(2018: 30)은 1987년 체제를 "87년 6월 항쟁을 통해 군사 독재 체제를 무너뜨리고 대통령 직선제 개헌과 민주적인 선거를 통해 자유 민주주의적인 정부를 수립하면서 형성된 사회 체계"라고 정의 내렸다.

해방과 함께 성립된 1948년 체제는 보통선거권 제도화, 정당 정치 및 의회 제도, 근대적 사법 제도, 삼권 분립 등 자유 민주주의 제반 제도를 법제화한 매우 선진적이고 민주적인 헌법 체제였다. 그러나

1948년 체제의 민주적 헌법을 억압적이면서 부패한 권위적 반공 체제로 통치한 이승만 정권은 민중에 의해 붕괴되었다. 4·19 혁명으로 다시 민주주의가 회복하는 듯하였으나, 5·16 군사 쿠데타와 군사 정부의 장기 집권으로 민주주의는 퇴행했다. 5·16 군사 쿠데타 이후 박정희·전두환의 군사 독재와 발전 국가는 민주화 없는 개발 독재 국가였다.

권영숙(2018)은 1987년 체제를 1987년 6월 항쟁으로 만들어진 1987년 헌법과 그에 따른 헌정 질서를 중심으로 한 정치 체제라고 정의했다. 김종엽(2005)은 1987년 체제를 권위주의적 산업화를 추진했던 세력과 자유주의 세력 사이의 타협의 산물이라고 했다. 자유주의 정치 세력에게 가장 중요한 것은 집권 가능성을 제도적으로 보장받는 것이었기에 대통령 직선제 등이 받아들여지자 이들은 신군부와 타협하였다. 이런 타협의 산물인 1987년 체제는 태생적으로 한계가 있을 수밖에 없다.

권력 교체 가능성을 중요한 타협 산물로 본 자유주의 세력 입장에서는 집권 가능성을 높일 수 있다면 수구 세력과의 연대도 필요한 전략이었다. 김영삼의 3당 합당과 김대중의 DJP 연합이 대표적이다. 대통령 직선제를 통한 권력 집중은 권위주의 통치로 회귀할 가능성을 안고 있었다. 이명박 정권과 박근혜 정권의 권위주의 회귀는 1987년 체제의 한계를 드러내 보여 주었다.

1987년 이후 절차적 민주주의가 이루어졌지만 경제는 여전히 1960년대 발전 국가의 특성을 유지했다. 오히려 세계화에 기반을 둔 신자유주의 경제 질서는 재벌 중심의 시장 경제를 더 확고하게 만들었다. 미국식 시장 만능주의는 고용 불안의 확대와 비정규직 증가, 금융 시장 개방에 따른 이윤의 해외 유출, 재벌 대기업의 시장 지배력 강화, 소득 불평등과 청년 실업 증가, 위계 서열에 의한 갑질 문화와 가부장제적인 남녀 차별,

권력형 비리, 부동산 투기 등 불로소득 추구 등 사회 문제를 양산했다.

2008년 이후 권위주의 산업화 세력을 대변하는 이명박·박근혜 정권이 수립되자, 1987년 한국 민주화 이후 온갖 구조적 적폐가 드러나기 시작했다. 자본주의 불평등과 빈부 격차는 심화되고, 권력은 부패하고 사유화되었다. 2016년 시민들은 "이게 나라냐"라고 외치기 시작했다. 비정상적인 국가의 정상화를 요구했다. 부패하고 무능력한 국가가 정상화되기를 원했다. 그래서 시민들은 헌법 제1조 "대한민국은 민주공화국이다, 대한민국의 주권은 국민에게 있고, 모든 권력은 국민으로부터 나온다"고 외쳤다. 헌정 질서 중단이 아니라 민주주의 복원을 요구했다. 민주주의의 회복을 외쳤다. 비정상적 국가가 정상화되기를 원했다. 체제 수호 운동이자 재민주화를 원했다. 결국 1987년 체제의 회복이자 회귀였다(권영숙, 2018: 97).

1987년 체제 이후 한국 언론은 국가로부터 가장 자유로웠다. 그러나 그 반대로 자본에 종속되기 시작했다. 권위적인 권력과 재벌 경제에 포섭된 한국 언론은 특정 세력이나 권력을 대변하는 정파지로 변해갔다. 한때 밤의 대통령을 운운할 정도로 언론은 권력화되었다. 그러나 미디어 시장의 변화로 언론은 무한 시장 경쟁 속에 빠져들었고, 언론 권력 역시 전통적인 미디어가 약화되고 플랫폼 자본 권력이 성장했다.

지상파와 종이 신문으로 대변되던 언론 시장은 1990년 중반 이후의 인터넷 도입과 케이블 방송 시작, 2002년 위성 방송, 2008년 IPTV, 2009년 말 스마트폰 보급 등으로 급격하게 변화했다. 반면에 인터넷과 스마트 미디어를 기반으로 시민이 콘텐츠를 제작하는 시대로 진화했다. 1987년 이후 30년, 1987년 체제의 재공고화를 넘어선 2018년 지금 새로운 시대를 준비해야 할 때다. 1987년 체제는 이미 많은 한계를 드러냈다. 한국 언론 역시 새로운 길을 모색해야 할 때다. 과거를 돌아보는 것은 현재를 제대로 이해하기 위한 과정이다. 동시에 과거를 통해 현재를 보는 이유는 미래를 위한 새로운 실천을 위한 준비 과정이다. 이 책은 그런 준비 과정을 위해 기획되었다.

## 1. 제헌 헌법 그리고 이승만 정권

제헌 헌법 제1조 "대한민국은 민주공화국이다"
제2조 "대한민국의 주권은 국민에게 있고 모든 권력은 국민으로부터 나온다"
독일 시인 베르톨트 브레히트Bertolt Brecht는 "그런데 나와서 어디로 가지?"라고 묻는다.

제헌의회에 의해 성립된 이승만 자유당 독재 정권은 민중을 탄압하면서 독재의 길로 나아갔다. 독재 권력은 필연적으로 언론 탄압을 동반한다. 그래도 정론직필을 고집하는 기자들도 있었고 야당지라 분류된 언론도 있었다. 부패한 독재 권력은 언론 자유를 제한하는 법률을 만들고 선거 관련 언론 보도를 통제했다. 악법을 동원하여 비판적인 신문들을 정간, 폐간 조치했다. 뿐만 아니라 반대 신문사 및 기자에 대한 테러도 행했다.

권력은 부패했고 민중은 민생고에 시달렸다. 1956년 대통령 선거에서 나온 "못살겠다 갈아보자"라는 민주당 구호가 이 시대를 대변했다. 하지만 이 선거는 '투표에 이기고 개표에 진' 부정 선거였다. 1960년

3·15 부정 선거는 부패한 이승만 정권의 결정체였다.

3·15 부정 선거에 항의하는 시위가 전국적으로 일어났고 그 시위 때 행방불명된 고등학생 김주열 군의 시체가 마산 앞바다에서 발견되었다. 그의 머리와 눈에는 최루탄이 박힌 채였다. 이 사건은 4·19 혁명의 도화선이 되었다. 결국 이승만 정권은 무너졌다.

"대한민국은 민주공화국이다." "대한민국의 주권은 국민에게 있고 모든 권력은 국민으로부터 나온다." 4·19의 승리로 국민 주권이 회복되었다. 언론계에도 자유의 바람이 불어왔다. 정기간행물에 대해 허가제였던 미군정 법령 제88호가 사실상 폐기되고, 정기간행물에 대한 등록제가 시행되었다. 전국 각지에서 신문을 비롯한 각종 통신과 잡지들이 발간되었다. 등록제가 실시된 5개월 후인 1960년 12월 말, 일간 신문은 41개에서 389개, 주간지는 136개에서 476개, 월간지는 400개에서 470개, 통신사는 14개에서 274개로 늘었다(김민환, 1996: 404~405).

언론 자유는 넘쳐났지만 사이비 언론사와 기자들도 넘쳤다. 지나친 경쟁으로 선정주의가 판치고, 각급 공기관을 협박하여 이권을 챙기는 언론사와 기자도 만연했다. 기자가 민폐와 관폐의 근원이 되기도 했다. 새로운 질서가 등장하기 전 혼동과 혼란기였다. 그러나 질서가 잡힐 때까지 기다리지 못한 세력들이 있었다.

## 2. 박정희 군사 정권과 언론

> 그러자 갑자기 국가의 권력이 고함친다
> 고함친다 즉각 해산이다!

어째서 즉각 해산이지?

닥쳐 즉각 해산이다!

— 베르톨트 브레히트, 〈바이마르 헌법 제2조〉(김남주 옮김).

1961년 5월 16일 새벽 박정희 군부 세력은 쿠데타를 일으켰다. 4·19 혁명으로 불기 시작한 자유와 민주주의가 얼어붙었다. 국민들은 숨죽였다. 박정희 쿠데타 정권의 헌법 제1조와 제2조도 "대한민국은 민주공화국이다," "대한민국의 주권은 국민에게 있고 모든 권력은 국민으로부터 나온다"였다. 국민으로부터 나온 권력은 어디로 갔을까?

쿠데타 정권은 태생적으로 정당성 위기를 안고 있다. 쿠데타로 정권을 장악한 군부 세력은 계엄령을 선포하고 언론 검열과 언론 기관 정비에 착수했다. 1961년 5월 23일 '사이비 언론인 및 언론기관 정화'라는 명분으로 최고회의 포고 제11호를 선포했다. 이 포고를 근거로 시설 기준을 갖추지 못한 언론사들을 일제히 정비했다.

"민족의 진로를 가리키는 신문," "부정과 부패를 고발하는 신문," "근로 대중의 권익을 옹호하는 신문," "조국의 통일을 호소하는 신문"이라는 사시를 표방하면서 1961년 2월 13일 창간한 〈민족일보〉 사장 조용수는 1961년 5월 18일 체포되어 그해 12월 사형이 집행되었다.[1] 조총련계 자금을 받아 신문을 만들면서 북한이 주장하는 평화 통일을 선전했다는 죄목이었다. 분단 체제하에서 반공 이데올로기가 언론 자유를 압살했다. 김수영 시인은 1960년 10월에 쓴 시 〈김일성 만세〉에서 한국의 언론 자유는 "김일성 만세" 이것만 인정하면 된다고 했다.

1 2008년 1월 16일 서울중앙지법은 조용수에게 무죄를 선고했다.

'김일성 만세'
한국의 언론자유의 출발은 이것을
인정하는 데 있는데
이것만 인정하면 되는데
— 김수영, 〈김일성 만세〉(1960. 10. 6).

그러나 김수영의 시는 오래도록 잠들어야 했다. 당시 그는 이 시를 〈동아일보〉와 〈경향신문〉에 보냈지만 발표되지 않았다. 4·19 혁명 직후 잠시 찾아온 자유의 시대에도 반공 이데올로기의 위력은 여전했다.

박정희 정권은 윤전기 등 일정 시설을 갖춘 자만이 신문사를 운영할 수 있도록 시설 기준을 마련함으로써 정권에 의한 신문 독점 장벽을 만들었다. 시설 확장을 위한 융자, 운영 자금 융자, 금융 기관에 대한 채무 변제 기간 완화, 신문 수입 용지 관세 인하 등의 특혜를 베풀었다. 특히 윤전기 도입이나 사옥 증축, 호텔 건설 등을 위해 외국 차관을 저리 장기로 융자해 주었다.

뿐만 아니라 언론사의 경영 다각화를 허용하고 지원했다. 대부분의 신문사들이 주간 신문이나 잡지, 월간지들을 창간, 발간했다. 〈동아일보〉가 동아방송(1963)을, 〈중앙일보〉는 창간과 함께 동양라디오와 동양TV 방송을 통합 운영하도록 하고(1965), 경매로 장악한 〈경향신문〉은 문화방송과 통합했다(1974).

한편으로는 정부 비판적인 언론사와 기자를 탄압했다. 취재 기자에 대한 경찰이나 군인들의 테러 또는 폭행, 괴한에 의한 기자 납치와 테러 등이 빈번하게 일어났다. 우호적인 언론사와 기자에게는 특혜를 주고, 비판적인 언론은 탄압했다. 정권에 순응하기 시작한 언론들은 권력을 홍보하는 나팔수가 되어 갔다. 분단 체제하에서 북의 남침 위협과 간첩단 사건은 1면과 사회면을 장식했다. 언론은 대북·대민 반공주의 선전 매체로서, 정권의 홍위병으로서 역할을 마다하지 않았다.

농촌은 농산물 저가 정책과 해외 농산물 수입으로 피폐해졌고 농민들은 도시로 몰려들어 저임금 노동자가 되었다. 먼지 가득한 작업장에서 휴식도, 휴일도, 휴가도 없이 하루 16시간씩 일하는 봉제공 소녀들은 안질과 신경통, 위장병, 호흡기 장애, 폐결핵으로 시들어 갔다. 여기에 15세 미만의 어린이들도 있었다.

근로 기준법을 준수하라
우리는 기계가 아니다
일요일은 쉬게 하라
노동자들을 혹사하지 말라

평화시장의 재단사였던 노동자 전태일은 그렇게 외치며 1970년 11월 13일 몸에 석유를 뿌리고 분신했다. 대부분의 언론은 침묵했다. 그렇게 한 국민은 쓰러지고, 한국의 수출 산업은 성장했다.

박정희 군사 정권은 정권 연장을 위하여 3선 개헌을 단행했지만 언론의 비판은 없었다. 이에 대해 대학생들은 언론을 규탄하는 성명서를 발표하는가 하면 급기야 언론 화형식을 벌이기도 했다. 1971년 3월 26일 서울대학교 학생들은 언론 화형 선언문을 발표했다.

이제 권력의 주구, 금력의 시녀가 되어버린 너 언론을 슬퍼하며, 조국에 반역하고 민족의 부름에 거역한 너 언론을 민족에 대한 반역, 조국에

대한 배신자로 규정하여 반세기의 찬연한 전통에 한을 남긴 채 전 민중의 이름으로 화형에 처하려 한다.[2]

## 3. 유신 체제와 언론

유신이다. 유신헌법 제1조가 바뀐다. 1항 "대한민국은 민주공화국이다." 제2항 "대한민국의 주권은 국민에게 있고, 국민은 그 대표자나 국민 투표에 의하여 주권을 행사한다." 주권은 국민에게 있지만, 국민은 오직 그 대표자나 국민 투표만으로 주권을 행사한다.

1972년 10월 17일 박정희는 초헌법적 국가긴급권을 발동하여 국회를 해산했다. 전국적인 비상계엄령하에서 국민 투표를 실시하여 헌법을 개정했다. 그것이 유신헌법이다. 같은 해 12월 13일 장충체육관에 참석한 통일주체국민회의 대의원 2359명 중 2357표(무효 2표)의 절대적인 찬성으로 박정희는 제8대 대통령이 되었다. 이제 국민은 대통령마저 직접 선출할 수 없게 되었다. 국민으로부터 나온 권력은 박정희 독재 정권에게 영구 위임되었고 그 정권은 이를 행사하게 되었다.

박정희 독재 정권은 언론에 대한 통제도 강화했다. 언론의 신뢰가 땅에 떨어지자 대학생들은 언론인의 각성을 촉구했다. 이에 기자들도 응답했다. 1973년 10월 〈경향신문〉 기자들의 언론 자유 수호 선언을 시작으로 〈동아일보〉, 〈한국일보〉 등 전국 30여 개 언론사 기자들이 언론 자유 수호를 결의했다. 국민의 열렬한 지지에도 불구하고 언론사 경영진

2 언론규탄준비위원회(1971. 3), "언론화형선언문," 〈기자협회보〉, 제175호, 1971. 4. 2.

들은 기자들을 대량 해고함으로써 (언론 수호 운동의) 막을 내렸다.

박정희 유신 정권은 1975년 5월 긴급조치 9호라는 초헌법적 조치를 단행했다. (1) 유언비어를 날조, 유포하거나 사실을 왜곡하여 전파하는 행위, (2) 집회·시위 또는 신문, 방송, 통신 등 공중 전파 수단이나 문서, 도화, 음반 등 표현물에 의하여 대한민국 헌법을 부정·반대 왜곡 또는 비방하거나 개정 또는 폐지를 주장·청원·선동하는 행위, (3) 학생의 시위·집회 또는 정치 관여 행위, (4) 이 조치를 공연히 비방하는 행위, (5) 이상 4개항에 위반한 내용을 방송·보도하거나 전파하는 행위를 금하는 조치를 취했다.

국민의 언론 자유가 억압받는 상황에서도 신문사들은 급성장했다. 〈동아일보〉의 자산은 1971년에 비해 1980년에는 7.9배, 〈중앙일보〉는 36.2배, 〈서울신문〉은 8.6배 늘어났다. 자산 규모뿐 아니라 매출액도 〈동아일보〉가 연 29.8%, 〈서울신문〉은 연 32.9%, 〈중앙일보〉는 연 25.6%나 성장했다. 당시 GNP 성장률 7~16.5% 정도임을 감안해도 급성장했다(채백, 2015: 361). 여기에는 국가 권력에 의한 인위적 시장 독점 보장과 권력 특혜가 있었기 때문이다.

KBS는 공사화하고 MBC는 1974년 7월 〈경향신문〉을 통합했다. 그 결과 MBC는 유신 초기에 비해 자산 규모가 10배 정도로 늘어났다. TV 수상기도 1970년 보급률 6.3%에서 1979년에는 79.1%에 달했다. 텔레비전 방송국은 언론 통제에 순응하면서 유신 정권과 새마을 운동의 나팔수 역할을 했다.

국민의 비판과 저항을 잠재우기 위한 강압 정치에도 불구하고 독재 정권의 모순은 심화되어 갔다. 1979년 10월 부마 항쟁이 시작되었다. 10월 16일과 17일 양일간 전개된 항쟁에서 시민들은 28회에 걸쳐 공공

기관을 습격했다. 부산문화방송, 부산KBS, 부산일보사도 다섯 차례 공격했다. 당시 시위대가 외친 구호는 "유신 정권의 시녀 노릇을 하지 말라"였다(채백, 2015: 387).

하지만 권력을 무너뜨린 결정적인 공격은 권력 내부에서 일어났다. 1979년 10월 26일 박정희는 궁정동에서 심복인 중앙정보부장 김재규에게 피살되었다. 박정희 정권의 집권 18년이 종식되었다. 국민들은 다시 주권 회복을 외쳤다. '서울의 봄'이었다.

## 4. 전두환 정권과 언론

> 보라 거대한 무리가 행진하고 있다
> (중략)
> 그리고 국가의 권력은 발포한다
> 그러자 뭔가 쓰러진다
> (중략)
> 그곳에 무엇인가가 누워 있다 숨이 끊어진 채
> 그러나 그것이야말로 국민!
> – 베르톨트 브레히트, 〈바이마르 헌법 제2조〉.

신군부로 대표되는 전두환, 1979년 12·12 사태로 실권을 장악했다. 이에 국민들은 거리로 나왔다. 그러나 전두환 정권은 광주 민주화 운동을 총칼로 무자비하게 탄압했다. 언론은 시민을 '난동자,' '폭도'라고 규정하거나 광주를 '무정부 상태'라고 규정했다. 600여 명의 시민들이 계엄군에 의해 죽었음에도 불구하고 〈조선일보〉는 5월 28일 사설을 통해 "신중을 거듭했던 군의 노고를 잊지 않는다"고 했다.

1980년 8월 27일 전두환은 통일주체국민회의 대의원들의 찬성 100%로 대통령이 되었다. 이후 언론들의 전두환 미화 작업은 상호 경쟁적이었다. 〈경향신문〉은 "새 역사 창조의 선두자," "새 시대 새 영도자," 〈조선일보〉는 "인간 전두환·육사의 혼이 키워낸 신념과 의지의 행동," "감히 범접할 수 없는," "불의를 보고 참지 못하는 천성적인 결단," 〈동아일보〉는 "새 시대의 기수 전두환 대통령·우국충정 30년" 등 전두환 정권의 정당성을 주장하고 미화하는 데 주저하지 않았다. KBS도 〈전두환 장군의 이모저모〉라는 60분짜리 프로그램을 방영했고, TBC는 "우리나라에 전두환 대통령을 내려주신 하늘에 감사드린다"고 찬양하기도 했다(채백, 2015: 420~422)

전두환은 정권을 장악하자마자 언론 통폐합을 실시하고, 언론인들을 대량 해고시켰다. 언론인 강제 해직은 1980년 두 차례에 걸쳐 단행되었다. 1차 언론인 강제 해직은 1980년 7월 29일과 31일에 일어났다. 신문협회와 방송협회, 통신협회 3개 단체에서 문공부가 써준 언론 자율 정화 결의문을 발표한 후, 전국 37개 언론사에서 717명이 강제 해고당했다. 2차 언론인 대량 해직은 1980년 12월에 있었다. 이때 언론 통폐합에 따라 305명이 해고당했다(채백, 2015: 424).

전두환 정권은 언론 통폐합을 통해 방송을 공영 방송 체제로 일원화했다. 상업 방송이던 DBS와 TBC를 KBS에 흡수하고 지방 MBC들은 서울 MBC가 주식 51% 이상을 강제 인수하여 계열화했다. 그리고 KBS는 MBC 주식 70%를 인수함으로써 공영 방송 단일 체제를 구축하여 정권 방송으로 만들었다. 1981년 1월부터 정규 컬러 TV 방송을 실시했다. 그러나 이미 정권의 나팔수가 된 방송에 대해 국민들은 "땡전 뉴스," "또한 뉴스"라고 조롱했다. 저녁 〈9시 뉴스〉 시보가 땡하고 울리면 첫마디는 "전두환 대통령"으로 시작된다고 해서 땡전 뉴스, 이 뉴스가 끝나면 "또한 이순자 여사는"으로 이어진다고 해서 또한 뉴스라고 비아냥거렸다. 드디어 1986년 국민들은 'KBS 뉴스 안보기 및 시청료 거부 운동'으로 대응했다.

중앙 일간지 또한 통폐합하여 〈경향신문〉, 〈동아일보〉, 〈서울신문〉, 〈조선일보〉, 〈중앙일보〉, 〈한국일보〉 6개지만 남겼다. 각 지방에는 1도 1사제를 도입했다. 통신사도 동양통신과 합동통신을 합병하여 연합통신을 발족시키고 다른 특수 통신들도 여기에 흡수했다. 연합통신사의 주식 74.5%는 KBS와 MBC가 차지, 사실상 정부 장악의 통신사였다. 일간 신문의 경우 주재 기자 제도가 폐지됨에 따라 지방 뉴스는 연합통신 기사를 게재해야 했다. 이처럼 전두환 정권은 언론 통폐합을 통하여 언론사를 효율적으로 통제했다.

전두환 정권은 1980년 언론기본법을 만들어 사법적 판단 없이 행정부가 자의적으로 언론사 생존권을 박탈할 수 있도록 했다. 또한 문화공보부 홍보조정실을 통하여 각 언론사에 보도 지침을 내려 보냈다. 지침 내용은 보도 여부뿐 아니라 크기나 위치 등 세부적인 사항까지 포함되었다.

전두환 정권의 언론인 강제 해직과 언론 통폐합은 생존한 언론사 입장에서 엄청난 혜택이었다. 신생 언론사의 진입을 국가가 봉쇄해 주었고, 6개 중앙 일간지는 독과점을 유지할 수 있었다. 1도 1사의 지방지들도 독점 체제를 유지함으로써 급성장했다. 1980년대의 저유가, 저금리, 저환율의 3저 호황에 힘입어 경제가 성장했고, 그에 따라 광고 시장도 급성장했다. 총 광고비는 1980년에 비해 1987년에는 3.5배 규모로 증가했다. 신문의 광고비 성장률은 연평균 24%, 라디오 7.1%, TV 28.2%였다(채백, 2015: 439). 그 결과 5공화국이 끝나는 1987년 무렵 5대 중앙 일간지의 매출액도 1980년에 비해 1987년에는 거의 3배 이상 성장했다.

국민들의 언론 자유가 억압당한 상황에서도 언론의 자본 축적은 급성장했다. 독재 정권의 나팔수 역할을 하면서 국민의 눈과 귀를 멀게 하는 데 일조한 언론과 반민주적 강압 정치에도 불구하고, 국민들은 다시 일어나 "독재 타도," "호헌 철폐"를 외치면서 거리로 나오기 시작했다.

1985년 2·12 총선 이후 야당과 재야 세력은 전두환 정권의 반민주성을 규탄하면서 직선제 개헌을 줄기차게 주장했다. 이후 1987년 1월 박종철 고문치사 사건, 전두환 정권의 4·13 호헌 조치를 계기로 6월 10일부터 전국 곳곳에서 동시에 시작된 시위는 20일간 매일 계속되었다. 특히 6월 9일 연세대학교에서는 '6·10대회 출정을 위한 연세인 결의대회' 후 시위에서 이한열 학생이 전투 경찰이 쏜 최루탄에 머리 뒤를 맞아 사망하는 사건이 발생했다. 이 사건이 발생하자 6월 민주 항쟁의 열기는 더 뜨거워졌다. 이에 분노한 시민과 학생들은 "호헌 철폐," "독재 타도" 등을 외치며 전국적으로 시위를 진행했다. 10월 26일에는 전국 37개 도시에서 사상 최대 인원인 100여만 명이 밤늦게까지 격렬한 시위를 벌였다.

이제 국민들은 국가 권력에 의해 쓰러지지 않고, 오히려 국가 권력에게 닥치라고 말했다. 주권자인 국민이 독재 정권에게 직선제와 민주주의를 위해 개헌할 것을 명령했다. 결국 전두환 정권과 민주정의당 대표 노태우는 6·29 선언을 할 수밖에 없었다.

이렇게 군부 정권 26년은 막을 내렸다. 국민은 더 이상 길거리에서 쓰러지지 않았고, 일어나 주권을 행사하기 시작했다. 4·19 혁명 후 일시적 자유나 1980년 잠시의 '서울의 봄'이 아니라 국민 주권의 민주주의 시대가 열리기 시작했다. 그래서 1987년은 역사적으로 새로운 시작이다.

## 5. 1987년 체제의 언론과 미래를 위한 준비

> 대한민국은 민주공화국이다.
>
> 대한민국의 모든 권력은 국민으로부터 나온다.
>
> – 〈헌법 제1조〉

2008년 미국산 소고기 수입 반대 운동 이후부터 박근혜 정권 퇴진 운동까지 주제곡처럼 불린 〈헌법 제1조〉다. 국정원 선거 개입 의혹, 권력의 사유화와 국가 운영과 관련된 각종 의혹, 검찰에 대한 통제와 정치 사찰, 언론 통제와 국정 교과서, 세월호 7시간 의혹과 최순실 국정 농단 등 권위주의로 회귀한 박근혜 정권에 대해 국민들은 탄핵을 주창했다. 국민들은 스스로를 주권자라고 호명하면서, 주권을 위임하고 또 위임을 철회할 수 있다는 것을 보여 주었다.

권위주의 세력과 자유주의 세력 간 타협의 산물인 1987년 체제는 2017년 3월 박근혜 탄핵으로 그 끝을 향해 갔다. 이명박 정권 이후 권위주의 체제로의 복귀는 헌법 제1조의 국민 주권과 대립하기 시작했고 국민들은 스스로 주권자임을 선언했다. 이제 1987년 체제를 대체할 수 있는 새로운 시대를 위한 준비를 시작할 때다. 이런 시점에서 한국 언론의 지난 30년을 되돌아보고 2017년 이후의 한국 언론의 방향을 모색하는 것은 의미 있는 일이다.

이 책은 그런 준비 과정의 일환으로 기획되고 구성되었다. 언론학계에서 역사의식과 언론 철학의 토대가 탄탄한 분들로 필진을 구성했다. 철학과 역사의식을 바탕으로 새로운 미래를 위한 실천 의식을 가진 언론학자들이 쓴 글이다. 그래서 여기에 실린 글들은 진실한 힘을 지니고 있다. 삶과 글이 일치하기 때문이다. 이 책은 1부 "1987년 민주화 운동 이후 한국 언론: 분석과 성찰," 2부 "1987년 민주화 이후 한국 언론 운동: 성찰과 과제," 3부 "한국 언론과 언론 운동: 도전과 전망" 등 총 3부로 구성되어 있다. 1987년 이후 한국 언론의 변화과정과 그 과정에서 나타나는 사회 및 언론에 대한 제 모순들을 분석하고, 새로운 길을 모색하는 것이 이 책의 목적이다.

1부 "1987년 민주화 운동 이후 한국 언론: 분석과 성찰"에서는 신문, 방송, 인터넷 언론을 각론으로 다루고, 이들 모두를 관통하는 한국 언론의 철학과 윤리의 빈곤 문제를 살펴본다. 1장 "신문 소멸인가, 생존인가: 신문의 위기와 신문 지원 정책의 등장"(이용성)에서는 미디어렙 제도 변화, 인터넷 뉴스의 성장, 스마트 미디어와 종편 채널 등장으로 신문 산업의 위기가 가속화되는 현실을 진단했다. 1987년 구축된 신문 시장의 경쟁 체제가 과점 신문의 불공정 경쟁과 함께 신문의 위기를 이끌었고 미디어 환경 변화는 이를 가속화했다. 신문의 위기를 해결하기 위해 2004년부터 신문 진흥 정책과 지원 제도가 가동됐지만 최근 미디어 환경 변화에 제대로 대응하지 못하고 있는 현실을 분석했다. 2장 "한국의 (공영) 방송과 민주화 30년: 역사적 제도주의의 입장"(조항제)에서는 1987년 이후 한국 방송이 어떻게 사회 민주화에 도움 또는 저해가 되었는지를 역사적 제도주의 입장에서 분석했다. 1987년 이후 30년은 과거의 청산보다 미래의 숙제를 분명하게 한 시기로서, 왜 한국에서 공영 방송이 문제인지, 수십 년 계속된 한국 방송 제도가 왜 지금까지 악순환을 벗어나지 못하는지를 한국 정치의 후진성과 연관하여 분석하고 있다. 3장 "인터넷 포털: 뉴스 생태계의 포식자"(박영흠)에서는 뉴스 생태계에서 포털이 지배적 행위자로 부상하는 과정과 뉴스 산업의 지각 변동을 분석한다. 포털이 한국 디지털 생태계를 지배하는 '포식자'가 되는 과정에서 어떻게 저널리즘이 몰락했는지, 포털이 저널리즘을 악화시키는 과정의 '피해자'인 동시에 '공범'으로서 언론사들은 어떻게 기여했는지 살펴본다. 4장 "기자 정신의 빈곤과 신뢰의 위기"(박용규)에서는 지사적 언론인에서 어떻게 샐러리맨으로, 그리고 '기레기'라는 경멸적 대상으로 전락하였는지를 역사적으로 분석하고 있다. 1987년의 민주화 이후 한국의 언론인은 저널리즘의 본질적 가치를 고민하고 실천하기 위해 노력해야 했지만, 경영의 위기와 정파적 대립 속에 자사 이기주의에 매몰되고 정치 권력화에 내몰리면서 철학의 빈곤을 드러냈고 신뢰의 위기를 초래했다고 평가한다.

2부 "1987년 민주화 이후 한국 언론 운동: 성찰과 과제"에서 언론 학술 운동, 언론 노동 운동, 시민 언론 운동, 대안 언론과 시민 미디어에 대한 성찰과 전망을 다룬다. 5장 "1987년 민주화 운동 이후 언론 학술 운동"(이범수)에서는 1980년대 이후 한국언론학사와 학술 운동 그리고 언론 학술 운동 등에 대해 다룬다. 특히 한국사회언론연구회 10년과 한국언론정보학회 20년의 활동·성과·성찰 등을 이념과 실천성에 입각하여 고찰하면서, 학회의 개혁 과제도 제시한다. 6장 "1987년 이후의 언론 노동 운동: 언론 노동 운동에서 미디어 노동 운동으로"(김동원)에서는 1987년 이후부터 지금까지 변화되어 온 미디어 자본의 형성 경로에 따라 언론 노동 운동을 세 부문으로 나누어 접근한다. 1990년대 초반 개발 국가로부터의 이행기에서 생겨난 국가와 자본 권력의 일시적 공백기는 정치권력과의 역학 관계를 투쟁의 대상으로 삼는 언론 노동 운동의 큰 흐름을 만들었다. 여기에 1990년대 후반부터 대기업과 재벌의 진입이 허용된 유료 방송 부문의 성장은 기존과는 다른 방식의 비정규직 노동 운동을 탄생시켰다. 또한 2016년부터 본격화된 방송 콘텐츠 제작 부문의 불안정 노동자들의 저항 또한 주목한다. 이 세 부문의 노동 운동은 정치적 독립을 요구해 온 1987년 체제의 언론 노동 운동이 이제는 미디어 자본의 성장에 따른 미디어 노동 운동으로 전환되었음을 보여 준다. 7장 "한국 시민 언론 운동, 어떻게 볼 것인가"(정연우)에서는 시민 언론 운동의 민주적 공론장 형성과 여론 다양성 형성에 대한 기여, 한계, 그리고 미래 발전 방향을 논의한다. 언론 시민 단체들은 많은 기여에도 불구하고, 시민들의 직접적인 참여는 제한적이고 전문적 활동가들을 중심으로 활동해 온 측면도 있었다. 새로운 플랫폼의 영향력이 높아지고 시민들이 공론장의 주체로 참여하는 생활 속 풀뿌리 미디어 운동이 활발해지면서, 시민 언론 운동은 운동 영역과 주요 의제 및 전략, 정치 및 언론, 다른 시민 단체와의 관계, 시민들과의 소통 방식 등에서 미디어 환경과 구조에 조응하는 근본적인 변화를 요구받고 있다. 8장 "1987년 민주화 운동 이후 대안 미디어 운동: 무엇을 위한 대안인가"(신우열)에서는 한국 사회에서 각 대안 미디어 운동은 언제 활성화되었는가, 각 대안 미디어 운동은 기성 체제의 문제를 해결하기 위해 어떤 대안을 모색했는가, 각 대안 미디어 운동의 성과와 한계는 무엇인가를 중심으로 논의한다. 또한 한국의 대안 미디어 운동들이 어떻게 주류 언론의 한계와 문제들을 폭로하고, 대안적 담론들을 제시해 보편적인 인간

권리를 확대해 왔는지를 살펴본다.

3부 “한국 언론과 언론 운동: 도전과 전망”에서는 1987년 체제의 끝을 향한 촛불 시민운동과 저널리즘 방향, 사회 운동 미디어의 조직 원리와 가치의 변화, 포스트미디어 시대의 새로운 소통 기술과 언론을 다루었다. 9장 “민주주의와 촛불 그리고 저널리즘”(김서중)에서는 미디어 플랫폼의 환경 변화에 따른 기존 미디어들의 저널리즘 위기 심화와 신뢰 상실 과정의 원인과 결과, 개혁 방향을 제시한다. 오랜 독재 기간을 청산하고 1987년 이후 언론 민주화를 맞이했지만 신문은 소수 거대 보수 언론이 독과점하고, 방송은 권력에 장악되고 거대 신문들이 방송 뉴스 영역에 진출하면서 신뢰를 상실했다. 그 결과가 세월호 보도 참사와 국정 농단으로 나타났다. 새로운 플랫폼의 콘텐츠들이 아직 기존 미디어의 민주주의적 저널리즘 기능을 대체하지 못하는 현실에서 기존 미디어의 저널리즘 회복의 필요성과 새로운 플랫폼에서 공공적 기능을 강화할 필요성을 제기한다. 10장 “사회 운동 미디어의 조직 원리와 가치의 변화: 비판적 이해”(채영길)에서는 기존의 사회 운동 미디어에 대한 논의를 비판적으로 분석하고 새로운 방향을 제시한다. 한국의 사회 운동 미디어에 대한 태도, 사회 운동 공론장의 변화 과정에 대한 비판적 지점들을 확인하고 이를 바탕으로 실재하는 사회 운동 미디어의 조직 원리와 가치의 변화를 새롭게 재구성함과 동시에 사회 운동과 미디어에 대한 객관적이고 실질적인 이해와 분석을 위한 새로운 접근 방식을 제안한다. 11장 “포스트미디어 시대, 새로운 소통 기술과 사회 변화”(박성우)에서는 포스트미디어 시대에 접어든 지금, 우리 사회와 민주주의가 더 나아졌는가, 기술 숭상주의로 변질된 것은 아닌가라는 질문을 던진다. 신자유주의와 촛불 혁명 시대에 강력하게 부상하는, 4차 산업 혁명으로 표상되는 포스트미디어 그리고 기술 낭만주의에 대한 문제의식을 중심으로, 새로운 소통 기술이 언론, 사회, 민주주의에 미치는 긍정적, 부정적 영향과 전망에 대하여 기술철학적 관점에서 분석한다.

이 책은 1987년 체제의 시작과 함께 학술 운동 단체로서 활동해 온 한국 언론정보학회의 30주년을 기념하기 위한 것이다. 과거를 통해 현재를 분석함과 동시에 현재의 눈으로 다시 과거를 성찰하면서, 미래의 방향을 제시하기 위한 노력의 일환이다. 필진도 젊은 연구자부터 원로 연구자까지 다양한데, 이들은 이론과 실천을 통해 지식인으로서 자기 성찰을 하는 언론학자들이다. 이론적 배경과 역사철학이 다른 연구자들이 모여 쓴 글인 만큼 그 다양성과 함께 더 많은 통찰을 제시할 것이라 생각한다.

모든 권력은 국민으로부터 나오고, 그 권력은 국민에게 귀속되어야 한다. 권리가 권력 앞에 잠들면 권력은 권리를 독점하고 국민을 지배하려고 한다. 이제 스마트 미디어 시대에 따른 새로운 소통 능력과 언론자유 실천 능력이 필요한 시점이다. 이런 시점에서 1987년 이후 한국 언론을 되돌아보고, 새로운 언론의 방향성을 제시하는 것은 의미 있는 일이다.

### 참고 문헌

강준만 (1998). 《카멜레온과 하이에나(한국언론115년사)》. 인물과 사상사.

권영숙 (2018). "촛불운동정치와 87체제의 '이중전환,' 〈경제와 사회〉(통권 제117호).

김민환 (1996). 《한국언론사》. 사회비평사.

김종엽 (2005). "분단체제와 87체제," 〈창작과 비평〉(33-4).

김태우 (2016), “87체제의 위기와 한계: 정치적 대의제와 사회적 재생산의 위기,” 〈역사와 현실〉(102호). 한국역사연구회.

정태석 (2018). “87년 체제와 시민사회 이데올르기–가치들의 변화–촛불혁명과 사회체제 전환의 전망,” 〈경제와 사회〉(제 117호).

조희연 (2003). “87년 이후의 ‘수동혁명’적 민주화와 시민운동의 구조적 성격: 맑스주의와 한국의 시민운동,” 《지구화 시대 맑스의 현재성》. 문화과학사.

이광일 (2007). “87년 체제, 신자유주의 지구화 그리고 민주주의 위기,” 〈진보평론〉(제32호).

채백 (2005). 《한국 언론 수용자 운동사》. 한나래.

채백 (2015). 《한국 언론사》. 컬처룩.

1부

# 1987년 민주화 운동 이후 한국 언론

## 분석과 성찰

# 신문 소멸인가, 생존인가?

## 신문의 위기와 신문 지원 정책의 등장

1장

이용성

이용성은 한서대학교 공항행정학과 홍보전공 교수로 미디어법과 정책을 연구하고 있다. 동국대학교를 졸업하고 한양대학교 대학원 신문방송학과에서 석사 및 박사 학위를 받았다. 현재 민주언론시민연합 정책위원과 미디어다양성위원회 위원, 충청남도 지역미디어발전위원회 위원장이며 지역신문발전위원회 위원, 언론중재위원회 위원 등을 지냈다. 저서로는 《신문법 연구》, 《신문관계법과 신문지원제도》, 논문으로는 "신문산업진흥 논의를 위한 프랑스 신문지원정책 탐색" 등이 있다.

## 1. 1987년 체제와 신문의 위기

1987년 '언론기본법'을 대체하는 '방송법'과 '정기간행물의 등록 등에 관한 법률'(이하 정간법)이 제정됐다. '언론 악법'이자 '언론 형법'이라 불리던 언론기본법이 폐기되고 언론의 1987년 체제라 할 수 있는 방송법과 정간법 체제가 구축된 것이다. 1987년 체제가 권위주의 세력과 민주주의 세력의 균형에 의해 만들어졌듯이, 언론의 1987년 체제도 국회를 통한 방송법과 정간법 제정이 그 기초가 됐다. 비록 방송법과 정간법 제정에 반영되진 못했지만 1987년은 언론노조 운동이 본격화된 시기이기도 하다.

1987년 이전 전두환 정권은 언론 통폐합을 통해 인위적으로 신문 시장의 구조를 개편했고 신문 구독 시장과 신문 독자 시장에서 독과점을 통한 이윤 극대화를 신문 기업에게 선사했다. 신문은 권력에 순응하는 '침묵의 카르텔'을 형성하고 제도 언론으로 전락했다.

정간법은 신문 발행을 자유화하면서 신문 사업의 자유 경쟁 체제를 구축하게 했다. 1987년 이후 일간 신문 등이 급증했지만 독자 시장과 광고 시장은 이를 감당할 만큼 성장하지 못했다. 1990년대에 들어서 기존 신문 사업자와 신문 시장에 신규 진입한 신문 사업자 간의 무한 경쟁이 시작됐다. 1997년부터 시작된 IMF 경제 위기로 인한 광고 시장 위축은 공급 과잉과 거품을 동반한 채, 무한 경쟁에 뛰어든 신문 산업을 위기에 몰아넣었다.

신문 산업의 지속적인 위기는 객관적 지표를 통해 확인된다. 신문의 가구 구독률이 2001년 51.3%에서 2010년 29.5%로 급감했고, 주간 열독률도 2001년 69.0%에서 2010년 46.4%로 감소했다. 신문 신뢰도 역시 1998년 40.8%에서 2008년 16.0%로 급감했다. 광고 시장에서도 신문 광고의 매출액 비중은 2004년 26.2%에서 2009년 20.7%로 감소했다.

2000년대에 접어들면서 신문의 다양성을 위해 신문 산업 진흥을 제도적으로 보장하기 위한 신문 지원 제도에 관한 논의가 시작됐다. 신문 산업의 위기는 여타 산업의 위기와 다르다. 여전히 신문은 여론의 자유 시장, 언론 다양성을 실현하는 데 주축이 되는 미디어이기 때문이다. 신문이 제대로 기능하지 못하면 알 권리와 민주적 여론 형성이 위축될 것이다. 여러 미디어가 다양한 정보를 제공하지만, 민주주의 사회에서 언론의 가장 주요한 기능인 정치적 의사를 형성하는 데는 신문이 무엇보다 중요한 여론 형성 역할을 한다.

1997년 구축된 신문 시장의 자유 경쟁 체제가 과점 신문의 불공정 시장 경쟁과 함께 신문 산업을 위기로 이끌었다. '지역신문발전지원특별법'(이하 지역신문법)과 '신문의 자유와 기능보장에 관한 법률'(이하 구신문법)을 기반으로 하는 신문 지원 제도가 모습을 드러내기 시작했다. 그러나 신문 지원 제도는 이명박 정권에 들어서 신문발전기금이 언론진흥기금으로 변경되고 신문 지원 기관이 통합되는 등 흔들리기 시작했다. 신문 지원 사업도 체계적이고 효율적으로 운영되었다고 평가하기 어렵다.

2009년 미디어렙 제도 변화, 인터넷 뉴스 서비스(포털 뉴스 서비스)의 급성장, 스마트 미디어의 등장, 종편 채널의 도입과 보도 전문 채널의 증가 등 신문 산업의 위기를 가속화시킬 변수들이 대거 등장했다. 그러나 디지털, 모바일 환경 등 신문 산업의 위기 요인에도 불구하여 이러한 현실을 반영한 신문 지원 정책과 신문 지원 제도는 나오지 않고 있다.

1987년 정간법과 방송법 체제가 구축된 이후, 신문의 위기는 계속되고 있다. 신문 시장 경쟁 심화, 미디어 환경 변화를 배경으로 등장한 신문 지원 제도의 형성과 변천에 관해 살펴본다.

## 2. 신문 지원 제도의 등장과 위기

### 1) 신문 산업의 위기와 지역 신문 시장의 위기 심화

언론기본법 체계가 와해되자 신문 등 정기간행물의 전체 종수는 1987년 2421종에서 2000년 6433종으로 급증한다. 특히 일간 신문은 1987년 30종에서 2000년 119종으로 증가했다(채백, 2015: 478). 1987년 이후 재벌과 종교 자본이 일간 신문 시장에 진입하기도 했다. 새로운 신문이 신문 시장에 진입하고 1980년 전두환 정권에 의해 통폐합됐던 신문이 복간되면서 치열한 시장 경쟁이 시작됐다(새언론포럼, 2009: 87~111). 신문의 무한 경쟁은 2000년대까지 증면으로 이어지면서 본격화됐다. 1991년 〈한국일보〉가 서울과 지방의 동시 인쇄 시대를 개막했고 주요 일간지들이 분공장과 지역 신문과 대쇄 계약을 통해 전국 동시 인쇄 체제를 구축했다. 또한 전국 일간지의 지역 신문 시장 공략이 본격화됐다.

신문은 독자를 확보하기 위해 경품과 무가지 제공으로 경쟁하기 시작했다. 자전거, 선풍기, 비데까지 경품으로 제공하게 되자 '자전거일보,' '비데일보'라는 한국 신문을 비하하는 표현이 나오기 시작했다. 1996년 일간지 간의 과도한 독자 확보 경쟁은 살인 사건을 초래했고 이를 계기로 신문의 불공정 경쟁에 대한 사회적 비판이 제기됐다. 신문사 간의 자율 규제가 효력을 발휘하지 못하자 공정거래위원회는 2001년부터 무가지, 경품, 신문 강제 투입 등을 규제하는 신문고시를 제정했다. 당시의 상황을 헌법재판소는 "…… 광고 수입의 증대와 직결되는 판매 부수의 확대를 위하여는 무가지의 다량 보급, 경품의 남용 등 신문 발행의 원가를 무시한 과도한 경쟁이 촉발된 바 있고 결국은 다른 신문사 지국 사이의 살인 사건이 발생하는 등 큰 문제가 되기도 하였다"(2001.7.18. 2001헌마605)고 지적했다.

1990년대 중반까지 경제 호황은 치열한 신문 시장 경쟁 상황을 어느 정도 감당할 수 있었다. 그러나 1990년대 지역 민방이 등장하고 케이블 TV가 허용되면서 신문 광고 시장은 서서히 위축되기 시작했다. 신문 시장은 성장이 둔화되었음에도 불구하고 경쟁은 더욱 첨예화됐다. 증면 경쟁과 분공장 신설, 인터넷판 제작 등 뉴 미디어 진출 비용 증대, 신문 생산 비용 증가 등이 신문 기업의 재무 구조를 악화시키기 시작했다(장호순, 2003: 157~159). 특히 1997년 IMF 경제 위기는 신문 산업의 구조 조정으로 이어져 고용 불안이 가속됐다. 그러나 신문 산업은 여전히 인쇄, 배달 등 생산 유통 부문의 고비용-저효율의 악순환을 벗어나지 못했다. 2000년대 들어서 포털 뉴스 서비스와 무료 신문은 스포츠 신문 시장을 와해시키는 등 신문 산업에 심각한 위기 요인이 됐다.

신문 산업의 위기는 단순한 부문 산업의 위기가 아니다. 이는 민주적 여론 형성과 직결되는 신문 다양성의 위기를 불러왔다. 이러한 위기를 개선하기 위해 우리나라에서는 처음으로 신문 산업 진흥을 체계적으로 법제화하려는 움직임이 등장했다. 1980년 언론기본법이나 1987년 정간법에 언급되었지만 체계적이지 않았던 신문 산업 진흥 정책과 신문 지원 제도를 법제화하기 위한 움직임이 가시화된 것이다.

언론기본법은 제4조(국가의 지원)에서 국가 또는 지방 자치 단체의 언론 기업에 대한 조세상의 특혜나 재정상 지원을 할 수 있도록 하고 제18조(언론인 연수)를 통해 언론인 연수 및 복지에 대한 규정을 마련한 바 있었다. 정간법에는 언론인 연수 및 복지에 대한 규정이 제5조와 제6조에 그대로 남았지만 국가의 지원에 관한 내용은 삭제됐다.[1]

1999년 언론개혁시민연대가 국회의장 자문 기구로 제안한 '언론발전위원회'의 중요 의제로 '다원주의적 신문 시장 구조 구축'이 제시됐다. 유럽과 같이 지역지, 지방지, 광역지, 중앙지의 균형 있는 발전과 더불어 사상적, 전문적, 특수적인 스펙트럼과 대상이 다양한 신문들이 발행되기 위한 국가의 미디어 정책과 지원이 필요하다는 것이었다. 이를 위해 신문 시장의 구조 변동으로 여론 시장의 독과점 상황이 도래했을 때 조세 정책을 통해 기금을 조성할 수 있다고 제안했다(김주언, 2001: 10~13). 이후 유럽의 영향을 받아 본격적인 여론 다양성 보장을 위한 한국의 신문 산업 진흥 정책이 입법화된다.

1986년까지 지역 일간지 시장은 1961년, 1972년, 1980년에 이뤄진

1 제4조(국가의 지원)는 언론기본법의 악법성에도 불구하고 여론 형성에 관한 언론의 공적 기능 보장을 보장하는 내용으로 평가받았다(유재천, 1986: 225).

박정희 정권과 전두환 정권의 지역 신문 통폐합 추진으로 구축된 '1도 1사' 형태가 25년 정도 유지됐다.

1971년 12월 국가 비상사태가 선포된 뒤, 박정희 정권의 압력에 의해 한국신문협회가 자율 결의 형식으로 '언론 자율 정화에 관한 결정 사항'을 발표했다. 이에 따라 지방 일간지를 중심으로 자율적인 통폐합이 추진됐다. 1972년 3월부터 1973년에 거쳐 11개의 지역 일간지가 폐간되고 3개의 통합된 지역 일간지가 등장했다. 부산, 경상북도, 경상남도, 전라남도를 제외한 지역은 1도 1사의 지역 신문 시장으로 재편됐다(주동황, 2000: 157~158).

1980년 전두환 정권의 강압적인 '언론 창달 계획'을 반영하여(김주언, 2008: 238~243) 한국신문협회는 '건전 언론 육성과 창달에 관한 결의문'을 채택하고 자율 결의 형식으로 '신문 구조 개편' 등을 천명한다. 이 결의에 따라 1도 1사 원칙에 입각한 지역 신문 통폐합이 추진됐다. 15개이던 지역 일간지가 10개사로 정리됐다.[2] 전두환 정권의 신문 등록 기준 강화를 통한 시장 개입은 언론의 자유를 심각하게 침해하는 것이었지만 신문 시장 구조 개편 과정에서 생존한 신문 사업자들에게는 독과점적 이익을 제공했다. 지역 신문의 광고 시장과 독자 시장을 1도 1사 지역 신문들이 독과점하면서 상당한 경제적 이익을 향유할 수 있는 여건을 마련해 준 것이다. 시장 경쟁을 통한 자연적인 독과점 시장이 아닌 시장 진입을 정치적·법적으로 통제하여 독과점 구조를 만들어 지역 신문 시장을 왜곡시켰다.

2 〈강원일보〉, 〈경남신문〉, 〈경인일보〉, 〈광주일보〉, 〈대전일보〉, 〈매일신문〉, 〈부산일보〉, 〈전북일보〉, 〈제주일보〉, 〈충청일보〉.

1987년 이후 신문 발행 등록을 제한하던 정치적·법적 통제 장치가 무너지자 1988년부터 지역 신문 시장에 대거 신규 사업자들이 진입했다. 1도 1사의 독점적 지역 일간지 시장 구조가 와해됐고 주간 지역 신문 발행도 활성화되면서 급격하게 지역 신문 시장의 난립 구조가 형성됐다. 지역의 열악한 신문 광고 시장과 신문 독자 시장을 놓고 지역 신문의 경쟁이 치열해졌다. 2000년대에 접어들자 전국 일간지들이 지역 신문 시장에 진입하기 위해 경품과 무가지를 집중 투입하여 시장 점유율을 확대하자 지역 신문은 심각한 위기에 직면했다.

2000년대 초반 지역 신문의 위기는 극명하게 드러났다. 2001년과 2002년 조사 결과에 따르면 전국 일간지 9개사와 지역 일간지 14개사의 평균 매출액을 비교해 보니 지역 일간지가 10분의 1 수준이었으며 2002년 지역 일간지 평균 부채율은 자본 잠식 상태였다(문종대, 2004: 87). 지역 신문의 가구 구독률은 1996년 15.1%에서 2005년 5.2%로 감소했다(이은주, 2007: 135). 2005년 지역 신문 구독자 조사에 따르면 지역 신문(일·주간지)의 가구 구독률은 여전히 6%도 안 되는 실정이었다(한국언론재단 조사분석팀, 2005: 8).

### 2) 2000년대 중반 신문 위기의 원인

2000년대 중반 한국의 신문은 3중 위기에 직면했다. 다음과 같은 3가지 위기가 중첩되어 있었기 때문에 극복하기가 더 어려웠다.

첫째, 가장 심각한 것은 신문 시장의 독과점과 여론 독과점으로 인한 여론 다양성의 위기였다. 신문 산업의 위기가 더 심각하다고 보는 시각도 있었다. 그러나 그것은 신문 산업만을 중심으로 위기 상황을 진단하는 접근 방식이고 신문의 사회적 책무를 염두에 둔다면 가장 심각한 것은 바로 여론 다양성의 위기였다. 신문 지원 제도도 여론 다양성을 확보하기 위한 수단이라는 점을 고려하면 여론 다양성의 위기가 가장 중요할 수밖에 없다. 물론 여론 다양성의 위기는 신문 산업의 위기, 신문 저널리즘의 위기와 직접 연결되어 있다. 신문은 우리 사회에서 민주적 여론 형성의 기능, 다양한 정치적 의견 조성의 기능을 담당한다. 그러나 신문 시장의 독과점, 여론 시장의 독과점은 신문의 사회적 책무를 위협하고 유사한 정치 이념을 표방하는 소수의 과점 신문들이 사회적 의제를 선점하다면 민주주의의 위기를 야기할 수 있다. 과점 신문의 여론 독과점은 신문의 정파성과 결합하여 신문의 신뢰도를 하락시킬 뿐 아니라 신문 위기의 중요한 요인이라 할 수 있다.

둘째, 신문 산업의 위기는 영상 세대 등장과 초고속 인터넷 기반 구축 등이 원인이 된 세계적으로 보편적인 현상이라 할 수 있다. 하지만 한국 사회는 신문 위기의 특수한 양상을 드러냈다. 경품, 무가지 배포 등 신문 시장의 심각한 불공정 거래를 통해 구축된 신문 시장 독과점과 무한 경쟁은 여론 독과점을 초래하는 동시에 신문 산업의 수익성을 약화시켰다. 신문의 신뢰도는 급격하게 추락하여 방송 신뢰도의 절반에 불과할 정도였다.

세 번째로 뉴 미디어의 등장과 같은 경쟁 미디어의 증가, 신문 이용 감소로 요약되는 수용자의 변화는 신문 산업 비즈니스 모델의 경제적 근간인 독자 시장과 광고 시장을 약화시켰다(이은주, 2008: 84). 세계 최고 수준의 인터넷 보급률을 기반으로 하는 포털 뉴스와 인터넷 신문, 무료 신문의 등장은 신문 산업의 위기를 심화시키는 원인이 됐다.

2000년대 중반 신문 산업의 위기는 신문 구독률, 열독률, 광고 점유율 등 객관적 지표 모두가 감소 추세에 있다는 점에서 분명했다. 독자 시장과 광고 시장 등 신문의 이중적 상품 시장이 모두 축소 지향이라는 점이 더욱 심각했다.

신문 산업의 위기는 신문 저널리즘의 위기로 이어졌다. 신문 산업의 위기와 저널리즘 위기가 상호 결합하여 복합적인 구조적 위기로 굳어지고 있었다. 신문 산업의 위기는 재정 악화와 80%에 육박하는 광고 의존 심화로 드러났다. 신문 기자의 재교육 및 복지, 우수 인력 확충, 취재·편집 시스템의 현대화에 투자할 재원이 고갈되어 신문의 질적 차별화가 어려워지고 광고주 영향력에 지나치게 좌우되는 신문 저널리즘의 위기가 진행됐다. 결국 신문 저널리즘의 위기는 신문의 광고 의존도 강화로 연결되면서 경제 권력에 의한 신문 통제력이 강화되는 현상이 두드러지게 됐다.

### 3) 지역신문법의 제정과 한국형 신문 지원 제도 등장

2000년대에 들어서 지역 신문 현업과 시민 언론 단체, 학계에서 지역 신문의 활성화를 위한 제도적 지원이 필요하다는 의견이 제시됐다. 서구의 지역 신문 지원 제도와 유사한 지원 제도를 구축하기 위한 지역 신문 진흥 법제 운동이 시작됐다. 2003년에 들어서 기자협회와 언론노조가 지역 신문 법안을 마련했고 지역 신문 개혁 입법 운동을 본격화하기 위한 지역언론개혁연대가 발족됐다.

기자협회와 언론노조가 내놓은 지역 신문 법안은 지역신문발전기금의 조성과 그 운용을 담당하는 지역신문발전위원회의 구성을 기본 내용으로 했다. 다만 언론노조 법안은 편집 자율성 보장 장치(편집 규약

등), 독자위원회, 언론사 운영 관련 범법 행위 사업자는 지원 대상 제외, 지역 여론 독과점 금지 등 높은 수준의 개혁적 내용을 담고 있었다.

2003년 7월 민주언론시민연합, 바른지역언론연대, 지방분권국민운동, 지역언론학회연합회, 기자협회, 한국언론정보학회 등 7개 단체가 참여한 지역언론개혁연대는 국회 문화관광위원회에 지역신문발전지원법안을 전달했다. 지역 신문이 지역 발전의 핵이며 지역 주민의 '삶의 질' 향상에 지대한 역할을 함에도 전국 일간지의 지역 신문 시장 과점과 광고 시장의 취약성으로 위기에 직면하고 있어 서구와 같은 지역 신문 제도의 구축이 절실하며 이를 통해 지역 균형 발전 도모와 지역 언론 개혁을 견인해야 한다는 것이 법안의 취지였다. 이를 바탕으로 여야가 법안을 제출하고 문화관광위원회에서 조정 과정을 거쳐 2004년 3월 22일 '지역신문발전지원특별법'(이하 지역신문법)이 공포됐다.

지역신문법에 따르면 문화관광부 산하의 '지역신문발전위원회'가 필수 조건과 우선 지원 기준으로 평가하여 선정한 우선 지원 대상 지역 신문사에게 지역신문발전기금을 지원하게 된다. 지역신문발전기금은 일반회계 전입금(국고 전입금)을 통해 조성된다. 6년 한시적 특별법인 지역신문법은 2010년과 2016년 2차에 걸쳐 시한이 연장됐다. 지역신문발전기금은 지난 12년간(2005~2016) 약 1320억 원(지역신문발전위원회, 2016: 229)을 지역 신문에 지원했다.

지역신문법에 의한 지역신문발전기금 지원 제도는 우리나라 최초의 신문 지원 제도로 유럽의 지역 신문 지원 제도를 모델로 하여 구축됐다. 비록 유럽의 지역 신문 지원 제도의 영향을 받았지만 지역신문발전기금 지원 제도는 세계적으로 유례를 찾아보기 어려울 정도로 강력한 선별 지원 방식을 갖고 있다. 지역신문발전기금 지원 제도와 같이 신문사 소유 지분, 편집 자율성(편집권 독립), 모두를 신문 기금의 지원 조건이나 지원 기준으로 하는 국가는 없다.[3] 지역신문발전기금 지원 제도는 한국적 신문 지원 모델[4]이라 할 수 있다.

지역신문발전기금 우선 지원 대상자 선정 기준은 편집자율권(편집위원회와 편집 규약의 설치), 독자위원회 등을 지역 신문에 정착시키는 데 기여했다. 신문사 지배 주주 및 임원의 불법 행위 여부를 기금 선정 기준으로 정하고 우선 지원 대상자의 자정 노력이 더해져 지역 신문의 비리와 불법 행위가 감소하고 지방 자치 단체의 계도지 지원 및 공짜 취재 관행이 개선됐다. 기자 재교육 및 연수 지원, 취재·편집 장비 지원, 지면 개선 지원, 인력 지원으로 지역 신문사의 기자 자질과 지면 품질이 향상됐다. 특히 지역신문발전기금 우선 지원 대상자로 선정되면 인증 효과로 해당 지역 신문은 지역 사회의 신뢰를 얻는 데 도움이 됐다.

---

3 편집 자율성에 관련해서는 네덜란드의 저널리즘진흥기금의 지원 기준(미디어법 제8조 제10항)에 다음과 같은 규정이 있다(황용석·김영록·심영섭·진민정, 2016: 62). "편집 규약에 따라 편집국의 독립성이 보장되어 있어야 한다."

4 한국적 신문 지원 모델에서 보면 지역신문법과 지역신문발전기금에 의한 지원은 소수 전국 일간지들이 지배하는 지역 신문 시장에서 건전하고 경쟁력 있는 지역 신문을 육성하기 위한 선택과 집중의 원칙 또는 선별 지원 방식이 현실에 부응한다고 판단한다. 동시에 국가의 과도한 언론 개입, 인위적인 지역 시장 개입으로 지역 신문 지원 정당성을 훼손되지 않도록 하는 신문 지원 시스템 구축을 지향했다(유선영·김수정·김영주·최민재, 2004: 3~4).

### 4) 신문법과 신문발전기금의 등장

2005년 1월에는 정간법이 전부 개정된 '구신문법'[5]이 제정됐다. 구신문법은 신문 등 정기간행물에 대한 규율뿐 아니라 신문 산업 지원을 위한 제도를 담았다. 여론 다양성 보장과 신문 산업 진흥을 위해 문화체육관광부가 신문발전위원회와 신문발전기금을 설치하도록 했다. 구신문법 제33조에 따라 신문 등 정기간행물 및 인터넷 신문의 진흥을 위하여 2006년부터 신문발전기금을 설치했고 2009년까지 650억 원의 국고출연금(일반회계 전입금)이 재원이 되어 기금을 지원했다.

구신문법은 신문 공동 배달을 지원하기 위한 신문유통원을 특수공익법인으로 설치하여 전체 신문 사업자에 대한 보편적 지원을 하고 신문발전기금으로는 우선 지원 대상자를 선정하여 선별 지원하는 방식의 이원적인 지원 모델을 가졌다. 구신문법에서 프랑스의 신문 지원 제도를 도입한 부분은 신문 공동 배달 제도였다. 당시 프랑스는, 신문업자들의 조합 형태로 운영되던 '신문공동배급사(NMPP)'가 거대 신문이 운영하는 배급사 등과의 소모적인 경쟁으로 위기에 직면했고 프랑스 정부도 중복 지원으로 혈세를 낭비하는 상황이었다.[6] 이러한 문제점을 극복하

5 2005년 '정기간행물 등록 등에 관한 법률'이 전부 개정된 '신문 등의 자유와 기능 보장에 관한 법률'은 2009년 '신문 등의 진흥에 관한 법률'으로 전부 개정됐다. 따라서 이 장에서는 '신문 등의 자유와 기능 보장에 관한 법률'은 '구신문법'으로 '신문 등의 진흥에 관한 법률'은 '신문법'이라고 한다.

6 프랑스는 가판(거리 신문 판매소)에 신문을 배급하기 위한 신문공동배급사를 만들었지만 우리나라는 가정 배달 부수가 많기 때문에 공동 배달을 하기 위한 신문유통원이 등장한 것이다.

기 위해 한국에서는 국가가 투자하는 특수공익법인 형태의 신문유통원을 설립했다(이용성, 2006: 49). 신문발전기금 지원은 여론 다양성 보장을 위해 신문 사업자에게 보편적 지원을 하는 것인지, 중소 신문을 집중 지원하는 것인지, 명확하지 않았다. 신문 지원 정책 방향이 모호하고 기금 재원도 한계가 있어 성과를 거두지 못했다.

2009년 7월 구신문법이 '신문 등의 진흥에 관한 법률'(이하 신문법)로 전문 개정되면서 신문·인터넷 신문·인터넷 뉴스 서비스 및 잡지의 진흥을 위한 언론진흥기금이 신설됐다. 기존의 신문발전기금을 언론진흥기금에 귀속시키고 신문발전위원회와 한국언론재단을 통합한 한국언론진흥재단이 이를 관리·운용하게 됐다.

신문법은 한국언론진흥재단 내에 언론진흥기금관리위원회를 두어 언론진흥기금의 관리·운용에 관한 종합적인 사항을 심의하도록 했다. 언론진흥기금은 신문발전기금과 비교하여 지원 대상을 기존의 '신문 등 정기간행물 및 인터넷 신문'에서 '신문·인터넷 신문·인터넷 뉴스 서비스(인터넷 포털) 및 잡지'로 확대했고 '읽기 문화 확산 및 신문 산업 진흥의 체계적 기반 조성'을 기본 목적으로 했다.

### 5) 신문 지원 제도의 위기

지역 신문 지원 제도는 일부 성과에도 불구하고 기금 재원의 불안정성과 언론진흥기금과 통합 압력, 지원 목적의 모호성에 기인하는 우선 지원 대상자 선정 방식을 둘러싼 갈등으로 2005년부터 지속적인 위기에 직면해 있다. 2005년 신문발전기금 지원을 시작하자 지역신문발전기금의 지원 대상과 지원 사업의 중복이 거론되었고 2006년부터 국회, 문화관광부, 학계 등에서 신문 지원 기관 통합 논의가 시작됐다. 신문 관계 기금의 중복은 신문기본법이라 할 수 있는 신문법이 지역신문법에 이어 뒤늦게 등장했고 신문발전기금이 지역 신문도 지원하고 지역신문발전기금에 비해 상대적으로 느슨한 지원 기준을 갖추고 있던 점, 신문발전기금의 지원 사업이 지역신문발전기금 지원 사업과 차별성을 마련하지 못했다는 점 등이 원인이었다.

기획예산처의 2007년 기금 존치 평가 보고서는 지역신문발전기금이 신문발전기금과 중복된다고 판단해서 중복 사업을 통합하여 효율성을 높이고 다른 사업은 2010년에 폐지하는 것이 적절하다고 지적했다. 2007년 4월부터 문화관광부는 신문 지원 기관 통합 연구팀을 구성하여 '신문 지원 기관 통합 로드맵' 보고서를 공개하고 신문 지원 기관 통폐합을 추진했다.

2010년에 들어서 지역신문법의 법적 시한이 1차 연장(2010. 9. 22~2016. 12. 31)됐다. 기금 존치 평가와 통폐합 논의는 2007년부터 추진된 지역신문법 유효 기간 연장 등을 주요 내용으로 하는 법 개정을 어렵게 만들었다.

지역신문발전기금은 2009년부터 급격히 규모가 축소되고 선택과 집중을 통한 우선 지원 대상자 지원 방식도 안정적이지 않았다. 2015년 지역신문법의 법적 시한이 만료될 위기가 다가오자 지역신문법 유효 기간을 6년 연장하는 법안이 발의됐다. 결국 지역신문법의 유효 기간은 2015년 12월 다시 연장됐다(2016. 12. 31~2022. 12. 31).

2016년 5월, 기획재정부의 기금 존치 평가에서 조건부 존치 권고를 계속 받았던 지역신문발전기금이 다시 재원 구조와 주요 사업이 언론진흥기금과 동일하므로 계정을 분리하는 방식으로 통합하라는 권고를 받았다. 5월 18일과 19일, 27개 지역 일간지가 신문기금 통합을 반대하는 성명을 청와대 지역 신문 공동 취재단 명의로 지면에 게재하고 언론노조 지역신문위원회도 반대 성명을 발표했다. 정치권까지 반대 의사를 표명하자 지역신문발전기금은 존치되는 것으로 결정됐다. 지금 지역신문법과 지역신문발전기금은 한시법에서 상시법 전환이 추진되는 상황에 있다. 상시법 전환이 기금 재원 확보와 신문 관계 기금 통합 등 지역 신문 지원 제도가 안고 있는 핵심 의제에 어떤 영향을 미칠지는 예측하기 어렵다.

여론 다양성 보장과 신문 산업 진흥을 위한 신문발전위원회, 신문발전기금, 신문유통원으로 집약되는 신문 지원 제도는 2006년 신문법 헌법소원에 대한 헌재재판소의 결정에는 영향을 받지 않았다. 그러나 2009년 구신문법이 신문법으로 전문 개정되면서 신문발전위원회, 신문발전기금, 신문유통원, 언론재단 등이 통합되었고, 한국언론진흥재단이 출범하고 언론진흥기금이 등장하면서 그 정책 기조가 흔들리기 시작한다. 신문 진흥 정책과 지원 기관의 기능에 대한 점검보다는 기구 통합이 중심이 되었기 때문이다.

현재 언론진흥기금은 기금을 지원하는 언론진흥기금관리위원회의 독립성은 물론이고 기금의 안정성조차 위협받고 있다. 언론진흥기금의 지원 방식이 신문 산업 전반에 대한 일괄적(보편적) 지원을 지향했지만 실제로는 기금 예산의 한계로 신문사별로 소액 지원에 머물고 있다.

## 3. 디지털 미디어 환경에서 신문 지원 정책 논의[7]

### 1) 2008년 프랑스 신문 지원 정책의 변화

우리 신문 지원 정책과 지원 제도는 프랑스의 영향을 받았다. 특히 2008년 프랑스 신문 지원 정책 논의는 상당한 영향을 미쳤다. 프랑스의 '인쇄미디어국민회의'는 2008년 10월 2일 출범했다. 니콜라 사르코지 Nicolas Sarkozy 대통령은 '인쇄미디어국민회의' 개회 연설을 통해 신문의 위기를 강조하면서 그 원인을 미디어 환경 변화와 프랑스 신문 산업의 특성에서 찾았다. 그는 "디지털의 혁명으로 파생된 구조적 위기인 동시에 극히 프랑스적인 위기가 해가 거듭될수록 악화돼 왔다는 것을 인식하고 있었습니다. 프랑스적 위기란 높은 인쇄비, 유통망의 취약, 신문 기업의 재정적 기초의 결여, 기자와 독자들의 신뢰 상실 등"이라고 진단했다(장행훈, 2009: 15).

인쇄미디어국민회의는 3개월에 걸친 회의 결과를 정책 제안서인 녹서Green Paper로 제출했고 이후 정부 정책으로 실행됐다. 이 녹서는 90개의 구체적인 제안을 제시했다(성욱제, 2009: 24). 녹서의 정책 제안 중 주목할 만한 내용은 신문 산업 과정의 현대화를 위한 인쇄·배급망 구조 개편, 신문 사업자에 대한 조세 감면, 청소년 대상 신문 구독료 지원 등에 관한 것이다. 특히 신문 인쇄가 신문의 존재 자체를 위협하는 초과 비용을 부담시키고 있다고 봐서 인쇄 노동자의 직업 전환 지원과 공동 인쇄 추진과 같은 인쇄 부문 개편 등을 제안했다(장행훈, 2009: 86~

---

7 이 부분의 논의는 이용성(2017)을 발췌한 것이다.

91). 이러한 인쇄미디어국민회의의 정책 제안에 대해 프랑스 정부는 '인쇄 미디어 종합 대책'을 수립하고 6억 유로를 투입하여 실행에 옮겼다(Murschetz, 2013: 208; 이상길, 2009: 72).

프랑스의 인쇄 미디어 종합 대책은 집중적인 지원 규모 확대뿐 아니라 신문 지원과 관련하여 신문 배달과 판매 지원, 인쇄 비용 감축을 위한 인쇄 시설 현대화와 인력 구조 조정 지원, 신문 우편요금 인상 유예, 신문 광고비 증액, 만 18세 되는 청소년 1년간 1개 무료 신문 구독 등이 주목을 받았다.

### 2) 디지털 미디어 환경과 신문 지원 정책의 변화

프랑스 등 유럽 국가가 디지털 미디어 환경에서 신문 산업을 진흥하기 위해 추진한 정책 논의와 실행은 우리에게 큰 영향을 끼쳤다. 그 결과 프랑스 인쇄매체국민회의의 녹서가 신문발전위원회와 정보통신정책연구원, 두 곳에서 번역·출간됐다. 2010년 2월에는 한국언론진흥재단이 프랑스 인쇄미디어국민회의의 영향을 받아 '신문의 위기 극복을 위한 대토론회'를 한 후 〈한국 신문의 미래 전략〉이란 보고서를 발간했다.[8] 대토론회는 국내에서 최초로 신문의 위기를 타개하기 위한 방안을 모색한 대규모 논의였으나 인쇄매체국민회의와 같이 정부의 의지가 담겨져 있지 않았기 때문에 정책 반영은 미미했다.

---

8 "대토론회를 기획하면서 프랑스의 〈녹색보고서〉를 참조하였지만, 최종 결과물은 철저히 한국 상황에 입각해 한국에 적합하면서, 우리가 할 수 있고 또한 해야 하는 대응책을 담고 있습니다"(한국언론진흥재단, 2010: 5).

〈한국 신문의 미래 전략〉은 한국 신문의 위기를 진단했다. 특히 디지털 미디어 환경에서 신문의 위기에 주목했다. "영상 매체 선호에 의한 매체 소비 행태 변화와 신문 독자의 급속한 감소, 광고주의 이탈에 따른 경영의 어려움, 정보의 전문성과 심층성의 약화에 따른 저널리즘의 위기, 원 소스 멀티 유즈의 멀티미디어 시대와 다양한 어플의 디지털 매체 환경 변화에 대한 대처 미비" 등으로 우리 신문이 위기에 직면했다고 봤다.

'신문의 위기 극복을 위한 대토론회'는 '저널리즘,' '신문 산업,' '뉴미디어,' '읽기 문화' 등 프랑스 인쇄미디어국민회의와 유사한 4개 분과로 구성됐다. 신문 산업 분과는 신문 판매 시장 정상화, 신문 유통 효율화, 신문 광고 시장 정상화, 신문 제작 지원, 포털과의 관계 정상화, 지역 신문 발전, 신문 발행 부수 공사 제도 등의 주제를 다뤘다.

신문 산업 분과는 우리 신문 시장이 저널리즘과 경제적 측면에서 자립 기반을 구축하지 못한 신문 기업이 양산되고 있지만 부실 기업의 시장 퇴출 전략이 없는 것이 심각한 문제라고 평가하면서 구조 개혁을 통해 정상화를 모색하자는 의견을 제시했다(한국언론재단, 2010: 158). '시장 내 신문사 난립과 경쟁 과잉'의 위기 속에 신문 산업의 구조 개편이 논의되기 시작한 것이다. 이러한 제안은 이후 국회에서 발의된 신문 산업 진흥 법안들과 밀접한 관련을 갖고 있다. 법안들은 신문 산업의 위기 극복 방향으로 디지털 미디어 환경에서 신문 산업 구조 개편을 추진해야 하고 이를 위해 국가적인 긴급하고 집중적인 지원이 필요하다는 내용을 담고 있었다.

## 4. 디지털 미디어 환경과 신문 산업 진흥 법안 논의

### 1) 글로벌 금융 위기 이후 신문 산업 진흥 법안의 등장

2008년 글로벌 금융 위기 이후 세계적으로 디지털 미디어 환경 속에서 신문 산업의 위기가 심화됐고 미국과 프랑스 등에서 근본적인 신문 지원 대책이 의회와 정부 차원에서 논의되었다. 우리나라도 신문 지원 정책과 지원 제도의 근본적인 개선이 필요한 시점이었다.

2009년 3월 23일 민주당 최문순 의원은 '신문 산업 보호·육성 위한 신문법 개정 토론회 주요 요약'이란 보도 자료 등을 통해 신문발전기금과 지역신문발전기금의 여유 자금 799억 원을 신문 산업 지원에 집중 투입하고 장기적으로는 약 2조 원의 신문기금Press Fund[9]을 조성하고 신문위원회를 구성할 것을 제안했다. 단기적으로 신문 구독료 지원(저소득·차상위 계층, 초중고교), 장기적으로 신문사 구조 개편을 위한 장기 저리 융자 사업, 공용 윤전 시설 운영 지원 등에 재원을 투입하자고 제안했다. 또한 구신문법에 신문 발전 기본 계획이나 신문 지원 정책 관련 조항을 신설하고 이를 바탕으로 소득세법 개정안을 발의하여 신문 구독료 소득 공제를 추진하겠다고 밝혔다.

---

9 최문순 의원이 제안한 신문기금은 네덜란드의 신문기금을 모델로 한 것이었다. 네덜란드 정부의 신문 정책 자문 기구인 신문자문위원회는 1968년 신문 자본 집중이 여론 다양성 침해하고 있다고 판단하여 정부가 신문기금을 조성하여 직접적이고 선별적인 지원을 해야 한다고 제안했다. 이에 따라 1974년 네덜란드 정부는 신문기금을 출범시키게 된다. 1988년 미디어법 개정으로 신문 광고 수입이 줄어들자 네덜란드 정부는 공민영 방송 사업자의 광고 수입의 최대 4% 이내에서 신문기금을 조성했다(이원섭, 2006: 203).

이 제안은 주요 선진 국가의 사례를 바탕으로 한 것이었다. 일본은 2005년 7월 '문자·활자 진흥법'을 제정해 신문 읽기 진흥에 나섰고 프랑스는 이미 살펴봤듯이 2009년 1월 발간한 '녹서'의 실행을 통해 인쇄 매체에 대한 전면적인 국가 지원을 가시화했다. 미국 상원은 2009년 5월 6일 '언론의 미래' 청문회를 열어 신문 산업 붕괴에 따른 여론 다양성의 위기를 경고하고 벤저민 카딘Benjamin Cardin 상원 의원은 신문회생법안을 발의했다.[10]

2009년 12월에는 민주당 전병헌 의원이 '신문 등의 지원·육성에 관한 특별 법안'(2009.12.9. 이하 '신문 지원 육성 법안') 등 신문 지원 관련 세 가지 법안을 발의했다. 신문 지원 육성 법안은 최문순 의원의 제안을 반영하여 신문 산업 구조 개편 등 기존 신문 지원 법제와는 다른 정책 지향을 지녔다.

### 2) 2009년 '신문 지원 육성 법안'의 주요 논의

전병헌 의원이 발의한 신문 지원 육성 법안은 당시 우리나라의 신문 산업 지원 제도의 한계를 지적하면서 제안됐다. 신문 산업의 위기, 신문 저

10 벤자민 카딘 의원의 '신문회생법'은 신문을 비영리법인으로 전환시켜 면세 혜택을 받는 대신에 선거 과정에서 특정 후보를 공개적으로 지지하는 것은 금지하는 내용이었다(곽동균, 2009: 78~79). 언론의 비영리법인화를 진흥 방식으로 하는 '신문회생법'도 우리 언론계의 관심을 끌었다. 2011년 김성해와 이정훈은 10월 15일 한국언론학회 정기 학술대회에서 "경쟁력 있는 대안 혹은 일시적 유행? 비영리 언론 모델의 한국적 적용 가능성에 대한 탐색 연구"를 발표했고 이어서 최진봉과 김기범이 쓴 《해외의 비영리 저널리즘 현황 및 쟁점 연구》(언론진흥재단, 2012)가 발간됐다. 두 연구는 비영리 언론을 지원할 수 있는 신문기금 등 방안을 제시했다.

널리즘의 위기는 언론의 다양성을 위축시키고, 궁극적으로는 국민의 알 권리 침해와 민주적 여론 형성을 위협하기 때문에 국가가 이러한 위기에 대처하여 적극적이고 다각적으로 신문 지원 정책을 추진해야 한다는 것이었다. 그런데 신문법과 지역신문법은 신문 관련 기금(신문발전기금과 지역신문발전기금)을 중심으로 신문 지원을 하도록 되어 있지만 다양한 지원 방식(조세 감면, 정부 광고 대행 수수료 감면 등)을 가동하지 못하고 있어 이를 보완할 장치가 필요하다는 것이다. 특히 신문 산업의 구조 개편이 이루어져야 할 상황에서 적극적으로 대응하기 위해서는 6년 한시법 형식의 신문 지원 육성 법안(특별법)이 제정돼야 한다는 것이었다.

신문 지원 육성 법안에서 주목해야 할 것은 경영 개선 사업이 신문 산업 구조 조정을 의미한다는 점이다. 신문 공동 인쇄, 신문 공동 배달을 위한 구조 개편(구조 조정)을 신문 사업자가 추진하게 되면 국가가 보조(융자)를 지원하여 신문 산업 위기를 자율적이고 적극적으로 대처하도록 하겠다는 것이다.[11] 이는 프랑스 인쇄미디어국민회의의 정책 제안과 연결된다. 프랑스는 인쇄 미디어 종합 대책을 통해 신문 인쇄 및 신문 유통 부분의 구조 개편을 추진했다.

---

11 법안 제6조(재정지원) ① 문화체육관광부장관은 이 법의 목적을 달성하기 위하여 신문사업자 혹은 인터넷신문사업자에게 경영여건 개선을 위한 다음 각호의 사업에 대하여 국고 또는 신문발전기금에서 직접 지원할 수 있다.

1. 경영구조 개선을 위한 사업
2. 신문의 제작지원을 위한 사업
3. 그 밖에 대통령령으로 정하는 사업

② 제1항에 따라 지원을 받고자 하는 신문사업자 및 인터넷신문사업자는 기업의 현황자료와 구조조정에 대한 경영혁신 계획서를 제출하여야 한다.

### 3) 2013년 '신문 진흥에 관한 특별 법안'의 주요 논의

2010년부터 전국언론노조가 '신문 등의 지원·육성에 관한 특별 법안'을 수정·보완한 법안인 '신문 산업 진흥 특별 법안'을 제안했다(이용성, 2011). 이를 민주당 전병헌 의원이 수용하여 '신문 산업 진흥에 관한 법률안'(2012.10.29. 이하 '신문 산업 진흥 법안')이 발의됐다. 이 법안은 신문 산업의 임박한 위기에 대응하기 위한 긴급 지원을 목적으로 하고 있어 9년 한시법으로 발의됐다.

문화체육관광부에 신문산업진흥위원회를 만들어 신문산업진흥기금을 조성하고 지원 사업을 추진한다는 것이었다. 특히 이 법안은 종이 신문을 집중 지원하기 위한 것이다. 신문 저널리즘과 신문 산업의 중심은 여전히 종이 신문이어서 이를 위한 근본적인 지원 제도를 마련했다. 신문 산업을 종이 형태로 유지하는 것을 목적으로 하는 것이 아니라 종이 신문의 발행(인쇄)과 배포(배달) 부문의 비용을 줄이면서 디지털 친화적 생산 및 배포 구조로 전환을 지원하기 위한 것이었다.

신문 산업 진흥 법안은 기존의 '신문 지원 육성 법안'보다 기금의 용도, 즉 기금 사업의 내용이 정리됐다. 신문산업진흥기금 사업은 신문 산업 구조 개편 사업, 신문 공동 제작과 신문 공동 배달 사업, 청(소)년을 위한 신문 읽기 사업, 디지털 인프라 구축 사업이 제시됐다. 이 중 신문 산업 구조 개편 사업의 경우,[12] 구조 개편 과정에서 신문 노동자의 직업

---

12 법안 제15조(기금의 용도) 기금은 다음 각 호의 사업에 사용한다.

1. 신문산업 구조 개편 사업
2. 신문공동제작과 신문공동배달 사업
3. 청년을 위한 신문읽기 사업

전환을 위한 교육·훈련 등을 지원해야 했다. 신문 산업 구조 개편 사업은 이 법안의 핵심으로 1차적으로는 신문 산업이 지속 생존할 수 있도록 신문사의 생산과 유통을 현대화하고 디지털 친화적 뉴스 제작 및 유통 구조로 전환하는 것을 목표로 했다.

공동 인쇄 사업은 공동 배달과 함께 신문 산업의 고비용 저효율 구조를 개선할 수 있는 핵심 영역이다. 신문 공동 배달은 가구 구독률 하락으로 신문 보급소들이 소수만 생존하면서 자연적인 공동 배달이 이루어지고 있는 상황에서 민영 센터를 중심으로 신문 유통 지원을 개편해야 했다. 신문 공동 인쇄를 위해서는 신문인쇄공사 설립 모델도 있지만 신문 사업자들이 자율적으로 공동 인쇄 사업을 추진하기 위한 회사를 설립하면 이를 지원하는 방식이 적절했다.

신문산업진흥기금 사업은 디지털 인프라 구축도 포함되어 있다. 공동 인쇄나 공동 배달 사업을 추진하는 것도 종이 신문의 수명을 연장한다는 것보다는 신문의 새로운 뉴스 서비스를 구축하는 데 전력하기 위해 구조 개편을 하는 것이다. 따라서 디지털 인프라 구축 사업은 새로운 저널리즘 전략을 바탕으로 뉴스 콘텐츠(디지털 인터랙션 콘텐츠) 생산 방식 혁신을 지원하려는 것이었다. 신문산업진흥기금은 신문 구조 개편을 위한 지원, 신문 공동 제작 및 공동 배달 지원, 청소년 구독료 지원, 디지털 인프라 구축 등 대규모 기금 투입이 필요한 사업에 집중하여 기존 신문 관계 기금인 언론진흥기금이나 지역신문발전기금과 중복을 피하려고 했다.

---

4. 디지털인프라구축사업
5. 그 밖의 대통령령으로 정하는 사업

민주당 윤관석 의원은 신문 등의 진흥에 관한 법률 일부 개정 법률안(2014. 2. 7), 같은 당 유기홍 의원은 '신문산업진흥에 관한 특별 법안'(2014. 3. 13)을 발의했다. 윤관석 의원은 문화체육관광부가 신문 산업 진흥 기본 계획을 수립하고 언론진흥기금의 용도에 신문 공동 제작 및 공동 배달 지원과 신문 디지털 인프라 구축 지원 사업을 추가했다. 유기홍 의원의 법안은 문체부에 신문산업진흥위원회를 두고 언론진흥기금 내 신문 산업 진흥 계정을 별도로 마련하여 신문 산업 구조 개선 사업, 신문 공동 제작 및 공동 발행 사업 등에 지원하는 내용이었다. 모두 프랑스 신문 지원 정책의 변화를 수용한 내용을 담았다.

신문 산업 구조 개편, 공동 인쇄 및 공동 배달을 통한 신문의 생산과 유통의 현대화, 청소년 구독료 지원, 디지털 전환 사업 지원 등 프랑스의 신문 지원 정책 혁신 방향을 수용한 신문 산업 진흥 법안은 19대 국회가 종료되면서 폐기됐다.

## 5. 신문 지원 제도의 한계와 과제

신문 산업의 위기를 전통적인 종이 신문을 중심으로 논의하는 것이 신문 산업 전체의 이해와 사회적 가치를 대표한다고 보기도 어렵다. 그러나 정치적 의사 형성에서 여전히 전통적인 신문이 중요한 여론 형성 미니어의 역할을 담당한다. 사회적 뉴스 생태계도 신문, 방송 등 전통적인 뉴스 미디어를 중심으로 운영된다는 점을 고려하면(최민재, 2016: 1~5) 여전히 전통적인 신문에 대한 사회적 지원의 정당성은 있다.

프랑스는 2009년 인쇄미디어국민회의의 정책 제안들을 반영하여 신문 지원 정책을 점검하고 지원 규모를 크게 확대했으며 인쇄와 배달 부문에서 구조 개편을 추진했다. 2015년에도 신문 지원 제도의 개혁을 지속적으로 추진했다. 2015년 신문기금의 전체 규모는 8억 2000만 유로였다. 2016년 이후 새로운 미디어의 기술과 경영 혁신 등을 지원하는 '신생 매체의 창업 및 혁신 지원 기금'과 지역의 중소 신생 미디어를 지원하는 '지역 밀착적 사회 정보 미디어 지원 기금'이 새로 조성됐다(최민재·심영섭·진민정, 2017: 43~42).

그러나 우리 신문 지원 제도는 후퇴하고 있다. 신문법(언론진흥기금)과 지역신문법(지역신문발전기금)이란 두 가지 축으로 작동하는 신문 지원 제도는 기금 재원 부족과 디지털 환경에 제대로 적응하지 못하고 아날로그 사업도 구조 개편하지 못하는 근본적인 문제를 안고 있다.

언론진흥기금의 규모는 최근 계속 감소하고 있다. 2015년 431억 원, 2016년 385억 원, 2017년에는 357억 원으로 감소했다. 지역신문발전기금도 초창기 250억 원에서 100억 원이 되지 않는 규모로 축소됐고 지원 사업도 효율성이 떨어진다. 재원은 점점 줄어드는데 언론진흥기금은 신문(종이, 인터넷), 인터넷 뉴스 서비스, 잡지까지 지원 대상이 광범위하다. 지역신문발전기금은 2016년 기획재정부의 기존 존치 평가에서 언론진흥기금 사업 내용과 재원 조성 방식이 유사하다면서 기금 계정을 분리하는 형식으로 통합하라는 권고를 받기도 했다. 2018년 제정된 '정부기관 및 공공법인 등의 광고시행에 관한 법률'이 신문 관계 기금의 재원을 확대하리란 기대가 있지만 결과는 두고 봐야 한다.

디지털 미디어 환경에 맞도록 신문 산업 지원 제도에 대한 전면적인 재검토가 필요하다. 지역신문발전기금과 언론진흥기금이 다수 미디어와 사업을 망라해서 지원을 하는 경우 대규모 기금을 확보하지 못한 상황에서 가시적인 지원 효과를 거두기는 불가능하다. 지원 사업 수혜자들의 체감도는 갈수록 떨어지고 지원 제도의 효율성은 낮아지기 때문이다.

2017년 문화체육관광부가 지역 신문 발전 3개년 계획(2017~2019)을 발표했다. 이 계획에서 비전은 '4차 산업 혁명 시대 융합·혁신의 미디어 서비스(지역 언론의 다양화·지역 문화와 혁신 선도·지역 사회와 상생 발전)'이고 목표는 '역동적 혁신을 통한 디지털 부가가치 창출(우선 지원 대상사의 디지털 부문 매출 10% 성장)'이었다. 비전과 목표가 4차 산업 혁명 시대 디지털 부가가치 창출로 되어 있는데, 예산 탓인지, 역량 부족인지 지역신문발전기금으로 디지털 부가가치 창출이란 목적에 해당되는 사업은 '기사 자료 디지털화 지원 사업' 이외에는 없었다. 아직 디지털 미디어 환경에 걸맞은 신문 지원 정책과 신문 지원 사업은 정립되지 못하고 있다.

언론진흥기금은 보편적이고 일상적인 지원(연수, 연구 조사, 읽기 문화 진흥 등)을 담당하도록 하고 신문 산업 구조 개편(공동 인쇄, 공동 배달)과 디지털 인프라 고도화 등과 같이 긴급하고 상당한 예산이 투입되는 사업은 특별법을 만들어 한시적인 기금이나 사업비로 집중 지원하는 방식으로 역할을 분담하는 것이 필요할 것이다.

1987년 이후 심화되는 신문의 위기는 신문 진흥 정책과 신문 지원 제도만으로 해결될 수 없다. 우리 사회에서 신문의 역할이 여전히 중대하고 신문의 위기가 심각하기 때문에 신문 진흥과 지원 제도를 강조하고 있을 뿐이다. 신문 스스로가 사회적 신뢰성을 높이려는 노력과 디지털 미디어 환경에서 지속 가능성을 확보하려는 혁신이 전제되지 않으면 신문의 생존은 쉽지 않을 것이다.

## 참고 문헌


곽동균 (2009). "미국 신문산업의 위기 해소 대안 논의," 〈디지털 미디어 트랜드〉, 미래미디어연구소, 6월.

김주언 (2001). "언론개혁을 위한 방안 — 언론발전위와 정간법 개정안을 중심으로," 전국언론노동조합 정책실, 언론개혁 관련 정책 자료집.

김주언 (2008). 《한국의 언론통제》. 리북.

문종대 (2004). 《지역언론의 발전과 개혁》. 커뮤니케이션북스.

새언론포럼 (2009). 《현장기록, 신문노조 민주화운동 20년》. 커뮤니케이션북스.

성욱제 (2009). 《프랑스 미디어개혁의 방향과 시사점》. 정보통신정책연구원.

유선영 · 김수정 · 김영주 · 최민재 (2004). 《신문지원제도 한국형 모델》. 한국언론재단.

유재천 (1986). 《한국의 언론과 언론문화》. 나남.

이상길 (2009). "프랑스 인쇄미디어 종합대책," 〈신문과 방송〉, 한국언론진흥재단, 3월.

이용성 (2006). 《신문법연구》. 커뮤니케이션북스.

이용성 (2011). "현 신문지원제도의 문제점과 근본적 신문지원정책의 방향," 전국언론노동조합 · 한국기자협회, 근본적 신문지원정책 도입 촉구를 위한 연속토론회 자료집, 5. 12.

이용성 (2017). "신문산업진흥 입법 논의를 위한 프랑스 신문지원정책 탐색," 〈문화교류연구〉, 제6권 제3호.

이원섭 (2006). "네델란드의 신문지원제도," 《지역신문정책과 지원효과》. 한국언론진흥재단.

이은주 (2007). 《지역신문의 경영구조 개선연구》. 한국언론재단.

이은주 (2008). "한국 신문의 경제적 위기," 〈커뮤니케이션이론〉, 4권 2호, 가을.

장행훈 옮김 (2009). 《프랑스 신문에 관한 국민토론 녹색보고서*Les Etats généraux de la presse écrite, Liver Vert, Le 8 Janvier 2009*》. 신문발전위원회.

장호순 (2003). "한국의 신문산업: 역사, 현황 및 전망," 강미선 외. 《신문의 위기? — 진단과 처방》. 한국언론재단.

주동황 (2000). "신문정책과 신문산업의 성장," 김남석 외. 《한국 언론산업의 역사와 구조》. 연암사.

지역신문발전위원회 (2016). 《제4기 '함께하는' 지역신문발전위원회 백서 — 지역신문 지원 12년, 성과와 과제》.

차재영 · 문종대 (2006). "지역신문의 공적 지원모델에 대한 연구," 차재영 외. 《지역신문정책과 지원효과》. 한국언론재단.

채백 (2015). 《한국 언론사》. 컬처룩.

최민재 (2016). 《스마트미디어 시대의 디지털 뉴스미디어 진흥방안》. 한국언론진흥재단.
최민재 · 심영섭 · 진민정 (2017). 《디지털시대 해외 지역신문 지원제도》. 한국언론진흥재단.
한국언론재단 조사분석팀 (2005). 《지역신문 구독자 조사》. 지역신문발전위원회.
한국언론진흥재단 (2010). 《한국신문의 미래전략》.
황용석 · 김영록 · 심영섭 · 진민정 (2016). 《해외 언론지원 기금 현황 및 재원 확충방안 연구》. 한국언론진흥재단.

Murschetz, P. (ed.) (2013). *State Aid of Newspapers: Theories, Case, Action*. Springer.

# 한국의 (공영) 방송과 민주화 30년

## 역사적 제도주의의 입장

2장

조항제

조항제는 부산대학교 신문방송학과 교수로, 민주주의와 언론, 공론장, 공영 방송에 관심을 갖고 있다. 서울대학교 언론정보학과를 졸업하고 같은 학교 대학원에서 석사 및 박사 학위를 받았다. 한국콘텐츠진흥원 연구원, 한국언론정보학회 회장 등을 지냈다. 저서로는《한국의 민주화와 미디어권력》,《한국방송의 역사와 전망》,《한국방송의 이론과 역사》,《한국 공영 방송의 정체성》 등이 있고, 번역서로는《민주주의와 공론장》 등이 있다.

## 1. 방송과 민주화 30년

이 글은 1987년 민주화 이후 한 세대가 지나는 동안 방송에서 어떤 지속과 변화가 있었고 이런 방송이 어떻게 민주화에 도움 또는 저해가 되었는지를 알아보고자 하는데 목적이 있다. 나는 이미 이런 작업을 이보다 넓은 범위(신문과 방송 포괄)에서 이보다 많은 분량으로 한 차례 한 적이 있다(조항제, 2017). 이 글에서는 새로운 이론적 입장(역사적 제도주의)을 통해 앞선 작업에서 못다 했던 몇 가지를 다시 살펴보고 미래의 전망에 대해서도 좀 더 구체적인 제안을 해 보고자 한다.

먼저 제목에 붙인 연구 대상을 설명하겠다. 설정 시간time-frame인 '30년'은 그저 '한 세대'라는 세시歲時적 의미만 지니는 것은 아니다. 이 30년의 처음과 끝에는 민주화를 이룩한 '6월 항쟁'과 탄핵을 이끌어 낸 '촛불 혁명' 같은 단절적 계기들이 자리하기 때문이다. 정치로 말하면 지난 30년 동안 한국은 (민주화로의) '이행' 이후에 이른바 '공고화'를 확실히 마친 셈이다. 그러나 이보다 좀 더 확장된 체제 차원에서 볼 때, 지난 30년은 민주화가 이른바 '협약'에 그쳐 제한된 수준에 머물렀지만 그 안에 시민 사회적 활력이 계속 내재하는 '1987년 체제'와 IMF 구제 금융 이후 본격적으로 정착된 신자유주의의 '1998년 체제'가 공존한 시기다.[1] 직선제나 대통령 탄핵 같은 정치적 변화는 있었지만 헌법 개정(단임제의 폐기나 선거 제도의 수정)이나 사회경제적 개혁은 이제 겨우 맹아를 튼 정도에 불과한 것이다. 그러므로 이 30년은 어쩌면 과거의 청산보다는 미래의 숙제를 보다 분명하게 한 시기였다고 해도 과언이 아니다.

다음은 '(공영) 방송'이다. 이는 공영 방송을 중심으로 하면서 이를 방송 전체로 확장해서 설명하겠다는 의미다. 지난 30년은 미디어로 보면 주 미디어가 교체되는 역사적 전환이 있었던 시기였다. 1987년의 '국민적 미디어'가 신문과 방송 같은 거대 매스 미디어였다면, 2017년에는 인터넷이나 디지털화로 포괄되는 포털이나 소셜 미디어다. 그러나 모든 미디어 이용의 양적 지표가 가리키는 이런 명제에는 상당한 문제가 있다. 적어도 〈조선일보〉(TV조선)가 불을 지피고 〈한겨레〉가 이를 이어받고 jtbc가 결정타를 날린 '촛불 혁명'의 '언론란亂'을 설명할 수 없기 때문이다.[2] 전통적 미디어인 신문과 기존 매스 미디어에 가까운 종편이 '합작'해서 현직 최고 권력인 대통령을 탄핵한 것이다. 그러나 이에 못지않게 중요한 것은 보수 2기(이명박·박근혜) 정부 당시 KBS와 MBC의 인사와 보도 성향 등을 둘러싸고 방송 내/외부에서 벌어진 다양한 갈등과

---

1 이 시기에 '1987년 체제'와 '1998년 체제'를 두고 벌어진 '체제 논쟁'은 이후의 추이에 비추어 보면, 양쪽이 모두 일정한 설득력을 지녔다는 점을 알 수 있다. '1987년 체제'론이 '촛불 혁명'으로 스스로를 증명했다면, '1998년 체제'는 최근의 '소득 주도 성장' 논쟁에서 존재 가치를 충분히 발휘했기 때문이다.

2 이 과정에 대해서는 조항제(2017)와 정철운(2016)을 참조하라.

파쟁이다(조항제, 2018). 이 과정에서 보수 정부들은 정당성에 상당한 타격을 받았다. 한국의 경우 미디어 전환이 다소 빠르다는 진단이 있지만 적어도 이런 정치적 계기에서 올드 미디어들이 해낸 역할은 과거와 크게 다를 바 없었다. 이렇게 설명하다 보면 SBS가 가진 특수성이 사라질 염려가 일부 있기는 하지만, 한국의 방송법 체계가 공영 방송을 따로 다루지 않는 것처럼 SBS 역시 상업 방송 못지않게 공영 방송과 보조를 함께 맞추는 지상파 방송으로서의 면모를 갖추었으므로 같은 궤적 내에서 설명이 가능하다고 생각한다.

이 글이 30년간의 (공영) 방송을 살펴보는 관점은 역사적 제도주의 historical institutionalism다. 역사적 제도주의는 기존의 (공식적) 제도주의를 확장한 것으로 제도이자 조직이면서 또한 관행이기도 한 공영 방송을 분석하는 데 나름의 의의를 지닐 것으로 생각한다. 다음은 이 제도주의에 기초해 한국 방송의 비대칭 현상을 검토한다. 이 비대칭은 '왜 한국에서 공영 방송이 문제인지,' '수십 년 계속된 제도이면서도 왜 지금까지 악순환을 벗어나지 못했는지'를 설명하는 데 이유가 되는 맥락을 제공할 것이다. 마지막으로 민주화 기간 동안 가장 큰 갈등의 씨가 되었던 사장의 선/해임 과정을 분석한다. 이 과정에서 한국 공영 방송의 특징으로 정치적 후견주의의 논리가 제시될 것이다.

## 2. 서술의 틀과 시각: 역사적 제도주의

역사적 제도주의는 제도를 중시하는 점에서는 이전과 다를 바 없지만 제도를 보는 관점이 다르다는 점에서 신제도주의 중 하나로 분류된다.

신제도주의에서 제도는 "정체 또는 정치 경제의 조직 구조 속에 뿌리박은 공식적·비공식적 절차, 관행, 규범, 그리고 관습"(Hall & Taylor, 1996: 938)이다. 기존의 공식적 제도보다 훨씬 범위가 넓다. 신제도주의는 네오마르크스주의에 영향 받아 국가를 중시하며, 여기에서 국가는 "더 이상 중립적 중개체broker가 아니라 집단 갈등의 특성과 결과를 구조화할 수 있는 제도들의 총체다"(p.938).

신제도주의에는 역사적 제도주의, 사회학적 제도주의, 합리적 선택 제도주의 등이 있는데, 이 중 역사적 제도주의는 다음과 같은 세 가지 특징을 가진다(Bannerman & Haggart, 2015). 첫째, 역사적 제도주의는 이름 그대로 제도의 역사적 발전에 주의를 기울인다. 특히 이 주의가 강조하는 것은 이전 제도가 미래의 변화에 영향을 미치는 '경로 의존path-dependency' 효과다. 우리가 사는 사회는 모든 가능성이 똑같은 확률을 지니는 진공 상태가 아니다. 미래는 과거와 현재에 영향 받으면서 변화한다. 같은 자본주의, 같은 민주주의 내에서도 미디어 제도는 매우 다양하며 이는 제도를 공식적 법제로 한정하지 않을 때, 더욱 그러하다.

한국의 민주화는 이전 권위주의와 단절하면서 성취된 것이지만, 30년이 지난 지금의 제도에는 과거의 유산이 가득하다. 대표적인 예가 대통령 단임제다. 장기 집권이 두려워 서둘러 제정한 이 제도는 장점보다 단점이 훨씬 더 많음에도 좀처럼 개정의 기회를 찾지 못한다. 보수든 진보든[3] 야당이 된 쪽에서 상대방에게 주도권을 줄 가능성 때문에 반대

---

3 한국에서 보수와 진보, 좌파와 우파의 명칭은 항상 논란을 불러일으킨다. 김대중 정부나 노무현 정부에 진보의 이름을 붙이는 것은 '진보'의 일반적인 화용, 특히 두 정부의 신자유주의적 경제(노동) 정책에 비추어서는 무리한 점이 있다('좌파'는 더더욱 그러하다). 그러나 진보/보수를 반공 이데올로기의 거부/수용과 자유주의/권위의 선택

하기 때문이다. 소선거구제도 역시 마찬가지다. 당시(1988년 13대 총선)에는 여소야대를 만드는 데 기여했지만, 이 제도는 의회가 가지는 국민 대표의 성격이 가장 불합리하게 배분된 것이다. 그러나 이 역시 기존의 정치적 이해관계 때문에 변화의 가능성이 높지 않다. 한국의 유권자들은 정치에 대한 관심도 높고 소비도 많이 하지만 결코 정치를 신뢰하지는 않는다. 내 생각으로는, 재벌 중심 경제를 비롯한 내부적 모순을 해결하기에 분단이나 글로벌화 같은 외부의 구조적 모순이 너무 엄중하기 때문인 듯하다. 이런 갈등을 해결하려면 오랜 기간 일관된 정책이 필요한데, 제도나 관행은 이와 상반되므로 악순환이 반복되고 불신도 쌓이는 것이다.[4] 이 역시 '경로 의존' 중 하나다.

둘째, 제도는 사회적 권력 관계를 체현한다. '경로 의존'은 제도가 사회적으로 적정한 균형을 반영하거나 갈등하는 이해와 관심을 중재한다는 생각과는 거리가 먼 사고다. 제도의 법과 관행, 규범과 관습은 특정한 이들을 편애하며 그렇지 않은 사람들을 배제한다. 역사적 제도주의는 제도 자체를 정치적 경쟁의 산물로 보면서 "제도의 생성이나 개혁이 경쟁하는 이해관계를 가진 행위자들 사이에 어느 정도의 힘의 충돌을 낳을 것인지"(Bannerman & Haggart, 2015: 6)를 놓치지 않으려고 한다. 이런 제도와 사람 사이의 갈등은 역사적 제도주의가 가장 중시하는 것이다.

---

사이로 나누는 강원택(2005)에 따르면, 한국의 '야당 정부'는 진보로 부를 수 있다. 이 글은 이런 기준을 따른다.

4 나는 이런 후진적 정치가 한국 방송에 주는 직접적 영향이 공영 방송의 성숙을 가로막는 가장 큰 이유라고 생각한다. 특히 '제도'가 아니라 '사람'이 문제(그래서 권력만 바뀌면 된다)라는 사고는 의도든 아니든 도구주의적 방송관을 조장하는 데 크게 기여했다.

다음에 자세히 살펴보겠지만 한국의 방송법은 이렇게 제도와 사람이 충돌하는 예다. 주지하다시피 지난 30년간 방송가에서 가장 '뜨거웠던 감자'는 KBS와 MBC의 사장 임명이었다. '누가 어떤 사람이 사장이 되는가'는 법과 관계없이, 또는 법을 뛰어넘어 가장 노골적으로 힘이 충돌하는 현장이었다. KBS와 MBC에서 각기 11차례, 도합 22차례에 걸쳐 벌어진 파업은 이를 단적으로 보여 준다(조항제, 2018). 공식적 제도인 법으로 보면 KBS 사장은 '대통령이 임명'한다(방송법 제50조 ②항). 청문회를 거치는 것을 제외하면 1973년 KBS가 공사로 독립된 이후 한 번도 변하지 않은 조항이다. 이 점만으로 따지면 아마도 가장 크게 '경로 의존'이 나타났던 사안일 것이다. 이사회의 제청이 따라야 하지만, 그 이사회를 방송통신위원회가 인선하며, 방송통신위원회의 과반을 대통령과 여당이 구성해 다수결 독임제[5]로 운영하는 전체적 얼개는 다단계적 절차를 통해 적임자를 찾으라는 법 정신과 관계없이 사실상 '대통령(임명)권'을 가린 것에 불과하다.[6] 1표라도 더 많은 종다수가 대부분의 권력을 갖는 한국 정치의 승자독식에 공영 방송 역시 예외가 아니게 된 것이다. 그래서 KBS 사장은 '엽관제'나 '정실주의'의 하나가 되었으며, 이를 이론적으로 구현한 것이 (나중에 다시 살펴볼) '정치적 후견주의'다(조항제, 2014; Hallin & Papathanassopoulos, 2001; Hallin & Mancini, 2004). 만약 공영 방송의 정체

---

5 명목상 독립석 위지에 있었던 방송위원회가 2008년 사실상 독임제 형태의 내각 부처인 방송통신위원회로 바뀐 것은 이런 후견주의를 악화시킨 계기 중 하나라 할 수 있다. 당시 반대쪽 안에 대해서는 강형철(2008)을 참조하라.

6 물론 제도적 성문만으로 '경우의 수'를 따져 불법이 아닌 선에서 가장 극단적으로 자기 이익을 밀어붙일 때를 말하는 것이다. 실제 시민 사회의 반대가 심했던 이명박·박근혜 정부 시절에는 자주 나타났던 것이기도 하다.

가 법 등에 구체적으로 규정되어 있다면, 대통령 권력에 조금이라도 '불확실성'이 생겨날 것이지만 이조차 아예 없다. 한국의 법제도는 이념이나 조직 면에서 당대 정부로 현신하는 확실한 국가의 '피조물'인 것이다.

셋째, 역사적 제도주의는 이념ideas이 행위자들의 선호나 결과가 정해지는 데 기초적 역할을 한다고 본다. 이념의 역할은 크게 두 가지인데, 하나는 행위자들이 전략적으로 움직일 때, 이념이 '조건화된 합리성situated rationality'으로 작용한다는 점이고, 다른 하나는 반대로 행위자들이 자신의 이해관계를 고려하는 데 하나의 도구로 활용된다는 점이다(Bannerman & Haggart, 2015: 7). 이를 존 L. 캠벨John L. Campbell은 전자를 '배경적'인 것으로, 전자를 '전경적'인 것으로 간주한다(Campbell; Bannerman & Haggart, 2015에서 재인용). 행위자들에게 '당연시하는 것,' '자연적인 것,' '바람직한 것'으로 느끼게 하는 것이 배경이라면, 전경은 행위나 설득에서 일종의 명분으로 작용하는 것을 말한다. 이처럼 이념은 한편으로는 합리성으로 행위자들을 규제하며, 다른 한편으로는 행위자들이 주변을 설득하는 데 주요한 자원으로 활용된다.

한국의 방송 정책에서 가장 먼저 꼽히는 가치는 공익성 또는 공공성이다. 제한된 자원(주파수)을 활용해 모든 시청자(국민)를 만족시켜야 하는 방송에서 공동체 전체의 장기적 이익을 생각하면서 혜택이나 이익을 모두가 나누어야 하는 '공공公共'적인 것은 그 자체로 매우 중요하다. 그러나 자원 제한이 와해되면서 방송의 이런 공공성은 약화되기 시작한다. 특히 '한류' 등으로 방송의 국제적 가치가 인식되고 디지털화로 (관련) 산업적 가치가 비약적으로 커지면서 아성이었던 방송의 공공성에도 일정한 균열이 생긴다. 2000년대 들어 방송은 공공성과 산업성이 늘 길항하는 경쟁의 장이 되었으며, 정권마다 계기마다 한쪽의 가치가 다른 가치보다 앞세워졌지만 어느 한쪽이 다른 한쪽을 완전히 압도하는 일은 없었다. 2000년의 통합방송법이 시청자 주권 같은 공공성을 내세웠다면, 종편을 도입한 2008년의 미디어법은 산업적 가치로 시청자를 설득하려 하였다.

이런 역사적 제도주의가 '변화'를 설명하는 방식은 크게 두 가지다. 첫째는 '결정적 전기critical junctures' 접근이다. 이 접근은 안정된 제도가 어떤 일정한 단계에서는 주로 외적 요인에 의해 변화가 발생한다고 설명한다. 외적 요인은 새로운 테크놀로지일 수도 있고 경제적 위기 같은 것일 수도 있다. 1930~1940년대 미디어 정책을 두고 벌어진 미국의 논쟁은 당시 테크놀로지적·사회적·정치적 격변의 산물이었다. 논쟁의 결과, '미디어는 자율적으로 규제되어야 한다,' '미디어는 사회적 책임을 실천해야 한다,' '미디어는 언론의 소극적(불간섭의) 자유에 의해 보호받아야 한다'는 등 세 가지 전제가 만들어졌다. 이런 산업 친화적 정책으로 "개혁 운동을 억제했고, 대안 미디어를 방지했으며, 미국 미디어 체제에 대한 구조적 비판을 좌절시켰고, 공중들에 앞서 미디어 소유자들의 권리를 우선했다. 이 관계는 오늘날까지 이어진다"(Pickard, 2010: 170). 1940년대가 지금을 만드는 데 '결정적인 국면'이었다고 빅터 피카드Victor Pickard는 주장한다.

한국 방송에서 뉴스와 드라마를 함께 편성할 수 있는 종편의 등장, 달리 말해 보수 신문의 방송 진출은 방송 시장을 자유화시킨 가장 큰 계기 중 하나다. 1990년대 중반부터 케이블 TV나 위성 방송, IPTV 등의 다채널 플랫폼들이 속속 등장하고 수많은 채널들이 새로 생겨났지만, 방송을 대표하는 양 장르를 모두 편성할 수 있는 채널은 2008년까지는 4개에 불과했다. 물론 이런 제한 또는 특혜에 이유는 있었다. 한국의 시장

규모가 이런 고제작비의 채널을 얼마나 소화할지 모르는 상태에서 시장을 열 경우, 소모전적 시장 경쟁이 벌어질 위험성이 너무 크다는 점이었다. 특히 모기업인 신문이 이미 이전 정부에서 충분히 편파성을 드러낸 상태라서 이들의 방송 진출은 기대보다 훨씬 우려를 많이 받았다. 그러나 예상보다 많은 4개가 허용되었고, 이들의 면모가 급격하게 타블로이드화되면서 지금에 이르러서는 jtbc를 제외한 나머지 세 개의 종편에서는 '종합'이 과연 이점인지 모르는 상황이 되어 버렸다. 이렇게 종편이 한꺼번에 등장한 이유는 정황으로 보면 '정치적 이유,' 즉 보수 2기를 창출한 당시 이명박 정부의 보수 신문 지원과 밀접한 연계가 있는 것으로 보인다. 종편 역시 정치적·경제적·문화적 요인의 산물인 것이다.

둘째는 '불안정한 제도' 접근이다. 앞서의 '결정적 전기' 접근이 외적 요인을 강조한다면 이 접근은 제도 내부의 요인을 강조한다. 제도가 외적 요인에 의해 변한다면, 같은 요인이라도 다르게 변화한 여러 나라나 사회를 설명하기 어려워진다. 이전 제도와 외적 요인이 어떻게 결합하고 갈등했느냐를 분석할 수 있어야 이런 변이를 볼 수 있다. 그런 면에서 '결정적 전기' 접근은 '아무것도 설명하지 못할 때까지는 모든 것을 설명할 수 있는' 역설에 빠지게 된다. '불안정한 제도' 접근에 따르면, 제도는 계속 유동적인 상태에 있다. 내외부의 변화들은 제도의 재생산을 강화하거나 약화시킨다. 결정적 국면에 들어가기 이전에 이미 제도가 변화를 위한 준비들을 마쳐놓고 있다는 것이다. 그런 면에서 양 접근은 상호 보완적 형태를 띤다고 볼 수 있다.

## 3. 한국 (공영) 방송의 비대칭 양상

역사적 제도주의를 민주화와 한국 방송 30년에 적용시켜 보면, 먼저 경로 의존이 가장 많이 눈에 띈다. 1980년에 만들어 놓은 공영 제도의 틀이 크게 변함없는 상태에서 계속해서 외삽적으로 양적인 계기들만 덧붙여져서 양과 질이 일정하게 비대칭을 이루고 있다는 것이다. 앞서 잠시 한국 공영 방송의 공식적 법제도에 대해 살펴보았지만, 이에 맞춰 형성된 비공식적 관행까지 함께 고려해 보면 매우 구조적이면서 방송에만 한정되지 않는 다양한 형태의 다음과 같은 다차원적·가중적 비대칭이 존재함을 알 수 있다.

첫째, 공영 방송은 제도는 미비한 데 비해 기대는 높은, 제도와 기대 사이의 엄청난 비대칭을 들 수 있다. 주지하다시피 제도로서의 공영 방송은 1980년부터 시작되었다. 공사화公社化는 1973년에 되었지만 조직 형태만 국영에서 (반)민간으로 바뀐 것일 뿐, 방송 전체가 제도적으로 변환된 것은 아니었다. 그러나 1980년에는 방송위원회 같은 국민(대표)적 조직이 명목상이지만 만들어지고, 상업 방송인 TBC·동아방송 등이 KBS 내로 흡수되며, MBC의 지배 주주가 KBS가 되는 등 방송 전체가 공적 소유로 바뀌었다. 따라서 이때의 법(언론기본법)에서 방송은 종교 방송을 제외하면 공영 방송뿐이었다. 그러므로 따로 공영 방송에 대한 정의나 법은 필요하지 않았다.

이처럼 모든 방송을 공영화시킨 이유는 방송을 통해 정당성을 인위적으로 창출하기 위해서였다. 이로 인해 방송은 5공 내내 편파성 시비에 휘말렸고, 그때마다 공영 방송은 이름과 실제가 다른 허울로 비판받았다. 심지어는 KBS 시청료 거부 운동이라는 유례를 찾기 어려운 국민적 방송 저항 운동이 벌어지기도 했다. 그러나 당시 대통령의 정무비서관이었던 이수정(1983: 8)은 이런 인위적 정당성이 낳은 편파성을 다음과 같이 합리화했다.

> 공정성과 다양성은 가치로부터 자유로운 '올림픽적 중립성'을 의미할 수는 없다. 방송이 진리와 비진리 중간의 중립성, 정의와 불의의 사이, 자유와 예속의 중간, 자애와 잔인·관용과 편협·진실과 허위의 중간 위치에 설 수는 없는 것이다. 방송도 결국 국민의 생명력을 담고 있는 헌정의 신념과 기본적 윤리, 국가 이익으로부터 이탈할 수 없는 것이다.[7]

흔히 언급되는 언론의 가치인 공정성과 중립성, 다양성 — 이 가치들은 당시 방송이 집중적으로 비판받은 편파성을 염두에 둔 것이다 — 이 진리와 정의에 앞설 수는 없으며, 이 진리와 정의는 국민의 생명을 책임지는 국가 이익, 곧 당시의 체제·정권 이익과 같은 것이다. 그러니까 진리와 정의만을 보도하는 것은 편파적일 수 없으며, 국가·체제는 진리·정의를 대변하므로 언론은 당연히 이의 도구가 되어야 한다. 체제·정부를 반대하는 일부 야당이나 운동권 세력은 비진리나 불의에 해당된다.

---

7 이를 공영 방송의 엄청난 일탈로 보기는 어렵다. 의외로 이 문구는 BBC의 편집 가이드라인과 상당히 유사하다(증거는 없지만 내가 보기에는 이수정이 당시에도 있었던 BBC 의 이 문구를 보았던 것 같다). BBC는 런던의 중류 계급 문화를 국민 전체가 고루 향유한다는 평등주의적인 이념을 위해 탄생했지만, 이렇게 하달下達식 평등을 추구하는 것은 비단 민주 체제만의 전유물은 아니다. 오히려 BBC의 초대 사장인 존 리스John Reith의 슬로건이었던 "나라를 한 사람처럼 만들기"는 파시즘 체제에 더 잘 어울리는 것이다. 그러나 무솔리니를 추종했던 그의 파시스트적 언행과 생각이 그렇게 많이 알려져 있지는 않다(Mills, 2016).

민주화가 되면서 이런 방송에 비판이 쏟아지는 것은 너무나 당연했다. 많은 개편 논의가 있었다. 그러나 정작 공영 제도에 대한 근본적 개편은 없었다. 명분과 실제가 일치하는 공영 방송에 국민적 합의가 모였기 때문이다. 이 시기에 집중적으로 결성되기 시작한 노동조합에 대한 기대도 주효했다(조항제, 2014). 그러나 그런 공영 방송을 제대로 구현하기 위해 어떤 법 조항이 필요한지에 대해서는 상대적으로 고민이 적었으며, 실제 만들어진 법은 대통령과 공영 방송의 거버넌스 사이를 일치시킨 과거의 행태를 그대로 반복했다. 선거에 이기기만 하면 방송을 지배할 수 있다는 권력적 사고가 정치적으로 중립적이면서 불편부당해야 하는 공영 방송의 이념을 압도한 것이다. 이것이 민주화 이후에도 정치의 도구주의적 방송관이 팽배했던 이유다. SBS가 생기면서는 정말 공영 방송에 대한 유별적 사고가 필요했지만, 상업 방송을 지상파 방송의 공익적 틀에 묶어 놓아야 한다는 필요가 앞서면서 역시 기존 틀이 그대로 유지되었다.[8]

방송의 도구화는 1990년 '3당 합당'으로 여소야대의 틀이 사라지자 바로 재연되었다. 자율적으로 선출된 시민 단체 출신의 사장(서영훈)이 경질되고 새로이 청와대 비서관 출신의 사장(서기원)이 임명되었다. 믿었던 노동조합이 나름대로 치열한 저항(이른바 'KBS 4월 투쟁')을 했지만 정권의 힘을 꺾을 수는 없었다. 민주적 절차(직선)는 거쳤지만 구체제적 성격이 이어지면서 제도는 답보했고, 기대는 높았지만 공영 방송의 실적

---

8 물론 법 조항 자체가 모든 것을 해결한다고 볼 수는 없다. 실제 공영 방송의 본산인 유럽의 여러 나라에서도 법de jure과 실제de facto는 다르다(이를테면, Šimunjak, 2016). 그러나 법에 그런 조항의 있고 없음은 사법적 판단에서는 말할 것도 없고 각종 일상적 담론에서도 큰 차이를 만든다.

은 이에 부응하지 못했다. 이의 가능성과 한계는 수신료에서 증명되었다. 정권 초반의 개혁이 인기를 얻은 김영삼 정부하에서 KBS는 큰 저항 없이 수신료를 전기료에 병산시킬 수 있었으나(1994년), 이후에는 그 어떤 정부나 사장도 수신료를 인상하지 못했다.

둘째, 공영 방송의 명분과 실질 사이의 비대칭을 들 수 있다. 수신료가 이의 대표적인 예다. 1998년 헌법재판소에 의해 '공영 방송에 대한 특별 부담금'으로 정의된 수신료는 1961년 국영 텔레비전이 처음 도입될 때 만들어졌고, 거의 해마다 상승해 한국의 텔레비전 문화를 뒷받침했던 중요한 재원이었다. 1980년의 칼라 TV 도입 때는 2500원이라는, 흑백 TV(800원) 대비로 3배가 넘는 큰돈으로 책정되어 가계에 부담을 주기도 했다. 1980년대 중반에 벌어진 'KBS 수신료 거부 운동'은 정권(방송의 편파성)에 대한 반대가 주主였지만 세금 저항의 의미도 없지 않았다(조항제, 2014). 그러나 수신료는 이후에도 전혀 인상되지 못하고 무려 39년 동안 답보했다. 수신료는 국고나 광고료와는 다른 공영 방송 나름의 독특한 재원 조달 방식이다. 단점이 없는 것은 아니지만 영국과 독일, 일본 등 대부분 나라의 모범적 공영 방송들은 이 재원에 많은 것을 의존하고 있다(조항제, 2016).

수신료는 안정성과 예측 가능성, 균등성 등에서는 유리하고 독립성이나 수용성에서는 상대적으로 강점이 있으며, 효율성이나 탄력성, 충분성 등에서는 다소 부족한 재원이다(조항제, 2016). 모두가 같은 돈을 내는 균등성과 수입 규모에 따라 차등을 두는 누진성은 반대의 성격이다. 그런 면에서 수신료는 국고에 비해 약점이 크지만, 보기에 따라 그만큼 '평등하다'는 장점을 강조할 수도 있다. 이런 역진성을 저소득층과 결부시키면 수신료는 일정 규모 이상으로 오를 수 없다(상방경직성). 국민이 직접 부담하는 돈이므로 책무성 또한 매우 높다. 인상이나 경감 여부를 의회가 담당하므로 다수당에 공영 방송이 종속될 수 있는 여지 또한 크다. 최근 BBC는 보수당 정부가 일방적으로 75세 이상 노인들의 수신료를 경감시켜주는 바람에 상당한 재정적 곤란을 겪었다(Fenton & Freedman, 2017).[9]

이런 수신료지만 38년 동안 단 한 차례도 인상하지 못한 것은 그 어느 나라에서도 유례를 찾아볼 수 없다. 물론 여기에는 많은 이유가 있다. 가장 큰 것은 '수신료 충분 조건론'이다. 국민적 저항이었던 'KBS 수신료 거부 운동' 이후 KBS는 스스로 공영 방송임을 국민이 인정해 줘야 수신료를 받거나 인상할 수 있게 되었다. 그간 수신료를 인상하지 못했다는 것은 그만큼 국민적 인정이 약했다는 뜻이다. 2007년에 했던 인상 시도가 가장 근접했지만, 정권 말기라는 한계가 커 결국 좌절되었다. 지금처럼 방송 콘텐츠가 (적어도 양적으로는) 풍요롭기 이전에, 유료화가 진행되어 국민적 부담이 늘어나기 이전에, 인상해야 했음에도, 방송을 도구로 여기는 정부 때문에 기회를 놓쳐 버렸다.

수신료로만 볼 때, 공영 방송은 안정적이고 예측 가능한 재원을 갖고 시청자 권리를 균등하게 존중하며 조직 운영의 효율을 높이는 책무성을 다해야 한다. 그러나 한국의 공영 방송들은 수신료의 정체停滯로 상업 방송과 재원 경쟁을 하지 않을 수 없어 의무도 달성하기 어렵게 되었다. 이런 명분과 실질 사이의 비대칭을 극복하기 위해서는 공영 방

9 이와 더불어 BBC의 거버넌스는 과거의 이중적 체제에서 이사회Board가 중심이 되는 단일 체제로 바뀌었다(Blumler, 2016). 수신료에 대한 BBC의 부담은 최근 정부의 영향력 강화로 나타났다.

송임을 입증하고 수신료를 인상해야 하지만, 당장의 필요(광고 의존) 때문에 이를 수행치 못하는 악순환 속에 있다.

셋째, 공식적 책무성과 비공식적 책무성 사이의 비대칭을 들 수 있다. 공식적 차원에서 볼 때, KBS에 대한 책무적 기제는 많다(조항제, 2014). 먼저 정기적 (재)허가를 위해 방송통신위원회의 평가와 심사를 받아야 한다. 예산에는 이사회의 의결이, 결산에는 방송통신위원회에 제출·감사원 검사·국회 승인이 필요하다. 이사회가 구성한 경영평가단의 경영 평가도 받는다. 국회는 따로 국정감사를 하고, 외부의 정기 및 특별 감사가 시행되기도 한다. 특히 부정기적 특별 감사는 KBS 사장의 임기 내 해임용 — 1990년 서영훈 사장, 2008년 정연주 사장 등 — 으로 '청부'된 경우가 많아 책무의 의미보다는 정치적 징벌의 의미가 더 컸다. 여기에 시청자의 권익을 보호하기 위한 시청자위원회, 시청자의 불만을 처리할 수 있는 시청자불만처리위원회 등의 설치 및 운영도 의무 사항이다. 방송통신심의위원회에 의한 일상적 (사후) 심의도 받아야 한다. 다소 강도가 약하기는 하지만 외부인으로 구성되는 이사회 역시 책무적 기제의 성격을 가진다. 이렇게 볼 때, KBS는 정치, 경영, 회계, 프로그램 등의 모든 활동에서 외부의 제재를 받는 셈이 된다.

그러나 이런 KBS의 운영이 책무성의 목표대로 투명하게 공개적으로 이루어진다고 생각하는 사람은 많지 않다. 이런 제도들이 수는 많지만, 법 자체가 미비해 대부분 겉치레에 그친다고 보기 때문이다. 사실 방송 같은 언론 기관에 외부에서 개입하는 것은 제대로 된 자유주의 국가라면 아무리 정당성이 있다 하더라도 그렇게 강제적인 것이 되기 어렵다. 특히 자유의 본령인 표현 영역에서는 더욱 그러하다.

KBS에 이런 공식적 책무성보다 훨씬 더 중요한 것은 다음에서 살펴볼 비공식적 책무성, 곧 대통령을 비롯한 '임명권자'의 정치적 이익이다. 앞서 언급한 많은 책무적 기제들은 대부분 '운용' 차원의 일상적인 것이고 그 자체로는 처벌 수준도 미미하다. 사장 이하 집행부를 정말 위협하는 것은 '특별 감사'가 웅변하듯이 정치적인 것이다. 이명박 정부 때 부활한 국정원 2차장 주도의 불법적 회의체(《한겨레》, 2008. 10. 23)가 정치적 판단을 내리면, 이런 기제들은 그저 명목을 찾아 주는 역할만 한다. 당시 정연주 사장은 이 과정에서 배임 등으로 해임되었다. 이런 공식적·비공식적 책무성 사이의 괴리야말로 '정치적 후견주의'의 대표적인 증거다.

넷째, 거버넌스 구성의 문제 중 하나로 공영 방송의 국민적 대표성과 이사회 구성·활동의 비대칭을 들 수 있다. 방송법은 KBS의 최고 의결 기구로 '이사회'를 두면서 이의 인적 구성 기준으로 '각 분야의 대표성을 고려하여'야 한다는 문구만 넣었다. 그러나 공영 방송이 가진 성격, 특히 재원인 수신료의 공평성을 고려해 보면 KBS의 거버넌스는 국민적 대표성과 방송적 전문성을 아울러 갖춰야 한다. 이 대표성이 구체적으로 어떤 형태를 띠고 어떤 과정을 거쳐야 하는지는 분명하지 않다. 중요한 것은 지금 같은 정당 추천 관행(정확하게는 국회다)으로는 이사회의 구성원들이 자신을 추천한 정치 세력의 정파성을 벗어나기 힘들다는 데 있다. 지금까지의 활동으로 미루어 보면, 이들은 전문성이나 대표성을 갖고 나름의 소신적 판단을 하기보다는 자신을 추천한 정당의 정치적 판단이나 이익을 대변할 뿐이다.[10]

10 이 때문에 정당 추천이라는 관행 자체를 없애야 한다는 지적이 많다. 그러나 한국에서 대통령과 의회, 지방 자치 단체 외에 국민적 대표성을 가진 존재는 없고, 정당은 이 모두에 공통한다. 따로 선거를 할 수도 있지만, 비용이 너무 많이 든다(선거를 하자는 의견도 있다. 이창근, 2009). 방송이 중요하다고는 하지만 이 정도까지는 아니다. 독

이런 비대칭 때문에 한국의 공영 방송에도 이탈리아의 로티차치오네lottizzazione나 독일의 프로포르츠Proporz처럼 아예 정파 간 자리를 골고루 배분해 어느 하나의 독주를 막아야 한다는 주장이 제기되었다. 이탈리아는 RAI의 세 채널을 좌파와 우파가 나누며, 독일 역시 주요 자리를 나누어 사장을 우파가 하게 되면 보도본부장은 좌파가 한다. 일본의 NHK나 독일의 ZDF가 하는 과반 이상의 특별 다수결정제 역시 아주 중요한 몇몇 사안에서만큼은 여야 합의를 도모하게 해 이런 공유共有를 돕는다. 물론 문제가 없지는 않다. 이는 스페인의 사례에서 증명된다. 스

---

일의 '평의회'처럼 시민 사회의 참여를 허용하는 방안도 있으나 국민적 대표성을 얻기가 쉽지 않다. 독일을 비롯한 중북부 유럽에서 사회를 구성하는 각종 조직이나 단체는 이들이 '코포라티즘'['조직(에 의해 사회가 구성되는)주의'라는 뜻이다]으로 불리는 만큼 역사적이고 시민적 대표성도 높다. 그러나 17~74명으로 구성되는 독일의 평의회는 영국의 트러스트 같은 전문가 조직에 비해 수는 훨씬 많으면서 방송 전문성은 약하다. 일부 '회색' 단체를 제외하면 좌/우의 정치 성향도 비교적 분명한 편이다. 방송평의회의 이 같은 약점을 보완하기 위해 독일에서는 전문가 위주의 경영평의회를 따로 둔다(Kleinsteuber, 2010; 심영섭, 2018). 시민 사회(시민 단체)의 자생성과 대표성이 약한 한국에서 독일 같은 형태로 평의회를 구성하려 한다면, 조직 선별에 많은 진통이 따르고 별도로 경영평의회도 만들어야 한다. 많은 연구들이 이를 장기적 안으로 여기는 이유가 여기에 있다(예컨대, 정용준, 2016; 정준희, 2018). '문제 해결'의 차원에 집중해 좀 더 단기적 안을 찾는다면, 대통령·여당의 다수(결정)제 방지가 목표인 특별다수제 안이나 정파성의 억제에 초점을 맞춰 여야가 일부를 공동으로 추천해 이들에 사실상 결정을 맡기는 '중립지대' 안이 있다. 야당에 좀 더 많은 의석을 할애하는 안(현재 KBS의 7:4에서 절대 수를 늘려 7:6이나 8:7로 만드는 안. 여기에서 증가된 절대 수는 다양성과 연관된다)은 권력을 나누는 데 좀 더 충실한 방식이다. 어느 안으로 하나 장단점이 교차한다. 그러나 만약 정치 논리가 지금과 같다면, 그 어느 안도 방송통신위원회(방통위)의 3:2에서 비롯하는 여/야 간 '나눠먹기'라는 경로 의존을 막기는 어려울 것이다. 신제도주의는 이런 관행 역시 제도의 주요한 일부로 보면서 진지하게 고려할 것을 요구한다.

페인의 특별 다수제는 여야 사이의 합의를 보지 못해 장기간 표류하다가 결국 이전의 과반다수제로 돌아가 버렸다.[11] 이 점 등은 제도 자체보다 제도를 제도답게 운용하는 정신이 더 중요하다는 점을 일깨운다.

## 4. KBS의 사장 선임 과정과 갈등

민주화 시기 들어 한국 공영 방송에서 가장 심각한 갈등은 사장 선임 과정에서 비롯되었다. KBS의 경우, 민주화 이후 30년간 11명의 사장이 거쳐 갔는데, 이 중 5명(서기원, 서동구, 김인규, 길환영, 고대영 등)이 선임 또는 재임 과정에서 파업이 있었다. 서기원은 이전 서영훈 사장의 해임과 연관된 정부의 방송 개입이, 서동구·김인규는 대통령과 직접 연관된 이전 경력(정치특보)이 문제가 되었다. 길환영과 고대영은 외압과 공정성 훼손이 이유였다. 이 중 서동구는 1개월 만에 조기 사퇴했고, 길환영과 고대영 역시 중도 해임되었다. 서기원과 김인규만 임기를 다했다. 서동구를 제외하면 모두 보수 정부 때 임명된 사장들이었다. 노무현 정부 때 임명된 정연주는 정권이 바뀌자 '부당'하게 해임되었다(법원 판결). 당시 파업은 없었지만 상당수의 조합원들이 '사원 행동'을 결성해 반발했고 이의 결과로 새 노조가 생겼다. 이로써 KBS노동조합은 'KBS노조'와 (언론노조의 KBS) '본부노조'로 이원화되었다(조항제, 2018).

이들 사장의 평균 재임 기간은 임기인 3년에 훨씬 못 미치는 2년 1개월이며, 사장의 출신 배경은 KBS 및 방송 출신이 가장 많아 6명이

11 이상 자세한 내용은 조항제(2014)를 참조하라.

고(현재의 양승동 사장 제외), 해직/언론인 출신이 4명이며, 드물게 시민 단체 출신도 있다. 가장 제도에 맞게, 그러니까 정치권의 (노골적) 영향 없이 위원회의 재량으로 선출한 사장이 시민 단체 출신의 서영훈이며, 진보 정부가 선출한 사장들은 해직/언론인 출신이 많고, 보수 정부는 대부분 KBS 및 방송 출신을 뽑았다. 이들 중 정상 임기를 채운 사람은 5명이며, 사실상 불신임인 잔여 임기만 채운 사람을 제외하면 불과 3명뿐이다(27.3%). 이렇게 임기를 채우지 못한 경우, 불법 여부를 두고 재판을 거쳤는데 한 사람(정연주)은 불법으로,[12] 다른 한 사람은 적법(길환영)으로 판정되었다. 이로써 좋은 의미든 나쁜 의미든 한국에서도 사장의 임기는 큰 의미가 없게 되었다.[13] 뽑는 방식도 완전히 제도화가 안 되어 주로는 이사회에서 뽑았지만 때로 사장추천위원회를 거치기도 했다. 이탈리아의 정치미디어학자 크리스 한레티Chris Hanretty(2009)는 이런 사장의 임기와 교체 시기가 독립성과 밀접한 관련이 있다고 주장했는데, 이에 따르면 한국의 KBS 역시 독립성이 매우 낮다고 볼 수 있다.

12 법적 판정은 '불법'이 아니라 '부당'이다. 하지만 나는 규범의 확신적 침해라고 보아 '불법'으로 썼다. 불법이라 해서 역사를 되돌려 원상을 회복할 수 있는 것은 물론 아니며, 뒤늦게 당사자를 처벌하는 것도 불가능하다. 그러나 같은 일이 얼마나 재연될 수 있느냐(명백하게 금지하는 행위냐, 아니냐)는 미래의 차원에서 이 차이는 중요하며, 역사가 이를 어떻게 기록할 것인가 하는 명분의 차원에서도 중요하다(조항제, 2014).

13 주지하다시피 서구의 유수 공영 방송에서는 사장의 임기가 없다. 그러나 문제가 생기면 직을 유지할 수도 없다. 대표적인 경우가 2013년 취임 2개월 만에 사퇴한 BBC의 조지 엔트위슬George Entwistle이다. 그렉 다이크Greg Dyke도 '길리건-허튼' 스캔들이 터지자 자리에서 물러났다. 정연주 사장이 문제되었을 때, 임면권과 임명권의 차이나 임기가 주는 안정성 등이 주장된 적이 있지만, 법적으로 임명권과 임면권이 큰 차이가 없게 유권 해석이 되었고, 이후 적법하게 해임된 경우(길환영)도 발생해 한국의 경우도 이제 임기는 큰 의미를 갖기 어렵게 되었다.

### 표. 민주화 이후 KBS 사장의 정상적 임기 유무(1988~2018)

| 임기 | 이름 | 기간 | 이전 경력 및 특기 사항 | 정상적 임기 유무 | 비고 |
|---|---|---|---|---|---|
| 8대 | 서영훈 | 1988. 11~1990. 3<br>(1년 4개월) | 흥사단 이사장<br>(시민 단체 출신) | × | |
| 9대 | 서기원 | 1990. 4~1993. 3<br>(2년 11개월) | 서울신문 사장 | ○ | 퇴진 투쟁 |
| 10, 11대 | 홍두표 | 1993. 3~1998. 4<br>(4년 11개월) | TBC 사장<br>(최초의 방송 출신) | × | |
| 12, 13대 | 박권상 | 1998. 4~2003. 3<br>(4년 11개월) | 동아일보 편집국장<br>(해직 언론인) | ○ | |
| 14대 | 서동구 | 2003. 3~2003. 4<br>(1개월) | 한국언론재단 부이사장<br>(해직 언론인) | × | 퇴진 투쟁 |
| 15, 16,* 17대 | 정연주 | 2003. 4~2008. 8<br>(5년 4개월) | 〈한겨레신문〉 논설위원(해직 언론인) | × | 불법 해임 |
| 18대 | 이병순 | 2008. 8~2009.11<br>(1년 3개월) | KBS 뉴미디어본부장<br>(최초의 KBS 출신) | ○ | (잔여 임기) |
| 19대 | 김인규 | 2009. 11~2012. 11<br>(3년) | KBS 특임본부장<br>(대통령 특보출신) | ○ | 퇴진 투쟁 |
| 20대 | 길환영 | 2012. 11~2014. 7<br>(1년 9개월) | KBS 제작본부장 | × | 적법 해임 |
| 21대 | 조대현 | 2014. 7~2015. 7<br>(1년) | KBS미디어 사장 | ○ | (잔여 임기) |
| 22대 | 고대영 | 2015. 7~2018. 1<br>(2년 6개월) | KBS 정치부장<br>KBS비즈니스 사장 | × | 퇴진 투쟁 |
| 23대 | 양승동 | 2018. 3~ | KBS 프로듀서 | 현직 | |

* 당시 이사회가 바뀌면서 사장을 재신임해 1대가 지나갔다.

출처: 조항제(2014: 297)에서 민주화 부분만 발췌해서 보완.

앞서 잠시 언급한 대로 이를 나는 '정치적 후견주의'로 정리한 바 있다. 이 주의는 "합리적·법적 권위가 통용되지 않는, 곧 후견 관계 외의 다른 법이나 시장, 시민 사회의 논리 등이 배제되거나 조건화되어 활용되는 상태를 말한다. 미디어로 말하면, 편견이나 특권이 없는 비당파적 시민 서비스, 자율적·법적 체계, 전문직주의적 저널리즘 등에 전형적으로 반대되는 양태"(조항제, 2014: 235)다. 후견주의는 단적으로 '사람'을 매개로 정치 권력이 후견인이 되고 공영 방송이 피후견인이 되는 관계다. 이는 앞서도 본 대로 반드시 비법적인 것은 아니다. 오히려 법을 조건화시켜 현직 권력의 당파적 이익을 최대화시킨 상태로 보는 것이 맞다. 이런 관계가 비단 한국이나 남부 유럽, 라틴아메리카 같은 신생 민주주의에만 있지 않다. 서구의 대표적인 공영 방송들에도 이런 후견 관계는 존재한다.[14] BBC조차 최근에는 책무성을 명분으로 거버넌스가 일원화되면서 특유의 자율성을 잃고 있다는 비판을 받는다(Freedman, 2018). 후견주의와 반대로 간주되는 (민주주의·자유주의) 코포라티즘 역시 후견주의적 요소를 상당히 갖고 있다. 다만 코포라티즘은 발전된 수평적 연대와 합리적·법적 관계[15]가 후견주의의 사적·지배적 요소를 상당히 중화시킬 뿐이다(Hallin

---

14 이를테면, 영국/BBC의 토니 블레어Tony Blair 수상과 그렉 다이크 사장의 관계만 봐도 이를 짐작할 수 있다. 둘은 후견주의의 요건 중 하나인 사적 관계(친구)를 맺고 있었다. 아마도 블레어의 다이크 임명에는 이런 관계가 조금은 작용했을지 모른다. 그러나 주지하다시피 둘은 '길리건-허튼 스캔들'로 (비)극적으로 헤어졌다. 다이크의 재임 기간 중 블레어를 특별히 어느 선 이상으로 비호했다는 보고 역시 찾아보기 힘들다. 물론 더 비판하는 경우도 없었을 것이다. 대처 정부 시절에는 이와 유사한 사례가 더 많다. 일반적으로 이를 후견주의로 보지는 않지만 그렇다고 이런 사실까지 없어지는 것은 아니다.

15 이런 합리적·법적 관계는 이를테면 영국의 경우 BBC가 10년마다 재허가(칙허장)

& Mancini, 2004). 공영 방송의 정치적 독립은 신생 민주주의에서는 말할 것도 없고 서구 민주주의에서조차 아직도 진행형의 사안이다(Šimunjak, 2016). 이를 공영 방송의 본질적 한계로 볼 수도 있지만, 이런 갈등을 '눈에 보이게 하는 것'이야말로 공영 방송의 가장 큰 장점이다.[16]

둘째, 사람을 매개로 하는 만큼 정치적 후견주의의 무기는 인사권이다. 정치권력으로부터 어느 정도 전권을 부여받은 KBS 사장은 자신이 받은 명시적·암묵적 오더를 중심으로 사내에 자신의 배제적 '친위' 집단을 구성한다. 이는 조직 이론에 나오는 동형화isomorphism와 흡사한 현상이다. 동형화란 집단을 합리화하는 현상 중 하나로, 환경적 조건에 적응하기 위해 한 단위를 다른 단위로 유사하게 만드는 동질화 조치다. 이런 동형화에는 크게 '제도적인 것'과 '(시장) 경쟁적인 것'이 있고, 제도적인 것은 다시 세 가지, '강제적인 것'과 '모방적인 것,' 그리고 '규범적인 것'으로 나뉜다(Dimaggio & Powell, 1983). 후견주의의 동형화는 대통령으로부터 내려오는 강제적인 것(위계적 인사권)으로 출발해 그 위에 모방적인 것(친위 집단의 구성)이 더해지는 형태를 띤다(조항제, 2018). 이런 동형화가 관행화되면 규범과 비규범 사이의 구별이 어려워지게 된다. 사장을 따라 후견인의 편에 서는 것이 마치 규범처럼 되어 버리는 것이다(규

---

를 받을 때 조직하는 '위원회'나 독일 사법부의 유명한 '방송 판결' 같은 것을 포함한다. 행정부나 의회, 이사회는 하기 어려운 결정을 선분가나 사법부가 해 주면서 여야는 대립을 간접화시킬 수 있다.

16 주지하다시피 사기업에서 이런 갈등은 눈에 보이지 않는다. 미디어 연구에서 '소유주나 광고의 보도에 대한 영향'처럼 중요한 주제가 잘 연구되지 않는 것도 증거가 바깥으로 잘 나오지 않기 때문이다. 이 어려움에 대한 지적은 한레티(Hanretty, 2014)를 참조하라.

범적인 것). 이례적으로 현직 보도국장까지 기명으로 참여하면서 자사의 기자협회를 비판했던 KBS '정상화모임'의 성명은 이런 동형화의 대표적인 사례다(조항제, 2017).

셋째, 한국에서 정치적 후견주의는 보수와 진보 간 상당한 차이가 있다. 정치적 자원에서 현저하게 열세에 있던 진보 역시 방송에 기대는 바가 컸으므로 야당이 집권한 이후에도 후견주의의 도구적 방송관은 청산되지 못했다. 그러나 보수와 진보는 '이명박–김인규'와 '노무현–정연주' 관계에서 전형적으로 볼 수 있는 바대로 나름의 큰 차이가 있다. "이명박 정부의 국정 철학을 적극 구현할 사람이 KBS 사장이 되어야 한다"는 당시 청와대 국정기획수석(박재완)의 노골적 발언(정현상, 2008)이나 김인규의 이후 행보에 비추어볼 때, 이명박–김인규는 직접적인 후견주의로 볼 수 있고, 재임 중 권력의 개입이나 간섭의 행적이 거의 발견되지 않지만 이념적 수준에서는 큰 친화성을 지녔던 노무현–정연주는 간접적인 후견주의에 해당한다고 할 수 있다. 후견인과 피후견인 사이에 특별한 사적 관계가 없음에도 후견주의가 되는 이유는 합리적–법적 관계의 결정력이 상대적으로 미흡하고, 제도보다는 사람 관계에서 중요한 의사 결정이 이루어져 엽관제나 정실주의라는 공격에 그만큼 취약하다고 보아서다. 상대적으로 중간 지대의 영역이 넓지 않고 인사권의 행사 등이 그만큼 배제적으로 이루어지는 탓이다.

후견주의가 가르쳐 주는 교훈은 일차적으로는 제도 자체의 강화 필요성이다. 공영 방송은 법으로 의미나 활동 영역, 재원이 분명하게 정해져야 한다. 그래야 정권의 부침이나 교체 등에서 오는 영향을 최소화할 수 있다. 특히 거버넌스와 관련된 법은 빨리 개정되어야 한다. 지금의 안이 미흡하다고 해서 자꾸 미루게 되면 기왕의 답보를 반복하면서 여당으로서의 반사 이익만 누린다는 비판에 노출되기 쉽다. 둘째, 권력을 가능한 분산시켜 정치에서의 승자독식주의가 닮은꼴로 이어지지 않게 해야 한다. 노동조합이나 전문직협회(기자협회, 프로듀서협회, 기술인협회) 같은 다양한 수평적 연대들이 제도화되어 사장의 권한을 견제할 수 있어야 한다(조항제, 2018). 전문직주의가 강화되어 방송인 개인이 가질 수 있는 자율성도 커져야 한다. 거버넌스의 독립성과 보도의 독립성은 관계가 없지는 않지만 다른 차원의 사안이다. 셋째는 가장 실질에 가까운 대안으로, 38년 동안 묶여 있는 수신료 봉인을 '해제'해야 한다. 이를 위해 공영 방송은 스스로의 정체성을 입증해야 한다. 수신료 인상은 방송과 주변이 정말 열심히 노력하지 않으면 달성하기 어려운 과제다. 부담자(시청자)를 비롯해 모든 관계자가 꺼리는 사안이다. 그러나 사실 수신료는 인상만 된다면 공영 방송만이 아니라 주변에도 상당한 선순환을 불러 올 수 있는 호재다. 광고비가 일부 이전되는 경제적 효과뿐만 아니라 공영 방송이 목표하는 다양하고 질 높은 콘텐츠가 일으키는 '상승효과multiplier effect'를 일으킬 수 있기 때문이다.

## 5. 정치권과 방송의 분투를 기대하며

한국 공영 방송의 숙제는 악순환을 하루빨리 극복하는 것이다. 이 악순환은 크게 두 가지다. 하나는 정치적 후견주의의 악순환이다. 여야 간 합의하에 제도적 절차가 완성되면 악순환이 극복될 수 있지만, 바로 그 합의의 정치(적 후진)성 때문에 이도 저도 못하는 답보 상태에 빠져 있다. 그리고 이 답보는 여당의 프리미엄을 계속 재생산한다. 단기간 내에 한국

정치가 후진성을 벗을 수는 없으므로 지금 당장 최대주의 안을 만들어 내는 것은 불가능하다. 차선을 찾고 이를 최선으로 만들어가는 노력을 꾸준하게 경주해야 한다는 말이다. 둘째, 수신료의 악순환이다. 한국의 수신료는 주지하다시피 38년 동안 단 한 차례도 인상하지 못했다. 그 이유는 공영 방송이 스스로 자신의 정체성을 국민 앞에서 입증하지 못했기 때문이다. 사장 선/해임을 비롯한 공정성 시비와 재원을 위한 상업 방송과의 경쟁이 이런 입증에 가장 큰 걸림돌이었다. 공영 방송의 가장 큰 장점인 '독립성'과 '높은 질'을 스스로 실천하지 못하므로 시청자에게 인상 요구도 할 수 없었다. 그러므로 이 두 악순환을 푸는 첫 번째 열쇠는 비록 낮은 수준에서라도 여야가 합의해 공영 방송을 정쟁의 압박으로부터 벗어나게 하는 일이다.

나는 한국의 방송 문제가 상당 부분 한국 정치의 후진성에서 온다고 주장한 바 있다(조항제, 2014). 취임한 날부터 레임덕을 느껴야 하는 단임제와 단 1표만 더 있어도 모든 권력을 갖는 승자독식, 여야 간 차별이 크지 않은 정강·정책, (지금은 다소 약해졌지만) 강력한 지역주의 투표, 갈등을 극단화시키는 보수/진보의 이분법적 진영 문화 등은 한국의 공영 방송에 상당한 질곡으로 작용한다. 여기에 법제도도 미비하고 수신료까지 답보를 계속하므로 공영 방송이 가질 수 있는 자율적 공간은 매우 협소하다. 사실 이런 조건에서 KBS나 MBC가 공영 방송다워진다는 것은 연목구어에 가깝다. 보수주의 정부에서 더 갈등이 컸던 건 이 정부의 여론 조작 필요가 더 컸기 때문이다.

그러나 지난 30년의 세월이 반드시 헛된 것은 아니다. 꾸준하게 발전도 있었다. 특히 내부적 기제인 노동조합은 정치적 고비 때마다 후견주의와 대립해 나름의 성과를 거두었다. 외부의 시민 사회 역시 이제는 상당히 성숙했다. 세월호 사태 때 나타난 내/외부의 합심은 이의 정화라 할 만하다. 결과적으로 불공정성을 조장한 사장은 해임되었고 이 해임은 적법으로 판정되었다. 설사 지금의 악순환이 반복된다고 해도 세월호 때와 같은 보도는 더 이상 있기 어려울 것이다. 그러나 역사적 제도주의가 포착하는 경로 의존은 이런 희망 섞인 전망을 때로 무위로 돌린다. 분명히 내부적으로 변화의 필요는 확인된다. 그러나 '결정적인 전기'를 만들지는 못하고 있다.

공영 방송의 정치적 독립은 신생 민주주의에서는 말할 것도 없고 서구 민주주의에서조차 아직도 진행형의 사안이다. 이를 공영 방송의 본질적 한계로 볼 수도 있지만 이런 갈등을 눈에 보이게 하는 것이야말로 공영 방송의 가장 큰 장점이다. 소유주의 헤게모니가 강한 상업 방송에서 이런 갈등은 거의 바깥으로 드러나지 않는다. 이 부분에 문제를 제기한 편집권 논쟁 역시 그렇게 큰 소득을 남기지는 못했다. 한국에서 공영 방송에 대한 합의는 상당히 강하다. 그러나 방송의 일이 혼자만의 것이 아니듯이 방송 문제는 방송만으로는 해결이 어렵다. 결정적 전기를 만들 수 있는 정치권과 방송 모두의 분투를 기대한다.

#### 참고 문헌

강원택 (2005). "한국의 이념 갈등과 진보·보수의 경계," 〈한국정당학회보〉, 4-2, pp.193~217.

강형철 (2008). "방송통신융합 시대의 공영방송 규제," 〈방송문화연구〉, 20-1, pp.7~34.

심영섭 (2018). "독일 방송평의회 제도를 통해 본 한국 공영방송 지배구조의 재구조화," 〈문화와 정치〉, 5(3), pp.139~174.

이수정 (1983). 연설문.

정용준 (2016). "공영방송의 지배 구조에 대한 고찰," 〈방송통신연구〉, 96, pp.136~158.

정준희 (2018). "시민사회의 확장을 통한 정치적 후견주의의 제어," 〈언론정보연구〉 55(1), pp.56~118.

정철운 (2016).《박근혜 무너지다》. 메디치.

정현상 (2008, 8월호). "박재완 청와대 국정기획수석비서관: KBS사장, 이명박 정부 국정철학 적극 구현할 사람 돼야," 〈신동아〉, pp.93~108.

조항제 (2014).《한국 공영 방송의 정체성》. 컬처룩.

조항제 (2016). "공영방송의 미래적 모색: 공론장과의 공진화," 〈언론과학연구〉, 15-4, pp.405~446.

조항제 (2017). "한국의 민주화와 언론(1987 2017)," 〈언론과 사회〉, 25-3, pp.11~78.

조항제 (2018). "한국 공영방송 노동조합의 자율성 투쟁 — 반후견주의와 전문직주의 노조주의," 〈언론정보연구〉, 55-2, pp.112~168.

Bannerman, S., & Haggart, B. (2015). "Historical institutionalism in communication studies," *Communication Theory*, 25, pp.1~22.

Blumler, J. G. (2016). "To be independent or not to be independent, that is the question: BBC-UK government relations, 2016," *Publizistik*, 61, pp.305~320.

Dimaggio, P. J., & Powell, W. W. (1983). "The iron cage revisited: Institutional isomorphism and collective rationality in organizational fields," *American Sociological Review*, 48, pp.147~160.

Fenton, N., & Freedman, D. (2018). Fake democracy, bad news. Available: http://research.gold.ac.uk/22330/1/Fenton-Fake_democracy.pdf.

Freedman, D. (2018). ""Public service" and the journalism crisis: Is the BBC the answer?" *Television & New Media*, 1-16. DOI: 10.1177/1527476418760985.

Hall, P. A., & Taylor, R. C. R. (1996). "Political science and the three institutionalism," *Political Studies*, 44, pp.936~957.

Hallin, D., & Papathanassopoulos, S. (2001). "Political clientelism and the media: Southern Europe and Latin America in comparative perspective," *Media, Culture & Society*, 24(2), pp.175~195.

Hallin, D., & Mancini, P. (2004). *Comparing media systems*. Cambridge: Cambridge University Press.

Hanretty, C. (2009). "Explaining the de facto independence of public broadcasting," *British Journal of Political Science*. 40(1), pp.75~89.

Hanretty, C. (2014). "Media outlets and their moguls: Why concentrated individual or family ownership is bad for editorial independence," *European Journal of Communication*, 29(3), pp.335～350.

Kleinsteuber, H. (2010). "Public service broadcasting councils in Germany," In G. F. Lowe (Ed.), *The public in public service media* (pp.213～225). Goteborg: Nordicom.

Mills, T. (2016). *The BBC: Myth of public service*. London: Verso.

Pickard, V. (2010). "Reopening the postwar settlement for U.S. media: The origins and implications of the social contract between media, the state, and the polity," *Communication, Culture & Critique*, 3, pp.170～189.

Šimunjak, M. (2016). "Monitoring political independence of public service media: comparative analysis across 19 European Union Member States," *Journal of Media Business Studies*, 13(3), pp.153～169.

# 인터넷 포털

## 뉴스 생태계의 포식자

3장

박영흠

박영흠은 협성대학교 초빙 교수로 디지털 저널리즘, 디지털 기술과 사회 변동, 저널리즘과 민주주의 등에 대해 연구하고 있다. 서강대학교 신문방송학과를 졸업하고 같은 학교 대학원에서 박사 학위를 받았다. 지역신문발전위원회 전문위원과 서강대학교 언론문화연구소 선임연구원을 지냈다. 저서로는 《지금의 뉴스》, 《왜 언론이 문제일까?》, 논문으로는 "한국 디지털 저널리즘의 사회적 형성" 등이 있다.

포털 사이트는 한국의 디지털 생태계를 지배하는 '포식자'다. 우리의 인터넷 활동은 포털로 시작해 포털로 끝난다. 사람들은 포털에서 물건을 사고, 음악을 듣고, 웹툰을 본다. 포털로 집을 구하고 길을 찾으며 예약을 한다. 하나의 사이트에서 모든 일을 간편하고 효율적으로 해결하는 포털 시스템은 분명 이용자들의 편익을 증진시킨다. 하지만 막대한 자본력과 압도적인 검색 점유율을 앞세운 대형 포털의 독식은 소규모 IT 기업의 생존과 지속적 혁신을 통한 디지털 생태계의 다양성 구현에는 결코 바람직하지 않은 일이다.

포털portal은 본래 '관문'을 뜻한다. 그러나 한국의 포털 사이트는 웹의 세계로 들어가는 단순한 관문의 역할에 만족하지 않는다. 우리는 포털을 '통해서through' 콘텐츠를 이용하는 것이 아니라 포털 '안에서in' 콘텐츠를 이용한다. 포털은 다양하고 풍부한 콘텐츠를 제공해 이용자들이 사이트에 체류하는 시간을 늘리는 전략으로 트래픽을 확보하고 잉여 가치를 창출함으로써 독점적 지위를 확보했다.

포털로의 권력 집중이 두드러진 곳 가운데 하나가 뉴스 영역이다.

인터넷 이용자들 대다수는 포털에 의존해 뉴스를 소비하고 있다. 전체 이용자의 70.9%가 모바일 기기를 통해, 30.7%가 PC를 통해 포털 뉴스를 소비한다. 인터넷 뉴스 이용자들의 85.6%는 포털 사이트 첫 페이지의 뉴스 제목을 보고 클릭하는 방식으로 뉴스를 이용하고 있다. 직접 언론사 홈페이지를 찾아가 이용한다는 이들은 9.2%에 불과하다(한국언론진흥재단, 2017). 이런 독점적 뉴스 이용 환경에서는 아무리 역량이 뛰어난 언론사라 하더라도 포털 사이트와 공급 제휴를 맺지 않으면 이용자들과 만나기 어렵다.

지금의 뉴스 환경에 이미 익숙해진 우리에게는 지극히 당연한 것처럼 인식되지만, 포털에 과도하게 의존하는 뉴스 소비는 한국에서만 발견되는 독특한 현상이다. 로이터 저널리즘연구소가 매년 세계 주요 국가들의 디지털 뉴스 이용과 유통 환경을 비교 조사하여 발표하는 〈디지털 뉴스 리포트〉에 따르면, 한국은 검색 서비스를 통해 뉴스를 소비하는 이용자의 비율(47%)에서 압도적인 1위를 달리고 있다. 큰 격차로 2위를 차지한 일본을 제외하면 한국과 비슷한 뉴스 이용 환경을 가지고 있는 나라는 없다(Reuters Institute, 2018).

왜 유독 한국에서만 포털이 지배적인 뉴스 이용 창구로 자리 잡은 걸까? 포털 중심의 뉴스 이용 환경은 디지털 전환의 자연스럽고 필연적인 결과가 아니라 한국 사회의 정치경제적 맥락, 포털 자본의 수익 추구 전략, 전통적 뉴스 미디어의 전략적 대응 실패 등 여러 가지 요인과 선택들이 복합적으로 맞물리며 역사적으로 구성된 결과였다. 만일 몇 차례의 역사적 국면에서 언론과 사회가 다른 선택을 했다면, 한국의 뉴스 시장은 지금과 상이한 형태를 띨지도 모른다.

이 장에서는 한국의 뉴스 생태계에서 포털이 지배적 행위자로 부상하는 과정을 추적한다. 더불어 뉴스 산업의 지각 변동 속에서 전통적 뉴스 미디어가 어떻게 대응했는지, 결과적으로 포털이 한국 언론에 어떤 영향을 미쳤는지를 검토한다. 저널리즘의 관점에서 본다면 이 과정은 실패와 몰락의 역사라 할 수 있다. 그럼에도 이 과정을 애써 복기하는 이유는, 그것이 앞으로 계속될 미디어 환경의 변화 과정에서 언론의 바람직한 대응 방향을 고민하고 플랫폼과 언론의 공존 전략을 모색하는 출발점이 될 것이기 때문이다.

## 1. 포털의 등장, 포털 저널리즘의 시작

한국에서 검색 포털이 처음 등장한 것은 1995년의 일이다. 코시크, 까치네, 심마니, 와카노 등 다양한 토종 검색 엔진들이 먼저 선보였고, 1997년 야후와 라이코스 등 글로벌 검색 엔진들이 상륙하기 시작하면서 한국 검색 시장을 놓고 치열한 경쟁이 벌어졌다.

토종 포털 사이트의 대표 주자였던 다음커뮤니케이션은 1997년 5월 한국 최초의 무료 웹메일 서비스 '한메일'(hanmail.net)을 선보였고, 1999년 5월 '카페'라는 이름의 커뮤니티 서비스를 시작하며 많은 이용자를 확보했다. 하지만 이때까지만 해도 포털 사업에는 이렇다 할 수익 모델이 없었다. 아직 온라인 광고 시장의 규모가 크지 않았기 때문이다.[1]

---

1 인터넷 대중화 초기에 인기를 끌었던 커뮤니티 사이트 '프리챌'은 2002년 11월 커뮤니티 서비스 유료화를 시도했다가 급속한 몰락의 길을 걸었다. 프리챌의 선택과 실패는 광고 시장이 충분히 성숙하지 않았던 당시의 인터넷 환경과 무관하지 않다.

포털 네이버를 서비스하는 ㈜NHN이 주목을 끌기 시작한 것은 2002년 10월 '지식iN'이라는 지식 검색 서비스를 내놓으면서부터다. 네티즌이 질문을 던지면 다른 네티즌이 자신의 지식을 바탕으로 직접 답변을 올리는 '묻고 답하기' 방식의 서비스였다. 6개월 만에 100만 개를 넘어선 지식iN의 검색 데이터베이스를 제작하고 축적하는 일은 오로지 자발적 이용자들의 '공짜 노동free labor'으로 이루어졌다. 하루 평균 1만 개의 질문과 2만 개의 답변이 달리면서 주간 페이지뷰는 4억 건에 이르렀다(장정훈, 2007: 145~146). 2001년 12월 검색 부문 점유율 18%에 머물던 네이버는 지식 검색 도입 이후인 2002년 12월 29%에 올라섰고, 블로그 서비스 도입 이후인 2003년 12월에는 51.17%로 급상승하며 마침내 검색 부문에서 부동의 1위에 올라섰다(임원기, 2007: 109).

이후에도 포털은 동영상 시청, 인터넷 쇼핑몰, 다양한 엔터테인먼트 콘텐츠 등 서비스를 확장하며 검색을 위해 찾아온 이용자들이 또 다른 클릭을 하도록 유도했다. 때마침 온라인 광고 시장의 눈부신 성장세가 이어지면서 사이트 방문자 수 증가는 포털 자본의 가치 증식으로 이어지게 되었다. 온라인 광고 시장은 2001년 1281억 원, 2002년 1850억 원, 2003년 2700억 원, 2004년 3927억 원, 2005년 5669억 원, 2006년 7790억 원으로 빠르게 성장했다(이원섭, 2005: 2007).

뉴스는 출범 초기부터 포털이 메인 화면의 눈에 잘 띄는 곳에 배치하는 '킬러 콘텐츠'였다. 초기의 포털이 뉴스에 집중했던 이유는 검색 결과로 노출할 웹문서가 많지 않았던 당시의 국내 인터넷 환경에서 뉴스만큼 이용자 도달률이 높으면서 품질을 신뢰할 수 있는 콘텐츠가 많지 않았던 탓이 컸다(이상헌, 2004). 적은 비용으로 지속적인 공급이 가능하면서도 다양한 집단의 이용자들이 주목하는 뉴스는 포털의 입장에서 매우 매력적인 콘텐츠였다.

당시 언론사들은 이미 각자 홈페이지를 구축하여 뉴스를 배포하고 있었다. 1995년 3월 〈중앙일보〉가 홈페이지 조인스닷컴을 통해 한국어로 된 뉴스를 처음 서비스했다. 이후 〈조선일보〉(1995년 11월), 〈한겨레〉(1996년 4월), 〈동아일보〉(1996년 6월)가 잇따라 홈페이지를 구축하고 뉴스를 서비스했다. 초기의 포털들은 기사의 앞부분만 '맛보기'로 보여 줄 뿐이었고, 기사 전문을 보려면 링크를 통해 해당 언론사 사이트에 직접 방문해야 했다(홍진석, 2006).

하지만 1999년경 언론사들은 자사 홈페이지 유입 감소를 무릅쓰고 포털에 뉴스 콘텐츠를 유료로 공급하는 선택을 내린다(최민재, 2005: 32). 언론사가 자신이 생산하는 뉴스를 포털 사이트에 턴키turn-key 방식으로 일괄 제공하고 포털이 언론사 홈페이지와 별도로 대다수 언론사의 뉴스를 서비스하는 한국의 기형적 뉴스 유통 구조는 이때 처음 만들어졌다.

언론사들이 이 같은 '자해적' 선택을 했던 배경에는 당시 언론사들이 겪고 있었던 혹독한 경영난이 자리 잡고 있다. 1997년 IMF 외환 위기 이후 신문 제작 원가 가운데 가장 큰 비중을 차지하는 신문 용지 가격은 환율 인상과 고금리로 인해 전년보다 20% 이상 인상된 반면, 신문사 수입의 70~80%를 차지하던 광고 수입은 기업들의 도산과 광고비 축소로 전년에 비해 30% 이상 감소하면서 신문사들의 경영을 압박했다(송의달, 1998: 86). 경영 악화로 폐간하는 신문사들이 나오고 살아남은 신문사들도 인력 감축, 임금 삭감을 단행했다. 살아남기 위해서는 새로운 수익 창구를 개발해야 했다.

생존을 위한 변화의 단초는 마침 대중화가 시작된 인터넷에 있었다. 언론사들은 당시 뜨거웠던 벤처 열풍에 편승해 앞다퉈 인터넷 뉴스 서비스를 담당하는 닷컴사들을 독립 법인으로 설립했다. 명색이 대형 언론사들의 자회사였지만, 닷컴사들의 규모는 영세하기 짝이 없었다. 재무적으로 건전하지도 않았고 수익률도 상당히 저조했다. 인터넷 뉴스 유료화가 실패하면서 수익 모델을 마련하지 못했기 때문이다. 데이터베이스 활용이나 제휴 콘텐츠를 통한 부가 서비스 정도로는 보잘것없는 수익을 올릴 뿐이었다. 이때까지만 해도 언론계에는 온라인을 오프라인 신문 기사의 부차적 배급 창구 정도로 보는 시각이 뿌리 깊이 박혀 있었기 때문에, 모기업의 인력 지원이나 투자도 많지 않았다.

그럼에도 계속되는 신문 산업의 위기 속에서 경영난에 시달리던 모기업들의 이윤 창출 요구는 그치지 않았다. 누적된 적자 속에서 별다른 수익원을 찾지 못했던 닷컴사들은 결국 뉴스를 월별 수백만 원 수준의 낮은 단가로 포털에 판매해 단기적 수익을 올리는 선택을 하고 말았다. 뉴스 이용에 비례하여 증식되는 가치의 대부분이 포털 자본에 귀속되고 뉴스를 생산한 언론사는 제한적 수익만을 할당받는 비대칭적 구조를 받아들인 것이다.

이러한 사실은 두 가지 함의를 내포한다. 첫째, 공들여 취재한 기사를 포털사로 헐값에 통째로 넘기는 계약을 할 만큼 전통적 뉴스 미디어들은 가까운 시일 안에 포털 사이트, 나아가 인터넷이 주된 뉴스 이용 채널이 될 것이며 디지털 뉴스가 막대한 수익의 원천이 될 것이라는 예상을 전혀 하지 못했다. 디지털 공간을 바라보는 언론사들의 인식은 그만큼 구태의연하고 근시안적이었다.

둘째, 초기 한국 언론의 디지털화는 저널리즘 외적인 요인에 따라 장기적 전망과 충분한 준비 없이 시작되었다는 것이다. 언론사들의 디지털 사업 진출은 인터넷의 기술적 속성에 대한 분석 끝에 이를 활용하여 저널리즘의 공적 기능과 가치를 극대화하려는 계획에 따라 이루어진 것이 아니라, IMF 위기 이후 만성적 경영난 속에서 기업으로서의 생존을 도모하고 축적의 한계를 돌파하려는 산업적 목적에서 졸속으로 단행되었다.[2]

인터넷 시장의 잠재력에 대한 전망과 적정 뉴스 판매가에 대한 면밀한 검토 없이 이루어진 언론사와 포털 간 뉴스 공급 계약은 향후 한국 디지털 뉴스 생태계의 작동 원리를 지속적으로 제약하는 요인으로 작용했다. 첫 단추를 잘못 꿰면 이후의 모든 단추들이 어긋나기 마련이다. 이 결정은 한국 디지털 뉴스 산업의 '잘못 꿴 첫 단추'라 할 수 있다.

그러나 이때까지만 해도 이것이 한국 저널리즘의 지형을 근본적으로 바꿀 '결정적 순간'임을 인지한 사람은 거의 없었다. 막강한 권력을 갖는 전통적 언론사들과 비교하면 아직 포털은 미미한 힘을 가진 신생 벤처 기업에 불과했고, 포털을 통해서 뉴스를 소비하는 이들도 그리 많지 않았기 때문이다. 아직까지 뉴스는 언론사 홈페이지 주소를 입력하고 직접 찾아가 이용하는 서비스였다.

2 2000년 한국언론재단이 47개 언론사를 대상으로 실시한 설문 조사 결과에 따르면, 인터넷 사업을 시작한 이유로 "경쟁 매체에 뒤지지 않기 위해서"라고 응답한 언론사가 22개사(46.8%)로 가장 많았다(한국언론재단, 2000: 91).

## 2. 포털 뉴스 이용의 보편화

2001년까지만 해도 포털 사이트에서의 뉴스 이용은 대중의 지배적인 뉴스 소비 행태와는 거리가 멀었다. 대중의 이목이 뉴스에 집중된 9·11 테러 사건을 기점으로 포털 뉴스 이용이 조금씩 증가하고 포털이 뉴스 서비스를 담당하는 직원들을 확충하기는 했지만, 디지털 뉴스 시장은 여전히 디지틀조선, 조인스닷컴, 동아닷컴, 한국아이닷컴 등 오프라인 신문의 자회사인 닷컴사들이 주도했다(이상헌, 2005; 김익현, 2015).

포털이 뉴스 소비의 중심에 자리 잡게 된 결정적 계기를 제공한 것은 2002년 이후 한국 사회의 다이내믹한 변동이었다. 2002년 한국 사회에는 월드컵과 거리 응원 열풍, 미군 장갑차에 의해 여중생들이 희생된 사건에 항의하는 촛불 집회, 전례 없는 보혁 갈등 끝에 노무현 대통령이 당선된 16대 대통령 선거 등 일련의 정치 사회적 격변들이 잇따랐고, 광범위한 대중의 이목이 뉴스에 집중됐다. 이후에도 2004년 노무현 대통령에 대한 탄핵소추와 이에 반대하는 촛불 집회, 17대 총선, 헌법재판소의 탄핵 심판 등 잇따른 정치적 이벤트들이 시민들의 눈길을 계속 뉴스에 붙들어 두었다.

뉴스에 대한 수요가 유례없이 폭증하던 시기에 새로운 뉴스 플랫폼으로 등장한 포털을 통해 반복적으로 뉴스를 소비한 경험은 대중의 뉴스 이용 습관을 변화시키는 계기를 제공했다. 여기에 정치적 변혁을 희구하는 시민들의 관심과 열정이 수익의 원천임을 간파한 네이버, 네이트, 야후 등 대다수 포털들이 시민 사회의 역동적 에너지를 자신들의 사이트 안으로 흡수하는 다양한 방안들을 내놓았다. 2004년 5월 14일 헌법재판소의 탄핵 심판 선고를 앞둔 시점에서는 뉴스 섹션에 별도의 특집 코너를 마련하고 기사를 모아놓거나 토론방을 연결시켜 놓음으로써 탄핵 이슈에 관심을 갖는 시민들이 뉴스를 편리하고 집중적으로 소비할 수 있도록 유도했다(이김준수, 2004. 5. 12). 별다른 전략적 대응 없이 포털에서 뉴스를 소비하는 대중을 무기력하게 지켜보기만 했던 전통적 언론들과는 대조되는 장면이었다.

대중의 뉴스 이용 습관은 자연스럽게 포털 중심으로 고착화되었다. 2003년 상반기부터 뉴스 미디어 UV(Unique Visitor, 순방문자) 순위에서 포털 뉴스 서비스들이 오프라인 신문 종속형 닷컴 사이트들을 앞서나가기 시작했다(석종훈, 2004: 35). 〈조선일보〉가 2003년 6월 10일 네이버에 기사를 서비스하기 시작하는 등 지금까지 포털에 뉴스를 공급하지 않는 정책을 고집하던 언론사들도 하나둘 굴복하며 어느새 '대세'로 자리 잡은 포털 안으로 들어오게 되었다(신미희, 2003. 6. 16).

2006년 5월부터 2007년 4월까지 인터넷 이용자 1만 3412명을 대상으로 포털 뉴스 섹션, 신문사 닷컴, 인터넷 신문, 방송사 닷컴 등 뉴스 미디어 이용 행태를 조사한 결과에 따르면, 8개 포털 뉴스 서비스가 93.76%라는 압도적인 시장 점유율을 기록했다. 조선닷컴, 동아닷컴, 조인스닷컴, 한국아이닷컴 등 4개 닷컴 사이트들은 시장 점유율 4.66%를 차지하는 데 그쳤다(이상기, 2007).

또 다른 조사에 따르면 2007년 2월 한 달 동안 종합 일간지 닷컴 사이트들의 페이지뷰는 8억 5286만 건, 경제 신문 사이트들의 페이지뷰는 1억 6229만 건을 기록했다. 독립형 인터넷 신문의 페이지뷰는 1억 3306만 건에 불과했다. 반면 포털 뉴스의 페이지뷰는 69억 3141만 건으로, 종합 일간지·경제지·독립형 인터넷 신문의 페이지뷰를 모두 합한 수치의 6배를 넘어서는 것이었다(김헌식, 2008: 39).

자체 방문자 수가 줄어들수록 닷컴사들의 고립과 포털에 대한 종속은 심화되었다. 언론사들이 그나마 트래픽을 확보할 수 있는 가장 확실한 수단이 포털 사이트 메인 화면 배치를 통한 이용자 유입이었기 때문이다. 닷컴사들의 전체 매출 가운데 포털에서 발생하는 수입이 한겨레플러스 98%, 미디어칸 90%, 세계닷컴 90%, 동아닷컴 75%, 한국아이닷컴 69%에 이를 정도로 포털에 대한 수익 의존은 과도한 것이었다(최민재, 2005: 88).

언론사 닷컴들은 그제야 포털이 추가적 수익 창구가 아닌 자신들의 강력한 경쟁 상대임을 깨달았지만 이미 때는 늦은 뒤였다(이김준수, 2005. 1. 5). 닷컴사들이 결성한 한국온라인신문협의회 회원사들이 포털 사이트에 뉴스 콘텐츠를 판매하지 말자고 합의하는 등 포털 종속에서 벗어나고자 뒤늦게 노력했지만 성공하지 못했다. 포털이 보장하는 눈앞의 이득을 포기하지 못한 일부 회원사가 약속을 이행하지 않았기 때문이다(양승혜, 2003).

포털의 부상으로 궁지에 몰린 것은 전통적 언론사들만이 아니었다. 포털과 제휴를 맺은 언론사의 뉴스만 이용자 대중에게 집중적으로 노출되는 과정에서 시민 참여 저널리즘을 비롯한 대안 언론들이 주목받을 기회는 체계적으로 배제되어 갔다. 인터넷 대중화 초기에 쏟아져 나와 저널리즘의 외연을 확장시켰던 포털 바깥의 다양한 실험적 시도들은 포털 중심의 유통 구조 속에서 고사하기 시작했다(이정환 외, 2015: 153).

세계 최초로 성공적인 시민 저널리즘 모델을 구축해 해외 언론과 학자들의 주목을 끌었던 〈오마이뉴스〉는 2003년 10월 오프라인 주간지 〈시사저널〉의 조사에서 '한국의 영향력 있는 매체' 6위에 선정되었다. 이 조사에서 포털 사이트 다음은 11위, 네이버는 19위를 차지했다.

그러나 2008년에는 네이버가 4위, 다음이 5위를 차지한 반면, 〈오마이뉴스〉는 10위로 밀려났다(감명국, 2008. 8. 19). 시민들은 어느새 참여적 뉴스 미디어에서 기사를 직접 생산하는 것보다 포털 사이트에서 수동적으로 뉴스를 소비하는 데 익숙해지고 있었다.

2003년 무렵 등장해 시민들이 직접 쓴 정치 평론에 서로 댓글을 달며 치열한 토론을 벌이고 기성 언론이 포착해내지 못했던 담론을 발굴했던 〈서프라이즈〉, 〈시대소리〉, 〈브레이크뉴스〉, 〈대자보〉, 〈진보누리〉 등의 정치 웹진, 2004년 3월 인터넷 한겨레의 토론 게시판으로 출발해 1만 명이 넘는 논객들이 활동하고 매일 1000~2000건의 글이 올라왔던 '한토마(한겨레 토론마당)' 등의 게시판도 하나둘 자취를 감추거나 차별적 기능을 잃어가고 있었다(이수강, 2004. 6. 28).

짧은 시간 안에 디지털 뉴스 생태계는 포털을 중심으로 재편되었다. 전통적 언론사들은 단순한 콘텐츠 공급자content provider로 전락하고 말았다(이김준수, 2005. 3. 30). 인터넷 언론의 홈페이지 주소를 직접 입력하여 방문하는 방식으로 뉴스를 소비하는 형태는 불과 몇 년 사이에 지극히 예외적인 경우가 되었고, 포털 사이트의 메인 화면이나 검색을 통한 뉴스 이용이 보편화되었다.

## 3. '포털 맞춤형 뉴스'의 탄생

2004년 7월 신생 포털 '파란'이 출범했다. 파란닷컴은 포털 사이트로서 성공하지는 못했지만, 인터넷 뉴스 시장에 큰 반향을 불러일으켰다. 사건은 파란닷컴이 5대 스포츠신문과 2년간 총 120억 원의 파격적 단가로 뉴스 콘텐츠 독점 수급 계약을 맺으면서 시작됐다(이상헌, 2004). 파란닷컴은 후발 주자로서 네이버, 다음 등 경쟁 포털의 이용자들을 빼앗아오기 위해서는 페이지뷰가 높은 연예·스포츠 뉴스의 독점 공급이 필요하다고 보았다. 이때까지 연예·스포츠 뉴스의 대부분은 스포츠 신문이 생산했기 때문에 이들과의 독점 계약은 나름대로 합리적인 판단이었다.

그러나 이후 디지털 뉴스 시장의 진화는 예상과 전혀 다른 방향으로 전개되었다. 독점과 배제가 새로운 수요를 낳고, 그 수요가 새로운 공급을 낳으면서 파란닷컴의 콘텐츠 독점은 포털에 의존하는 중소 규모 스포츠 연예 전문 뉴스 미디어의 대량 양산이라는 의외의 결과를 낳았다. 파란닷컴의 경쟁 포털에 연예·스포츠 기사를 공급하는 새로운 미디어들이 스포츠 신문사 기자들의 전직과 독립을 통해 대거 창간되었다. 자체 사이트 없이 포털에 기사를 제공하는 형식으로만 운영되는 미디어도 있었다.[3] 연예·스포츠 뉴스 시장의 지형은 전통적 스포츠 신문 중심에서 포털을 기반으로 활동하는 중소 규모 뉴스 미디어 중심으로 급속히 재편되었다.

연예·스포츠 뉴스 미디어들이 우후죽순처럼 쏟아져 나오면서 포털에는 연예·스포츠 기사가 범람하게 되었다. 포털 1개당 1일 평균 500여 건의 연예 기사가 쏟아져 나오고 있었다(이선민, 2006. 9. 6). 포털 뉴스가 정치·경제·국제 분야의 이슈를 다루는 경성 뉴스hard news보다 개별화된 소비자의 즉각적 욕구를 충족시키는 연성 뉴스soft news에 편중되고

3 〈머니투데이〉가 9월 연예 뉴스 사이트 '스타뉴스'를 창간했고 IT 전문 미디어인 아이뉴스24는 연예·스포츠 전문 인터넷 뉴스 미디어 '조이뉴스24'를 창간했다. 이 밖에도 OSEN, 마이데일리, 뉴스네, 고뉴스, 팝뉴스, 와우이티, 리뷰스타 등 연예·스포츠 뉴스를 전문으로 다루는 인터넷 뉴스 미디어들이 새로 생겨났다(김상철, 2004).

있다는 비판이 제기되었다. 포털 뉴스 박스에 게재된 뉴스 가운데 스포츠·연예·문화 관련 연성 뉴스의 비중은 정치·경제 관련 뉴스보다 압도적으로 높은 전체 뉴스의 45.2%에 달했다(송경재, 2006).

저널리즘의 질적 하락도 가속화됐다. 미디어와 기사 수는 급증했지만 연예 뉴스의 수요까지 갑자기 늘어날 수는 없었고, 한정된 뉴스 수요를 차지하기 위한 미디어들 간의 과당 경쟁이 벌어진 결과였다. 대표적인 예가 속보 경쟁이었다. "5분 빠르면 200만 명이 더 클릭한다"는 말이 떠돌 정도로 인터넷 뉴스 시장에서는 기사의 품질보다 1초라도 먼저 기사를 올리는 일이 더 중요시되었다(오수정, 2004). 2006년 2월 가난한 남녀가 지하철에서 결혼식을 올리는 장면을 휴대폰으로 찍어 인터넷에 올린 영상을 언론이 사실 확인도 없이 '미담'으로 포장해 대대적으로 보도했다가 대학생들이 연출한 연극임이 드러나 망신당한 사건은 왜곡된 디지털 뉴스 시장의 현실을 상징적으로 보여 준 사례였다.

속도를 중시하는 뉴스 환경에서 사건이나 이슈의 본질을 심층적으로 파헤치거나 맥락을 종합적으로 분석하는 기사는 나오기 어렵다. 소규모의 포털 의존형 미디어가 난립하는 뉴스 생태계는 자극적인 가십을 찾아 피상적이고 단편적으로 전달하는 뉴스만 대량 양산했다. 2006년 10월 인기 영화배우의 몰래카메라 영상이 있다는 내용의 'K군 몰카' 오보를 비롯해 연예인 이름의 이니셜을 딴 선정적인 기사들이 쏟아져 나오기 시작한 것도 이때부터였다.

이 같은 뉴스의 변화는 포털이라는 플랫폼platform의 특수한 환경과 밀접한 연관을 맺고 있다. 뉴스가 포털을 통해 매개되는 과정에서 포털의 내적 조건에 최적화된 형태로 적응하고 변화한 결과라 할 수 있다. 다시 말해 언론이 '포털 맞춤형'으로 변신한 것이다.

플랫폼은 서로 다른 영역에서 활동하는 뉴스 공급원과 뉴스 소비자를 중개하는 역할을 수행한다. 플랫폼 덕분에 두 주체가 연결되는 것처럼 보이지만, 사실 플랫폼의 개입으로 본래 연결되어 있던 두 주체가 분리되는 것이기도 하다. 이제 뉴스는 그것을 생산한 매체 내에서 패키지 단위로 소비되지 않고 매체와 분리된 상태에서 개별 기사 단위로 소비된다.

플랫폼 때문에 뉴스 생산자와 분리된 뉴스 소비자는 개별화된 뉴스를 소비하는 과정에서 뉴스와 해당 뉴스를 생산한 언론사 사이의 연결 고리를 인식하지 못하게 된다. 대부분의 플랫폼은 뉴스 공급처를 명시하긴 하지만, 뉴스를 읽을 때 이를 일일이 확인하는 이용자는 그리 많지 않다(임종수, 2005; 2007). 포털 이용자들에게 기사를 〈조선일보〉가 썼는지, 〈한겨레〉가 썼는지는 중요하지 않다. 모든 뉴스는 그저 '네이버에서 본 기사'일 뿐이다.

이러한 뉴스 유통 영역의 변화는 뉴스 생산 영역에도 변화를 가져온다. 기존에 형성된 전통적 언론사의 명성과 신뢰가 소비자의 뉴스 선택에 미치는 영향력이 줄어들게 되자 언론사들이 뉴스를 생산함에 있어 장기적 신뢰의 형성을 염두에 두지 않게 된 것이다. 냉혹한 경쟁 속에서 오랜 세월 축적한 평판이 아닌 개별 뉴스만으로 승부해야 하는 뉴스 미디어들은 이용자 대중의 선호와 취향, 특히 즉각적 욕구에 소구하는 뉴스를 더 많이 생산하는 전략적 선택을 할 수밖에 없게 된다. 이러한 선택은 당연히 질 낮은 뉴스를 소비하게 된 이용자들에게 언론에 대한 불신과 혐오를 불러일으켰고, 장기적으로 언론 산업의 토대를 붕괴시키는 결과를 가져왔다.

"이대로 가다가는 공멸할 수 있다"는 언론계 내부의 반성과 우려도 나왔지만 개선은 끝내 이루어지지 않았다(이아람, 2007). 뉴스의 원산지에 대한 이용자들의 인식이 부재하는 플랫폼 환경에서 선정적이고 자극적인 뉴스를 생산하면, 부작용으로 인한 폐해는 다 같이 공유하지만 발생하는 수익은 독차지하게 되기 때문이다. 자신의 이익만 좇다가 다 함께 최악의 결과로 치닫는 '죄수의 딜레마'처럼, 단기적 수익에 눈이 어두워진 언론사들은 서로의 눈치만 보면서 질 낮은 뉴스를 집중 생산하며 '공멸'의 길을 향해 달려가고 있었다.

## 4. 포털에 지배당하는 언론

언론사들의 이러한 경향을 극대화하는 전기가 된 사건이 2006년 12월 1일 네이버의 아웃링크out-link 도입이었다. 이전까지 네이버의 뉴스 서비스는 전 재료를 제공한 언론사의 뉴스를 네이버 서버에 데이터베이스로 저장하고 제목을 클릭하면 이 데이터베이스에 저장된 기사로 이동하는 인링크in-link 방식을 채택하고 있었다. 네이버 안에서만 뉴스가 소비되고 뉴스 이용에 따른 트래픽을 네이버가 독점하는 구조였기 때문에 언론사들의 불만이 큰 상황이었다(류현정 외, 2014. 10. 20). 아웃링크는 뉴스를 클릭하면 해당 기사를 생산한 언론사의 사이트로 이동해 뉴스를 소비하는 방식으로, 트래픽을 분산시켜 뉴스를 생산한 언론사들과 포털이 상생을 추구하는 모델이었다.[4]

4 네이버는 이러한 명분과 달리 뉴스 박스 기사와 검색 기사에만 아웃링크를 적용하고 별도의 뉴스 섹션은 인링크를 적용하여 수익 감소를 최소화했다.

아웃링크 도입 이후 언론사 홈페이지 방문자 수는 급증했다. 아웃링크 시행 직후인 2006년 12월 언론사 홈페이지 월간 UV 총합은 3762만으로, 전월(2950만)과 비교해 28% 증가했다. 2007년 1월에는 다시 4174만으로 늘어났다(류현정 외, 2014. 10. 20). 언론사 사이트 방문자들의 유입 경로 중 네이버 통합 검색이 차지하는 비중이 30% 이상 높게 나타난 점으로 미뤄 UV 증가는 아웃링크의 효과로 분석되었다(심화영, 2007. 1. 16). 아웃링크 도입 후 언론사 온라인 광고도 156%나 성장한 것으로 나타났다(유윤정, 2007. 3. 13).

아웃링크제는 플랫폼 환경에서도 뉴스 소비로부터 발생하는 수익 일부가 뉴스를 생산한 언론사에 귀속되도록 배려한 조치였지만, 결과적으로는 언론사에 '독'이 되고 말았다. 언론사들이 포털 뉴스와 차별화된 편익을 제공하는 서비스를 통해 장기적으로 이용자를 확대하는 전략을 개발하기보다 단기적 수익 추구에 급급해 트래픽만 늘리는 저질 뉴스를 대량 생산하는 데 집중했기 때문이다. 낮은 품질의 뉴스를 내보내도 생산자의 신뢰에 별다른 영향이 없는 플랫폼 환경을 악용해 '클릭 사냥'에 나선 것이다.

포털에는 본문 내용과 무관하게 '충격,' '경악,' '아찔' 등 자극적 표현을 집어넣어 독자들의 클릭을 유도하는 '낚시성' 제목이 넘쳐났다. 저널리즘적 가치를 훼손하는 선정적 기사들이 한층 더 늘어났고, 타사의 특종 보도나 인기 기사를 통째로 베껴 쓰는 경우도 다반사였다. 타사의 오보까지 그대로 베끼는 사례가 발생하기도 했다.

트래픽을 늘리기 위해 비슷하거나 동일한 내용의 기사를 포털에 반복적으로 전송하는 어뷰징abusing 현상이 본격화된 것도 이때부터였다. 실시간 인기 검색어를 소재로 삼은 뉴스를 대량 생산해 자사 기사를 지속적으로 검색 결과 최상위에 노출시키기는 어뷰징은 플랫폼 중심으로 뉴스 생태계가 재편되면서 발생한 저널리즘의 질적 하락을 노골적으로 드러내는 상징적 현상이었다. 2007년 네이버가 어뷰징 기사 생산을 자제해 달라는 공문을 언론사에 보내기도 했지만(이아람, 2007), 언론사들의 경영 위기와 치열한 시장 경쟁 구도 속에서 어뷰징 행위는 한동안 계속되었다.

아웃링크 도입 이후 벌어진 현상들은 한국 디지털 저널리즘 생태계가 포털에 종속되기 시작했음을 보여 주는 신호탄이었다. 포털의 뉴스 정책에 따라 언론사의 수익과 운영 방향뿐 아니라 뉴스의 성격에도 급격한 변화가 발생한다는 사실이 드러난 것이다. 이러한 현상은 이후 계속된 포털의 정책 변화 속에서 되풀이되었고 언론사들의 포털 종속은 시간이 갈수록 심화되었다.

네이버는 2009년 1월 1일 '뉴스캐스트' 서비스를 새롭게 시작했다. 네이버 초기 화면 뉴스 박스의 편집권을 뉴스 공급자에 이양하여 36개 언론사들이 직접 편집할 수 있게 한 서비스로, 각 언론사들의 논조가 뉴스 편집에 반영될 수 있게 하고 뉴스를 클릭하면 해당 언론사 홈페이지로 연결되어 트래픽을 언론사들과 나누어 갖는 방식이었다.

뉴스캐스트 시행 직후 언론사 사이트들은 '트래픽 폭탄'이라 불릴 만큼 엄청난 UV 증가를 경험했다. 10개 종합 일간지에서 평균 3배에 가까운 UV 증가 현상이 나타났다. 일부 언론사들은 충분한 서버 용량을 준비하지 못해 사이트가 마비될 정도였다. 늘어난 트래픽은 곧 광고 수익 증대로 이어져, 광고 매출이 10배 가까이 늘어난 언론사들도 나올 정도였다(이상헌, 2009).

그러나 언론사들의 수익을 극대화하는 '상생 모델'로 인식되었던 뉴스캐스트는 장기적으로는 언론사들의 포털 의존을 고착시키는 '종속 모델'이 되었다. 포털을 통해 유입된 이용자들은 대부분 일회성 방문자들로, 해당 기사만 읽고 곧바로 포털로 되돌아갔다. 방문자 수는 증가했지만, 사이트 안의 다른 콘텐츠를 이용하거나 지속적으로 방문하는 정기적 이용자로 발전하지 않다 보니 페이지뷰 증가세는 이내 한풀 꺾였고 사이트 평균 체류 시간은 오히려 감소했다(류현정 외, 2014. 10. 20).

뉴스캐스트가 몰아주는 UV 증가세에 도취되면서 언론사들은 포털로부터 독립하여 인터넷에서 자생할 수 있는 역량을 기르는 데 실패했다. 포털을 통해 유입되는 이용자들에 의존해 손쉽게 트래픽을 늘림으로써 광고 매출을 올리는 수익 모델에 매몰된 언론사들은 질 높은 콘텐츠를 제작해 신뢰를 축적하고 충성도 높은 이용자를 확보하는 장기 전략을 모색할 의지와 기회를 잃어버렸던 것이다(이상헌, 2009; 조동시, 2009).

네이버는 이후에도 계속 뉴스 정책을 바꾸었다. 2013년 4월에는 '뉴스스탠드' 서비스를 내놓았다. 초기 화면에 언론사 로고만 노출시키고 이용자가 각자 원하는 언론사로 찾아가 뉴스를 소비할 수 있게 한 서비스였다. 개별 기사 단위, 제목 중심으로 뉴스를 소비하는 플랫폼 환경을 벗어나 그나마 미디어 단위의 뉴스 소비를 유도하려는 시도라 할 수 있다(김위근, 2013).

뉴스스탠드 서비스의 시행은 과도하게 포털에 의존하는 언론사의 현실을 뼈아프게 폭로했다. 메인 화면에서 기사 제목이 사라지면서 언론사 사이트 순방문자와 광고 매출이 급감한 것이다. 이용자들은 언론사 홈페이지에 등을 돌리고 네이버 뉴스 섹션으로 가서 뉴스를 소비했다. 결국 뉴스스탠드는 뉴스캐스트를 통해 언론사들과 공유하던 트래픽을 포털이 회수해 간 것과 다름없었다(이정환, 2013).

뉴스스탠드가 시행된 2013년 4월 42개 언론사 중 31개 언론사 사이트 방문자 수가 3월에 비해 50% 이상 줄어들었다. 전문지 등 몇몇 독립형 뉴스 미디어들 중에는 85% 가량 방문자 수가 감소한 경우도 있었고, 비교적 고정 독자층이 탄탄한 메이저 언론사들도 방문자 수가 반토막 났다(문소영, 2013). 트래픽 폭락의 여파로 뉴스스탠드 전환 이후 인터넷 언론사의 광고 수익은 적게는 20%에서 많게는 50%까지 급감했다(한국언론진흥재단, 2015).

그러나 뉴스캐스트가 서비스된 4년의 기간을 거치며 언론사들은 포털을 경유하지 않는 수익 모델을 상상하거나 시도할 수 없는 지경에 이르러 있었다.[5] 뉴스스탠드 전환으로 낚시성 제목을 달기 어려워진 언론사들은 문제를 근본적으로 해결하려 하지 않고 포털의 실시간 검색어에 대응하는 기사를 반복 생산하는 방식으로 트래픽을 만회하는 데 몰두할 뿐이었다(문소영, 2013). 이제 언론사들은 디지털 뉴스 생태계의 방향을 좌우하는 의사 결정으로부터 철저히 소외된 채 자신들의 운명을 포털에 맡겨야 하는 종속적 지위로 전락하고 말았다.

5 2014년 자료에 따르면, 조선닷컴은 순방문자의 58.87%가 네이버 메인 검색에서, 26.98%는 다음 메인 검색에서 유입되었다. 조인스닷컴은 각각 42.36%와 18.44%, 동아닷컴은 61.53%와 16.84%의 순방문자들이 네이버와 다음 메인 검색에서 유입되었다(김위근, 2014).

## 5. 논란의 중심에 선 포털

포털의 뉴스 산업 독점이 심화될수록 포털 뉴스는 '뜨거운 감자'가 되었다. 논란의 핵심은 포털 뉴스를 언론으로 규정하고 그에 상응하는 사회적 책임을 부과할 것인가의 문제였다. 포털이 뉴스를 선택·배열하고 제목을 수정하는 등 언론의 핵심인 편집권을 행사하여 여론 형성에 영향을 미치는 만큼 언론으로 간주해야 하며, 자유와 권리에 합당한 책임과 의무를 다해야 한다는 주장이었다(원용진, 2005. 2. 1; 진영, 2005. 2. 25).

이러한 주장의 밑바탕에는 한국의 여론 시장을 지배하는 포털이 공론장을 오염시켜 민주주의를 약화시킨다는 인식이 깔려 있었다. 포털이 언론 지형에 막대한 영향을 미치고 있지만, 영리만을 목적으로 하다 보니 최소한의 저널리즘 원칙조차 지키지 않는 뉴스를 대량 양산하며 사회적 현안에 대한 진지한 공론의 형성을 방해하고 있다는 지적이었다(정대필, 2007). 이러한 문제의식은 입법을 통해 포털도 신문법 등 언론 관련 법령의 규제를 받도록 해야 한다는 주장으로 이어졌다.

포털은 스스로 뉴스 유통 사업자일 뿐 언론이 아니라고 주장했다. 포털은 독자적 뉴스 콘텐츠를 직접 취재하여 생산하는 것이 아니라 기존 언론사가 생산한 뉴스를 전달하기만 하므로 언론의 책임을 요구할 수 없다는 논리였다. 기술의 혁신으로 변화한 미디어 환경에서 '언론이냐 아니냐'를 이분법적으로 구분하기에는 전통적인 언론의 개념이 많이 헐거워진 상태였다. 논란 끝에 포털은 2009년부터 언론중재법에서 '인터넷 뉴스 서비스 사업자'로 규정되면서 정정 보도와 반론 보도 등을 청구할 수 있는 대상에 포함되었고, 부분적으로나마 언론사에 버금가는 책임을 지게 되었다.

막대한 영향력을 갖는 포털 뉴스의 정치적 중립성을 놓고도 첨예한 논쟁이 벌어졌다. 크고 작은 선거가 있을 때나 정치적으로 중요한 국면마다 정보의 길목을 차지한 포털을 자신들에게 유리한 방향으로 끌어당기려는 정치 세력들의 노력은 계속되었다. 포털의 뉴스 배열 방식이 특정 정치 세력에 편향되어 있다거나 권력의 외압에 의해 공정한 편집이 이루어지지 않는다는 의혹도 끊임없이 제기됐다. 2017년 네이버가 특정 단체의 요청을 받고 비판적인 기사를 잘 보이지 않는 곳에 재배치해 주는 방식으로 뉴스 편집을 조작했다는 사실이 밝혀지면서 논란은 더욱 확산되었다.

포털은 여론이 악화되거나 규제가 시도될 때마다 갖가지 우회 전략으로 비판의 화살을 피해 갔다. 언론사에 뉴스 박스 편집권을 넘긴 뉴스캐스트 기획은 포털과 언론사 간 갈등을 해소하기 위한 목적도 있었지만, 포털 뉴스에 대한 정치권의 압력, 정치적 편향성에 대한 시민 사회의 비판 등 여러 측면에서 발생하는 정치적 비용을 최소화하기 위한 전략이기도 했다(황용석, 2009; 류현정 외, 2014. 10. 20).

외부 위원들로 구성된 독립적·자율적 위원회의 설치도 포털이 논란을 무마하고 강제적 '수술'을 피하기 위해 자주 선택하는 전략이었다. 2005년 네이트의 '미디어책무위원회,' 다음의 '열린사용자위원회,' 네이버의 '서비스자문위원회' 등이 구성된 것이 효시였다(정대필, 2006). 이후에도 2014년 5월 네이버가 뉴스편집자문위원회를 발족시켰고, 2015년 10월 네이버와 카카오가 공동으로 뉴스제휴평가위원회를 출범시켰다. 네이버는 2018년 스포츠이용자위원회, 기사배열공론화포럼, 뉴스알고리듬검토위원회 등을 발족시켰다. 하지만 위원회의 구성 방식과 평가 기

준의 객관성에 대한 논란은 끊이지 않고 있다.[6]

최근 포털은 뉴스 편집의 공정성 논란에 맞서 인공 지능(AI)을 통한 뉴스 편집 확대를 대안으로 내놓고 있다. 네이버의 '에어스Airs,' 카카오의 '루빅스RUBICS' 등 알고리즘에 기반을 둔 자동 편집이 뉴스 배열의 투명성 시비를 불식시킬 것이라는 주장이다. 그러나 알고리즘을 통해 인위적 편집을 배제한다 하더라도 알고리즘을 제작하는 과정에서 인간의 가치 판단이 개입될 수밖에 없다는 점에서 편집의 중립성을 담보하는 데는 한계가 있으며, 이용자의 취향에 맞춰 알고리즘이 추천하는 뉴스만 제한적으로 소비하게 되는 '정보 편식'을 우려하는 목소리도 높다(주영재·임아영, 2018. 5. 1).

포털을 둘러싼 갑론을박은 지금 이 순간에도 '현재 진행형'이다. 2017년 19대 대선 당시 매크로를 이용해 포털 댓글을 통한 여론 조작을 시도한 '드루킹' 사건이 터지면서 포털의 과도한 뉴스 독과점이 다시금 여론의 도마에 올랐다. 언론사들은 포털이 댓글 조작을 방조했다며 '포털 때리기'에 나섰고, 한국신문협회는 모든 뉴스를 언론사 홈페이지

6 예컨대 2015년 출범한 뉴스제휴평가위원회는 한국방송협회, 한국신문협회, 한국온라인신문협회, 한국인터넷신문협회, 한국언론진흥재단, 한국언론학회, 한국기자협회, 경제정의실천시민연합(경실련), 대한변호사협회(대한변협), 한국소비자연맹 등 15개 단체가 각 기관별로 2명씩 추천한 위원 30명으로 구성되며, 위원들이 포털 제휴를 신청한 언론사를 대상으로 포털 입점과 퇴출 여부를 심사해 결정하는 절대적 권한을 행사한다. 포털과 언론사 간에 이루어지는 사적인 뉴스 공급 계약을 사회적 공적 기구에 위탁하여 규율하는 모순적 성격의 기구인 셈이다. 위원회는 뉴스 유통 생태계에서 실질적이고 강제적인 영향력을 행사하지만, 포털 입점 여부가 언론사의 매출에 지대한 영향을 주다 보니 위원 추천 단체의 대표성과 위원회의 독립성, 폐쇄성 등의 논란이 계속 제기된다.

에서 소비하도록 아웃링크를 법제화해야 한다고 주장했다. 정치권과 시민 사회에서는 뉴스 댓글을 없애거나 댓글 실명제를 도입하는 방안부터 포털이 아예 뉴스 서비스에서 손을 떼도록 하는 방안까지 다양한 주장들이 제기되었다.

서로 다른 주장들이 교차하는 접점에서 포털 뉴스 서비스의 방식은 또다시 변화할 것이다. 그러나 이미 포털에 단단히 '중독'된 언론이 포털을 벗어나 근본적으로 새로운 뉴스 서비스 방식을 구축하기는 당분간 어려워 보인다. 수익을 극대화하려는 포털의 욕망과 강력한 영향력을 갖는 포털을 입맛에 맞게 길들이려는 다양한 이해관계자들의 욕망이 엇갈리는 가운데 포털은 여전히 논란의 중심에 서 있다.

## 6. 비판과 전망

한국 언론의 역사라는 장기적 관점에서 볼 때 포털 저널리즘으로의 전환은 단순히 뉴스 이용의 창구가 하나 추가되거나 바뀌는 차원의 문제가 아니었다. 저널리즘의 성격 자체가 근본적으로 바뀌는 변화였다. 저널리즘이 포털 속으로 들어가면서 뉴스 가치의 판단 기준, 뉴스 생산의 관행과 원리, 저널리즘의 경계와 범주 등이 뿌리부터 흔들리게 되었다. 플랫폼의 특수한 조건 속에서 저널리즘의 상업적 성격이 노골화되면서 시민들의 신뢰와 사회적 영향력을 상실한 것도 중대한 변화다. 포털 이후 한국의 저널리즘이 퇴행의 길을 걸은 것은 부인할 수 없는 사실이다.

그러나 한국 저널리즘이 몰락한 책임을 전적으로 포털에만 돌려서는 안 될 것이다. 반드시 짚고 넘어가야 할 것은 전통적 언론사들의 책임이다. 언론사들은 포털이 저널리즘을 악화시키는 과정의 '피해자'인 동시에 '공범'이었다. 2000년대 이후 포털이 뉴스 생태계를 교란시키고 파괴하는 동안 전통적 언론사들은 장기 전략의 부재 속에서 포털이 제공하는 환경에 안주하며 단기 수익을 챙기는 데 급급했다.

2006년 아웃링크 도입 직후, 2009년 뉴스캐스트 서비스 시행 직후의 역사적 경험은 언론사들이 근시안적 상업주의에 매몰되어 저널리즘과 시민들을 내팽개쳤음을 뚜렷이 보여 주었다. 언론사들은 별다른 노력을 기울이지 않아도 포털을 통해 몰려드는 트래픽을 즐기며 선정적 뉴스와 자극적 제목을 앞세워 페이지뷰를 늘리는 데만 집중했을 뿐, 질 높은 콘텐츠와 혁신적 서비스로 언론의 미래를 설계하려는 노력을 기울이지 않았다. 당시에 쏟아졌던 저급한 뉴스들은 오늘날 언론에 대한 신뢰도를 악화시킨 주요한 원인이 되었다.

인터넷의 대중화와 포털의 등장이라는 기술적 변동에 대한 언론의 대응 실패는 일시적이고 우연한 판단 착오의 결과가 아니었다. 오히려 1987년 민주화 이후 고착화된 한국 언론의 내재적 한계와 관련이 깊다. 민주화 덕분에 한국 언론에는 그동안 누려보지 못했던 '언론의 자유'가 비로소 주어졌지만, 대다수 언론사들은 이 '언론의 자유'를 '취재와 보도의 자유'보다 '사업과 판매의 자유'에 가까운 의미로 받아들였다.

언론은 시민의 편에서 권력을 감시하고 고발하는 데 매진하기보다는 기업으로서 사적 이윤을 추구하는 데 집중했다. 스스로 언론 권력이 되어 시민 위에 군림하려 하거나 정파적 이해관계에 따라 왜곡을 일삼았고, 정치적 후견 관계에 있는 권력이나 광고를 제공하는 자본에 굴종했다. 인터넷의 대중화 이후 시민들이 포털로 쉽게 옮겨갈 수 있었던 데는 전통적 언론의 공정성에 대한 확고한 믿음이 없었던 것도 적지 않은 영향을 미쳤다.

이러한 맥락에서 본다면 디지털 전환의 과정에서 민주주의와 저널리즘의 가치를 극대화하기보다 잉여 가치 창출에만 집중했던 전통적 언론의 행태도 그리 놀라운 일이 아니다. 결국 포털 저널리즘의 실패는 저널리즘의 공적 의의를 내면화하지 못하고 상업주의와 자사 이기주의에 매몰된 한국 언론의 근본적 한계에서 비롯된 필연적 결과라 할 수 있다.

설령 앞으로 포털이 뉴스 서비스에서 한 발 물러난다 해도 이용자들이 언론사 홈페이지에 일부러 찾아가 뉴스를 소비하는 일은 벌어지지 않을 것이다. 시민들은 전통적 언론사들이 생산하는 뉴스가 질적으로 차별성이 있다고 생각하지 않는다. 저널리즘이 고도의 전문성을 요구하는 실천이나 직업이라 생각하지도 않는다. 이용자들 입장에서 볼 때 전통적 언론사들은 편리한 인터페이스를 통해 분산되어 있던 다양한 미디어의 뉴스를 한곳에 모아 손쉽게 전해 주는 포털 뉴스를 대체할 도덕적 정당성도, 저널리즘 역량도 부족하다. 이대로라면 포털이 물러난 공간에서도 언론사들이 발붙일 자리는 없다.

문제는 앞으로의 일이다. 디지털 산업은 한 치 앞을 내다보기 어려울 만큼 역동적으로 변화하고 있다. 어제의 시장 지배자가 오늘 몰락하는 곳이 인터넷이다. 포털의 뉴스 산업 지배도 영원하라는 법은 없다. 이미 페이스북을 비롯한 SNS를 매개로 한 뉴스 이용이 포털의 독점 구도에 일정한 균열을 내고 있다. 앞으로는 뉴스 영역에서도 유튜브가 포털의 가장 큰 경쟁자로 대두될 가능성이 높다. 젊은 세대에게는 동영상 스트리밍 플랫폼이 포털보다 더 매력적일 수밖에 없기 때문이다. 뉴스도 유튜브로 보는 시대가 다가오고 있다.

인터넷을 지배하는 플랫폼은 계속 교체되겠지만, 언론이 플랫폼에 종속되어 자율성을 갖지 못하는 지금의 구조는 한동안 지속될 것이다. 포털로 뉴스를 보는 시대가 지나간다고 해서 곧바로 언론이 시민들과의 연결 고리를 회복하기는 어렵다는 이야기다. 그것이 '플랫폼이 주도하는 뉴스platform-driven news' 시대의 피할 수 없는 문법이다(Tinius Trust, 2016).

한동안 포털 뉴스의 시대가 계속되든, 포털이 아닌 다른 플랫폼으로 뉴스를 보는 새로운 시대가 도래하든 포털 저널리즘의 역사가 무의미해지는 것은 아니다. 새로운 플랫폼이 등장했을 때 언론이 적절히 대응하지 못했던 사례가 남긴 교훈을 되새김질하는 작업은 플랫폼 환경이 급변할수록 그 의미가 크다. 뉴스 이용 환경이 다시 한 번 요동칠 때, 한국 언론의 내적 한계와 과거의 전략적 실패에 대한 반성을 발판 삼아 민주주의에 기여하고 시민의 삶을 개선하는 언론으로 거듭나기 위한 소중한 지혜를 구해야 할 것이다.

## 참고 문헌


감명국 (2008. 8. 19). "KBS '아성' 흔들리고 조·중·동 쩔쩔매다," 〈시사저널〉. http://www.sisapress.com/journal/article/124006

김상철 (2004). "가십성 콘텐츠 선정적 치장 지양해야," 〈신문과 방송〉, 2004년 12월호, pp.144~147.

김위근 (2013). "의도는 상생 결과는 트래픽 급감 온라인 저널리즘 또 흔들," 〈신문과 방송〉, 2013년 5월호. pp.70~74.

김위근 (2014). "포털 뉴스서비스와 온라인 저널리즘의 지형: 뉴스 유통의 구조 변동 혹은 권력 변화," 〈한국언론정보학보〉, 66호, pp.5~26.

김익현 (2015). "공존-종속관계 거쳐 둘 다 모바일 시대 생존 걱정," 〈신문과 방송〉, 2015년 9월호, pp.6~9.

김헌식 (2008). 《포털 매트릭스: 포털 제국과 문화의 위기》. 로크미디어.

류현정·장우정·유진우 (2014. 10. 20). "포털공화국을 연 새 리더십 이해진 의장③," 〈조선 비즈〉. http://biz.chosun.com/site/data/html_dir/2014/10/20/2014102002685.html

문소영 (2013). 〈네이버 뉴스 서비스 변화와 한국의 온라인 저널리즘 생태계의 특성 연구〉. 한국외국어대학교 대학원 석사 학위 논문.

석종훈 (2004). "뉴스 포털 사이트의 파급력," 〈관훈저널〉, 2004년 여름호, pp.34~42.

송경재 (2006). "포털의 의제 설정 과정에 관한 연구: 네이버, 네이트, 다음 뉴스 서비스를 중심으로," 〈사회 이론〉, 제29호, pp.178~210.

송의달 (1998). "신문사 지금 구조조정 중," 〈저널리즘 비평〉, 제24권, pp.86~90.

신미희 (2003. 6. 16). "조선일보, 대형포털 뉴스판매 시동," 〈미디어오늘〉. http://news.naver.com/main/read.nhn?mode=LSD&mid=sec&sid1=110&oid=006&aid=0000004215

심화영 (2007. 1. 16). "네이버 뉴스 '아웃링크' 트래픽 유출 거의 없어," 〈디지털타임스〉. http://www.dt.co.kr/contents.html?article_no=2007011602010631727002

양승혜 (2003). "언론인 영입, 편집국 신설: 인터넷 포털의 뉴스 강화," 〈신문과 방송〉, 2003년 3월호, pp.130~135.

오수정 (2004). "외형은 확대…… 저널리즘에 대한 고민은 적어," 〈신문과 방송〉, 2004년 7월호, pp.54~58.

유윤정 (2007. 3. 13). "네이버 아웃링크 적용 후, 언론사 온라인 광고 156% 성장," 〈ZDNet Korea〉. http://www.zdnet.co.kr/news/news_view.asp?artice_id=00000039156048&type=det&re=

원용진 (2005. 2. 1). "포털 저널리즘에 시비를 걸어야 한다," 〈기자협회보〉. http://news.naver.com/main/read.nhn?mode=LSD&mid=sec&sid1=119&oid=127&aid=0000000042

이김준수 (2004. 5. 12). "사이버, 탄핵심판 선고 앞두고 '웅성웅성,'" 〈미디어오늘〉. http://www.mediatoday.co.kr/?mod=news&act=articleView&idxno=28243

이김준수 (2005. 1. 5). "2005년 화두는 '특화'와 '유료화,'" 〈미디어오늘〉. http://news.naver.com/main/read.nhn?mode=LSD&mid=sec&sid1=114&oid=006&aid=0000009033

이김준수 (2005. 3. 30). "언론-포털 "우리 정말 사랑할 수 있을까,"" 〈미디어오늘〉. http://news.naver.com/main/read.nhn?mode=LSD&mid=sec&sid1=119&oid=006&aid=0000009845

이상기 (2007). "포털에 매달리고 방송만 바라볼 것인가?," 〈신문과 방송〉, 2007년 9월호, pp.150~154.

이상헌 (2004) "포털 공격 경영에 콘텐츠 주권 위협," 〈신문과 방송〉, 2004년 9월호, pp.141~147.

이상헌 (2005). "책임 다해 새로운 미디어로 발전해야," 〈신문과 방송〉, 2005년 5월호, pp.160~163.

이상헌 (2009). "방문자 늘었지만 머무르는 시간은 줄어," 〈신문과 방송〉, 2009년 4월호,

pp.136～139.
이선민 (2006. 9. 6). “포털 의존하거나 해외 진출하거나,” 〈미디어오늘〉. http://www.mediatoday.co.kr/news/articleView.html?idxno=49765
이수강 (2004. 6. 28). “한토마, 불타는 ‘만민공동회,’” 〈미디어오늘〉. http://news.naver.com/main/read.nhn?mode=LSD&mid=sec&sid1=114&oid=006&aid=0000007314
이아람 (2007). “부끄러운 짓, 그만둘 때 됐다,” 〈신문과 방송〉, 2007년 12월호, pp.101～105.
이원섭 (2005). “조중동 매출액 366억원 줄어, 지역일간지는 전국지의 12%: 2004년 신문사 경영분석,” 〈신문과 방송〉, 2005년 6월호, pp.126～131.
이원섭 (2007) “경영실적 소폭 증가 신문 매출 외적 요인 커,” 〈신문과 방송〉, 2007년 5월호, pp.132～140.
이정환 (2013). “언론과 포털, 연합뉴스의 동상이몽,” 〈관훈저널〉, 2013년 가을호, pp.11～18.
이정환 · 김유리 · 정철운 외 (2015). 《저널리즘의 미래》. 인물과사상사.
임원기 (2007). 《네이버, 성공 신화의 비밀》. 황금부엉이.
임종수 (2005). “포털미디어 재매개에서의 뉴스 소비: 하나의 탐색적 연구,” 〈한국방송학보〉, 19(2), pp.8～46.
임종수 (2007). “탈 미디어적 소비 틈새시간 소비로 변화 견인,” 〈신문과 방송〉, 2007년 7월호, pp.56～59.
장정훈 (2007). 《네이버 스토리: 트렌드를 창조하는 지식군단》. Newrun.
정대필 (2006). “지상파TV에도 시민기자 뉴스 등장,” 〈신문과 방송〉, 2006년 3월호, pp.40～43.
정대필 (2007) “언론사와 포털이 윈윈할 수 있어야,” 〈신문과 방송〉, 2007년 7월호, pp.42～45.
조동시 (2009). “좌담: 뉴스 콘텐츠의 새로운 수익모델 개발 방안/ 스타 기자 발굴, 브랜드 가치 높여야,” 〈신문과 방송〉, 2009년 3월호, pp.14～24.
주영재 · 임아영 (2018. 5. 1). “네이버의 알고리즘 편집 확대가 도깨비 방망이는 아니다,” 〈경향신문〉. http://biz.khan.co.kr/khan_art_view.html?artid=201805010600035&code=920100
진영 (2005. 2. 25). “포털미디어와 저널리즘,” 〈디지털타임스〉, 23면.
최민재 (2005). 《온라인 뉴스 비즈니스모델》. 한국언론재단.
한국언론재단 (2000). 《뉴미디어 사업 현황과 경영전략: 2000 언론산업동향》. 한국언론재단.
한국언론진흥재단 (2015). 《뉴스미디어의 미래를 위한 대토론회 보고서: 뉴스생태계의 변화와 미래》. 한국언론진흥재단.
한국언론진행재단 (2017). 《2017 언론수용자 의식조사》. 한국언론진흥재단.
홍진석 (2006). “언론사의 포털 뉴스 콘텐츠 공급 문제점,” 〈관훈클럽〉, 2006년 12월호.
황용석 (2009). “트래픽을 언론사에 주는 대신 포털의 사회적 부담은 줄어,” 〈신문과 방송〉, 2009년 2월호, pp.48~51.

Reuters Institute (2018). *Digital News Report 2018*. University of Oxford.
Tinius Trust (2016). *Future platforms for independent journalism*. Tinius Trust.

# 기자 정신의 빈곤과 신뢰의 위기

4장

박용규

박용규는 상지대학교 미디어영상광고학부 교수로 언론과 문화의 역사에 대한 연구를 해왔고, 최근에는 한국의 언론과 민족 운동, 한국 방송의 역사와 대중음악에 대한 연구를 진행하고 있다. 서울대학교 언론정보학과를 졸업하고 같은 학교 대학원에서 석사 및 박사 학위를 받았다. 한국언론정보학회 회장, 선거방송심의위원, 연합뉴스 수용자 권익위원을 지냈다. 저서로는《식민지 시기 언론과 언론인》,《한국의 언론인, 정체성을 묻다》,《한국의 미디어 사회문화사》(공저),《한국 언론사의 이해》(공저) 등이 있다.

## 1. '샐러리맨'에서 '기레기'로

1987년까지 언론인들에게 가장 절실했던 것은 '언론의 자유'였다. 권위주의 정권의 강력한 탄압으로 오랫동안 언론은 무기력했고, 언론인은 자괴감을 느끼기도 했다. 1987년의 6월 항쟁으로 언론의 '자유'가 주어지면서 언론인들은 이제야 비로소 언론의 '책임'을 다할 수 있으리라 기대했다. 하지만 30년이 지난 지금 언론인들은 다시 '기레기'(기자+쓰레기)라는 치욕스러운 별명을 듣는 지경에 이르렀다.

정권의 언론 탄압이 강화되고, 경영진이 이에 굴복했던 1970년대에 이미 언론인들은 스스로를 '샐러리맨'이 되었다고 자조적으로 표현한 바 있다. 당시 한 언론인은 과거의 '영웅적 이미지'와는 달리 기자들이 "한낱 시정의 소심한 샐러리맨과 별 다름없는 왜소한 인간으로 타락"했다고 하며, "그것[타락]은 '세속에의 지나친 밀착'일 수도 있고 '정치권력에의 순화馴化'일 수도 있고 '시류에의 맹종'일 수도 있고, '책임으로부터의 도피'일 수도 있다"고 주장했다(이승우, 1970).

권력의 탄압과 자본의 통제에 굴복하면서 기자들이 '타락'하고 '왜소화'되었다고 주장하고, 이런 현실을 '기자의 샐러리맨화'라는 용어로 함축적으로 표현했던 것이다. 1970년대 이후 오랫동안 '샐러리맨'이라는 말은 언론인의 부정적인 측면을 드러내는 용어로 사용되었다. 지사志士적 언론인의 전통을 이어받지 못한 것은 물론 전문 직업인으로서의 자부심이나 언론 노동자로서의 자각도 없는 언론인을 '샐러리맨'으로 표현해 왔다.

1987년의 민주화 이후 30년이 지났음에도 기자들이 '샐러리맨'이라는 부정적 표현으로부터 벗어나기는커녕 오히려 훨씬 더 경멸적인 용어인 '기레기'로 불리게 되었다. 2010년경부터 언론을 비판할 때 간혹 사용되던 '기레기'라는 단어가 많은 사람들의 입에 본격적으로 오르내리게 된 것은 2014년부터였다. 2014년 4월 16일의 '세월호 참사'에 대한 무책임하고 선정적인 보도에 분노한 시민들이 '기레기'라는 용어를 자주 사용하기 시작했다. 한 언론인은 기레기라는 단어가 "언론이 생산하는 콘텐츠가 수용자보다는 권력과 광고주, 자사의 이익을 위한 것이라는 불편한 진실"을 깨달은 시민들이 "스마트폰 화면에 수없이 스쳐가는 기사들은 다 비슷비슷할 뿐만 아니라 전문적인 시각도, 치열한 탐사의 흔적도 찾을 수" 없다고 인식하면서 널리 쓰이게 되었다고 주장했다(박성제, 2017: 67).

1987년의 민주화 이후 30년의 세월이 지났음에도 언론인이 '기레기'로 불리며 비판받는 현실을 제대로 이해하기 위해서는 지난 30년 동안의 언론인들의 활동과 의식을 되돌아볼 필요가 있다. 지난 30년은 언론의 자유가 주어지면 언론의 책임도 다할 수 있으리라는 기대가 배반당한 세월이었다. 언론의 자유가 여전히 충분히 보장되지 못했던 점도 영향을 주기는 했겠지만, 이보다는 언론의 책임을 다하기 위한 언론인들의 노력 부족이 더 큰 문제였다. 언론의 자유가 주어지면서 언론의 책임도 다하려는 시도들을 했지만, 외적인 요인들의 영향과 내적인 노력 부족의 탓으로 신뢰의 위기에 봉착하고 말았다.

이 글에서는 지난 30년 동안 '기자 정신의 빈곤'이 심화되었다는 관점에서 살펴보려고 한다. 기자 정신을 한마디로 정의하기는 어렵지만, 기자의 정체성에 관한 논의를 토대로 윤곽을 제시해 볼 수는 있다(박용규, 2015). 식민지 시기와 권위주의 정권 시기를 거치며 형성된 지사志士적 언론인의 전통에서 강조되는 불의不義한 권력에 대한 저항과 비판 정신은 여전히 중요한 의미를 지닌다. 전문직으로서의 언론인이 갖추어야 할 전문성과 윤리의식의 확립도 반드시 필요한 덕목이다. 언론 노동자로서 자율성을 지키기 위한 노력이나 연대 의식의 확보도 필요하다. 이 글에서는 정확하고 공정한 보도를 하기 위해 반드시 필요한 권력에 대한 저항과 비판, 전문성과 윤리의식, 자율성과 연대 의식 등을 포함하는 기자 정신이 지난 30년 동안 어떻게 변화되어 왔는가를 살펴보려고 한다.

1987년 이후의 30년을 크게 세 시기로 나누어 살펴보려고 한다. 첫 번째 시기는 1987년의 6월 항쟁부터 1997년의 IMF 사태가 오기 전까지의 기간이다. 언론의 자유가 주어지고 언론사 사이의 경쟁이 치열하게 전개되기 시작했던 시기다. 두 번째 시기는 IMF 경제 위기 때부터 이명박 정부 출범 전까지의 기간이다. 언론사들이 경영상의 위기를 겪고 진보 정권의 등장에 따른 언론사 사이의 정파적 대립이 드러나던 시기다. 세 번째 시기는 이명박 정부 출범 이후부터 지금까지의 기간이다. 언론 통제가 다시 이루어지는 한편 인터넷 미디어가 급증하고 스마트폰이 보급되었던 시기다. 이런 시기 구분은 언론인들의 활동과 의식에 영향을 준 요인들을 근거로 한 것이지만, 결과적으로는 10년 단위로 이루어진 보수 정권과 진보 정권의 교체를 기준으로 한 것이기도 하다.

여기서 사용하는 '언론인journalist'은 신문사·방송사·뉴스통신사의 일선 '전업 기자'들을 의미한다. 기자들은 중앙과 지방, 신문과 방송, 오프라인과 온라인 등 지역과 미디어에 따라 그 특성에서 차이가 있을 것이다. 전체 기자 집단을 대상으로 살펴보려고 하지만, 자료의 제약 때문에 상대적으로 중앙의 신문사 기자들에 관한 내용들이 큰 비중을 차지하고 있다. 주로 언론인들이 쓴 글들이나 언론인들의 의식을 조사한 자료들을 활용할 것이다.

## 2. 언론 자유 확대와 공정 보도를 위한 노력

### 1) 언론 자유의 확대와 공정성에 대한 재인식

1987년 이전까지 언론인들은 강력한 탄압으로 인해 권위주의 정권에 대한 저항과 비판의 역할을 제대로 하지 못했다. 1987년의 6월 항쟁을 겪으면서 기자들은 언론을 향해 쏟아지는 비난 속에 자신들의 현실과 역할에 대해 많은 고민을 했다. "기자라는 집단에 인간적 호감까지는 갖지 않는다 하더라도 최소한의 격려와 지지도 보내지 않는 집단을 만나기는 전혀 어렵지 않았다. 왜 기자들은 이렇게 적극적인 적대 감정의 대상이 된 것일까? 사회적 분위기나 정치 상황 같은 환경 변수에만 책임이 있는 것은 아니라고 본다"는 자성의 목소리가 나오기도 했다(《기자협회보》, 1987. 9. 10). 언론사 외부 요인뿐만 아니라 내부 요인들도 언론이 비판받도록 만드는 데 영향을 주었다고 본 것이다.

1987년 6월 항쟁의 덕택으로 언론의 자유가 어느 정도 주어지자 언론인들에게 이제는 언론의 책임을 다하기 위해 노력할 필요가 있다는 인식이 싹텄다. 1987년 이전의 언론 현실에 대한 반성을 통해 공정 보도의 실현을 위한 활동을 시작했다. 이 시기 흔히 쓰이던 '공정 보도'는 공정성은 물론 정확성까지를 포함하는 의미로 쓰이는 경우가 많았다. 상당수 언론사 노조는 공정 보도의 실현을 위해 회사 측과 공동으로 구성되는 제도적 장치를 마련하기에 이르렀다. 각 언론사 노조는 공정 보도를 위해서는 편집권 독립을 위한 제도를 마련하는 것이 필요하다고 판단하고, 편집권의 명문화나 편집 책임자 직선제 실시를 위한 다양한 시도들을 했다(전국언론노동조합연맹, 1999: 49~61). 전국언론노동조합연맹(언론노련)도 공정 보도를 위해 '민주언론실천위원회'(민실위)를 두어 공정 보도를 위한 노력을 했다. '민실위' 보고서의 서문에서 언론노련 위원장 권영길은 "각 언론사 노조와 연맹의 존재 의의는 공정 보도 실천에 있"다고 주장하기도 했다.[1]

1988년 이후 결성되기 시작한 언론사 노조들이 '노동 조건의 개선'보다는 '공정 보도의 실현'이라는 목표에 더 치중하는 활동을 했다는 것은 표 1과 같이 기자를 상대로 실시한 조사의 결과를 통해서도 확인된다. 1989년에 한국언론연구원이 실시한 조사에서 기자들은 노조의 '단체 교섭 시 중점 사항'으로 37.6%가 '편집·보도국 독립'을, 25.3%가 '언론 자유 확보'를 꼽았다(한국언론연구원, 1989: 128~129). 1990년의 기자협회 조사에서도 '노조가 앞으로 주력해야 할 활동'(2개 응답)으로 '편

1 경인 지역 민실위 신문분과에는 〈경향신문〉, 〈국민일보〉, 〈동아일보〉, 〈서울신문〉, 〈조선일보〉, 〈중앙일보〉, 〈한겨레신문〉, 〈한국일보〉 등 8개 노조가 참여했다. 1989년부터 1992년까지 120차례 보도 비평을 했는데, 그중 일부 내용을 추려서 책을 냈다(전국언론노동조합연맹, 1992).

**표 1. 언론의 공정성 저해 요인**

| 연도 | 정부의 간섭과 통제 | 언론사의 노력 부족 | 간부들의 간섭과 통제 | 언론인의 노력 또는 자질 부족 | 광고주의 압력 | 사회 단체의 압력 | 기타 |
|---|---|---|---|---|---|---|---|
| 1989 | 25.4 | 30.2 | 13.2 | 22.9 | 3.4 | 4.2 | 0.7 |
| 1991 | 27.6 | 18.7 | 14.2 | 33.0 | 2.3 | 4.0 | 0.2 |
| 1993 | 15.1 | 31.1 | 15.3 | 26.3 | 9.2 | 2.6 | 0.4 |
| 1995 | 14.3 | 27.5 | 21.3 | 25.3 | 9.7 | 2.0 | 0.0 |
| 1997 | 11.9 | 26.2 | 17.4 | 27.4 | 14.2 | 2.6 | 0.3 |

* 1989년, 1991년, 1993년은 '언론의 공정성 저해 요인,' 1995년과 1997년은 '공정 보도 저해 요인.'

** 1989년, 1991년, 1993년은 언론인의 '자질 부족,' 1995년, 1997년은 '노력 또는 자질 부족.'

*** '기타'는 1989년, 1991년, 1993년의 경우 '노조 압력,' 1995년은 아예 '기타'가 없고, 1997년은 '모름/무응답.'

집·편성권 독립'(41.4%), '근로 조건 개선'(41.0%), '외부 압력으로부터의 독립성 확보'(33.0%) 순으로 나타났다(한국기자협회, 1990: 179~181).

기자들은 편집권 독립을 위해 활동하는 과정에서 어려움을 겪으며 '공정성을 저해'하는 요인에 대한 인식이 바뀌기 시작했다. 1989년 9월에 기자들을 상대로 한 조사에서, '언론의 공정성 저해 요인'으로 '언론사의 노력 부족'이 30.1%로 가장 높게 나왔고, 다음으로 '정부의 간섭과 통제'가 25.4%로 나타났다(한국언론연구원, 1989: 64). 1991년 6월에 실시한 조사에서는 '언론의 공정성 저해 요인'으로 '언론인의 자질 부족'이 33.0%로 가장 높게 나왔고, 다음으로 '정부의 간섭과 통제'가 27.6%로 나타났다(한국언론연구원, 1991: 58). 1993년 7월에 실시한 조사에서는 '언론의 공정성 저해 요인'으로 '언론사의 노력 부족' 31.1%, '언론인의 자질 부족' 26.3% 순으로 나왔고, '정부의 간섭과 통제'가 15.3%로 세 번째로 나타났다(한국언론연구원, 1993: 53).

1989년과 1991년의 조사 결과에서 '정부의 간섭과 통제'가 첫 번째 요인이 아니었던 것을 보면, 적어도 과거에 비해서는 확실히 언론의 자유가 확대되었다고 인식했던 것만은 분명하다. 다만 '정부의 간섭과 통제'가 두 번째 요인으로 나타났고 비율이 아직도 상당히 높은 수준을 보였던 것처럼, 언론의 자유가 아직 만족스럽지 못하다는 의식도 있었다. 1993년에 가서야 '정부의 간섭과 통제'가 세 번째 요인으로서 비율도 매우 낮은 수준을 나타낸 것은, 김영삼 정권 출범 이후 언론의 자유가 좀 더 확대되었다고 인식하고 있었다는 것을 보여 준다. '정부의 간섭과 통제'는 1995년 14.3%, 1997년 11.9%로 계속 줄어들었다(한국언론연구원, 1995: 75; 한국언론연구원, 1997: 116).

반면에 '공정성 저해 요인'에 대한 응답에서 1위를 차지한 것은, 1989년 '언론사의 노력 부족'(30.1%), 1991년 '언론인의 자질 부족'(33.0%), 1993년 '언론사의 노력 부족'(31.1%), 1995년 '언론사의 노력 부족,' 1997년 다시 '언론인의 노력 또는 자질 부족'으로 언론사 내부의 요인들이 공정성을 저해하는 가장 큰 요인으로 꼽혔다. '언론사의 노력 부족'은 사주나 경영진의 압력이나 회사 차원의 전문성 향상을 위한 지원 부족 같은 것을 가리킬 것이다. '언론인의 노력 또는 자질 부족'은 언론인의 전문성과 윤리의식의 부족 같은 것을 포함하는 것이라고 볼 수 있다.

이제 언론인들에게 언론사의 내적 통제나 언론인의 자질 부족이 언론의 책임을 다하기 어렵게 만들고 있다는 의식이 나타났던 것이다. 특히 언론인의 자질 부족이 공정성을 저해하는 주요 요인으로 꼽힌 것은, 언론인의 전문성 향상이나 직업 윤리 확립을 위한 노력이 큰 성과를 거두지 못했던 현실을 반영한 것이었다. 1990년대 들어서서 과거에 비해 비교적 활발하게 재교육이 실시되고 전문 기자 제도도 생겼지만 오래 지속되지는 못했다. 촌지나 향응도 과거에 비해서는 다소 줄었지만, 여전히 사라지지 않고 있었다(박용규, 2015: 390~396).

### 2) 과열 경쟁과 자사 이기주의 경향

1987년 6·29 선언 이후 나타난 또 다른 변화는 발행의 자유가 주어지면서 새로운 신문들이 창간되기 시작했다는 점이다. 6·29 선언 이전 전국적으로 32개에 불과하던 일간 신문이 불과 5년 뒤인 1992년에 117개로 3.7배가량 늘어났다. 기존의 과점 체제가 붕괴되고 경쟁 구조가 형성되면서, 신문들 사이에 치열한 경쟁이 벌어졌다. 발행의 자유가 주어지면서 갑자기 본격적인 경쟁을 하게 되었지만, 신문들은 자유롭고도 공정한 경쟁의 역사적 경험이 전혀 없었기 때문에 혼란을 겪을 수밖에 없었다.

신문 수가 급증했지만 판매나 광고 시장은 이를 충분히 수용할 만큼 성숙하지 않아서 기존 신문사와 신규 신문사 간에 한정된 시장을 놓고 무한 경쟁을 벌였다(새언론포럼, 2009: 88~108). 조간 〈한국일보〉가 1989년 7월에 월요판을 발행하고, 다른 신문들이 증면에 나서면서 무한 경쟁이 시작되었다. 1993년 1월 〈동아일보〉가 조간으로 전환되면서 경쟁은 더 격화되었다. 1994년 7월 〈중앙일보〉가 매일 40면 발행을 선언하고, 곧 48면까지 발행하면서 과열 경쟁은 극에 달했다. 인력 충원 없는 증면은 언론인들의 노동 조건을 악화시켰다. 과당 경쟁은 1996년

7월에 경기도 고양시에서 〈조선일보〉와 〈중앙일보〉 지국 관계자 사이의 살인 사건까지 불러왔다. "1987년 이후 언론 자율화 조치 이후 언론 매체 간의 기사·광고 수주 경쟁이 치열해지면서 기사의 정확성보다 신속성의 가치가 숭배"되었고, '무책임한 기사'들과 '자극적·선정적 기사'들이 넘쳐나게 되었다(이승선, 2014: 15).

언론사들의 경쟁이 치열해지면서 언론사 내부의 통제가 강화되었다. 1991년의 기자협회 조사에서 "기업가로서의 언론사주·경영진의 지시나 기대에 일선 기자들이 스스로 따르는 보도 행위, 이른바 자기 검열이 지금 한국 기자 사회에 존재한다고 생각하십니까?"라는 질문에 응답자의 4분의 3(75.4%)이 '그렇다'고 응답했다. 또한 "일선 기자로서, 기업가로서의 언론사주·경영진의 지시나 기대에 일선 기자들이 스스로 따르는 보도 행위, 이른바 자기 검열을 한 적이 있습니까?"라는 질문에 41.0%가 '있다'고 응답했다. 나아가 "지금 언론의 불공정·왜곡 보도에 책임이 가장 큰 집단 내지 세력이 누구라고 생각하십니까?"라는 질문에 '언론사주·경영진'이라고 응답한 비율이 32.9%로 가장 높게 나타났다(한국기자협회, 1991: 315~318).

1993년의 기자협회 조사에서는, "지금 언론의 불공정·왜곡 보도에 책임이 가장 큰 집단 내지 세력이 누구라고 생각하십니까?"라는 질문에 '언론사주·경영진'이라고 응답한 비율이 42.1%로 가장 높게 나타났을 뿐만 아니라 2년 전에 비해 10%가량 증가한 것으로 나타났다. 또한 "지금 언론 보도에 가장 큰 영향을 미치고 있는 집단 내지 세력이 누구라고 생각하십니까?"라는 질문에 '언론사주·경영진'이라는 응답이 1991년에는 33.6%로 2위였지만, 1993년에는 42.5%로 1위로 나타났다. 이에 대해 "최근 더욱 가열되고 있는 언론업계의 과당 경쟁 속에서 사주·경영진의 보도의 이니셔티브를 장악한 현실과 상통하는 것으로 언론의 대對 자본 종속에 대한 우려를 낳고 있다"는 평가까지 나왔다(한국기자협회, 1993: 360~361).

과당 경쟁 속에 고용 불안이 계속되면서 언론사주나 경영진의 언론인에 대한 통제는 갈수록 강화되었다. 한국언론연구원의 1995년 조사에서도 '취재 및 보도 활동을 위협하는 요인'으로 '언론사 사주의 상업주의적 경영관'이 58.2%로 가장 높게 나타났다(한국언론연구원, 1995: 68). 1997년의 조사에서도 같은 질문에 대해 '언론사 사주의 상업주의적 경영관'이 44.6%로 역시 가장 높게 나타났다(한국언론연구원, 1997: 112). 응답 항목 중에 광고주가 빠져 있기 때문인지 언론사 사주가 취재 보도 활동에 가장 큰 영향을 주는 것으로 나타났다.

1996년의 조사에서 한 기자는 "만약 발행인이나 회장 또는 편집국장이 어떤 문제를 취재하라고 지시하는 경우 일반 기자가 그 지시에 대해 이의를 제기하는 일은 거의 불가능합니다. 인사에 대한 두려움 때문입니다"라고 인사 문제가 통제에 순응하게 만드는 수단이라는 점을 지적했다. 또 다른 기자는 "신문의 소유자들은 신문과 뉴스 제작의 전 과정에 걸쳐 엄청난 영향력을 행사합니다. 우리는 매일 그 같은 압력을 느낍니다"라고 하여, 사주의 영향력이 취재 보도 활동에 크게 작용함을 밝혔다(이재경, 2013: 299~302).

기자협회의 1991년 조사에서 기자들은 기자 사회의 가장 심각한 문제로 59.0%가 '과로·건강 악화'를 들었고, 52.4%가 '자사 이기주의를 꼽았다. 1위와 2위로 나타난 것들이 모두 신문사들의 무한 경쟁으로부터 비롯된 것들이었다. 신문사 간의 과당 경쟁으로 노동 조건이 악화되고 노동 강도가 상승되었으며, 철저하게 자신들 회사의 이익위주로 기자들이 활동하게 되었다는 것을 드러냈다(한국기자협회, 1991: 307). 1993년에는 '과로·건강 악화'를 든 비율이 75.9%로 높아졌고, '자사 이기주의'를 꼽은 비율도 63.9%로 올라갔다(한국기자협회, 1993: 352). 1994년에는 '과로·건강 악화'를 든 비율이 74.8%로 나타났고, '자사 이기주의'를 꼽은 비율도 61.8%로 나타나 전년도와 비슷한 수준을 유지했다(한국기자협회, 1994: 276).

김주언은 "1987년 6·10 항쟁 이후 민주화가 진전되고 언론 자유가 향상되면서 기자들은 더 이상 '지사적 언론인'을 포기하게 됐다. 언론사 간의 경쟁이 극심해지고 경영이 어려워지면서 기자들도 경영 논리에 휩쓸려 자사 이기주의에 함몰된 것이다"라고 주장했다(김주언, 2006: 83). 1990년대 이후 언론사들의 상업적 경쟁이 과열되면서 '자사 이기주의'가 심화되었고, 이에 따라 언론인들이 "언론인 또는 노동자라는 신분이 아니라 자신이 소속한 언론사의 이해관계"에 따라 활동하는 경향을 보였다(이원락, 1999: 124~125). 여기에서 '자사 이기주의'란 "언론사 내부의 구성원들이 각 신문, 방송사의 테두리를 벗어나지 못하고 있는 현실을 반영하는 것으로서, 언론 노동자들이 자신은 어느 신문 소속이라거나 어느 방송 소속이라는 사실을 과도하게 인식하고 있는 현상"을 뜻했다(손석춘, 1996: 80). 자율성이 사라지고 자사 이기주의가 강화되며 언론인들은 공공의 이익보다는 회사의 이익을 앞세우며 정확하고 공정한 보도를 위한 노력을 소홀히 여기게 되었다.

## 3. 언론사의 경영 위기와 언론인의 인식 변화

### 1) 경영 위기와 직업에 대한 불안감

1990년대 중반을 넘어서면서 신문사들은 이미 경영상의 어려움으로 언론인들을 명예퇴직 등의 방식으로 퇴사시키기 시작했다. 이미 1996년에 〈중앙일보〉 26명, 〈경향신문〉 17명, 〈조선일보〉 29명, 〈한국일보〉 121명, 〈내외경제〉 8명, 〈매일신문〉 45명, 〈국제신문〉 8명, 〈부산매일〉 27명, 〈중도일보〉 2명, 〈무등일보〉 3명, 〈전남일보〉 14명 등 "수백 명의 언론인들이 깊은 배신감을 느끼며 쫓겨나다시피 회사를 대거 떠나야 했"던 것이다(이창섭, 1997: 108). 형식은 '명예퇴직'이었지만, 내용은 '강제 퇴직'이었다. 1996년에 언론사 편집·보도국장을 상대로 실시한 '언론계 10대 뉴스' 조사에서 '명예퇴직·감원 한파'가 4위를 차지했을 정도로 고용 불안이 심화되었다(정봉근, 1996: 11~12).

1996년의 명예퇴직은 서막에 불과했다. 1997년의 IMF 체제는 기자들의 직업적 안정성을 송두리째 흔들어 버렸다. 많은 기자들이 정리해고되면서 기자 수가 급격히 줄어들었다. IMF를 거치면서 언론인들이 대량 해직되었을 뿐만 아니라 임금이 체불되거나 하락하는 일이 빈번하게 벌어졌다. 언론노련의 조사에 따르면, 1997년 11월 이후부터 1998년 4월 30일까지 희망퇴직, 명예퇴직, 우대 퇴직, 정리 해고, 권고사직 등으로 언론사를 떠난 실직자들의 수가 4150명에 달했다(강을영, 1999: 28~29). 한국언론연구원 조사에 따르면, 1997년에 4만 2368명이던 전체 언론인이 1998년에는 4399명(10.4%) 감소한 3만 7969명이 되었고, 특히 신문사는 2만 1200명에서 3899명(18.4%)이 줄어든 1만 7301명이 되었다

(황치성, 1998: 119).

1997년 4월부터 1999년 5월 사이에 전국 일간지 10개사에서만 무려 3100여 명의 언론인들이 신문사를 떠나야만 했다. 언론노련이 1997년 11월부터 1998년 사이에 조사한 언론사 퇴직자 4150명 중 기자는 629명이었다(엄주웅, 1998: 58~66). 한국기자협회가 조사한 바에 따르면, 회원이 1997년 6872명이었지만 1998년 10월 현재 872명(12.7%) 줄어든 6000명으로 나타났다(강을영, 1999: 29).

2001년에는 전체 언론인 수가 3만 8557명으로 나타나 전체적으로는 전년도에 비해 다소 늘어난 것으로 나타났지만, 이 중에서 신문사 종사자 수는 1만 5507명으로 10년 전에 비해서는 줄어든 것으로 나타났다(한국언론재단, 2002: 209). 2000년대 초까지 방송사의 경우에는 고용 불안이 덜 심각한 편이었다. 2002년 방송사 보도국에 재직하고 있는 간부들을 대상으로 분석한 결과에서, "언론계 입직한 후 통폐합에 의한 이동을 제외하고 한 번도 직장 이동이 없이 계속 근무하는 사례는 전체 기자 735명 중에서 67.1%(505명)"였을 정도였다(임영호·김은미, 2006: 376~377).

2000년대 중반 이후 언론계는 인터넷 신문이나 무료 신문의 등장 등 미디어 환경의 변화와 경기 악화에 따른 광고 수주 급감으로 다시 심각한 위기에 처했다. 2004년 11월과 12월에 실시된 조사에서, 앞으로 2년 동안 해고될 가능성을 묻는 질문에 54.2%가 어느 정도 해고 가능성이 있다고 응답해 언론 산업 전반에 퍼진 고용 불안을 실감케 했다(《언론노보》, 2005. 1. 13). 실제로 2004년 말 이후 구조 조정이 본격화되면서, 중앙 일간지들도 명예퇴직 신청을 받거나 정리 해고를 하기도 했다(이호석, 2005: 114~117). 2004년의 언론노련 조사에서는, 신문의 경우 비정규직이 15.8%로 나타났고, 방송의 경우 36.5%로 나타났다(조계완,

2007: 51~54). 기자직에는 비정규직이 별로 없었지만, 점차 기자들 중에도 비정규직이 늘어났다.

경영 위기가 심화되면서 취재원에게 광고를 종용하는 비윤리적인 일이 자주 일어났다. 변상욱은 IMF 이후 "취재 기자들이 광고 유치를 위해 동분서주하는 모습"을 흔히 볼 수 있게 되었다고 하며, "이 판국에 '저널리즘의 회생,' '바른 언론 세우기'가 사치스럽게 여겨질 법한 상황"이라고 안타까워했다(변상욱, 1998: 19). 이런 경향은 IMF 경제 위기를 극복하고도 계속되었다. 2006년 조사에서도 최근 2년간 광고를 게재하도록 요구한 적이 있는지에 대한 질문에서, 기자들 중에 7.9%가 있다고 응답했다. 이렇듯 기자들 중에 광고를 종용한 경우가 많지 않은 것으로 나타났지만, 반면 홍보 담당자들 중에는 57.3%가 광고 게재 요구를 받은 적이 있다고 응답해, 실제로는 기자들의 응답 비율보다 광고 게재 종용이 훨씬 더 많은 것으로 나타났다(남재일·송용회, 2006: 112~113). 경영 위기 속에 언론인의 직업 윤리에 더욱 많은 문제가 드러났다.

1997년의 IMF로 인해 많은 언론인들이 언론계를 떠나면서 언론인들의 직업의식에도 큰 변화가 나타나기 시작했다. 함경옥은 "80년대 말까지도 언론인들은 지성과 명예를 동시에 가진 인기 직업군에 속했었다. 그러나 IMF 사태를 거쳐 뉴밀레니엄 시대인 21세기에 접어들어 기자들의 인기는 경제 논리에 밀려났다"고 하며 이제 언론인들이 '신념보다는 경제 논리'에 따라 움직인다고 비판했다(함경옥, 2003: 237). 1990년대 말에 한 기자가 "진실은 세상에 그렇게 쉽게 알려지지 않으며 나는 단순히 거대한 기계 속에서 돌아가는 톱니바퀴일 뿐이다. 이것을 인정하지 않으면 내 마음만 괴롭다"고 탄식하기도 했다(허문명, 1999: 166~167). 2007년 한 기자는 "떠나는 사람들을 바라보면서, 기울어가는 타

이타닉에서 나도 어서 탈출해야 할 텐데 하는 조바심을 갖는 기자들이 많다"고 했을 정도로 언론인들의 직업 만족도가 떨어지고 전직 의사가 높아졌다(송상근, 2007: 54).

강준만은 "경제 위기로 인해 일부 언론사의 파산까지 거론되고 있는 최악의 상황에서 언론인들의 자사 이기주의는 더욱 강해질 가능성이 높다"고 주장했다(강준만, 1999: 49). 나아가 "살인까지 서슴지 않는 신문 경쟁 속에서 신문 노동자들은 노동 조건 개선보다 생존과 경쟁 승리가 우선이라는 회사 측 논리를 차츰 수용하게 되었다"는 주장도 나왔다(전국언론노동조합연맹, 1999: 195). IMF로 나타난 이런 변화를 보며, 변상욱은 "이제는 먹고 살기 위해 조직과 사주의 손짓에 따라 소신 없이 맹종하는 IMF 샐러리맨이 되어 있지는 않은가 자문해 볼 일"이라고 비판하기도 했다(변상욱, 1998: 19).

정운현은 이제 "공익이나 사회 정의보다는 사주나 자사의 이익을 대변하는 사적 역할에 함몰된 기자가 늘어났다"고 주장했다(정운현, 2003: 299). 안종주는 '샐러리맨' 가운데도 최악은 '마름형'이라고 하며, 마름형 언론인들은 "자신에게 월급을 주는 사주에게 충성"을 바치고, "이들의 관심은 사주의 눈 밖에 나지 않는 것이고 사주의 불행을 자신의 불행처럼 여긴다"고 비판했다(안종주, 2001: 249). 고용 불안이 커지면서 언론인의 직업에 대한 자부심이 떨어지고, 내적 통제에 순응하는 경향이 강화되었다. 경영 위기 속에 언론인의 전문성과 직업 윤리 수준의 향상이나 자율성과 연대 의식에 기반을 둔 활동을 기대하기는 어려웠다. 이런 현실에서 "기자의 업무가 많을수록, 자존감이 약할수록, 조직의 관료화가 심할수록" 취재 보도 과정이 관행화되고 오보의 가능성도 높아졌다는 주장도 나왔다(이싱주, 2006: 66~68).

### 2) 정파적 대립과 취재 보도 원칙의 약화

김대중 정권은 초기에 자율적인 언론개혁론을 펼치다가 2001년에 세무 조사를 실시하며 본격적인 언론 개혁을 추진했다. 김대중 정권으로서는 "애초부터 이념상으로 거리가 있었던 보수 언론들과의 타협이 성과 없이 끝났다고 판단되자, 집권 후 주창했던 시장주의 및 자율 언론과 배치되는 노선을 택했다"고 할 수 있다(전남식, 2006: 146~147). 세무 조사에 대해서는 상반되는 많은 주장들이 나왔다. 정권의 정치적 목적에 의해 변질되지만 않는다면, 정부와 언론의 바람직한 관계 설정과 신문의 신뢰 회복에 도움이 될 수 있다는 주장이 있었다(김균, 2001: 36~40). 반면 세무 조사는 새로운 방법의 언론 탄압이며, 결국 자율을 내걸고 언론을 장악하려 한 것이라고 비판하는 입장도 있었다(정진석, 2001: 50~51).

세무 조사에 대한 보도에서는 〈조선일보〉, 〈중앙일보〉, 〈동아일보〉가 언론 탄압이라고 비판했던 반면 〈한겨레〉, 〈경향신문〉, 〈대한매일〉(현 〈서울신문〉), 〈한국일보〉는 세무 조사의 필요성은 인정하되, 그 과정이 투명하고 공정해야 한다고 주장했다(조동시, 2001: 59~62). 2001년의 언론사 세무 조사는 '조중동' 등의 "유력 보수 신문들과 나머지 신문들을 결정적으로 갈라놓은 계기"가 되었다(전남식, 2006: 149~150). "김대중 정권이 언론 개혁을 정책으로 제시하면서 작은 신문들이 여기에 가세"해 신문들 사이에 "저널리즘의 정도를 벗어나는 보도가 워낙 극단적 행태로 진행됐기 때문에, 왜 싸우고 있는지 싸움의 목표를 상실한 상황이 나타나게 됐던 것"이라는 주장도 나왔다(강명구, 2004: 327~328). 정부의 세무 조사로 촉발된 싸움이 갈수록 치열해져 '언론 전쟁'이라고 부를 만한 상황이 되었다.

'언론 전쟁' 상황에서 세 신문을 제외한 나머지 신문사나 방송사들의 편집국장이나 보도국장들은 대체로 언론사도 세무 조사는 당연히 받아야 하는 것이라는 의견을 밝혔다(《기자협회보》, 2001. 2. 5). 2001년까지 일반 기자들 사이에도 언론 개혁이 필요하며, 세무 조사는 그 일환이라는 의식이 비교적 넓게 퍼져 있었다. 설문 조사 전문 사이트에서 전국의 언론사 기자 429명을 상대로 실시한 여론 조사에서, 응답자 중 70.1%가 언론사 세무 조사가 언론 개혁을 촉진시킬 것이라고 보았고, 22.6%는 아무런 영향을 주지 못할 것이라고 응답했으며, 7.3%만이 언론 개혁을 후퇴시킬 것이라고 대답했다(《기자협회보》, 2001. 6. 23).

노무현 정권은 출범하면서 처음부터 보수 신문들과 거리를 두고, 신문법 제정과 취재 시스템의 정비 등 언론 개혁을 위한 정책을 시행했다(김주언, 2009: 552~557). 노무현 정권이 출범한 이후 정권과 언론 사이의 갈등은 물론 언론들 사이의 대립도 더욱 심각해졌다. 노무현 정권은 소수 정권으로서 '조중동' 등 유력 보수 신문과 대립하며 진보 신문이나 인터넷 미디어들과 우호적인 관계를 맺고 활동했다(전남식, 2006: 159~163). 언론계의 전반적인 여론도 김대중 정권 시기에 비해 상대적으로 덜 우호적인 분위기로 바뀌었다. 신문법 제정 등의 언론 개혁 조치들이 보수 신문의 강력한 반발에 부딪혔다면, 취재 시스템 변경은 일선 기자들의 불만을 낳았기 때문이다.

노무현 정권이 출범한 지 6개월 정도 지난 2003년 8월에 기자들을 상대로 실시한 조사에서, 노무현 정부의 언론 정책에 대해 '그저 그렇다'가 35.4%로 제일 높고, 긍정과 부정이 각각 31.1%와 33.2%로 나타났다. 한편 일부 언론의 정부에 대한 보도 태도가 지나치게 감정적이라는 지적에 70.4%가 동의한다고 응답하기도 했다. 이를 통해 노무현 정권보다 일부 언론의 보도 태도에 더 큰 문제가 있다는 인식이 있었다는 것을 알 수 있다. 조사 대상자 중 80.8%가 정부와 언론이 "불필요하고 감정적인 관계로 변화했다"고 응답했을 정도로 갈등 관계에 있었다는 것만은 분명했다(《기자협회보》, 2003. 8. 13).

이상기는 "최근 언론사 간 벌어지고 있는 상황은 실체적 진실을 가리기보다 이념을 앞세운 저열한 자사 이기주의에 다름 아닌 경우도 적지 않다"고 주장했다(이상기, 2004: 202). 실제로 자신이 몸담고 있는 언론사가 비판을 받으면 대부분의 언론인들이 무조건적으로 자사의 입장에 동조하는 경향을 보이기도 했다. 보수 언론의 한 기자는 "그 후 노무현 정권 5년 동안 핍박당한 경험이 쌓이면서 일선 기자들에서도 보수 단일화가 이뤄졌다. 이젠 술자리에서 좀 (회사 방침에) 비판적인 얘기를 해도 다들 싫어 한다"고 밝히기도 했다(이희정, 2011: 81). 자사 이기주의 풍토 속에 언론인들은 쉽게 언론사 사이의 정파적 대립에 내몰리기도 했다.

정파성이 심화되었다는 것은 표 2에서 언론인의 중립성에 대한 중요도 인식이 떨어졌다는 것을 통해서도 어느 정도 확인된다(박진우·이

**표 2. 취재 보도 원칙들의 중요도와 실행도**

| 항목 | 1999 | 2001 | 2003 | 2005 | 2007 | 2009 | 2013 |
|---|---|---|---|---|---|---|---|
| 중립성 | 3.67(3.13) | 3.62(3.14) | 3.25(3.11) | 3.04(3.08) | 3.08 | 3.26 | 3.20(3.07) |
| 정확성 | 3.91(3.21) | 3.89(3.21) | 3.73(3.22) | 3.64(3.28) | 3.60 | 3.77 | 3.72(3.34) |
| 신속성 | 3.34(3.26) | 3.25(3.01) | 2.89(3.02) | 2.79(3.00) | 2.75 | 2.78 | 2.64(2.82) |

* ( ) 안은 실행도, '중요도'는 중요하다고 생각한 정도, '실행도'는 실제로 현실에서 실행하고 있는 정도.

** 2003년까지는 전체 미디어, 2005년 이후는 오프라인 미디어 자료.

정훈, 2016: 62~63). 특히 김대중 정권 때인 1999년과 2001년에는 중립성이 중요하다고는 생각하면서도 실행은 제대로 못하다고 답변했지만, 노무현 정권 때인 2003년과 2005년에는 중요하다고 생각하는 정도도 함께 낮아져 실행한다고 하는 비율과 비슷해졌다. 박근혜 정권이 출범한 2013년에도 중요도와 실행도가 비슷한 수준을 보이는 경향이 지속되었다.[2] 중립성을 중요하게 여기지 않을 뿐만 아니라 제대로 실행하지도 않는 경향이 자리 잡은 것이다. 이런 결과는 정확성에 대한 중요도 인식이 계속 매우 높게 나타나는 반면에 실행도는 계속 중요도에 미치지 못하는 수준으로 나타난 것과도 차이가 있다.

〈한겨레〉 논설위원을 지낸 김지석은 "많은 쟁점에서 우리나라 언론은 민주적 해결을 추구하기보다 상대를 공격해 증오를 증폭시키고, 철저하지 못한 사실을 허술한 논리로 포장해 국민을 선동한다"고 주장했다(김진석, 2008: 13). 〈동아일보〉 논설위원을 지낸 김창혁은 "노무현 정권을 거치면서 신문 칼럼들엔 증오의 빛이 번들거렸다"고 하며, 자신의 "글들도 점점 사나워져 갔다"고 표현했다(김창혁, 2008: 5). "보수 언론의 기자들은 진보 언론의 정파성이 이념적 성격의 것이라고 보는 반면, 진보 언론 기자들은 보수 언론의 정파성이 정치적 편향성에서 기인한 것이라는 인식을 갖고" 있는 것으로 나타났다(김사승·채희상, 2009: 143~144).

2 한국언론진흥재단의 '언론인 의식조사'는 2013년 이후 4년 만인 2017년에 실시되었다. 2013년까지는 4점 척도를 사용했지만, 2017년에는 5점 척도를 사용해서 앞의 시기와 비교하기 어렵다. 또한 보도의 '중립성' 대신 '객관성'이라는 용어를 사용했다. 2017년 조사에서도 중요도 인식에서 '정확성'이 4.79, '객관성'이 4.53, 신속성'이 3.61 순으로 나타나, 정확성을 가장 중요하게 여기고 신속성을 가장 덜 중요하게 여기는 경향이 나타났다(한국언론진흥재단, 2007b: 77).

기자들이 갈수록 "소속사의 이념 성향에 자신의 이념 성향을 동조시키는 경향"을 보이면서(남재일·이강형, 2018: 36~37), 정파적 대립은 더 격화되었고 정확하고 공정한 보도라는 저널리즘의 가장 기본적인 원칙조차 지켜지지 않는 일이 자주 벌어졌다. 이런 현실 속에 "기자 집단이 기자 정신에 충실한 전문직이며 동시에 지식인인 기자로서의 정체성보다는 소속 언론사의 종업원으로서의 정체성을 강하게 드러"냈고, 정파적 대립 속에 이제는 "소속 회사의 종업원 정도가 아니라 권력 게임에 참여하는 컬트 집단에 근접해 가고 있다"는 평가가 나오기도 했다(강명구, 2004: 337~338).

## 4. 언론 환경의 변화와 신뢰의 위기

### 1) 언론 환경의 변화와 저널리즘의 붕괴

이명박 정권이 들어서면서 언론인들이 대거 해고되어 언론계를 떠나는 일이 다시 벌어졌다. 이명박 정권은 YTN, KBS, MBC에 차례로 '낙하산 사장'을 내려보냈고, 이를 반대하던 많은 사원들이 해고되거나 징계를 받았다(김주언, 2009: 580~582). 전국언론노조가 집계한 이명박 정권 시기의 언론인 징계 현황에 따르면, "MBC 233명, KBS 133명, YTN 51명, SBS 4명, 연합뉴스 9명 등 총 455명이 공정 보도 투쟁 등으로 징계"를 받았고, "해고 통보를 받은 언론인도 21명"에 달했다(《미디어오늘》 2015. 5. 14). 징계를 받거나 해고당한 사람 중 대다수가 기자들이었다.

정권이 직접 언론인을 탄압한 것은 아니었지만, 정권에 의해 '낙하산 사장'으로 내려 온 인물들에 의해 징계와 해고가 이루어졌다는 점에서 명백히 정권의 의도가 반영된 '간접적 통제'였다. 특히 국무총리실 산하 공직윤리지원관실이 2008년과 2009년에 YTN에 대해서도 사찰해, 정부가 직접 언론 탄압에 나섰다는 비판을 듣기도 했다(《한겨레》, 2012. 4. 6). '낙하산 사장' 반대 투쟁으로 경찰 조사를 받던 시점에 사찰이 이루어졌다는 것은, 당연히 정부의 의도대로 사건을 처리하려고 뒷조사를 했음을 보여 주는 것이었다. 이명박 정권 시절의 언론인 징계와 해고 문제는 박근혜 정권 들어서서도 전혀 해결되지 않았고, '낙하산 사장' 임명과 '인사 보복'도 여전했다(한국기자협회, 2014: 183~192). 물론 과거처럼 폭력을 수반한 것은 아니었지만, 여전히 정부가 언론에 개입하고 간섭함으로써 왜곡 보도가 이루어졌다.

이명박 정권의 언론 정책에 대해서는 전반적으로 비판적인 인식이 높아서, 2010년의 조사에서 43.1%가 '다소 잘못,' 40.7%가 '매우 잘못'이라고 응답한 것으로 나타났다(《기자협회보》, 2010. 8. 18). 박근혜 정권의 언론 정책에 대해서도, 이명박 정권의 언론 정책에 비해 '비슷하다'가 67.4%, '나빠진 편이다'가 16.8%로 나타나기도 했다(《기자협회보》, 2013. 8. 14). 이명박 정권과 박근혜 정권 시기를 거치며 다시 언론 통제가 강화되었고 언론인들은 이런 언론 정책에 대해 비판적 인식을 드러냈다. 그러나 정권의 언론 통제가 다시 강화되었음에도 많은 언론인들이 무기력함을 보이며 저항과 비판의 올곧은 자세를 보이지 못했다.

언론 산업의 위기 속에서도 오히려 매체 수는 급격히 늘어났다. 일간신문은 2005년에 168개에서 2017년에는 380개로 늘어났고, 인터넷 신문은 처음으로 등록했던 2005년에 286개에서 2017년에는 무려 7151개로 늘어났으며, 뉴스통신사도 2005년에 2개에서 2017년에 23개로 늘어났다.

방송의 경우에도 2011년에 4개의 종합 편성 채널과 보도 전문 채널 연합뉴스TV가 새로 출범했다. 매체의 증가는 기자의 수적 증가를 가져왔다. 2009년에 기자직 종사자가 2만 969명으로 과거에 비해 크게 늘어났는데(한국언론진흥재단, 2010: 83), 불과 7년 뒤인 2016년에는 3만 647명으로 다시 1만 명이나 늘어났다(한국언론진흥재단, 2017c: 131).

매체와 기자의 수가 급격히 증가하면서 뉴스의 양은 늘어났지만, 다양성과 질적 개선은 이루어지지 않았다. "기사 작성 메커니즘이 광고·트래픽 논리로 획일화된 결과"로서 기자들이 "분초를 다투며 기사를 복제"하기 바빠졌고, 인터넷상에는 쓸모없는 뉴스들이 넘쳐나게 되었다(이정환·김유리·정철운 외, 2015: 53~56). 제목이나 내용을 조금씩 바꿔가며 같은 내용을 반복하는 어뷰징은 뉴스에 대한 신뢰를 떨어뜨렸을 뿐만 아니라 언론인의 무책임을 조장했다. 온라인 뉴스의 소비자들이 생산자가 누구인지를 정확하게 인지하지 못하는 현실에서 기존 신문사나 방송사의 기자들도 베껴 쓰기에 적극 동참했다. 종이 신문이나 지상파 방송 등의 전통 매체legacy media 기자들의 위상이 하락하면서 이들의 책임감도 함께 저하되었다.

언론사 사이의 치열한 경쟁 속에 언론인의 위상이 흔들리면서 언론인들이 전문화의 필요성을 다시 강조하기 시작했다. 기자협회장이던 김경호는 "모든 기자는 '공부하는 기자'가 돼야 한다. 매일 밤 술 먹고 전문성 갖춘 기자가 탄생할 수 있을까. 바뀌어야 한다. 모든 기자가 한 명당 전문 영역을 갖춰 평생 그것을 갖고 갈 수 있는 지도를 그려야 한다"고 하며 전문화의 필요성을 강조했다(강혜주, 2008: 117). 한 기자는 "언론사 자체는 이전만큼 영향력은 줄어들고 한편으로 전문성을 가진 기자들이 많아지고" 있고, "직업 만족도는 떨어지는 반면에 일부는 자신의 전문성을 키우려는 경향성이 나타나고 있는 것" 같다고 주장하기도 했다(주정민·양용희·박종률, 2012: 77).

김동섭 〈조선일보〉 보건복지 전문 기자는 "보직에 연연하는 기자보다 전문성을 살리는 기자들이 많아질 때 외국처럼 백발이 성성한 기자들도 나오게 되는 것이 아닐까"라고 했지만(김동섭, 2014: 24~25), 이는 여전히 소수의 목소리일 뿐이었다. 언론 환경의 변화 속에서도 "언론사들이, 언론인들이 축적한 전문 기술을 이용하기보다는 관리직으로 전환해 이들이 취재 현장에서 쌓은 인맥을 이용해 광고 영업을 하는 사례가 늘고" 있을 뿐이었다(최석현·안동환, 2012: 101). 언론인들이 대부분 승진에 목을 매고, 정작 편집 간부가 되어서는 그동안 쌓아 온 전문성을 살리지 못하는 현실에서 전문성의 강화가 이루어질 수는 없다. 연륜이 쌓일수록 '탈전문화'되는 현실에서 기자의 전문성을 기대하기는 어렵다는 것이다.

2014년 4월 16일에 발생한 '세월호 침몰 사건' 보도는 한국 언론의 무기력함, 무책임성, 전문성 부족을 적나라하게 드러내 보였다. 언론들은 "사실 확인 부족과 받아쓰기 보도, 비윤리적·자극적·선정적 보도, 권력 편향적 보도, 본질 희석 보도, 누락·축소 보도" 등으로 거센 비판을 듣고 불신의 대상이 되었다(김서중, 2015: 39~48). 방송기자연합회는 세월호 사건에 대한 방송의 잘못된 보도를, 정부의 허위·과장된 발표에 대한 '사실 확인 부족과 받아쓰기 보도,' 피해자 가족들을 고려하지 않은 '비윤리적·자극적·선정적 보도,' 대통령 입장만 전하고 가족들 항의는 편집하는 '권력 편향적 보도,' 검찰 수사 후 유병언과 구원파에 쏠린 '본질 희석식 보도,' 청와대와 정부기관의 책임 비판 등의 '누락·축소 보도' 등 5가지로 정리했다. 또한 이런 보도가 나온 원인으로는 기자 개개인의 취재 윤리 약화, 정치권력의 간섭, 간부들의 권력 편향, 기자 집단의 저항 정신 실종 등 4가지를 들었다(김호성 외, 2014).

2014년 4월에 세월호 사건을 취재하던 기자들은 유가족이나 시민들로부터 심한 욕을 듣기도 했다. 기자협회가 2014년 7월 31일부터 8월 1일까지 기자들을 대상으로 조사한 결과에서 세월호 오보에 대한 언론의 책임에 대해 '적극 동의한다' 56.8%, '조금 동의한다' 33.7%로 기자들 중 90.5%가 동의하는 것으로 나타났다(《기자협회보》, 2014. 8. 13). 사회적인 분노와 질타 속에 "현장에 있는 취재 기자들이 자신들을 스스로 '기레기'라고 자조적으로 부르는 상황까지 갔"던 것이다(한국기자협회, 2014: 215). 한 기자는 "신문사엔 미래가 없다"는 말을 귀에 못이 박이도록 들었고, 세월호 참사 후에는 '기레기'라는 말을 들으며 "기자로서의 보람을 느끼는 순간보다 자괴감이 차곡차곡 포인트를 쌓아"나갔다고 자조적인 의식을 드러냈다(박수지, 2017: 30~31). 세월호 보도는 기자 정신의 빈곤을 그대로 드러낸 것이었다.

### 2) 신뢰의 위기와 직업 만족도의 추락

종이 신문과 지상파 방송을 통해 뉴스를 보는 비율은 계속 줄어들었다. 표 3에서 나타난 것처럼, 종이 신문으로 뉴스를 보는 비율은 급격히 줄어서 2017년에는 16.7%에 불과하고 하루 평균 이용 시간도 4.9분에 불과하다. 뉴스를 보기 위해 텔레비전을 이용하는 비율도 지속적으로 줄어서 2017년에는 85.5%이고, 하루 평균 이용 시간은 41.5분이다. 지상파 방송뿐만 아니라 종합 편성 채널이나 보도 전문 채널까지 포함된 수치이기 때문에 지상파 방송만으로 뉴스를 보는 비율이나 이용 시간은 더 낮을 것이다.

표 3. 미디어별 뉴스 이용률과 이용 시간 추이

| | 2011 | 2012 | 2013 | 2014 | 2015 | 2016 | 2017 |
|---|---|---|---|---|---|---|---|
| 텔레비전 | 95.3(52.3) | 94.7(55.3) | 93.8(56.5) | 87.1(46.2) | 86.8(38.4) | 83.2(41.5) | 85.5(41.5) |
| 모바일 | 19.5(6.8) | 47.4(13.6) | 55.3(14.3) | 59.6(16.7) | 65.4(15.7) | 70.9(16.9) | 73.2(18.5) |
| PC | 51.5(23.1) | 57.4(19.1) | 50.7(16.0) | 47.7(13.5) | 39.8(11.5) | 37.6(10.2) | 32.8(8.2) |
| 종이 신문 | 44.6(17.5) | 40.9(15.7) | 33.8(12.0) | 30.7(10.4) | 25.4(7.9) | 20.9(6.5) | 16.7(4.9) |
| 라디오 | 26.8(8.8) | 22.1(6.0) | 18.3(6.0) | 14.3(4.4) | 9.5(2.0) | 12.7(3.6) | 9.0(2.1) |
| 잡지 | 4.4(0.8) | 7.8(0.8) | 5.0(0.7) | 1.4(0.2) | 0.6(0.2) | 1.1(0.2) | 0.4(0.1) |

* 뉴스 이용률은 지난 1주일 사이에 뉴스를 본 비율, 이용 시간은 하루 평균 뉴스 이용 시간.

출처: 한국언론진흥재단(2017a: 49~50).

반면에 모바일이나 PC로 뉴스를 보는 비율은 꾸준히 늘어났다. 모바일로 뉴스를 보는 비율은 무려 73.2%로 늘어났고, 이용 시간도 18.5분으로 증가했다. 모바일로 뉴스를 보는 비율과 시간이 늘어나면서 PC로 뉴스를 보는 비율과 시간은 다소 줄어들었다. 2017년에 PC로 뉴스를 보는 비율은 32.8%로 나타났고, 이용 시간은 8.2분으로 감소했다. 모바일과 PC로 뉴스를 보는 시간을 합치면 26.7분으로 나타났다. 모바일과 PC로 보는 뉴스들의 상당수가 무책임하고 선정적인 '어뷰징 기사'이기 때문에 언론에 대한 신뢰도의 하락으로 이어졌다.

전체적으로 뉴스를 보는 비율이나 시간의 감소가 나타나고 있을 뿐만 아니라 뉴스에 대한 신뢰도도 급격히 떨어졌다는 것이다. 황외진은 "소비자들은 언론인이 제공하는 정보의 품질과 신뢰성을 금방 알아챌 수 있습니다. 격무에 시달리는 기자들이 수박 겉핥기로 보도 자료와

**표 4. 부분별 언론인 평가 추이(2006~2017)**

| 구분 | 2006 | 2008 | 2010 | 2012 | 2014 | 2016 |
|---|---|---|---|---|---|---|
| 도덕성 | 2.95 | 2.75 | 3.15 | 2.87 | 2.77 | 2.68 |
| 전문성 | 3.49 | 3.34 | 3.68 | 3.38 | 3.31 | 3.33 |
| 사회적 영향력 | 3.53 | 3.51 | 3.73 | 3.55 | 3.56 | 3.54 |
| 사회 기여도 | 3.07 | 3.08 | 3.42 | 3.18 | 3.12 | 3.07 |

출처: 한국언론진흥재단(2017a: 153).

취재원의 입을 주로 쳐다보고 있을 때 재야의 전문가들은 그런 기자들이 쓴 기사를 평가하고 용서 없이 난도질합니다"라고 주장했다(황외진, 2018: 7). 박성제도 "인터넷에는 특정 이슈에 대해 기자들보다 탁월한 지식과 식견을 보유한 전문가들이 수도 없이 포진해 있다. 이들은 SNS와 커뮤니티 활동을 통해 과거보다 훨씬 더 적극적으로 기자들이 전하는 팩트와 논리를 비판하기 시작했다"고 고백했다(박성제, 2017: 291).

이런 인식은 표 4에 나타난 수용자의 언론인에 대한 평가를 통해서도 확인된다. 도덕성과 전문성에 대한 평가는 지속적으로 하락해 세월호 보도로 비난을 받던 2014년(8. 28~10. 17 조사)에 가장 낮은 수치를 기록했다. 반면 사회적 영향력이나 사회 기여도는 일관된 경향을 보이지는 않았다.[3]

3 19대 대통령 선거(2017년 5월 9일)가 끝난 후인 2017년(7월 6일~8월 18일)의 조사에서 도덕성과 전문성에 대한 평가 점수가 다시 높아진 것으로 나타났다. 이것은 국

언론사의 경제적 어려움과 정파적 대립으로 언론인은 자신의 직업에 대한 자부심을 상실해 왔다. 남시욱은 "언론사들의 '이념 투쟁'이나 '경영 위기'가 전문직으로서의 언론인의 직업 정체성을 확보하기 어렵게 만들었고, 그 결과 "전문직을 지향하는 직업 언론인으로서의 자긍심과 책임의식 저하"가 나타났으며, 이는 '한국 언론인에게 가장 큰 위기'라고 주장했다(남시욱, 2009: 106~107). 이와 같은 분위기는 언론인들의 직업 만족도 조사에서도 나타난다. 직업 만족도 조사에서 '만족하고 있다'는 비율은 1989년 38.4%에서 2009년에는 31.8%로 떨어진 반면에 '후회하고 있다'는 비율은 1989년 6.2%에서 2009년 9.3%로 높아진 것으로 나타났다. 또한 전직 의사도 '매우 많다'와 '많은 편이다'를 합친 것이 1989년에 11.1%였던 것이 2009년에 28.8%로 늘어난 것으로 나타났다(한국언론재단, 2009: 208~212).

2000년대 후반에는 언론사의 구조 조정보다 언론인의 자발적인 이직이 더 많이 나타났다. 한국언론재단의 조사에 따르면, 타 직장으로의 전직 의사에 대해 '많은 편이다'라고 응답한 비율이 1989년에는 9.9%였던 것이, 2009년에는 22.1%로 늘어났다(한국언론재단, 2009: 212~213). 2008년 월간 〈신문과 방송〉이 전국의 신문, 방송 기자 400명을 대상으로 실시한 조사에서도, 전직 의사에 대해 '매우 많다'가 9.3%, '많은 편이다'가 33.7%로 나타나 기자 중에 43.0%가 전직 의사를 갖고 있는 것으로 나타났다. 특히 신문의 경우 49.1%로, 방송의 25.8%에 비해 전직 의사가 훨씬 높은 것으로 나타났다(이상기, 2008: 34~35). 20011년의 기자협회 조사에서도 이직 의사를 가진 기자들이 54.3%로 나타나, 언론

---

정 농단 국면에서 보여 준 일부 언론의 활약 때문이었을 것이다.

사를 떠나려는 언론인이 계속 늘어나고 있음을 알 수 있다(《기자협회보》, 2011. 8. 17).

언론인 전체를 대상으로 실시한 조사에서 2003년에 직업 만족도가 6.80점에서 2017년에는 5.99점으로 떨어진 것으로 나타났다(한국언론재단, 2003: 108; 한국언론진흥재단, 2017b: 123). 비록 일관된 경향을 보이지는 않았지만, 2017년의 직업 만족도가 6점 미만으로 2000년대 이후 가장 낮은 수치를 기록했다는 점에서 심각성이 드러난다. 특히 방송사 기자들의 직업 만족도도 떨어져 언론 산업의 전반적 위기를 짐작할 수 있다. '언론 산업의 불안정성과 미래의 불확실성' 때문에 언론인들은 엄청나게 불안해할 뿐만 아니라 '언론의 신뢰 저하로 인한 자긍심의 박약'을 드러냈던 것이다(강준만, 2017: 290~291). 언론에 대한 신뢰가 떨어지고 언론인의 직업 만족도도 하락하는 현실에서 언론인이 기자 정신을 갖고 제 역할을 다하기를 기대하기는 어렵다.

## 5. 기자 정신의 회복과 신뢰의 형성

1987년 6월 항쟁 당시 현장에서 언론인들은 시민들로부터 거센 비난을 들으며 언론이 제대로 취재·보도하지 못하는 현실에 자괴감을 느꼈다. 30년 가까운 세월이 지난 2014년 4월 세월호 현장에서 다시 언론인들은 격한 비판에 부딪치며 무책임하고 선정적인 보도가 이루어지는 현실에 무력감을 느껴야 했다. 30년 전에 기자들이 취재 현장에서 비난받던 모습과 크게 다르지 않은 일들이 다시 벌어지고 만 것이다.

그토록 갈망했던 언론의 자유가 주어지면서 언론의 책임을 다해야

겠다고 다짐한 지 30년이 지났음에도 여전히 이런 일이 벌어지고 있는 이유가 무엇인지 성찰이 필요하다. "1987년 이후의 한국 언론이 제도적 민주주의의 성과들을 공유하면서도, 이를 민주주의의 정착과 민주주의적 가치의 확산이 아니라 스스로 '권력화'의 길을 걸으면서 자신의 존재 가치와 시장 가치를 극대화시켰다"는 기존의 평가는 그 이유를 잘 드러내 준다(박진우·이정훈, 2016: 64). 언론인들도 민주화 이후 저널리즘이 추구해야 할 '가치'나 지켜야 할 '규범'을 제대로 정립하지 못했다. 이런 현실에서 "저널리즘의 철학은 내팽겨지고 빈곤하기 그지없다"는 비판이 나오기도 했다(문종대, 2006: 26).

1987년 이후 언론인들은 저널리즘의 본질적 가치를 고민하고, 기자 정신을 실천하기 위해 노력해야 했다. 그러나 언론 환경의 변화에 언론인들이 제대로 대응하지 못하면서 '기자 정신의 빈곤'을 드러냈고, '신뢰의 위기'를 초래했다. 1987년 이후 경쟁이 과열되면서 선정주의가 드러났고 자사 이기주의 경향이 나타났지만, 언론인들은 경쟁에 내몰린 활동을 하기에 급급했다. 1997년 이후 경영 위기로 직업의 미래에 대해 불안감을 갖고, 정파적 대립 속에 공정성의 가치를 저버린 활동을 했다. 2008년 이후 정권의 언론 통제가 다시 강화되고 인터넷과 모바일이 발전하면서 기성 언론의 위상은 급격히 낮아졌고, 세월호 참사 보도를 거치며 언론에 대한 불신은 극에 달했지만 언론인들은 속수무책일 뿐이었다.

유튜브와 SNS 등에 가짜 뉴스가 범람하며, 그 영향력을 확대해 가고 있다. 가짜 뉴스는 진보와 보수를 가리지 않고 기성 언론을 불신의 대상으로 삼고, 모든 언론인을 '기레기'로 싸잡아 비판하며 자신을 정당화한다. 가짜 뉴스는 증오와 혐오를 조장하고 민주주의의 가치를 훼손한다. 안타깝게도 민주화 이후 한국 언론 30년의 귀결이 가짜 뉴스의 범람이 되고 말았다.

가짜 뉴스에 대한 대책들 중에 비록 더디기는 하지만 가장 확실한 방안은 '저널리즘의 복원'이다. 그 출발점은 기자 정신의 회복이 되어야만 한다. 언론인들이 권력에 대한 저항과 비판의 자세를 견지할 필요가 있고, 전문성과 윤리의식의 향상을 위해 노력해야 하며, 자율성을 지키고 연대 의식을 강화해야만 한다. 열악한 언론 환경 속에 결코 쉽지는 않겠지만, 언론인들이 가짜 뉴스에 맞서기 위해서는 저널리즘의 본질적 가치를 고민하며 기자 정신을 실천하려고 노력해야 한다. 이런 노력들이 모여 정확하고 공정한 보도가 이루어질 때 비로소 언론의 신뢰 형성이 가능해지고, 민주주의의 가치들도 제대로 뿌리내릴 것이다.

### 참고 문헌


강명구 (2004). "한국 언론의 구조변동과 언론전쟁," 〈한국언론학보〉, 48권 5호, pp.319~348.

강을영 (1999). "대량 해직, 임금도 생활 위협할 정도," 〈신문과 방송〉, 1999년 1월호, pp.27~30.

강준만 (1999).《한국의 언론인 1》. 인물과사상사.

강준만 (2017).《손석희 현상 — 신뢰받는 언론인이란 무엇인가?》. 인물과사상사.

강혜주 (2008). "인터뷰–김경호 신임 한국기자협회장," 〈신문과 방송〉, 2008월 1월호, pp.113~117.

김균 (2001). "언론사 세무조사·공정위조사/쟁점별 전문가 진단/언론학자," 〈신문과 방송〉, 2001년 8월호, pp.36~40.

김동섭 (2014). "전문기자의 역량이 언론의 미래 이끈다," 〈관훈저널〉, 130호, pp.19~25.

김사승·채희상 (2009). "뉴스생산 관행 분석을 통한 정파성 뉴스생산 이해,"《한국 언론의 정파성》(pp.101~164). 한국언론재단.

김서중 (2015). "세월호 보도 참사와 근본 원인," 〈역사비평〉, 110호, pp.37~64.

김주언 (2006). "기자의 날을 맞는 소회,"《언론자유와 기자의 날》(pp.80~84). 한국기자협회.
김주언 (2009).《한국의 언론통제》. 리북.
김진석 (2008).《시대의 과제에 맞섰는가》. 커뮤니케이션북스.
김창혁 (2008).《동굴 속 기자의 초상》. 커뮤니케이션북스.
김호성 외 (2014).《세월호 보도…… 저널리즘의 침몰: 재난보도의 문제점과 개선방안》. 방송기자연합회.
남시욱 (2009). "언론의 위기와 직업 언론인의 책무," 〈관훈저널〉, 113호, pp.89~111.
남재일·송용회 (2006).《한국 언론윤리 현황과 과제》. 한국언론재단.
남재일·이강형 (2018). "한국 기자들의 이념 성향과 이념 성향에 영향을 미치는 요인: 한국의 언론인 의식조사를 중심으로," 〈한국언론정보학보〉, 88호, pp.7~41.
문종대 (2006). "한국 저널리즘의 빈곤: 철학적 반성의 모색," 〈쟁점과 진단〉, 한국언론학회 심포지엄 자료집, pp.25~43.
박성제 (2017).《권력과 언론: 기레기 저널리즘의 시대》. 창비.
박수지 (2017). "현장기자의 목소리 — 시민의 변화 열망 외면하면 언론도 적폐," 〈신문과 방송〉, 2017년 12월호, pp.30~33.
박용규 (2015).《한국의 언론인, 정체성을 묻다》. 논형.
박진우·이정훈 (2016). "민주화 시대의 언론과 '민주주의적 가치'의 후퇴: 언론인 의식 조사 자료에 대한 검토, 1989~2013," 〈한국방송학보〉, 30권 5호, pp.43~80.
변상욱 (1998). "IMF 샐러리맨으로 전락하는가," 〈신문과 방송〉, 1998년 7월호, pp.16~19.
새언론포럼 (2009).《현장기록, 신문노조 민주화운동 20년》. 커뮤니케이션북스.
손석춘 (1996). "한국 언론노동운동의 현황과 정책 방향," 〈민주언론〉, 3호, pp.73~94.
송상근 (2007). 〈기자집단 변화에 대한 구성원의 의식연구〉. 연세대학교 석사 학위 논문.
안종주 (2001). "세무조사와 언론인의 자화상," 〈관훈저널〉, 80호, pp.248~252.
엄주웅 (1998). "언론 인력 구조조정 및 노동시장,"《언론사 고용구조 변화와 실직언론인 대책》. 한국언론연구원.
이상기 (2004).《요즘 한국 기자들》. 깊은강.
이상기 (2008). "기자의식 조사," 〈신문과 방송〉, 2008년 5월호, pp.34~44.
이성주 (2006).《황우석의 나라》. 바다출판사.
이상현 (2001). "기자인가, 샐러리맨인가," 〈신문과 방송〉, 2001년 12월호, pp.23~24.
이승선 (2014). "알면서도 안 지키는 오보 예방법, 실천의지가 관건," 〈신문과 방송〉, 2014년 8월호, pp.15~18.
이승우 (1970). "한국 언론의 60년대와 70년대 — 기자의 샐리리맨화," 〈저널리즘〉, 2호, pp.34~39.
이원락 (1999). "언론노동운동 11년 — 그 영욕의 시간과 앞으로서의 과제," 〈저널리즘〉,

40호, pp.118~127.
이재경 (2013).《한국형 저널리즘 모델》. 이화여자대학교 출판부.
이정환·김유리·정철운 외 (2015).《저널리즘의 미래》. 인물과사상사.
이창섭 (1997). "불안정한 직업이 되어 버린 기자," 〈관훈저널〉, 67호, pp.104~114.
이호석 (2005). "위기의 언론인 — 신문사 구조조정 실태," 〈신문과 방송〉, 2005년 2월호, pp.114~117.
이희정 (2011).〈사주 및 경영진의 내적 통제에 대한 기자들의 인식과 대응 연구〉. 연세대학교 석사 학위 논문.
임영호·김은미 (2006). "사회자본이 방송 경력기자의 직장 이동에 끼치는 영향," 〈한국방송학보〉, 20권 1호, pp.360~403.
전국언론노동조합연맹 (1992).《부끄러움을 보여드립니다 — 일선 기자들이 직접 해부한 한국언론의 자화상》. 도서출판 공간.
전남식 (2006).《대통령과 언론통제》. 나남.
정봉근 (1996). "96년 언론계 10대뉴스," 〈신문과 방송〉, 1996년 12월호, pp.6~15.
정운현 (2003). "특권의식을 버려라,"《기자가 말하는 기자》(pp.297~308). 부키.
정진석 (2001). "역대 정권의 언론정책 권위주의 통제에서 세무조사까지," 〈관훈저널〉, 80호, pp.36~51.
조계완 (2007).《언론산업 비정규 노동 연구》. 커뮤니케이션북스.
조동시 (2001). "언론사 세무조사 관련보도," 〈신문과 방송〉, 2001년 3월호, pp.59~62.
주정민·양용희·박종률 (2012).《언론인 복지 증진을 위한 정책방안 연구》. 한국언론진흥재단.
최석현·안동환 (2012). "한국 신문언론노동의 숙련구조 변동과 전문직화에 대한 탐색적 접근," 〈한국언론정보학보〉, 57호, p.101.
최장원 (1992). "김일성에서 전교조, 이한열까지,"《캔커피 세대 기자수첩 — 뛰면서 꿈꾸는 우리》(pp.167~181). 나남.
한국기자협회 (1990). "1990년 전국기자 여론 및 의식조사," 〈저널리즘〉, 20호, pp.179~181.
한국기자협회 (1991). "1991년 전국기자 여론 및 의식조사," 〈저널리즘〉, 24호, pp.315~318.
한국기자협회 (1993). "제3차 기자의식 및 여론조사," 〈저널리즘〉, 29호, pp.360~361.
한국기자협회 (1994). "제4차 기자의식 및 여론조사," 〈저널리즘〉, 33호, pp.360~361.
한국기자협회 (2014).《기자협회 50년사》. 한국기자협회.
전국언론노동조합연맹 (1999).《언론노련 10년사》. 전국언론노동조합연맹.
한국언론연구원 (1989).《제1회 전국기자 직업의식 조사》. 한국언론연구원.

한국언론연구원 (1991). 《제2회 전국기자 직업의식 조사》. 한국언론연구원.
한국언론연구원 (1993). 《제3회 전국기자 직업의식 조사》. 한국언론연구원.
한국언론연구원 (1995). 《제4회 전국기자 직업의식 조사》. 한국언론연구원.
한국언론연구원 (1997). 《제5회 전국기자 직업의식 조사》. 한국언론연구원.
한국언론재단 (1999). 《제6회 전국 신문 · 방송 · 통신사 기자 직업의식 조사》. 한국언론재단.
한국언론재단 (2001). 《제7회 전국 신문 · 방송 · 통신사 기자 직업의식 조사》. 한국언론재단.
한국언론재단 (2002). 《한국신문방송연감 2001/2002》. 한국언론재단.
한국언론재단 (2003). 《제8회 전국 신문 · 방송 · 통신사 기자 직업의식 조사》. 한국언론재단.
한국언론재단 (2005). 《제9회 전국 신문 · 방송 · 통신사 · 인터넷 기자 직업의식 조사》. 한국언론재단.
한국언론재단 (2007). 《제10회 전국 신문 · 방송 · 통신사 · 인터넷매체 기자 직업의식 조사》. 한국언론재단.
한국언론재단 (2009). 《제11회 기자 의식조사》. 한국언론재단.
한국언론진흥재단 (2010). 《2010 한국언론연감》. 한국언론진흥재단.
한국언론진흥재단 (2013). 《제12회 언론인 의식조사》. 한국언론진흥재단.
한국언론진흥재단 (2017a). 《2017 언론수용자 의식조사》. 한국언론진흥재단.
한국언론진흥재단 (2017b). 《제13회 언론인 의식조사》. 한국언론진흥재단.
한국언론진흥재단 (2017c). 《2017 한국언론연감》. 한국언론진흥재단.
함경옥 (2003). "시대정신, 그 이후는," 《기자가 말하는 기자》(pp.231~238). 부키.
허문명 (1999) "386 기자의 90년대 현장일기," 〈저널리즘〉, 40호, pp.156~169.
황외진 (2018). "언론, 기자, 그리고 '기레기'," 〈관훈저널〉, 60권 1호, pp.3~8.
황치성 (1998). "언론환경 변화와 언론인구 추이분석," 《뉴미디어 사업동향/ 언론인구 추이분석》. 한국언론연구원.

# 2부

# 1987년 민주화 이후 한국 언론 운동

## 성찰과 과제

# 1987년 민주화 운동 이후 언론 학술 운동

5장

이범수

이범수는 동양커뮤니케이션연구회 회장이자 뉴스타파 옴부즈맨 위원장으로, 커뮤니케이션학과 동양 고전·수사학·현상학과의 관계 등을 연구하고 있다. 서울대학교, 성균관대학교, 한국외국어대학교, 유도회한문연수원, 미국 애리조나주립대학교 등에서 수학 및 연구했다. 한국언론정보학회 회장, 민주언론시민연합 이사장, 방송문화진흥회(MBC대주주) 이사, 한국방송(KBS) 경영평가위원장, 동아대학교 교수, 동양고전학회 회장, 사단 법인 유도회儒道會 이사장 등을 지냈다. 저서로는《중국고전의 커뮤니케이션》,《커뮤니케이션학과 현상학》,《현대 북한 언론의 이해》(공편저),《대중 매체의 이해와 활용》(공저),《현대사회와 매스커뮤니케이션》(공저) 등이 있으며, 논문으로는 "조선시대민간인쇄조보朝報의 언론사적 의의"(공저), "은상시기 갑골문에 나타난 커뮤니케이션 속성," "수사학적 기사작성 모형 연구"(공저), "고대 그리스 초기 수사학에 나타난 서양 커뮤니케이션 사상의 기원에 관한 연구" "커뮤니케이션현상학에 관한 기초 연구" 등이 있다.

## 1. 1980년대 이후 한국 언론학사

한국에서 언론학은 1980년대 들어 커뮤니케이션학이라는 우산 아래 한데 모아져 분야별 연구와 교육이 이루어졌다. 신문학, 방송학 등 매체별로 구분되던 종래의 개별 연구·교육 영역들이 커뮤니케이션학이라는 학문 안으로 통합된 것이다. 당시 교육이나 연구는 미디어 효과 이론과 그 효과 측정의 도구로서 경험주의적 방법론이 주조를 이루었는데, 이 이론과 방법론은 실증주의적 인식론에 터를 두었다.

군사 독재에 대항한 1980년대 당시 민주화 운동의 열기는 언론학 분야에도 크게 영향을 미쳤다. 바로 비판 커뮤니케이션 연구의 활성화가 그것이다. 마르크스주의와 언론 현상의 접목으로 자본주의 언론을 비판하며 주류 미국식인 경험론적 접근의 커뮤니케이션학의 문제와 한계를 지적하고, 자본주의와 계급 지배 현상을 설명하고자 하였다. 이러한 비판 커뮤니케이션 연구의 주체는 1980년대 중반 당시 언론학 관련 대학원생들이었다. 이들은 한국 언론 현상을 두고 정치경제학적 접근뿐만 아니라 기호학적 텍스트 분석 방법 그리고 문화론적 틀 등 다양한 인식론과 방법론으로 설명 및 분석하였다.

뉴 미디어 및 정보 사회 관련 교육과 연구 또한 1980년대 한국 언론학의 한 축이 되었다. 뉴 미디어의 등장과 정보화 사회의 도래로 인한 커뮤니케이션 환경 변화가 연구 및 교육의 주요 대상이 된 것이다. 게다가 개인용 컴퓨터의 대중화는 언론학 연구 대상을 미디어 매개 커뮤니케이션 현상에서 컴퓨터 매개 커뮤니케이션 현상 중심으로 옮겨가게 하였다. 이러한 미디어 환경 변화와 더불어 커뮤니케이션 관련 학과의 명칭에 정보가 덧붙여지기도 했다.

1990년대 언론학계는 전후무후라고 할 정도로 질적·양적 성장을 이룬 시기(차배근, 2017)였다. 대학 내 언론 관련 학과의 개설이 증가했고 커뮤니케이션 유관 학회도 다양하게 늘어났다. 국내 언론 관련 전공·학과·학부가 설치된 곳은 4년제 대학교 중 절반에 가까웠다. 일반 대학원 내 언론 유관 학과뿐만 아니라 언론 관련 특수 대학원 그리고 대학 내 커뮤니케이션 관련 연구소 수도 대폭 증가하였다.

1980년대 후반에 접어들면서 언론 관련 학술 단체도 늘어났다. 1959년 한국신문학회라는 이름으로 시작된 한국언론학회(1992년 개명)에 이어, 1988년 2월에 출범한 한국사회언론연구회(현 한국언론정보학회)와 같은 해 9월에 창립된 한국방송학회 그리고 그 뒤인 1989년에 설립된 한국광고학회 등이 그것이다. 뿐만 아니라 지역 언론학회도 1980년대 후반부터 결성되기 시작했는데, 호남언론학회, 부산울산경남언론학회, 광주전남언론학회, 대구경북언론학회, 충청언론학회, 강원언론학회 등의 순으로 2006년까지 권역별로 만들어졌다.

## 2. 1980년대 이후 한국 학술 운동

1987년 민주화 운동 이후 한국 학술 운동은 명실상부 학술 운동 단체인 학술단체협의회, 대중 조직인 민주화를위한전국교수협의회, 노동조합인 전국교수노동조합과 한국비정규교수노동조합 등을 중심으로 전개되고 있다.

한국사회언론연구회를 포함 10개 학술 단체의 참여로 1988년 11월 출범한 학술단체협의회는 이후 한국 학술 운동의 중심이 되었다. 현실에 대한 학문 영역별 분석과 이를 토대로 한 분야별 실천을 이끌 학술적 의제 개발과 관련 담론을 구축하는 데 학술단체협의회가 주도하여 큰 성과를 내었기 때문이다. 매년 학술단체협의회 소속 단체들이 공동으로 개최하는 연합 심포지엄은 학술단체협의회 학술 행사로서 가장 비중이 크다. 공동 주제를 선정하고, 회원 단체의 전공 영역별 연구 접근을 통해 한국 사회 모순 구조를 분석하고 그 대안을 모색해, 향후 한국 사회를 위한 바람직한 방향 설정을 위한 논리와 이념을 제시해 왔기 때문이다. 이 외에도 정책 토론회 학술 토론회 여타 사회 단체와의 공동 토론회 등을 열고 있으며, 사회 민주화나 한반도 평화 정착 관련 주제를 두고 여러 시민 사회 단체들의 활동에도 동참하고 있다.

학술단체협의회와 더불어 한국 학술 운동을 이끈 다른 한 축은 민주화를위한전국교수협의회로, 1987년 6월 민주화 항쟁의 열기가 최고조에 달한 시기에 대학과 사회의 민주화를 촉진하는 공동 노력의 장 구축을 목적으로 창립되었다. 이후 각 대학의 교수협의회 조직을 이끌었고 국립대교수협의회연합과 사립대교수협의회연합 결성을 주도했다. 진보적 교수들의 '집합적 지성'의 대변체로서 민주화를위한전국교수협의회는 소속 대학과 전공의 차이를 뛰어넘어 한국 사회의 민주와 진보를 위해 현재까지 활동하고 있다.

민주화를위한전국교수협의회 운동을 넘어서기 위해 2001년 출범한 전국교수노동조합은 17년간의 '비합법 법외 노조' 시기를 헌법재판소 결정(현행 교원노조법에 대한 헌법불합치)으로 마감했고, 현재 앞으로의 중장기 전망 및 발전 전략 모색 등 합법 노조로서의 새로운 학술 운동이 요구되는 상황에 처해 있다. 한국비정규교수노동조합은 1987년 발족한 전국대학강사협의회가 1990년 전국대학강사노동조합 창립으로 이어진 후, 2002년 한국비정규직교수노동조합으로 명칭을 바꾸었다가, 2010년에 다시 '직'을 뗀 현재 이름으로 바꾼 단체다. 현재 강사법, 교원노조법, 대학 구조 조정 등 학술 운동 관련 당면 과제 해결 방안 찾기에 골몰하고 있다.

한국 학술 운동의 주체인 연구자 집단의 속성을 두고, 1980년대에는 계급론자·전략전술가로, 1990년대에는 시민운동론자로, 그리고 2000년대부터는 '죽은 지식인'으로 구분하여 특화시키기도 한다. 1980년대 이후 한국 학술 운동 주도자들은 계급론, 페레스트로이카, 사회민주주의, 마르크스주의 위기론, 시민운동 등과 같은 핵심 주제를 쟁점으로 하여, 사회 민주화 실현과 정의 구현 그리고 학문의 자유 쟁취 등을 이끌었으나, 2000년대 들어서서는 지식인의 사명인 '비판 기능 수행'을 외면한 채 그 도덕적 의무감으로부터도 벗어났기 때문이다(배성인, 2018).

급기야 사회적·학문적 담론·논쟁·성찰의 부재, 지식 불확실성 팽배, 정치·경제 권력에 포섭되어 그 권력을 탐닉하는 교수, 학연을 재생산하고 기업 논리에 지배당하면서 신자유주의 모순 덩어리가 된 대학 등 작금의 암울한 한국 지식인 사회 현실은, 바람직한 학술 운동의 돌파구를 막는 장애 요인으로 작용하고 있다. 그 장애 요인은, 시대에 걸

맞는 새로운 가치관의 정립 및 비전 제시를 기반으로 한 그런 사회 변혁 실천으로 드러낼 수 있는 것으로서, 이러한 현실 극복은 미래 한국 사회 지식인의 이론적, 실천적 과제이기도 하다.

## 3. 1980년대 이후 한국 언론 학술 운동

한국의 언론 학술 운동은 한국사회언론연구회 창립에서 비롯되었다. 1980년대 당시 언론 학술 운동 불모지에 한국사회언론연구회가 뿌리를 내리면서 그 발단이 되었기 때문이다. 한국사회언론연구회는 1988년 그 출범에서 커뮤니케이션학 지식의 오남용을 비판하며, 사회 모순 극복을 위한 실천적 주체로서 연구자의 도덕성 회복을 가치로 내걸었다.

### 1) 한국사회언론연구회 10년

#### (1) 커뮤니케이션 인식론의 민주화를 위하여

언론 학술 운동 단체로서 한국사회언론연구회의 이념성과 실천성 그리고 그 방향성은 다음 〈한국사회언론연구회보〉 창간사에 압축적으로 제시되어 있다.

> 변혁기 한국 사회의 제반 모순 극복에 실천적 노력이 미흡했다는 최근 한국 사회과학 연구에 대한 비판은 커뮤니케이션학이라고 예외일 수는 없다. 그것은 이른바 '객관성'과 '가치 중립'이란 미명하에 커뮤니케이션학적 지식이 권력의 정당성을 높여 주고 나아가 체제 유지를 위해 기능

해 왔던 사례가 허다했기 때문이다. 이는 특정 서구 이론 및 그 접근방법을 무비판적으로 수용한 연구자의 인식론적 전횡에 기인한다. 기성의 틀에 잘 맞지 않으면 사정없이 배제하여 추방해 버리는 신판 사문난적斯文亂賊의 출현도 이와 맥을 같이한다.

체제에 대한 비판적 연구뿐만 아니라 독창적인 연구의 대부분은 불투명하고 비체계적이라고 매도되는 풍토, 지식을 체제 유지를 위한 기능적인 측면으로만 규정해 왔던 관행, 학위나 자리 취득 후의 자기 최면 상태의 만연 등의 와중에서, 학문이 설 자리를 찾지 못하고 도그마나 프로파간다가 득세한 이유도 여기에 있다. 이런 점을 고려할 때, 인식론적 편중성의 극복과 방법론적 자기반성의 필연과 당위가 바로 이곳에 자리해야 한다는 것이다. 이는 결국 연구 영역의 확대 및 방법론적 다양성을 억압해 왔던 금기사항을 깨고, 학문에 대한 상품적 편견의 색안경을 벗어나야 하는 명분이 도출되는 상황을 제시해 주었다고 할 수 있다.

우리는, 제도권 내 학문연구의 폐쇄성을 극복하고 연구자로서의 도덕성 회복을 위해, 또한 실천적 주체로서 연구자의 입장을 정립하기 위해, 사회 상황을 철저히 인식해서, 학문적 소신을 바꾸는 기회주의나 시류에 편승하여 감상으로 흐르는 포퓰리즘을 철저히 배격한다.

이곳은 커뮤니케이션학의 올바른 자리매김을 위한, 또한 변혁기 한국 사회의 제반 모순구조 극복을 위한 실천의 장이 될 것이다. 즉 한국사회의 민족 모순과 계급 모순을 해결하는 데는 지성을 전제로 한 실천보다 실천을 전제로 한 지성이 선행되어야 한다는 명분을 최우선으로 하여.
— "창간사: 커뮤니케이션 인식론의 민주화를 위하여," 〈한국사회언론연구회보〉, 창간호, 1988. 9.

### (2) 한국사회언론연구회의 출범 과정

제도 교육의 교과 과정에서 배제되어, 개별 차원이거나 학교별 세미나 수준에 머물러 있었던 커뮤니케이션학에 대한 비실증주의적 접근 방법의 효율적 연구를 위하여 공동 연구의 필요성을 절감하고, 일곱 차례에 걸쳐 연구회 결성을 위한 예비 모임을 가진 끝에 다음과 같이 출범했다.

| | |
|---|---|
| 1988. 2. 15 | 구로구 시흥3동 중앙철재종합상가 23동 205호에 연구회 전용 공간(박원일 후원) 확보. 4개 분과(커뮤니케이션 사상, 언론史, 선전선동, 문화 및 이데올로기)별 격주 1회 세미나 개최 결정 |
| 3. 26 | 제1차 운영위원회 |
| 4. 16 | 확대 운영위원회 |
| 4. 18 | 임시총회: '연구회가 하는 일.' '회원에 관한 사항' 의결. 조직 결성 결의 후 운영·총무·연구 간사 선출 |
| 4. 30 | 제2차 운영위원회: 학술단체협의회 연합 심포지엄 참여 및 전임교수와의 연대 조직 결성 등에 합의 |
| 5. 28 | 제3차 운영위원회 |
| 6. 25 | 전임교수와의 연대 조직 결성을 위한 제1차 준비위원회 |
| 7. 2 | 제2차 준비위원회 |
| 7. 14 | 제3차 준비위원회: 연대 결성 시도 결열. |
| 7. 15 | 임시총회: 사무실 이전 계획 구체화, 임원 개선(총무·연구·섭외·편집·교육 간사 선출) |

8. 17 정기총회: 한국커뮤니케이션연구회에서 한국사회언론연구회로 명칭 변경. 사무실 이전 유보. 임원개선(총무·연구·섭외·편집·교육 간사 재선출)

"한국사회언론연구회 연혁," 〈한국사회언론연구회보〉, 창간호, 1988. 9 참조

### (3) 한국사회언론연구회의 활동과 성과

한국사회언론연구회는 창립 초기부터 다양한 활동을 통해 연구 역량을 강화해 나가는 한편 한국 사회와 언론의 민주화를 위한 구체적인 실천을 해왔다. 분과별 세미나와 월례 발표회 등이 연구 역량 강화 활동이었다면 선거보도감시연대회의 결성 과정 참여와 이후 활동 등은 사회·언론 민주화 실천이었다고 할 수 있다.

분과별 세미나는 기성 학계의 틀을 넘어 이론적, 실천적으로 필요한 다양한 주제들을 공동 연구해 나갈 수 있는 장으로서 큰 의미가 있었다. 또한 월례 발표회를 두 달에 한 번 정도씩 개최했는데, 이는 전체 회원들이 모여 한국 언론에 대한 비판적 연구 성과들을 발표하고 토론하는 장으로서 매우 큰 의의를 지닌다. 특히 월례 발표회는 비판 커뮤니케이션 이론의 한국 사회 적용을 위한 다양한 접근 시도이기도 했고, 나아가 이러한 이론을 통해 현실을 분석하고 그 실천적 대안을 마련하는 데도 큰 기여를 하였다.

이러한 연구 활동은 그 성과들을 체계화함과 동시에 이를 대중화시키는 출판 활동으로 이어졌다. 1992년에 창간호를 낸 이후 1998년 10호까지 발간했던 〈한국사회와 언론〉이 한국사회언론연구회 연구 성과의 좋은 예다. 또한 《현대사회와 매스커뮤니케이션》, 《대중 매체의 이해와 활

용》 등 단행본은 이러한 연구 성과들을 대중화시키는 데 중요한 역할을 했으며, 교양서로서 그리고 대학 교재로서도 오랜 기간 단연 돋보였다.

매체 비평 또한 한국사회언론연구회 활동 중 가장 빛나는 업적 중 하나였다. 국내 일간지나 전문지의 매체 비평란에 기고하고 있던 필자 대부분이 한국사회언론연구회 회원들이었다. 이들은 특히 비평가의 감정과 주관적 기준에 의해 평가가 좌우되는 기존의 인상 비평에서 탈피해 합리적·과학적 비평이 되도록 노력했다. 국내 최초의 대중 매체 비평서인 《대중매체 비평의 기초》는 이러한 노력의 결실이었다.

또한 한국사회언론연구회는 1980년대 말부터 본격화된 언론 노동 운동이나 시민 언론 운동과 보조를 맞추며 다양한 활동을 전개해 왔다. 언론 노동 운동과 시민 언론 운동의 이론적 토대 구축을 위해 먼저 한국사회언론연구회가 많은 연구를 했고, 이를 토대로 이들 운동 단체들과 '언론 운동의 새로운 좌표 모색을 위한 대토론회' 등을 공동으로 개최하기도 했다.

이러한 공동 연구에서 더 나아가 한국사회언론연구회는, 선거보도감시연대회의, 방송바로세우기시청자연대회의, 국민주방송추진운동, 참여사회연구소 등과 같은 단체의 활동에 이르기까지 한국 언론의 민주화 및 개혁을 위한 다양한 활동들도 전개해 왔다. 즉 한국사회언론연구회는 진보적 학술 운동의 성과를 토대로 하여 한국 언론의 민주화와 개혁을 위한 실천적 활동에 적극적으로 참여해 왔던 것이다.

### 2) 한국언론정보학회 20년

#### (1) 사단 법인 한국언론정보학회로 전환

한국사회언론연구회는 출범 이후, 연구회 구성원끼리는 물론이고 타 연구 영역 연구자들이나 시민 사회 단체와 더불어 연구 영역을 확대하였다. 또 연구 활동을 더욱 체계화시키면서, 연구의 질적 향상을 꾀하는 노력을 기울였다. 창립 당시의 비판적 문제의식을 견지하면서 변화하는 미디어 환경을 수용하는 새로운 전망을 지속적으로 모색한 것이다. 그런 와중에서 시대 변화에 따라 현실에 맞춘 제도권 내 연구 단체로서 위상 정립을 위해 사단 법인 형태의 공적 조직으로 갈 필요가 있다는 의견이 제시되었다.

특히 1990년대 후반, 임의 단체 한국사회언론연구회는 미디어 융합과 디지털화, 쌍방향성 중심의 급격한 미디어 환경 변화 등으로 보다 조직적이고 탄력적으로 대응할 필요가 대두되었다. 한국사회언론연구회는 전문 연구자 집단이자 언론 이론 연구 및 이론적 실천을 지향하는 학술 운동 단체이긴 하지만, 미디어 환경 변화에 부응하면서 사회 발전에 기여하는 현실적인 방법을, 제도권 학회로 편입해서 찾는 것이 바람직하다는 입장이 부각된 것이다. 이는 임의 단체로서 한국사회언론연구회의 현실적 한계를 직시한 결과이기도 했다. 제도권 내 학회가 아니면 국가 권력 기관이나 기업과의 협조가 어려워, 변화하는 언론·정보 환경을 효율적으로 재구성하는 데 장애가 많고, 새로운 환경으로의 이행 과정에서 불가피하게 발생하는 다양한 정책적 이슈 관련 문제들에 대한 처방 마련에도 각종 행정적 걸림돌이 가로막는 그런 현실이었다. 결국 이러한 한계를 극복하기 위해서, 제도권과 변혁 운동권, 이론 연구와 이론적 실천, 올드 미디어와 뉴 미디어 등과 같은 기존의 이분법적 사고에 대한 냉정한 재검토와 더불어, 한국사회언론연구회가 서야 할 전략적 지점을 찾으려는 노력으로 이어졌다.

미디어 환경 변화에 적응하는 전략적 전망 모색은, 한국사회언론연구회를 사단 법인화하되 그 등록처를 정보통신부로 해야 한다는 쪽으로 방향을 잡았다. 이후 실무 작업 팀을 꾸려 6개월 이상 고민과 논의 끝에, 드디어 1998년 2월에 사단 법인 '한국언론정보학회'로 정보통신부의 인가를 받아 등록하게 되었다. 같은 해 4월 11일에 한국언론정보학회 출범식이 열림으로써 한국사회언론연구회는 제도권 학회로 탈바꿈하게 되었다.

한국사회언론연구회가 한국언론정보학회로 전환한 것은 제도권 보호 속으로 끼어드는 현실적 편의나 조직의 외연 확대만을 의미하는 것은 아니었다. 오히려 학회의 학문적 역량을 더욱 심화시키고 결집시켜야 한다는 내적 과제를 안게 되었다. 더 나은 언론과 사회를 추구하면서 이론과 실천의 합일을 강조해 온 한국사회언론연구회 시대의 주장 및 발언의 질과 무게를 더욱더 높여 가야 한다는 내부의 요구가 그것이다. 그러한 요구에 부응하고자 노력하는 데는 이 사회의 실천적 연구자이자 학자로서, 사회적 책임을 더 중시하고 통감하여, 교육 일선에서 그리고 사회 활동에서, 전보다 더 책임 있게 행동해야 한다는 사명감이 맥을 같이한다.

### (2) 한국언론정보학회 20년의 성과와 성찰

비판적 학술 운동을 표방하며 소수의 젊은 연구자 중심으로 출발했던 한국사회언론연구회는 한국언론정보학회로 이름을 바꾸면서 30년의 세월 속에서 성장을 거듭했다. 그러한 성장 과정에서 일궈 낸 괄목할 만한 성과는, 이른바 언론 관련 3대 학회 가운데, 한국언론학회, 한국방송학회와는 결이 다른 활동을 한 점이다. 대표적인 활동을 몇 가지 들면, 30년 전 국내에서는 주변부 전공에 그쳤던 비판 언론학의 지평을 넓혀 제도권 내 주요 학문 영역으로 확대시킨 점, 다양한 인식론에 기반을 둔 여러 이론 및 방법론을 교육·연구한 점 등이다. 게다가 실천을 전제로 한 지성이 선행되어야 한다는 자기 정체성을 고수하는 노력과 동시에, 한국사회언론연구회 설립 초기 활발했던 학술 연대 운동 및 언론 연

**표 1. 한국언론정보학회 주요 활동(1988~2018)**

| | |
|---|---|
| 1988. 2 | '한국커뮤니케이션연구회' 창립 |
| 1988. 8 | '한국사회언론연구회'로 명칭 변경 |
| 1988. 9 | 한국사회언론연구회 회보 창간 |
| 1988. 11 | 학술단체협의회 결성 참여 |
| 1992. 2 | 선거감시연대회의 결성 동참 |
| 1992. 7 | 〈한국사회와 언론〉(반년간) 창간 |
| 1992. 10 | 방송바로세우기시청자연대회의 창립 |
| 1996. 12 | 국민주방송설립운동 참여 |
| 1998. 4 | 사단법인 한국언론정보학회로 전환 |
| 1998. 8 | 언론개혁시민연대 창립 동참 |
| 1998. 가을 | 〈한국사회와 언론〉을 〈한국언론정보학보〉로 제호 변경 |
| 2000. 9 | 조선일보반대시민연대 참여 |
| 2001. 3 | 신문개혁국민행동 동참 |
| 2003 | 학보 연 4회로 증간 발행 |

| | |
|---|---|
| 2003. 6 | 지역언론개혁연대 구성 |
| 2003. 12 | 학회 기획보도상 신설 |
| 2004. 2 | 2004 총선미디어감시국민연대 결성 동참 |
| 2004. 6 | 언론개혁국민행동 결성 참여 |
| 2005. 10 | 매체자본연구회(현 커뮤니케이션정치경제연구회) 분과 개설 |
| 2006 | 학회 제도개선위원회 운영, 정관 개정 등 학회 제도 정비 |
| 2006. 7 | 학회 상설 사무국 재개 |
| 2006. 7 | 국제심포지엄 개최 |
| 2006. 8 | 문화정치연구회 분과 개설 |
| 2006. 8 | 학보(35호부터) 기획논문 섹션 신설로 정체성 강화 |
| 2006. 9 | 남북학술토론회 개최 |
| 2007. 4 | 학회 우수논문상 제정 · 시행 |
| 2008. 6 | 한국언론정보학회 윤리 규정 제정 |
| 2009. 3 | 미디어공공성포럼 창립 주도 |
| 2009 | 작은 토론회 시행 |
| 2013 | 질적 연구 방법론 워크숍 개최 |
| 2013~2014 | 신진학자 포럼(현 신진포럼) 운영 및 웹페이지(웹진) 개선 |
| 2014~2015 | 학술대회 참가비 현실화 |
| 2014~2015 | 저널리즘학연구회 개설 |
| 2015 | 언론학 후속 세대를 위한 연구기금위원회 설립 |
| 2016. 1 | 비교미디어정책연구회(미디어정책연구회 · 유럽커뮤니케이션연구회 · 동아시아커뮤니케이션연구회 통합) 개설 |
| 2016 | 회장 선출 과정에의 일정 정회원 참여 |
| 2017 | 학회 페이스북 개설 |
| 2017. 1 | 동양커뮤니케이션연구회 창립 |
| 2018 | 인사추천위원회 설치 |

출처: 김서중 · 김은규(2008), 추가 보완.

대 운동도 지속적으로 이어갔다. 이러한 활동은 1998년 한국언론정보학회 전환 이후에도 언론 정책 및 사회적 쟁점에 진보적 학회로서의 실천 활동을 꾸준히 전개했다는 점과 더불어 역시 긍정적으로 평가된다. 표 1은 1988년 한국사회언론연구회 창립 이후 30여 년간 활동한 학회의 주요 언론 학술 운동 내역이다.

한국에서 1980년대 중반에 출발했던 비판적 학술 운동 진영이 당면하여 고민하는 문제는 정체성identity이다. 이 문제는 이른바 제도권 학회와 학술 운동 단체 간의 존립 근거 및 설립 목적 그리고 현실 참여 방식 등의 차이 때문에 발생한다. 이는 이른바 '학술 연구·장려를 위한, 회원 간의 친목 도모와 연구 사업의 촉진'이라는 제도권 학회의 설립 목적과, '현실 분석과 이를 토대로 한 실천을 이끌, 학술적 의제의 개발 및 관련 담론 구축'이라는 학술 운동 단체의 설립 목적 사이의 상충으로 볼 수 있다.

1984년 한국산업사회연구회로 출범하여 1990년대에 산업사회학회로 전환했던 현 비판사회학회의 경우, 민주화 및 폭넓은 제도화 과정에서 나름대로 학회의 정체성 관련 변화에 대응했다. 경계 허물기, 후속 세대의 참여 공간 확대, 비판성의 외연 확장과 내포적 심화 등을 통해 학회의 새로운 정체성을 모색(조희연, 2007)한 것이다. 1987년 창립되었던 한국사회경제학회는 정치경제학 연구자 집단이라는 정체성으로 '진보 경제학 확립'이란 목표를 설정하여, 변화된 학회 현실을 돌파하려 했다. 한국 경제 현실을 반영하는 실증 연구의 축적을 통해, 독자적이고 주체적인 진보 경제학을 확산시키면서 그 발언권을 확대하자는 것이었다. 동시에 진보 경제학자로서 사회적 책임의 완수 그리고 경제에 대한 건설적 비판 및 학문 후속 세대 재생산 등을 강조했던바, 이 모두가 정체성 강화 모색 방안(이병천, 2007)이었던 것이다.

한국언론정보학회의 경우, 학술 운동 단체에서 제도권 학회로 바뀌는 과정에서 일정 부분 정체성 문제는 걸러졌다고 볼 수 있다. 그럼에도 불구하고 학회로 전환 이후 그 운영이나 활동에서 이념성 및 실천성을 두고 논란의 소지는 여전히 잔존했다. '연구·조사 및 회원 간 협조·친목 도모 그리고 학계 교류' 등을 주 사업으로 하고 있는 언론 유관 학회 입장과, '연구·교육 및 유관 기관과의 협력·교류를 통해, 민주적 발전에 필요한 커뮤니케이션 체제 정립'을 목적으로 하는 언론 학술 운동 단체 입장 간의 간극이 그것이다. 전자의 경우, 학회는 학문 연구라는 목적을 위한 학술 단체이기 때문에 사회적 연대 및 쟁점에 대한 태도 표명에 신중을 기해야 한다고 하는 반면, 후자의 경우, 민주적 커뮤니케이션 체제를 정립하는 것이 언론 관련 지식인의 사회적 역할이기 때문에 이론 연구 못지않게 사회 제반 모순 구조 극복을 위한 실천에도 지식인 집단인 학회가 앞장 서야 한다는 것이었다.

학술 운동이란 정체성에 입각하여 출범한 한국사회언론연구회가 한국언론정보학회라는 제도권 학회로 바뀌는 과정과 이후 운영에서 나타난 특징 중 하나는, 학술 운동의 저변 확대였다. 언론정보학회라는 공식화된 공간이 다수의 회원들로 하여금 비교적 자유롭게 학술 운동에 참여하게 함으로써 소수 중심의 부분 운동에 그쳤던 언론학계 내 학술 운동의 대중화가 가능하게 된 것이다. 하지만 그럼에도 불구하고, 공동체적·실천적 연구자 집단이 갖는 자기 정체성은 다소 약해졌다는 자체 비판도 심각하게 제기되었다. 대학원 재학 등 소정의 자격을 갖춘 연구자에게 언제나 개방됨으로써 가능해진 외연 확대가, 구성원들의 다양성을 기반으로 학회 활동의 이념이나 실천에 빈번한 내부적 이견 도출을 초래하여, 학술 운동의 실천적 자기 정체성을 흐리게 한다는 지적이 나온 것이다.

한국언론정보학회의 이러한 정체성 문제는 회원들의 이념, 실천과 더불어 지속적으로 고민해야 하는 과제로 남아 있다. 언론 개혁이나 미디어 관련 쟁점 그리고 사회적 이슈 등에 관한 학회의 대응은 2005년 후반기 전후로 약해졌다. 이후 공영 방송 장악 등으로 언론 자유 지수가 급격히 하락했던 이명박·박근혜 정부 시절에는 언론의 공익성 말살 등에 대한 양심적 학자의 의견 표명에도 큰 어려움이 따랐다. 당시 제대로 된 성명서 하나 내지 못했던 점 등은 자기 성찰이 절실한 부분이다. 학회의 이러한 '몸 사리기'는 1980년대 이전 '한국 사회의 제반 모순 극복을 위한 실천적 노력의 미흡'보다 더 후퇴한 처사로 '실천을 전제로 한 지성의 선행'이 아니라 부끄러운 지성의 파행 그 자체였던 것이다.

한국언론정보학회 회원의 대부분은 한국언론학회, 한국방송학회 등을 비롯한 여타 언론 유관 학회에 중복 가입되어 있다. 이러한 회원들의 균질均質 속성은, 다른 학회와 차별화된 한국언론정보학회 자기 정체성 요구 배경이 된다. 다른 학회와는 달리 한국언론정보학회는 비판언론학을 비롯한 커뮤니케이션학에 대한 비실증주의적 연구 그리고 비판적 학술 운동 실천 등을 학회 활동의 중심에 둠으로써, 학회의 정체성 강화뿐만 아니라 학술 운동 및 비판성의 외연 확장을 도모해야 한다는 것이다. 학회 외연 확대와 경계 허물기는 그 차별화된 정체성을 분명히 할 때 학회 활동을 보다 더 풍부하고도 알차게 채우게 된다는 점도 같은 맥락이라 볼 수 있다. 사회적 공공성과 언론 공공성을 훼손하는 현안에 대응하여 보다 능동적이고 조직적인 조처를 취하기 위해서, '언론학회 2중대'나 '학술 운동 순종 희소화 혹은 멸종 상황'을 탈피, 시의적절한 학술 활동 및 연대 활동의 유기적 힘을 집결해야 한다는 점 또한 균질성을 벗어나는 것이다.

학회 학술지의 내용 또한 회원의 실천성과 더불어 학회 정체성을 가늠하는 요인이다. 각 학회가 발간하는 학보는 게재 논문의 주제와 연구 접근 방식을 통해 해당 학회의 정체성을 담아내기 때문이다. 한국사회언론연구회 시절에 발행했던 〈한국사회와 언론〉은 10호까지 발행하면서 줄곧 초기 비판적 학술 운동의 과제를 수행했다. 각 호마다 특집 섹션을 설정해 해당 시기의 언론 상황을 타진했고 비판 언론학의 쟁점을 정리해 나갔다. 이와 더불어, 기획 논단, 연구 논단 그리고 정책과 제언 등의 섹션을 통해 소장 연구자들의 학술 운동 성과와 그 실천 의지를 표명했던 것이다. 이에 반해 한국언론정보학회로 전환한 이후 발간한 〈한국언론정보학보〉는 기존 〈한국사회와 언론〉식 학문 실천 틀에서 벗어나 특집 주제와 무관하게 회원 투고 논문으로만 채워진다. 이러한 상황은 '연구회'에서 '학회'로의 전환에 따른 당위론적인 결과로 볼 수 있다. 즉 학회 회원 증가 및 외연 확대가 한 요인이라고도 할 수 있는데, 학보 정체성 논란의 핵심 요인을 내포하고 있다. 언론학 관련 여타 학회의 학보와 비교해 볼 때 주제나 관점을 포함해 차별성이 없다는 비판과 그 맥락을 같이한다.

이런 비판을 수용하는 차원에서 〈한국언론정보학보〉 35호(2006년 여름호)부터는 기획 논문과 일반 논문 두 분야의 섹션을 구성해 학보의 정체성 강화를 모색했다. 그러나 이 시도는 곧 흐지부지되고 말았고 계속해서 학보 정체성 논란을 일으키고 있다. 즉 투고·심사 요건에서 '비판성'과 '실천성'을 보다 강화하여 타 학보와 명확하게 구분되는 정체성을 확보해야 한다는 의견이 있는 반면, 학회 외연 확보를 위해서는 그래도 '비판성'보다는 '이론성'에 더 비중을 두어야 한다는 의견도 있다. 이러한 논란은 학회의 내·외적 성장 및 질적·양적 발전과 더불어 초래되는 피할 수 없는 과제로서, 학회 정체성 확보를 보다 명확히 하기 위해 반드시 짚고 넘어가야 할 산이다.

학문 후속 세대를 위한 참여 공간 확대 등 학회 사업 다각화 또한 정체성 강화와 직결된다. 한국언론정보학회의 학계 업적 중 하나는 비실증적 접근 언론학의 질적 성장과 확장을 가져왔다는 것이다. 경험주의 중심 언론학 내에서 비판 언론학 등 비경험적 접근non-empirical approach 영역을 확장했고, 또한 이를 대학이라는 제도권 내에 정착시키는 성과를 이룬 것을 두고 하는 평가다. 그러나 여전히 우위를 떨치고 있는 조사survey나 빅 데이터 분석 등 실증적 연구 경향과 경험적 학문의 고착화 속에서, 비판 언론학을 비롯한 비실증적 접근 언론학 연구 후속 세대 층이 점차 엷어지고 있는 것 또한 부인할 수 없는 사실이다. 학회 초기 주 구성원이었던 소장 연구자들 중 상당수가 대학에 자리를 잡으면서 비판 언론학의 확대와 정착이라는 긍정성을 담보했고, 이의 연장선에서 비판 언론학 영역의 학문 후속 세대 양성 및 지원 역시 이들에게 부과된 과제였다. 하지만 이들이 진입한 제도권은, 주로 이른바 비수도권이거나 학문 후속 세대 양성이 불가능한 여건을 갖고 있다. 이 때문에 비판적 성향의 학문 후속 세대 양성이 제대로 이루어지기는 어려운 한계를 드러내고 있다.

커뮤니케이션학 인식론적 다양성 확보, SNS나 1인 미디어 영향력 강화 등 미디어 환경 변화 그리고 미디어 주류 교체 현상의 언론 정책 반영 요구 등은, 학회 분과 활성화를 더욱 필요로 한다. 커뮤니케이션 환경이 급속하게 변화하면서 비실증적 접근의 언론학이 관심을 가져야 하는 영역이 넓어지고 있으며, 학문적 분화 역시 빠르게 진행되고 있기 때문이다. 양적 확장을 넘어 학회의 질적 성장 및 확대된 외연을 내부적으로 심화하기 위해서는 학회 내 분과 활성화가 수반되어야 하는 것이다. 이는 후속 세대의 양성이라는 과제와 맞물려 있는 지점이기도 하며, 다원성 속에서 학회의 정체성을 모색하는 틀이 될 수도 있다.

### (3) 한국언론정보학회 개혁 과제

공중파 방송 및 신문의 영향력 약화, SNS의 뉴스 재생산 기능 확대 그리고 유튜브 및 1인 미디어의 활성화, '기레기'로 통칭되는 언론의 윤리 부재 등은 주목해야 할 미디어 생태계 변화 상황이다. 이러한 현상은 불행하게도 미디어 관련 환경 공해를 내포하고 있어, 커뮤니케이션 전문가·연구자에게 그 공해의 정화라는 과제를 안겨주고 있다. 게다가 학문을 파편화하면서 공동체를 파괴하는 신자유주의 속 대학 현실은, 사회 제반 모순 극복을 위한 실천과 연구자로서의 도덕성 회복을 목표로 하고 있는 학술 운동 단체가 혁파해야 할 대상이다.

언론 학술 운동을 그 정체성으로 내세우는 한국언론정보학회가 이러한 미디어 환경 공해와 대학의 모순 구조에 대비해 나름대로 그 실천적 전략을 모색하기도 했다. 이러한 활동으로는 작은 토론회 시행(2009), 질적 연구 방법론 워크숍 개최(2013), 신진학자 포럼 운영 및 웹페이지(웹진) 개선(2013~2014), 언론학 후속 세대를 위한 연구기금위원회 설립(2015), 학회 페이스북 개설(2017) 등을 들 수 있다.

하지만 최근 수년 동안 시도했던 전략들은 오늘날 미디어 환경 및 대학의 구조 앞에서 그 효과가 미미하다. 그러한 전략들이, 열과 성을 다하는 소수 진성 회원들의 노력에도 불구하고 학회 환경 변화를 따라가지 못하는 등 학회 전체를 아우르는 전술적 실천은 미약했기 때문이다. 그 원인으로는 전임 교원 및 연구 인력 수요 부족, 외형적 성장의 한계, 열악한 운영 재원 확보, 학문 분야 세분화·다변화에 따라 작동하는 원심력, 가벼운 연구 주제와 미미한 관심도 등으로 인한 학술 행사의 빈곤화, 후원 세미나 질quality 저하 문제, 젊은 세대의 학회 무용론·무관심 경향 등과 같은 장애 요인을 들 수 있다. 게다가 집행부 업무 연속성 및 리더십 미약 그리고 임기 종료 후 무관심 또한 간과할 수 없는 요인이다.

앞서 살펴본 이러한 여러 가지의 미흡한 점들을 좀더 보완해 나아가야 한다. 특히 학회의 정체성을 강화하고, 학보·기획 논문·웹진 등을 통해 지속적인 문제 제기와 그 해결 방안 모색해야 하는 것이 선결 과제다. 아울러 재원 확충과 조직 강화에도 더욱 힘쓸 필요가 있다. 이와 관련된 내용은 아래 이남표(2018)를 참조하라.

– 학회 정체성 강화 조처: '한국 사회 민주적 발전에 필요한 커뮤니케이션 체제 정립 기여'라는 학회 목적(정관 제3조)의 거듭·수시 각인 절실. 과거 애매했던 경계 구분에도 존재감이 있었던 '비판 언론학' 실체의 불분명성(심지어 정치적 진보 성향과 느슨하게 등치되고 있는 학문적 치밀성 부족 현상) 주목·극복 필요. 시니어 집단의 정서적 공유에 그치고 있는 학회의 모호한 학문적 정체성 인식 현실 직시·타개. 비판적 학술 운동(학술단체협의회 등 타 전공 학회와의 학술 연대) 및 언론 연대(언론 관련 전문 조직 및 시민 사회 단체) 운동 회복 및 활성화를 통한 정체성 강화. 언론 관련 쟁점에 대한 성명서 발표. 언론·사회 개혁 촉구·결의 대회 개최.

– 학보·기획 논문·웹진 등을 통한 학회 운영 관련 지속적 문제 제기

와 자기 성찰 그리고 '못함'의 '함' 실천 거듭 재강화: 학술 활동 특히 학보를 통한 학회 정체성 확보 노력의 반복에도 불구 그 어떤 시도도 정착되지 못한 상황에서, 언론학회의 〈커뮤니케이션이론〉이나 방송학회의 〈방송통신연구〉와 같은 제2학보 발간 등 대안 강구 선행 필수. 그 전 단계 시도인 웹진 등 새로운 통로 발굴은, 소수 개인 헌신 요구 방식으로 인한 진전 미진 등 봉착했던 여러 현실적 문제 극복 후 발간 재개 필요. 질적 연구 방법론 워크숍 및 신진 연구자 포럼 정례화, 언론학 연구 기금 확보·운용 등은 분명 새롭고 선도적인 시도로 평가되는 바, 학회 학술 역량의 축적·발전으로 이어지기 위해서는 학회 집행부 및 회원들의 보다 더 적극적인 관심과 노력이 촉구됨.

– 재원 확충과 조직 강화: 대다수 학회가 후원 세미나·연구 용역 재원에 의존하고 있고, 언론학회·방송학회는 '규모의 경제'로, 나머지 학회들은 특화된 학문 분야 학술 활동으로 재원 마련·운영하는 현실 감안, 언론정보학회는 별도의 전략 모색 필요. 비정규직 회원 증가 상태에서는 어려운 '회비 증대를 통한 운영 혁신'이나 거지 동냥식 '재원 다변화·확대' 등보다는, '작은 규모의 경제' 유지와 검약 중심 운영 방향 잡기가 최선책. 양과 질 모두 미흡한 연구회(분과) 활성화, 정규직의 집행부 참여율 높이기로 비정규직 노동 부하 줄이기, 별도의 프로젝트 연구 모임 상설화, 미디어 산업·정책 협력 수준 강화 통한 연구 역량 증진(pool 확보)과 관련 현안 대응 논의 수준 높이기로 차별성·실천성 강화, 학문 후속 세대 지원 방식과 방향 혁신 등이 바로 조직 강화 관련 개혁 절실 과제.

## 참고 문헌

김서중 · 김은규 (2008). "한국언론정보학회 20년, 비판적 학술운동의 고민과 한계," 〈한국언론정보학보〉, 통권 43호, 한국언론정보학회.

민주화를위한전국교수협의회 (2017). 《민교협 30년사》. 좋은기업위드.

배성인 (2018). "학술운동단체 학단협의 학술 운동 현재와 전망," 《학술 운동 30년과 비정규교수연구자: 성찰과 과제》. 학술단체협의회 · 민주화운동기념사업회.

이남표 (2018). "학회 내부 개혁의 필요성," 〈2018 한국언론정보학회 워크숍〉(자료집), 한국언론정보학회.

이병천 (2007). "민주화 20년, 한국사회경제학회 20년: 진환시대 한국 진보경제학의 길," 〈사회경제평론〉, 제29(1)호, pp.11~48.

조희연 (2007). "포스트 민주화 시대 비판사회학회의 혁신적 활성화를 위하여," 〈경제와 사회〉, 37호, pp.6~17.

차배근 (2017). 《한국커뮤니케이션학사》. 서울대학교출판문화원.

한국사회언론연구회 (1994). 《한국사회언론연구회보 합쇄본》, 한국사회언론연구회.

한국언론정보학회 (1998). 《'98 한국언론정보학회 가을학술대회 발표논문집: '한국사회의 변화와 언론학연구의 새로운 과제' 주제, 한국사회언론연구회 10주년 기념 학술대회》, 한국언론정보학회.

한국언론정보학회 (2018). 〈2018 한국언론정보학회 워크숍〉(자료집). 한국언론정보학회.

학술단체협의회 (2018). 〈학술 운동 30년과 비정규교수연구자: 성찰과 과제〉(학단협 창립 30주년 기념 연합심포지움 자료집). 학술단체협의회 · 민주화운동기념사업회.

한국언론정보학회 정관.

한국언론학회 정관.

# 1987년 이후의 언론 노동 운동

## 언론 노동 운동에서 미디어 노동 운동으로

6장

김동원

김동원은 한국예술종합학교 영상원 강사로, 미디어 종사자의 노동권과 이용자 참여의 다양한 방안을 고민하며 연구와 활동을 하고 있다. 한국외국어대학교 신문방송학과를 졸업하고 같은 학교 대학원에서 석사 및 정치학 박사 학위를 받았다. 현재 tbs 방송정책자문관이며, 언론개혁시민연대 정책위원으로 활동하고 있다. 공공미디어연구소 연구팀장, 전국언론노동조합 정책국장을 지냈다. 책으로는 《데이터 사회의 명암》(공저), 《지역방송 리디자인》(공저), 《그레디토크라시》(공역), 논문으로는 "이용자를 통한 미디어 자본의 가치 창출" 등이 있다.

## 1. 노동에 대한 거부로서의 언론 노동 운동

노동 운동을 하나의 관점이나 이론으로 설명하기는 어렵다. 노동자가 고용되어 일하는 작업장 내 임금 및 노동 조건의 결정에 대한 참여라는 협소한 의미부터 경제적 이익을 넘어 한 사회 내 국가와 자본과 더불어 산업 관계를 규정하는 중요 정치경제적 집단 행위로까지 이해될 수 있다(Meardi, 2013). 그러나 어떤 방식의 접근이든 노동labour이라는 인간 행위와 그 개념에 대해 상이한 관점을 견지하고 있다. 고전적인 접근에서도 노동은 인간이 수행하는 육체와 정신의 노고를 뜻하는 일반적인 개념이 아니었다. 역사적으로 한 사회가 규정하는 사회적 관계에 의해 생산물과 인간, 그리고 인간과 인간 사이, 나아가 유적 존재species-being로서의 인간과 자연 사이의 관계에 따라 상이한 성격을 갖는 인간의 활동이 노동이다(Marx, 1844/2012). 자본주의라는 사람과 사람 사이의 사회적 관계를 염두에 둔다면, 노동은 노동자의 자기 생산물로부터의 소외, 생산물을 만드는 노동 과정으로부터의 소외, 유적 존재로부터의 소외,

그리하여 인간과 인간 사이의 계급이라는 적대를 만드는 소외된 행위alienated doing다. 따라서 노동 운동은 소외된 행위를 거부하려는 저항에서 비롯되며, 이 저항은 개인의 행위가 아니라 노동자들의 집단적 결집과 행동으로 나타난다. 노동 운동을 노동자가 자신이 창출한 노동의 가치에 대한 정당한 대가만을 요구하는 행위로 한정할 수 없는 이유가 여기에 있다.

소외된 행위를 거부하려는 노동자들의 집단적 저항은 여러 형태를 띤다. 그중 하나가 노동조합이라는 단체의 결성과 행동이다. 언론 노동운동을 언급할 때 가장 먼저 떠올리게 되는 전국언론노동조합이 대표적이다. 그러나 법적 지위와 정당성을 갖춘 노동조합은 노동 운동이 취하는 다양한 형태 중 하나다. 노동조합을 통한 저항만을 노동 운동의 역사로 본다면 그 서술과 담론 자체가 법과 제도라는 사물이 규정한 한계의 인정이며 소외된 행위를 극복하려는 복잡하고 광범위한 저항을 간과하게 된다. 이 한계는 신문과 방송을 포함한 미디어 산업 부문의 노동 운동을 살펴볼 때 물신성fetishism으로 나타난다. 제조업 등 여타 산업 부문과 달리 미디어 산업의 생산물content/service은 지속적인 사용가치의 이용이 아니라 일시적인 경험을 제공한다. 따라서 대부분의 미디어 산업 생산물들은 충분한 규모의 이용자를 필요로 하며, 이를 시청률, 구독 부수, 조회 수와 같은 양적 지표를 통해 광고와 협찬 등의 수익원을 만들어 낸다. 미디어 산업이 갖는 양면 시장two-side market의 성격은 특히 미디어 콘텐츠를 기획·제작하는 분야의 노동에서 물신성의 두 가지 형태를 취한다. 첫째, 제조업 상품이나 서비스업의 용역과 달리 미디어 산업의 콘텐츠는 출연자, 진행자 등과 같은 인간 활동의 재현물이다(김호석, 1998; 김창남, 2003). 이로 인해 높은 시청률이나 조회 수와 같은 이용자의 반응은 콘텐츠를 만든 노동이 아닌 콘텐츠에 재현된 인간 활동에서 기인한 것으로 여겨진다. 둘째, 광고와 협찬 등 실질적인 수익원을 창출하는 이용자 반응의 양적 지표들은 단순한 소비자가 아니라 시민이나 노동자와 같은 다양한 주체들의 미디어 이용 행위와 반응에서 추상화된 결과다. 특히 미디어 콘텐츠는 한 사회를 대상으로 재현한다는 점에서 이용자에게 "삶의 문제를 제기하고 그 해법을 알려 주는," 따라서 타인과의 사회적 관계를 재생산한다(Smythe, 1981). 이는 콘텐츠 기획과 제작 종사자들에게 정확히 파악할 수 없고, 변화를 따라가기 어려운 수용자 패러독스audience paradox로 경험된다(Toynbee, 2006).

인간 활동의 재현물이라는 특성이 은폐하는 미디어 노동의 복잡한 양상과 다양성, 그리고 양적 지표만으로 파악하기 어려운 미디어 이용자들의 반응은 미디어 노동의 중요한 차별성을 만들어 낸다. 소외된 행위인 노동에서 주목할 지점은 유적 존재로부터의 소외다. 미디어 콘텐츠와 같이 사회적 관계를 재생산하는 인간의 창의적 행위는 기본적인 생존 보장을 기초로 이루어져야 한다. 인간은 동물과 달리 단지 생명 유지와 번식을 위한 활동만을 하지는 않기 때문이다. 그러나 자본주의 생산 양식 아래 인간의 창의적 활동이 생계를 위한 수단이 될 때, 그 활동은 자본의 가치 증식을 위해 포섭되는 추상 노동abstract labour, 즉 소외된 행위인 노동이 된다(Holloway, 2010/2013). 그럼에도 앞서 언급한 미디어 노동의 두 가지 물신성은 이 노동을 거부하려는 다양한 저항을 만들어 낸다. 미디어 콘텐츠를 기획하고 만드는 행위는 자신의 의사 표현이자 동료들과의 소통을 위한 자기 결정 행위이기도 하다. 나아가 이렇게 자기 결정의 동기가 부여된 행위가 미디어 자본의 영향력에 의해 한 사회 내 구성원들 간의 사회적 관계를 만들어 내고 이들의 여론과 감정에 영향을 미친다는 점을 깨닫게 될 때, 소외된 행위로서의 미디어 노동을 거부하려는 운동으로 나타난다.

소외된 행위로서의 미디어 노동을 거부하려는 저항은 양적 지표만으로 파악하기 어려운 미디어 이용자의 반응이라는 모순을 통해 더욱 확장될 수 있다. 특히 한 사회 내 정치적 변동의 국면이나 공황과 같은 시기에 분출되는 시민, 또는 노동자의 저항은 미디어 콘텐츠와 영향력의 양적 지표를 두고 자본과 노동 간의 해석 투쟁interpretive labour을 촉발시킨다.[1] 예컨대 2016년 겨울에 시작된 박근혜 대통령 퇴진을 요구하는 시민의 저항이 정점에 달했을 때, 고영주 방송문화진흥회 이사장의 한 발언은 대표적인 해석 투쟁의 사례를 보여 준다. 당시 MBC 메인 뉴스의 시청률 하락을 지적하며 언론노조 MBC본부와 구성원들의 사퇴 요구가 제기되자, 고영주 이사장은 "여러 매체가 왜곡·조작 방송을 하니까 애국 시민들이 미흡하지만 MBC만 보고 있다"는 발언으로 노조뿐 아니라 시민들의 더욱 강한 반발과 퇴진 요구를 불러왔다.[2]

언론 노동 운동을 협소한 노동의 권리 쟁취나 노동조합의 활동만으로 한정할 수 없는 이유가 여기에 있다. 언론 노동, 나아가 미디어 산업 부문 내 다양한 노동에 대한 저항을 노사 간 임금이나 복지 등 근로조건을 둘러싼 투쟁으로만 협소하게 본다면 소외된 행위로서의 노동에

1 여기서 언급한 '해석 투쟁'은 데이비드 그레이버David Graeber가 《관료제 유토피아》에서 언급한 해석 노동을 확장된 의미로 사용한 것이다. 그레이버는 이를 구조적 폭력을 근간으로 하는 관료제의 의도와 동기를 파악하려는 시민들의 노고라는 개념으로 사용한다(Graeber, 2015/2016).

2 "고영주 방문진 이사장 '애국 시민들 MBC만 보고 있다,'" 〈미디어오늘〉, 2017. 1. 19.

대한 저항이라는 더 넓은 범위의 투쟁을 간과하게 만들기 때문이다.[3] 그러므로 언론 노동 운동은 '언론'을 넘어 '미디어'라는 산업 부문의 노동 운동으로 확장되어 살펴볼 필요가 있다.

## 2. 1987년 이후 미디어 자본의 형성과 노동의 변화

1987년 6·29 선언 직후 시작된 언론 노동자의 조직화와 저항은 1980년대 국가 주도의 독점 자본 형성이라는 관점에서 평가되었다. 당시의 한 평가에서는 한국의 언론을 "신식민지 파시즘 체제의 충실한 대변자 역할을 수행하는 대가로 카르텔 체제 아래서 국가 권력의 막대한 특혜를 받아 타 제조 산업에 비해 성장률과 매출액 규모면에서 급성장을 기록"하는 언론 산업 자본으로 규정했다(김왕석, 1990). 이것이 당시 언론 자본이 처한 상황의 '객관적 조건'에 대한 분석이었다면, 언론 노동 운동은 언론사 간 경쟁 심화에 따른 고도의 분업화, 언론 노동의 탈숙련화, 위계적 통제의 구조화에 따른 노동의 소외라는 '주관적 조건'에 대한 반응으로 해석했다. 이러한 두 조건은 "언론 노동자들은 언론 상품에 대한 소외와 함께 관제 언론의 제작 주체라는 민중의 신랄한 비판에 직면하면서 언론사 내의 조직 역량을 강화하여 언론노조를 결정, 투쟁하면

3 대표적인 사례는 노동 쟁의를 "노동조합과 사용자 또는 사용자 단체 사이에 임금·근로 시간·복지·해고, 그 밖의 대우 등 근로조건의 결정에 관한 주장의 불일치로 인하여 발생한 분쟁 상태"로 규정하는 노동조합법이다(제2조의 5). 이 규정으로 인해 전국언론노동조합 각 지본부의 파업 등 쟁의 행위가 '불법 파업'인지의 논란이 오랫동안 제기되어 왔다.

서 객관적 조건에 대응"하였다는 분석으로 이어졌다.[4]

위와 같은 당시의 분석과 평가에서는 신식민지 국가독점자본주의라는 1990년대 초 한국사회구성체 분석의 한 입장에 근거하여 언론 노동 운동을 바라보았다는 의의를 찾을 수 있다. 그러나 한국 사회 총자본의 축적 체제 변화와 이것의 또 다른 형태인 국가 형태의 변화, 그리고 그 일부로서의 언론(신문과 방송)의 지위를 염두에 둔다면 다른 관점에서의 접근이 가능하다. 언론 노동 운동을 당시의 언론 자본의 변화에 연관된 대응으로 본다면 1987년부터 1990년대 초반까지 언론은 자본 일반의 이윤 축적 경향으로 분석하기 어려운 예외적 상황에 놓여 있었다. 방송의 경우 콘텐츠 판매를 통한 수익 창출이나 경쟁은 큰 압력이 아니었고, 신문 또한 규제 완화에 따른 경쟁 상황에 처했어도 주된 수익원인 광고 시장의 호황으로 위기를 체감하지는 않던 시기였기 때문이다. 특히 이 시기는 1987년에서 1990년대 초반 동안 개발 국가 형태에서 신자유주의 국가 형태로의 이행 국면이었음을 고려해야 한다(지주형, 2011). 요컨대 1980년대 3저 호황이라는 외형적 자본의 성장은 양면 시장을 특징으로 하는 미디어 자본에 충분한 이윤 창출의 공간을 제공해 주었고, 이는 1987년 6월 항쟁 이후 발생한 노동과 자본의 역학 관

4 구체적으로 당시 언론 노동이 처한 상황은 다음과 같이 서술되었다. "기존의 언론 산업 내의 카르텔이 일정정도 와해되고 경쟁 체제가 들어서는 6공화국에서는 이윤 창출 논리가 극대화되면서 언론 노동의 강도는 커질 수밖에 없었다. 즉 판매 경쟁에서 이겨야 된다는 자본주의적 경쟁 논리가 본격적으로 도입되어 언론 노동의 조건을 악화시켰다. 예컨대 휴일 없는 전일 발행 체제, 인원 보충 없는 증면 등이 그것이다. 이러한 상황 역시 언론 노동자들이 정치권력과 독점 자본으로부터의 해방 의지를 고취시켜 노동조합이 결성될 수 있는 여건을 조성하였다"(김왕석, 1990).

계 재편에서 탈규제를 배경으로 한 재벌과 대기업의 사업 다각화와 맞물려 있었다. 따라서 1987년 이후 신문과 방송뿐 아니라 다양한 형태의 미디어 자본이 진입할 수 있는 시장의 형성이 가능했다.

초창기 미디어 자본의 형성은 1991년 SBS(서울방송)으로 시작된 지역 민영 방송과 1995년 25개 유료 방송(PP)으로 출발한 케이블 방송의 도입으로 이루어졌다. 미디어 시장의 형성은 1987년 6월 항쟁 이후의 경제적 변화뿐 아니라 정치적 의도가 접합된 결과이기도 했다. 민영 방송과 케이블 방송은 노태우 정부 때 구성된 방송제도연구위원회가 1990년 보고서를 통해 지상파 방송의 공민영 체제로의 변화와 유선 TV(케이블 방송) 도입을 제안하면서 본격화되었다. 이 정책 추진의 근거는 표면적으로 '국민들의 취향 및 요구의 다양화,' '세계적 추세의 민영 방송 허용,' '유선 TV 출범을 통한 연관 산업 활성화,' '국민 소득의 증가에 따른 문화적 욕구의 고도화' 등이었다(방제연, 1990; 전환성, 2006). 그러나 그 배경에는 6월 항쟁부터 시작되어 1990년까지 진행된 KBS·MBC 등 공영 방송 내 노동조합의 방송 민주화 투쟁에 대한 정치적 대응의 목적 또한 존재했다. 여기에 당시의 경제적 자유화와 재벌의 자율성 증가로 인해 새로운 미디어 시장이 형성될 수 있으리라는 기대 또한 작용했다. 요컨대 상당한 이윤 축적이 가능했던 자본에게는 케이블 방송이라는 유료 방송 시장을 제공함으로써 투자를 유인하고, 민영 방송을 비롯한 25개 유료 방송(PP)을 허가함으로써 방송 노동 시장의 유연화를 도모하여 공영 방송 중심의 조직화된 노동 세력을 약화시키려는 계획이었던 셈이다(김동원, 2010).

역설적으로 1997년 공황은 이와 같은 정부 주도의 미디어 자본 형성에 새로운 돌파구를 만들었다. 공황으로 인한 재벌과 대기업의 구조 조정은 정부가 주도하여 산업 구조를 만들었던 케이블 방송 부문에서 전격적으로 이루어졌다. 출범 초기부터 가입자 확보에 실패했던 유료 방송사는 YTN, DCN 등 대형 사업자부터 차례로 매각되었고, 지역 중소기업 컨소시엄 중심의 유료 방송 플랫폼이었던 종합 유선 방송(SO) 또한 경영 위기에 처했다. 미디어 시장 형성의 실패는 단순히 정책 실패로만 돌리기는 힘들었다. 케이블 방송 시장을 마련한 주체는 정부였지만, 여기에 차입에 의존한 막대한 과잉 투자와 지상파 내부 고용 모델을 그대로 이식했던 재벌과 대기업들의 시장 실패 또한 원인이었다. 이에 대한 정부의 조치는 방송이라는 산업의 차별성에 기초하지 않고 당시 IMF가 요구했던 구조 조정 프로그램 원칙 중 하나인 탈규제와 시장 자유화 정책의 단순한 연장이었다(김동원, 2010). 적자와 폐업 위기에 처했던 유료 방송(PP)과 종합 유선 방송사(SO)는 사업자 간 소유 규제 완화와 수직/수평 결합의 허용을 통해 수익 창출에 결정적인 일정한 수준의 가입자 규모를 확보할 기반을 마련할 수 있었다. 1999년 방송개혁위원회의 제안과 그해 말 통과된 방송법 전부 개정안(통합방송법)은 이후 정부의 미디어 정책 방향뿐 아니라 미디어 시장 형성의 중심축인 유료 방송 플랫폼(케이블, 위성, DMB, IPTV)이 주도하는 미디어 산업 지형의 변화가 시작된 출발점이기도 했다.

케이블 방송을 중심으로 이루어진 미디어 플랫폼 시장의 형성은 지상파 방송사 및 유료 방송(PP)과 같은 방송 콘텐츠 자본과 시청자/가입자 간의 매개 영역이 출현했음을 뜻한다. 이러한 플랫폼의 도입은 늘어나는 방송 채널 대역(수)에 대한 기대로 중소 방송사와 독립 제작사의 수를 늘림으로써 방송 산업 노동 시장의 점진적인 확대를 가져왔다. 특히 유료 방송을 소자본(5억 원)만으로도 등록하여 창업할 수 있게 하고, 가입자를 거느린 유료 방송 플랫폼에 종속토록 만든 시장 구조는 미디어 시장 내 자본 간 경쟁뿐 아니라 노동 시장에도 상당한 영향을 끼쳤다. 결국 1997년 공황과 이후 김대중 정부의 미디어 정책은 미디어 자본 구성의 기반을 만들었고 미디어 플랫폼 시장 중심의 본격적인 광고 및 콘텐츠 거래 시장의 기초를 닦은 셈이었다. 이어진 노무현 정부에서는 별도의 위원회나 미디어 정책을 추진하지는 않았으나 IPTV라는 중요한 유료 방송·통신 플랫폼을 허가했고, 방송통신위원회라는 강화된 미디어 규제 기관의 설치 근거를 마련함으로서 지금의 미디어 산업 구조의 뼈대를 놓았다. 특히 주목할 부분은 당시 IPTV라는 '인터넷 멀티미디어 방송 사업'은 방송뿐 아니라 미디어 산업에서 처음으로 정부 주도가 아닌 통신 대기업들이 자발적으로 추진하여 정부 입법을 끌어낸 자본 주도의 미디어 산업 부문이었다는 점이다.

지상파 방송사, 방송 채널 사용 사업자, 독립 제작사 및 제작 관련 협력 업체 등이 포함되는 방송 콘텐츠 사업자가 아니라 이들의 콘텐츠를 가입자에 유통시키는 유료 방송 플랫폼 중심의 정부 정책에 변화가 생긴 시기는 바로 이명박 정부 때였다. 별도의 위원회를 두지 않았으나 이명박 정부의 출범은 또 다른 미디어 체제 개편으로 이어졌다. 이전 정부에서 만들었던 보다 강화된 방송통신위원회의 위상은 대통령 중심의 권력 구조에서 방송뿐 아니라 통신 부문까지 '정치적' 시장화를 주도했다. 방송통신위원회는 김영삼 정부 때부터 추진된 유료 방송 플랫폼 중심의 미디어 정책을 벗어나 '여론 다양성'을 명분으로 방송 콘텐츠 사업자인 종합편성 채널을 네 곳이나 허용한 것이다. 또한 방송통신위원회는 유료 방송 플랫폼과 통신 부문에서 사실상 방임에 가까운 재벌과 대기업 중심의 시장화를 유도했다. 방송 통신의 공공성을 강화하기 위해 만들어진 방송통신위원회가 대통령 중심의 권력 구조의 자장磁場 안에서 정치적 수단으로 격하된 셈이다. 이때 허용했던 유료 방송 플랫폼과 통신 부문의 시장화는 박근혜 정부의 출범과 함께 아예 방송통신위원회라는 형식적 합의제 기구를 벗어나 미래창조과학부라는 독임제 거대 부처에 일임되었다.

1987년 이후 약 30년 동안의 미디어 시장과 자본의 변화를 요약하기란 쉽지 않다. 위의 요약은 방송 산업에 국한한 것이지만 1998년 김대중 정부의 신경제, 또는 지식 기반 경제에 기초한 벤처 기업 붐은 새로운 미디어 자본의 출현을 가능케 했다. 공황 이후 조속한 회복 국면을 조성하려 했던 정부에 의해 추진된 대안적 경제 모델이었던 신경제는 IT 산업 육성 정책과 맞물려 벤처 열풍을 불러왔다(전창환, 2002). 이 벤처 열풍은 신경제의 진원지였던 미국과 유사하게 한국에서도 2000년대를 거치며 미디어 시장에서 독과점 부문을 불러왔다. 포털 사업자로 불리 우는 이들은 유료 방송 플랫폼에 비교할 수 없을 정도의 다양한 미디어 콘텐츠와 이용자들의 커뮤니케이션을 매개하는 플랫폼으로 자리 잡았다. 미디어 산업에서는 소수의 방송사나 전국 신문사가 직접 수신, 또는 지역 보급소를 통한 구독의 형태로 수용자를 만나던 구조에서 콘텐츠와 수용자/이용자 사이를 매개하여 수익을 창출하는 미디어 플랫폼 중심으로 구조 재편이 이루어져 온 것이다. 방송과 신문 산업의 구조를 간략하게 도식화하면 그림 1, 2와 같다.

간단히 살펴본 1987년 이후 미디어 산업의 구조 변화는 그 자체로 다양한 부문의 노동 분업, 그러나 철저히 자본 간 경쟁으로 인해 분리된 노동 시장과 분업 구조를 만들어 냈다. 방송 산업에서는 그림 1에서 아래쪽에 위치한 콘텐츠 제작 부문과 가입자 확보(영업 및 설치)와 AS를 담당하는 노동 시장의 불안정성, 비정규직 규모가 확대되었다. 콘텐츠 제작 부문에서는 전통적으로 독립 제작사들이 존재했지만, 이들을 허

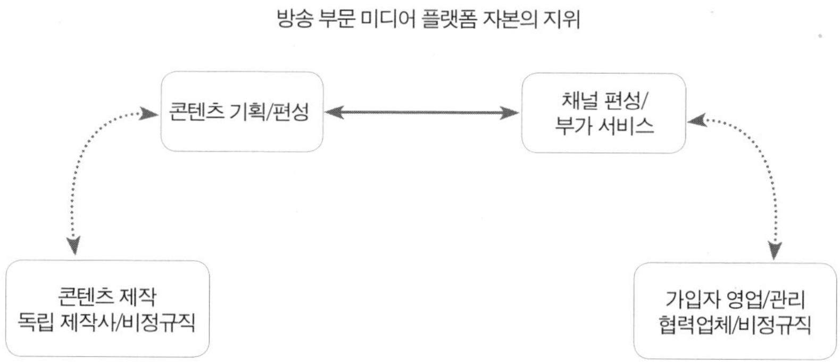


**그림 1. 방송 산업의 구조와 유료 방송 사업자의 지위**

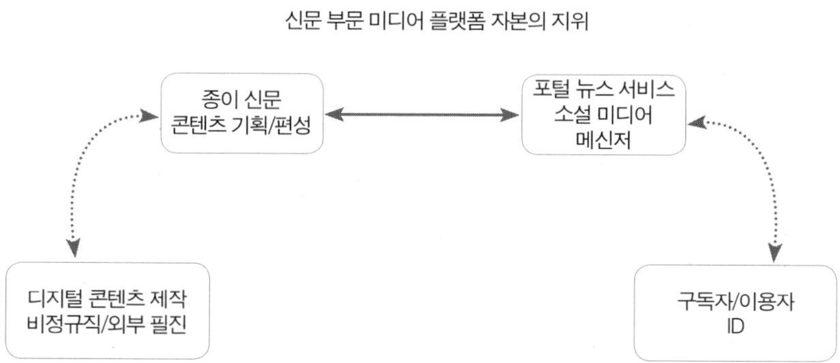


**그림 2. 신문 산업의 구조와 포털 뉴스 서비스의 지위**

브hub로 하여 방송작가, PD, FD, 촬영, 기술 스태프 및 보조 출연까지 간접 고용 형태로 점점 증가하는 추세다.

특히 2011년 출범한 종편 4사의 신규 고용 창출 효과는 미약했다. 과거 SBS 개국 때와 마찬가지로 후발 주자로서의 지위는 숙련된 경력직을 요구함으로써 콘텐츠 경쟁력 강화를 내세운 CJ E&M과 함께 지상파 방송사 제작 인력의 대규모 이직을 유발했을 뿐이다(정준희, 2014). 물론 이들의 이직으로 새롭게 만들어진 콘텐츠 시장에 신규 인력이 유입된 것은 분명하다. 그러나 최근까지 지상파 방송사의 경력직 채용이 늘고, 신입 공채 인원을 점점 줄여갔던 추세는 전통적인 미디어legacy media 부분이 방송과 신문 산업 구조 내에서 콘텐츠 편성/제작 부문으로 협소해지고 있음을 보여 준다. 요컨대 방송사와 신문사 모두는 아래쪽에 위치한 노동자들에게는 '갑'의 지위로, 동시에 플랫폼 사업자와의 거래에서 '을'의 지위라는 양가적 입지에 놓였으며 이러한 구조는 이전과는 전혀 다른 노동자 정체성을 만들어 낸다. 그러나 그림 1의 아래에 위치한 노동자들의 요구는 전통적인 언론 노동자들의 요구와 상이하다. 최근 언론노조에 지부로 결성된 방송작가 지부에서는 근로기준법 적용, 최저 임금 가이드라인 도입 및 의무화, 4대 보험 및 사회안전망 확충, 표준계약서 도입 및 의무화, 방송 여부와 관계없는 급여 지급 의무화, 문화예술인에 대한 실업 수당 및 연금 제공 등 생계 유지 제도 보장 등을 요구했다.

물론 여기에는 유료 방송 플랫폼 확대의 종속 변수로 출현한 중소 PP들의 설립, 그리고 MCN과 같은 새로운 콘텐츠 사업자의 출현이 배경으로 작용했다. 이 부문에서는 독립PD협회와 같은 자생적인 조직화가 이뤄졌지만, 자기 고용 노동자self-employed worker라는 특성은 기존 노동조합의 조직과 활동에 정확히 조응하지는 않는다. 유료 방송 플랫폼 사업자들의 협력 업체에서 가입자 영업, 설치 및 AS를 담당하는 노동자들 또한 사업자 간 인수 합병, 권역 인수 합병 등 시장 경쟁 상황에 따라 고용 불안정과 열악한 노동 조건 아래 놓인 것도 달라진 미디어 노동 시장의 불안정성을 보여 준다. 콘텐츠 제작 부문과 더불어 이 부문은 정확한 고용 규모와 노동 실태조차 파악하기 쉽지 않다.

신문 산업에서는 3~4년 전부터 포털 사이트를 통한 트래픽 확보로 초저단가의 광고 수입 총액을 늘리던 어뷰징 담당 인턴과 같이 디지털 혁신Digital First이라는 외연을 내세워 디지털 콘텐츠 제작에 투입되는 비정규직의 규모가 급증했다. 이들의 고용 및 노동 조건은 아직 공론화되지 않고 있지만 여전히 수익의 큰 몫을 종이 신문 광고로 유지하는 신문사의 재원과 조직 문화에서 큰 변화를 기대하기란 쉽지 않다. 여기에 더 이상 신문을 종이 신문 1부 단위로 소비하지 않고 기사별, 아이템별로 접근하고 공유하는 이용 행태의 변화는 플랫폼 부문에서 이전의 소규모 인터넷 언론사와는 또 다른 사업 분야와 노동 시장을 형성 중에 있다. 포털 사이트, 페이스북과 같은 소셜 미디어 중심의 플랫폼이 파생시키는 미디어 노동자들은 마르크스의 개념을 빌면 '시초 축적primitive accumulation'의 과정에 놓여 있는 셈이다(Marx, 1976; Bonefeld, 2002).

1987년 이후의 언론뿐 아니라 미디어 자본의 형성을 이렇게 돌아보면, 언론 노동 운동의 주체와 범위는 특정한 시공간의 작업장(방송사나 신문사)로 한정할 수 없을 정도로 넓어졌다. 또한 이와 같은 변화는 과거와 달리 언론 노동 운동을 정치적 독립이나 보도의 공정성과 같은 문제로만 국한하여 설명하기 어렵다는 점을 보여 준다. 다만 위의 두 그림에서 개괄한 것처럼 미디어 플랫폼 자본을 중심으로 한 미디어 산업의 구조 내 각 자본에 대응하는 노동 운동의 양상과 요구를 요약해 볼 수 있다.

## 3. 국가 권력에의 저항: 전국언론노동조합의 노동 운동

언론의 정치적 독립을 요구한 대중 운동의 시작을 1974년 〈동아일보〉에서 결성된 동아자유언론수호투쟁위원회(동아투위)로 든다면, 한국 언론 노동 운동의 투쟁사는 최근까지 40여 년을 넘게 이어지고 있다. 당시 동아투위의 운동은 주변부 발전 국가의 형태를 취했던 박정희 독재 정권의 집권 형태와 밀접한 연관을 갖는다. 요컨대 1970년대 세계 경제의 변화 국면에서 외국 자본을 도입하고 수출 주도의 경제 구조를 만들기 위해 소수의 자본, 즉 재벌을 육성하는 전략은 정부-국회-사법부라는 3권 분립을 무력화하고, 전 '국민'을 통제와 훈육의 대상으로 삼는 '권위주의적 개발 국가'를 필요로 했다(이병천, 2018). 개발 국가의 동원 체제에서 언론의 통제는 필수적이었다. 시민 사회뿐 아니라 대의 민주주의의 중심축인 국회를 거치지 않고 대통령이라는 권력의 중심에 종속된 언론이 필요했던 셈이다. 이러한 통제가 가능했던 구조로서 소수의 신문과 방송으로만 구성된 한국 언론의 체제를 간과할 수 없다. 자본주의 시장의 논리가 적용되지 않는 '비시장 영역'에 머문 언론사들은 자본의 논리보다 정치의 논리에, 시장의 거래보다 권력의 특혜에 더 민감했다. 1970년대 개발 국가의 통제 시스템과 언론 체제는 1980년 신군부 독재가 시작되며 더욱 강화되었다. 12·12 사태 이후 전두환 정권이 단행한 언론 통폐합은 신문

뿐 아니라 방송사에 대한 시장으로부터의 전면적인 봉쇄로 해석되어야 한다. 당시 미디어 환경에서 모든 방송사의 '공영화'란 사적 자본의 소유를 금지하고 미디어 시장의 형성을 국가가 담당하겠다는 의미였다. 무엇보다 당시의 공영화는 지금까지도 문제가 되고 있는 공영 방송 지배 구조의 정치적 종속을 법제화한 계기였다.

따라서 1987년 6월 항쟁 이후 터져 나온 언론 민주화 운동은 언론의 정치적 종속에 대한 저항일 수밖에 없었다. 이는 1987년 6월 항쟁 시기 제조업을 비롯한 대다수의 민주 노조 운동이 지향했던 '노동과 자본 간 역학 관계의 재편'과는 다른 특징을 갖는다. 엄밀히 말하자면, 언론 노동자의 저항은 언론 노동자의 정체성을 자각함으로써 시작된 "국가 권력에 대한 역학 관계의 재편"이었던 셈이다(김의연, 2007; 김동원, 2010). 달리 말하면 당시 방송 민주화의 대상은 여타 산업 노동자들이 마주했던 독점 자본이나 유혈적인 착취 구조는 아니었다. 방송 노동자들에게는 '공영 체제'라는 미명하에 1980년의 언론 통폐합으로 강요된 국가 권력으로부터의 자유가 '민주화'를 의미했다. 이는 당시 민주화에 앞장섰던 이들의 "6월 항쟁의 자식," 혹은 "6월 항쟁의 무임승차자"라는 회고에서 나타나듯, 한국 사회 노동과 자본 간 역학 관계의 변동에 맞물린 국가 권력의 공백기가 있었기에 가능했던 투쟁이기도 했다(새언론포럼, 2008). 신문사 노조에서도 1989년 〈부산일보〉, 〈평화신문〉, 〈대전일보〉의 파업, 〈서울신문〉, 〈연합통신〉의 공정 보도·편집권 독립 파업, 〈제민일보〉의 창간으로 이어진 〈제주신문〉의 5공 인물 청산 투쟁 등이 이어졌다(손석춘, 1999).

요컨대 1987년 6월 항쟁 직후의 언론 민주화 운동 방향은 시장이 형성되지 않은 미디어 환경에서 자본의 개입보다 정치적 통제가 언론 운동의 전선이었고 이는 두 가지 방향으로 나타났다. 하나는 언론사 외부의 정치적 개입에 대한 저항, 즉 대통령과 정부에 종속된 사장 임명에 대한 저항과 독립성의 요구로 오늘날까지도 '지배 구조 개선'이라는 구호로 이어지고 있다. 다른 하나는 언론사 내부의 정치적 개입에 대한 저항이다. 사장의 임명권에 대한 저항과 함께 내부 조직에 의한 언론의 공정성 개입을 차단하기 위해 간부 임명동의제 등 '제작 자율성'의 제도화에 대한 요구가 등장했다. 신문사 또한 투쟁 형태와 구체적인 요구에서는 차이를 보였으나 '편집권 독립'이라는 구호와 목표로 나타났다.[5] 내부의 정치적 개입에 대한 저항은 오늘날까지도 방송에서는 편성의 주체, 신문 등 인쇄 미디어에서는 편집권의 주체가 경영진/사주인지, 종사자인지에 대한 논쟁으로 이어지고 있다(이승선, 2018). 따라서 1990년대 언론 노동 운동의 성과가 "제도 언론 내에서의 민주 언론 운동의 합법적 공간 확보"와 "편집권 독립 등 민주화 투쟁"으로 요약된 것은 두 가지 정치적 투쟁 방향의 맥락에서 이해할 수 있다(손석춘, 1999).

1990년대의 언론 노동 운동은 1998년 국민의 정부 출범 이후 변화를 맞는다. 1987년 이후 1997년 외환 위기로 표출된 공황이 닥칠 때까지 한국 사회 노동과 자본의 팽팽한 역학 관계는 민영 방송의 출범, 케이블 TV로 시작된 유료 방송 시장의 도입, 소비재 내수 시장의 성장에 대한 기대와 맞물린 신문사들의 대규모 창간과 밀접한 관계를 갖는다. 이러한 변화로부터 언론 노동 운동의 한 축이었던 '국가 권력의 통제 거

5 위 두 가지 방향의 저항은 거시적 차원에서 국가, 자본, 노동 등의 각 행위자가 벌이는 사회적 상호 작용이나 정치 과정인 "생산의 정치politics of production," 그리고 미시적인 차원, 즉 주로 사업장 내에서 진행되는 노사 관계의 정치적 쟁투인 "생산 내 정치politics in production"를 의미한다(임영호, 2002).

부'는 신문과 방송뿐 아니라 미디어 정책 전반에 걸친 정책 개입의 필요성으로 확장되었다. 1997년 전국언론노동조합연맹, 한국기자협회, 한국방송프로듀서연합회 등 언론 3단체가 '언론 개혁' 과제를 발표했고, 1998년 8월 27일 시민·사회·언론·노동 단체 30여 개가 참여하는 '언론개혁시민연대'의 출범이 그러한 변화를 반영했다. 정책 부문에의 개입은 민주 언론 및 공정 보도 실현을 위해 정기간행물법과 통합방송법 등 언론 관련 법제도 개혁의 요구로 구체화되었다(김용백, 2001).

그러나 같은 시기 닥친 1997년 말 공황은 1990년대 중반부터 시작되었던 구독자 경쟁을 더욱 심화시켰고, 2001년경까지 유례없는 방송 광고의 침체기를 가져왔다. 언론 노동 운동이 이 시기에 택한 대안 중 하나는 산업별 노동조합(산별 노조)의 건설이었다. 이 대응은 1987년 이후 언론 노동 운동이 정치권력으로부터의 독립을 넘어 노동 운동으로서 정체성을 찾기 위한 위기 국면의 시도로 평가할 수 있다. 따라서 2000년대 이후 언론 노동 운동은 ① 노동조합으로서의 기본적인 임금 및 근로 조건 개선 등 노동자 권익 확보, ② 언론사 내/외부의 권력으로부터 내적 자율성을 유지하려는 전문가주의professionalism의 확보, ③ 격화되는 시장 경쟁에서 광고주를 비롯한 자본으로부터의 상대적 자율성 확보라는 세 가지 차원에서 전개되어 왔다고 평가된다(신광영, 2012). 2000년 11월 24일 언론노련 산하 79개 기업별 노조 1만 6000여 명의 조합원 중 45개 노조 1만 3000명의 조합원이 전국언론노동조합(이하 전국언론노조)이라는 산별 노조를 출범시켰다.

산별 노조 출범 이후 언론 노동 운동의 투쟁 사안별 목표와 범위는 2001년부터 2007년까지 언론 관련 정부 정책에의 개입과 2008년 이후 보수 정권하에서의 '공영 언론 정상화' 투쟁으로 이어졌다. 전반기 대표적인 투쟁으로는 신문 개혁을 위한 언론사 세무조사 실시 촉구, 정기간행물법 개정 촉구, 〈국민일보〉 석간 저지와 조희준 사장 규탄, 〈대한매일〉(현 〈서울신문〉) 소유 구조 개편 투쟁과 언론 개혁 5대 실천 과제 제시(2000. 11~2002. 6),[6] 정기간행물법 개정 쟁취, 신문독과점규제법 제정, 지역신문발전지원법 제정 투쟁(2004),[7] TV 수신료 인상안 조속 처리, 지역신문발전지원법 개정, 방송통신융합기구(현 방송통신위원회) 개편 논의 및 TV 방송의 디지털전환특별법 제정, KBS·EBS 공영 방송 임원 선임 제도 개선 및 공공기관 운영법 개정 투쟁(2007) 등이었다. 이 시기 언론 노동 운동이 신문의 사유화 저지와 시장 경쟁에 관련된 정부 규제 요구에 집중되었다면, 2008년 이명박 정권의 출범 이후 2017년 박근혜 대통령의 탄핵과 이후 1년까지는 신문과 방송에 국가 권력 개입에 저항하는 투쟁으로 구분할 수 있다. 대표적으로 YTN 낙하산 사장 저지 투쟁, 이명박 정부의 종편 출범을 위한 방송 관련법 개정을 반대했던 언론악법 저지 총파업(2008), 대선 국면에서 공영 방송과 공적 소유 구조의 언론사 지배 구조 개편을 대통령 선거 후보와 각 정당에 요구했던 KBS, MBC, YTN, 연합뉴스, 〈국민일보〉 공동 파업(2012), 여소야대의 결과를 낳았던 20대 총선 이후 시작된 공영 언론[8] 지배 구조 개혁 방송법 개정

6 당시 언론노조가 발표한 언론 개혁 5대 과제는 다음과 같다. ① 언론 자정 실현, ② 왜곡된 신문 시장 질서 개선, ③ 지역 언론 발전 촉진, ④ 대선 공정 보도 실현, ⑤ 족벌 경영 타파.

7 정기간행물법 개정 요구는 ① 소유 집중 제한을 통한 사유화 방지와 경영 투명성 확립, ② 편집권 독립 보장, ③ 광고 규정 신설과 독자 권리 보호 등 공적 책임 강화 등이었고, 신문독과점 규제법 관련 요구는 ① 신문 시장 정상화와 독과점 규제, ② 신문 공동 배달제 시행 등이었다.

8 '공영 언론'이란 법적 지위, 또는 소유 구조에 따른 일반적인 언론사 유형 구분은 아

투쟁(2016), 이사진 및 사장 교체를 요구했던 KBS, MBC, YTN 파업과 연합뉴스 사장 퇴진 투쟁, 정치권 개입을 차단하는 공영 방송 지배 구조 개혁 투쟁(2017~2018) 등을 들 수 있다. 특히 박근혜 대통령의 탄핵을 불러온 2016~2017년 겨울의 촛불 광장 국면은 오랫동안 풀지 못했던 언론 노동 운동의 과제와 보수 정권 9년 동안 급격히 변화한 미디어 자본 간 경쟁에서 비롯된 새로운 과제가 모두 제기된 언론노조의 총력 투쟁 기간이었다.

2016년부터 2018년 상반기까지 언론노조의 투쟁은 국가 권력의 언론 개입에 대한 투쟁이라는 점에서 1987년부터 1990년대 초까지의 투쟁과 유사하지만 전혀 다른 차별성을 갖는다. 당시의 투쟁은 상대적으로 신문과 방송사 모두에게 충분한 규모의 수익을 보장해 줄 미디어 시장 환경을 근간으로 하면서 "국가 권력에 대한 역학 관계의 재편"을 요구했다. 2016년부터 2018년 상반기까지 언론노조의 투쟁 또한 국가 권력의 통제를 거부하고 '정상화'를 요구했다는 점에서 유사하지만, 대통령 탄핵이라는 초유의 사건은 공영 방송뿐 아니라 다수의 방송사와 신문사 내부의 권력 관계 재편을 가져왔다. 이는 KBS, MBC, EBS의 이사진과 사장 교체뿐 아니라 YTN의 사장 교체로 나타났다. 민영 방송 SBS에서는 언론 노동 운동의 투쟁에서 이뤄내지 못했던 최초의 사장 임명 동의제와 소유/경영 분리 선언을 대주주로부터 얻어내기도 했다. 여기에 2016년 OBS 대량 해고 저지 투쟁, 민영 뉴스통신사인 뉴시스

---

니다. 이 용어는 2016년에서 지금까지 언론노조에서 KBS, MBC, EBS의 세 공영 방송뿐 아니라 정권 교체로 인해 이사진과 사장이 교체되는 YTN, 연합뉴스, 〈서울신문〉 등 국가의 정치적 개입이 가능한 신문, 방송, 뉴스통신사를 통칭하기 위해 사용한다.

Newsis의 임단협 투쟁, 〈국제신문〉과 〈부산일보〉 사장 퇴진 투쟁 등 오랫동안 미뤄두었던 언론사 내 역학 관계의 재편을 요구하는 다수의 투쟁이 응집되어 분출되었다.

이와 같은 언론 노동 운동의 투쟁이 성과를 거둘 수 있었던 배경에는 2008년 이후 급격한 변화를 겪은 미디어 자본 형태와 시장 경쟁에서도 기인한다. 2008년 출범한 통신 3사 IPTV의 급격한 성장세, 4개의 종합 편성 채널 출범과 CJ ENM의 약진, 포털 뉴스 서비스, 소셜 미디어와 OTT 등 인터넷 부문 새로운 미디어 플랫폼의 출현 등 전통적인 미디어 시장에 대기업과 재벌, 글로벌 자본까지 진입하여 이용자 개인을 이윤 창출의 자원으로 삼으려는 경쟁은 지상파 방송과 종이 신문 근간의 언론의 영향력과 수익성을 극도로 악화시켰다. 달라진 시청자와 이용자의 미디어 이용 환경 변화 또한 전통적인 신문과 방송의 콘텐츠에 대한 집중과 신뢰를 약화시켰다. 이로 인한 각 언론사의 적자와 부실 경영 책임은 2014년 세월호 참사 이후 대중적인 용어가 된 '기레기'라는 시민들의 냉담함이 낳은 결과이기도 했다. 이 결과로 인해 앞서 미디어 노동 운동의 특징 중 하나로 언급했던 정치적 변동 과정 동안 벌어지는 자본과 노동 간 해석 투쟁에서 노조가 우위를 점하고 이를 근거로 소외된 행위로서의 미디어 노동에 대한 거부가 분출된 것이다. 그러나 이 시기 언론 노동 운동이 직면한 도전은 대통령 탄핵 국면 이후 얻어낸 '정상화'와 같은 국가 권력과의 역학 관계 재편에만 있지 않았다.

6월 항쟁의 직간접적 성과 중 언론 노동 운동과 밀접한 관련을 맺는 것은 대통령 직선제로 대표되는 대의 민주주의 양식의 변화와 언론의 자유화, 즉 낮은 수준의 미디어 시장 구성이었다. 특히 대통령 직선제의 부활은 정권 교체를 정치권력의 중심에 있는 대통령의 교체로 압축시키는 결과로 이어졌다. 요컨대 다수제 민주주의 환경에서 국회는 사실상 양당 체제로 고착되었고, 이는 다양한 시민 사회의 이해관계와 요구의 대의 기구가 아니라, 대통령을 교체하고 견제하기 위한 장으로서 국회를 협소화시켰다(박상훈, 2018). 헌법의 지위와는 별개로 법률 수준에서 부여된 대통령의 제왕적 권력, 그리고 시민 사회 정치적 스펙트럼을 반영하지 못하는 의회 정치의 양상은 언론 운동의 목표와 전략에도 영향을 미쳤다. 특히 공영 방송의 경우, 정치권력의 중심인 대통령의 교체에 따라 이사회와 사장 등 지배 구조가 급변하는 구조가 지속되었다. 이는 시민 사회/노동조합의 운동과도 관련을 맺는다. 비례대표제의 강화, 지역 정치의 재구성, 노동자 정치 세력화의 제도화보다 우선되어야 할 대통령 중심의 정권 교체 요구는 언론 체제에서 또한 권력의 중심, 즉 이사회 재구성과 사장 교체 요구로 이어지기 때문이다. 진보와 보수라는 광의의 정치적 입장과 상관없이 공정 언론과 언론의 정치적 독립이라는 목표는 역설적으로 대통령 중심의 정권 교체라는 '형식적 민주주의' 정치 구조의 종속 변수가 되어온 셈이다(김동원, 2017a). 이는 비단 KBS, MBC, EBS라는 공영 방송에만 국한되지 않는다. 연합뉴스나 YTN처럼 직간접적으로 대통령의 인사권에 영향을 받는 모든 언론사는 이와 같은 1987년 정치 체제의 종속 변수로 여전히 남아 있다.

## 4. 플랫폼 자본과의 투쟁: 희망연대노동조합의 노동 운동

1987년 이후 미디어 산업의 가장 큰 변화는 유료 방송 사업자, 즉 지상파 방송사를 비롯한 유료 방송(PP)의 채널을 일정한 패키지로 편성하여 가입자에게 제공하는 유료 방송 플랫폼의 성장이었다. 보통 플랫폼이란 신용카드, 쇼핑몰과 같이 공급자와 소비자 등 시장 내 행위자들의 거래를 매개하여 양자의 지불 비용을 낮춤으로써 이익을 얻는 경제적 수익 모델의 의미로 쓰인다. 그러나 미디어 플랫폼에서는 방송 프로그램이나 채널과 같이 개별 콘텐츠 사업자들이 확보하기 어려운 이용자/소비자를 시공간상에 결집시켜 매개하는 역할을 담당한다. 이는 미디어 자본의 특성인 충분한 규모의 수용자 주목attention을 가치 창출의 자원으로 이용한다는 양면 시장 성격에서 기인한다(김동원, 2017b). 예컨대 1990년대 말까지 대다수 방송 시청자들이 가구마다 설치된 직접 수신 안테나를 통해 지상파 방송을 수신한 환경은 지상파 방송사가 특정한 주파수 대역을 확보하여 불특정 다수의 시청자 가구를 직접 결집시키고 접근한 직접 수신 플랫폼이라 부를 수 있다. 그러나 1995년 케이블 방송의 출범을 시작으로 2008년까지 정부가 주도한 유료 방송 플랫폼 중심의 미디어 시장 형성은 전체 가시청 가구 중 직접 수신 가구의 비율을 10% 이하로 떨어뜨릴 정도로 유료 방송 가입자를 증가시켜 왔다.

표 1에서 볼 수 있는 종합 유선(케이블 방송), 위성 방송, IPTV 등 세 유형의 유료 방송 플랫폼 가입자의 증가는 최근까지도 꾸준히 증가해 왔다. 그러나 이러한 가입자의 증가는 결코 플랫폼 자본이 매개하는 콘텐츠의 경쟁력만으로 이루어지지 않는다.

**표 1. 연도별 유료 방송 가입자 변동 추이**

단위: 단자 기준

| 연도 | 전체 가입자 | 종합 유선 | 중계 유선 | 위성 방송 | IPTV |
|---|---|---|---|---|---|
| 2006 | 17,207,793 | 14,067,681 | 172,877 | 1,949,191 | |
| 2007 | 18,159,309 | 14,533,965 | 200,220 | 2,151,882 | |
| 2008 | 19,419,782 | 15,013,277 | 216,573 | 2,338,378 | |
| 2009 | 21,343,509 | 15,053,855 | 176,106 | 2,414,021 | 1,698,068 |
| 2010 | 22,502,113 | 14,858,247 | 180,648 | 2,504,374 | 3,108,814 |
| 2011 | 23,008,561 | 14,777,993 | 179,864 | 2,659,761 | 4,217,408 |
| 2012 | 23,242,305 | 14,798,725 | 123,112 | 2,904,507 | 5,415,962 |
| 2013 | 25,498,662 | 14,737,884 | 104,900 | 3,064,630 | 7,591,248 |
| 2014 | 27,466,348 | 14,611,459 | 97,389 | 3,091,604 | 9,665,897 |
| 2015 | 28,266,499 | 13,732,042 | 84,328 | 3,091,938 | 11,358,191 |
| 2016 | 30,032,592 | 13,886,673 | 73,195 | 3,183,501 | 12,889,223 |

출처: 방송산업실태조사보고서의 각 연도 재구성.

유료 방송 플랫폼 사업자는 케이블 방송, 위성 방송, IPTV 등으로 구분되지만 이는 방송 등 미디어 콘텐츠의 전송 수단에 따른 기술적 구분일 뿐, 다채널 실시간 방송, VOD 상품, 초고속 인터넷 등을 동일하게 제공한다는 점에서 가입자들에게는 큰 차이가 없는 경쟁 사업자들이다. 국내 방송 시장을 구분할 때, 이들은 지상파 방송사와 유료 방송(PP)을 몇 가지 패키지로 묶어 제공한다는 점에서 '방송 채널 거래 시장'에 속해 있으며, 2016년 기준 전국 약 3000만 가구(방송 단자 기준)를 놓고 치열한 가입자 확보 경쟁을 벌인다는 점에서 '유료 방송 시장'에 속해 있는 전형적인 양면 시장 사업자다. 두 개의 시장에서 유료 방송 플랫폼 사업자의 경쟁력은 더 많은 가입자의 확보를 통해 방송 채널 거래 시장에서 방송 콘텐츠를 공급하는 방송사에 대한 우위의 확보에 있다. 이러한 수익 구조는 미디어 자본이 취하는 두 가지 물신성의 형태를 드러낸다(김동원, 2014). 첫째, 지상파 방송사나 유료 방송의 노동자가 시청자와 시민을 시청률이나 조회 수와 같은 양적 지표로 마주하듯, 유료 방송 플랫폼 자본의 노동자는 이들을 가입자 가구 수나 가구당 평균 수익률(ARPU) 실적으로 상대한다. 방송 콘텐츠를 기획·제작하는 노동자에게 이들은 단순한 시청률로 다가올 뿐이지만, 플랫폼 자본의 노동자에게 이들은 이윤 창출의 핵심 자원resource이며 인수 합병이나 매각과 같은 상황에서는 자본의 미래 가치를 평가하는 척도가 된다. 둘째, 유료 방송 플랫폼 자본의 경쟁력과 수익원은 가입자 확보에 있지만, 이 업무는 가입자 경쟁 상황에 따라 유동적으로 운용할 수 있는 다단계 하청 구조의 협력 업체와 노동자에게 맡기고 자신들은 직접 고용의 책임을 지지 않는 원청의 지위에 머문다. CJ, 티브로드(태광)과 같은 대기업의 계열사, 거대 통신 사업자인 KT가 대주주인 KT스카이라이프(위성 방송)와 olleh TV(IPTV), SK와 LG에 속한 SK브로드밴드와 LGU+는 방송 콘텐츠 사업자와의 거래와 상품 개발에 주력하며 협력 업체에 가입자 관리 지침을 하달하는 역할을 맡는다.

위의 표 1이 보여 주듯 유료 방송 플랫폼 자본의 가입자 확보 경쟁은 일정한 경향을 띤다. 1995년 출범하여 2000년 규제 완화로 가입자 확보의 성장세를 달리던 케이블 방송(종합 유선)은 2009년을 기점으로 하락세에 접어들며, 위성 방송은 2012년부터 소폭 성장세를 보이고 있다. 반면 2008년 재벌과 대기업 자본이 주도하여 시작된 IPTV는 통신 사업자로서 보유한 유무선 인터넷(초고속 인터넷과 휴대폰)의 경쟁력을 지렛대로 급속한 성장을 이루어 2016년에는 케이블 방송과 대등한 수준의 가입자 확보를 달성했다. 이렇게 치열한 가입자 확보 경쟁과 예측할 수 없는 가입자 규모의 축소와 성장은 케이블 방송으로 하여금 지역 방송(케이블 지역 채널), 방송 및 인터넷 망의 포설 공사, 가입자 영업/AS, 콜센터 등의 업무를 모두 하도급 구조로 만들었다. 2014년 기준 CJ헬로, 티브로드, 씨앤앰(현 딜라이브)과 같은 케이블 방송은 전체 업무 종사자 중 60% 이상을 협력업체 비정규직 노동자로 채운 이유가 여기에 있다(이종탁, 2014).

이와 같은 사업자 간 경쟁은 가입자들에게 협소한 의미의 소비자 권리조차 침해했고, 방송 콘텐츠에 대한 동등한 접근권을 보장할 기술과 서비스 영역에 종사하는 노동자는 불안정 고용과 열악한 노동 조건에 놓이게 했다. 미디어 산업에서 가장 중요한 시청자/가입자를 직접 대면하는 노동자의 불안정성은 또 다른 의미의 미디어 공공성 약화를 보여 준다. 이와 같은 유료 방송 플랫폼 자본이 강요하는 노동에 대한 저항은 전형적인 정규직 중심의 노동조합과는 다른 형태의 조직화로부터 시작되었다. 이를 주도한 곳은 수도권 최대 케이블 방송인 씨앤앰이 외국 사모펀드에 인수 합병되는 국면에서 출범한 희망연대노동조합(이하 희망연대)이었다. 2009년 12월 씨앤앰 지부로 시작된 희망연대는 초기부터 유료 방송 플랫폼 자본의 비정규직 노동자 조직화를 핵심 사업으로 삼았다. 2010년 씨앤앰 인수 합병의 여파로 벌어진 35일 파업, 2013년 씨앤앰 협력 업체 비정규직 노동자로 구성된 케이블 방송 비정규직 지부와 티브로드 정규직/비정규직 지부 결성, 2014년 SK브로드밴드와 LGU+ 비정규직 지부 건설 등 희망연대는 유료 방송 플랫폼 자본의 가장 취약한 비정규직 노동자의 조직화에 성공한 주목할 운동으로 평가되었다. 특히 2014년 말 씨앤앰 매각을 위해 대주주인 사모펀드가 협력 업체 노동자의 대량 해고를 예고했을 때 벌인 투쟁은 씨앤앰 원청의 자회사 설립을 통한 직접 고용을 쟁취함으로써 미디어 산업뿐 아니라 한국 사회 전체 비정규직 노동 운동에서 중요한 성과를 이뤄냈다. 이는 기존 정규직 중심의 노동조합 운동이 대변하지 못했던 중요한 공백 지대에서 이뤄낸 성과라는 점에서 노동계 전체의 주목을 받은 사례였다(박명준 외, 2014).

희망연대의 노동조합 운동은 미디어 노동에 대한 저항이라는 관점에서 두 가지 특징을 보여 준다. 첫째, 1998년 이후 확장된 유료 방송 플랫폼 중심의 미디어 정책은 200여 개가 넘는 방송 채널과 한정된 가입자 시장 내 경쟁을 부추겼다. 한국 방송 산업이 특정한 소수의 방송사가 기획·제작·편성 및 송출까지 포괄하던 구조에서 벗어나 각각의 단위들이 도처의 공간으로 분산되고 가치 사슬을 이룬 '벽 없는 방송사'로 확장된 것이다.[9] 희망연대의 노동 운동은 벽 없는 방송사에서 자본에 의해 형성된 비정규직 노동자를 기존 한정된 작업장(방송사) 중심의 조직화에서 벗어나 노동 현장인 지역을 중심으로 이루어졌다는 특징을 보인다. 이는 유료 방송 플랫폼 자본의 다단계 하청 구조에서 산재된 노동자를 동시에 조직함으로써 단일한 고용주(원청)를 대상으로 하

9 벽 없는 방송사라는 표현은 한정된 공간의 작업장을 넘어 사회 전체가 생산의 공간이 되어가는 과정을 "분산된 공장," 혹은 "벽 없는 공장"이라 말한 닉 다이어위데포드Nick Dyer-Witherford의 개념을 빌어온 것이다(Dyer-Witherford, 2013). 사회 전체가 생산의 공간이 된 벽 없는 공장에서는 생산의 중심부에 소수의 정규직 노동자가, 주변부의 분화된 생산 단위에서는 비정규/불안정 노동 계급이 형성되는 새로운 노동 계급의 형성이 이루어진다.

는 공동 교섭의 전략을 취하게 했다. 다른 측면에서 본다면, 태생적으로 정치 구조에 종속적인 방송 산업의 노동 운동과 달리 희망연대의 노동 운동은 미디어 시장에 진출한 자본에 대항한 운동이라는 점에서 또 다른 차별성을 갖는다.

둘째, 희망연대 노동조합 운동은 시민과 시청자를 시청률, 또는 가입자와 같이 양적 지표로 삼아 이윤 창출의 자원으로 사용하는 미디어 자본의 물신성에 대한 저항으로 평가할 수 있다. 유료 방송 플랫폼 자본은 가입자 경쟁을 주된 수익 전략으로 한다는 점에서 지역 사회를 노동 현장으로 구성하게 된다. 이러한 노동의 공간에서 노동자 또한 가입자를 양적 지표나 성과로 대할 수밖에 없음에도 희망연대는 파업 등 투쟁 과정에서 시민 단체와의 공동대책위 구성뿐 아니라 지역 사회 단체와의 일상적 연대 사업을 추진해 왔다. 연대 사업은 기존 노동 운동이 수행한 투쟁 과정에서의 지지 세력 요청과 달리 원청 사업자와의 교섭에서 별도의 지역 사회 발전 기금을 확보함으로서 지역 사업의 지속성과 재정적 기반을 마련하는 방식으로 진행되었다(박명준 외, 2014). 지역 아동 및 청소년 상담, 지역 도서관 설립, 집수리, 노조별 지역 문화 소모임 등 다양한 지역 활동은 사단 법인의 설립으로 이어졌다.

유료 방송 플랫폼 자본에 대한 노동의 저항은 향후 주목할 미디어 노동 운동의 한 형태다. 2016년부터 본격화된 케이블 방송과 IPTV 사업자 간 인수 합병 시도가 보여 주듯, 기술 발전 및 미디어 이용 환경의 변화에 가장 민감하게 반응하는 방송 산업 부문이 이곳이기 때문이다. 특히 지상파 방송과 달리 정치적 투쟁을 통한 공공성의 요구보다 재벌과 대기업 자본에 부여할 미디어 공공성의 확보라는 점에서 그 중요성은 결코 간과할 수 없다.

## 5. 노동자로서의 인정 투쟁: 방송 산업 비정규직의 노동 운동

다른 부문도 그렇지만 특히 한국 방송 산업의 콘텐츠 제작 부문 내 비정규직의 문제는 오랫동안 간과되어 왔거나 그 존재조차 부각되지 못했다. 중소 사업자로서 고용주의 지위에 있는 독립 제작사 대표로부터 촬영, 조명, 동시 녹음, 장비를 담당하는 노동자, 방송작가, FD에 이르기까지 방송 콘텐츠 제작 부문의 비정규직은 그야말로 '비정규직의 백화점'이라 부를 정도로 복잡하고 다양하다.

지상파 방송사 정규직 중심의 노동조합 운동이 포괄하지 못했던 비정규직 노동의 문제는 법·제도적 측면에서 보았을 때 1998년 노동법 개정으로 인한 파견 근로의 합법화에서 유래했다(김동원, 2010). 그러나 이는 오랫동안 방송사 내/외부에서 비공식적이며 관행적으로 고용되었던 비정규직의 존재를 합법화해 준 것에 불과했다. 여기에 정부의 유료 방송 플랫폼 주도 미디어 정책이 낳은 콘텐츠 수요에 대한 기대는 유료 방송(PP)뿐 아니라 독립 제작사의 양적 확대를 가져왔고 이로 인한 제작 부문 비정규직 노동자의 증가 추세는 꾸준히 이어져 왔다. 앞서 그림 1에서 언급한 콘텐츠 제작 단위의 다양화, 지상파 방송사 및 유료 방송(PP)의 방송 콘텐츠 편성 시간과 수요 증대로 인한 노동 시장의 확장이 그것이다.

방송 산업 비정규직 노동 운동의 시작은 노동조합 결성만으로 본다면 2000년 방송업종의 파견이 합법화됨으로써 시작된 저항 중 하나인 방송사 비정규 운전직(방차) 노동조합의 출범이었다. 같은 해 KBS 드라마 FD들이 주축이 되어 방송사 외부 제작 요원 노동조합이 설립되었으나 지속적인 활동이 이어지지 못했다. 2001년에는 최초로 마산MBC

에서 구성 작가, 리포터, MC, DJ 등이 전국여성노조 마산MBC분회를 설립하여 사측에 교섭을 요구했다. 그러나 이는 행정심판에서 노동자로 인정받지 못하며 방송 비정규직 노동 운동의 한계에 부딪혔다. 이후에도 언론노조 산하 일부 직종의 비정규직 지부가 설립되거나 FD 등이 노동위원회에 진정서를 제출하는 등 산발적인 저항이 이어졌으나 지속성을 갖지는 못했다(이종구, 2006; 조계완, 2007). 비교적 유사한 직군의 비정규직 노동자가 모였고 명확한 요구와 투쟁 방향을 설정했던 운동은 2006년 결성된 독립PD협회를 들 수 있다. 주로 시사교양 부문 독립 PD들이 모여 결성한 이 협회는 노동조합의 형태를 취하지는 않았지만 당시로서 공론화되지 못했던 독립 PD의 열악한 제작 환경, 방송사와의 불공정 거래, 인권 침해 등의 문제를 부각시키는 성과를 이뤘다. 이후에도 방송 비정규직 노동의 문제는 노동권보다는 독립PD협회가 제기한 불공정 거래와 인권 침해 등에 초점이 맞추어졌다.

본격적으로 방송 산업 내 다양한 직종의 비정규직 문제가 공론화된 시기는 최근, 특히 2016년 10월 CJ ENM tvN의 이한빛 PD의 죽음 이후였다(김동원, 2018). 이한빛 PD의 죽음이 사회적 주목을 받은 배경에는 2016년 이후 유료 방송 플랫폼의 확장뿐 아니라 인터넷·모바일 기반의 방송 콘텐츠 플랫폼인 OTT — 티빙tving, 푹pooq, 넷플릭스Netflix, 왓차플레이Watcha Play, 유튜브 등 — 등장에 따른 드라마 콘텐츠 시장 성장에 가려진 노동과 인권의 문제를 부각시켰기 때문이다. 오랫동안 드라마 제작 현장에서 당연시 되었던 장시간 노동 관행과 비정규직의 문제가 유가족과 시민 사회 단체로 결성된 대책위를 중심으로 공론화되었고 CJ의 공식 사과와 방지 대책을 이끌어 냈다. 또한 2017년 7월 EBS 〈야수와 방주〉 프로그램을 제작하던 박환성·김광일 두 독립 PD

의 죽음은 방송계 전반의 불공정 거래 및 노동 실태 개선에 대한 법·제도적 대책의 요구로 이어졌다. 가장 주목할 시기는 2016년 10월 말부터 2017년 3월까지 이어졌던 대통령 탄핵 국면이었다. 국가의 역할에 대한 분노와 회의는 한국 사회에 만연한 자본과 권력의 '갑질' 폭로로 이어졌고 여기에서 방송사 또한 예외가 아니었다. 2017년 12월 모바일 메신저에 개설된 '방송계 갑질 119' 오픈 채팅방을 통로로 그동안 은폐되었던 방송 비정규직의 폭로와 대책 마련의 요구가 쏟아져 나왔다. 드라마 스태프의 추락 사고와 관련된 제작 현장의 산업 안전 대책 문제, 지상파 방송사와 CJ ENM이 포함되었던 급여의 상품권 대체 지급, 방송작가의 계약 종료를 둘러싼 부당 해고 논란 등이 대표적이었다. 이 시기의 방송 산업 비정규직 노동 운동은 이전과 달리 산발적이고 일시적인 저항이 아니라 기존의 노동조합과 연대하거나 별도의 지원 센터를 설립하는 등 지속적인 활동을 보장받을 조직적 체계를 갖추었다는 점에서 주목해야 한다. 주로 시사교양 및 구성작가 중심으로 모인 방송작가들은 2017년 11월 언론노조 방송작가지부를 결성했고, 2018년 1월에는 110여 명에 달하는 tbs 교통방송 비정규직 노동자들이 언론노조 tbs 지부를 결성했다. 촬영·조명·장비 등을 다루는 제작 현장 노동자들은 2018년 7월 작가 및 독립 PD 등과 함께 각 분과를 구성하여 희망연대노조 방송스태프지부로 출범하였다. 또한 이한빛 PD 추모 사업의 지속성과 방송뿐 아니라 미디어 산업 전반의 비정규직 문제를 상담하고 지원할 한빛미디어노동인권센터가 2018년 1월 설립되었다.

지난 2년 동안 진행된 방송 산업 비정규직 노동 운동의 양상은 이전과 다른 성과를 거두었다. 무엇보다 지난 시기 별다른 대책을 내놓지 않던 방송통신위원회를 비롯하여 고용노동부, 공정거래위원회(공정위),

문화체육관광부, 과학기술정보통신부 등 정부 부처는 합동으로 '방송 프로그램 외주 제작 시장 불공정 관행 개선 종합 대책'을 내놓았다. 또한 지상파 방송사 정규직 중심의 노동 운동이라는 한계를 지적 받아왔던 언론노조가 2018년 9월 최초로 지상파 방송 4사와의 산별 협약을 체결하면서 드라마와 예능 부문 제작 환경 개선 및 가이드라인 제정, 그리고 각 방송사별 비정규직 실태 조사 시행과 개선 방안의 실행 계획 수립을 포함시킨 점은 큰 변화라 할 수 있다.

일련의 성과가 있었지만 방송 산업 비정규직 노동 운동은 이제 본격적인 저항에 나섰다고 보아야 한다. 오랫동안 비정규직 노동 운동이 조직화뿐 아니라 지속적인 활동에 실패했던 이유는 방송 산업 비정규직 노동에 대한 느슨한 관점과 복잡성에 대한 간과 때문이었다. 엄밀한 의미에서 위에서 언급한 다양한 직군과 종사자의 노동은 단순히 비정규직 노동irregular labour으로 모호하게 부를 수는 없다. 정규직 노동자를 전제로 하는 '비정규직' 노동자란 특정 산업과 노동 시장 내 불안정 노동precarious work을 또한 의미한다. 그러나 드라마 제작을 비롯한 방송 산업 불안정 노동은 극히 일부의 (지상파 방송사) 정규직 노동자와 안정된 고용 직군을 제외하면 지극히 '정상적'이고 지속되어 온 고용 형태로 볼 수 있다. 즉 노동 시장의 형성부터 안정된 시장도 아니었으며 사회보장 및 고용 혜택을 받지 못했을 뿐 아니라 비법인 기업, 또는 미등록 소기업의 고용주와 종사자를 의미하는 비공식 고용informal employment에 해당한다(Rogan et al., 2018). 특히 여전히 인맥에 의해 일시적으로 구성과 해산을 반복한다는 점에서 방송 산업 비정규직 노동자는 자가계정 노동자own-account operators, 혹은 기여 가족 종사자contributing family workers에 더 가깝기 때문이다. 일례로 가장 많은 제작 인력과 다양한 고

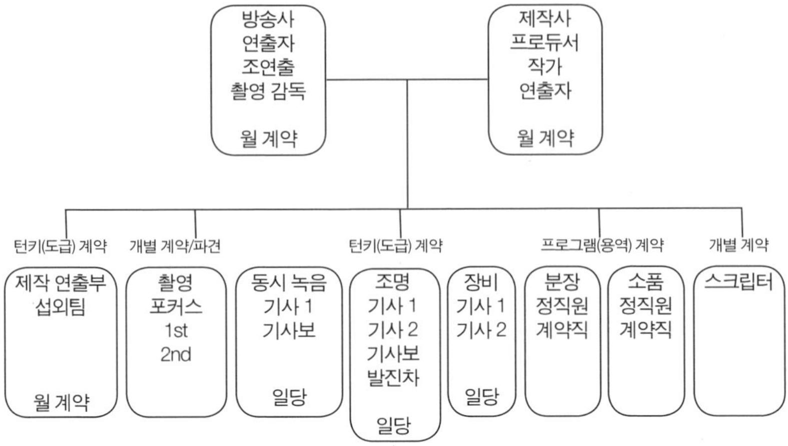


출처: 희망연대 방송스태프지부 교육 자료.

**그림 3. 드라마 제작 현장의 협력 업체 및 비정규직 고용 구조**

용 및 계약 방식을 보여 주는 드라마 제작 현장의 협력 업체 및 비정규직의 고용 구조를 일별하면 그림 3과 같다.

그림 3과 같은 고용 구조는 비정규직이라는 명칭으로 포괄할 수 없는 다양한 고용 형태와 노동 시장 내 지위를 보여 준다. 드라마 제작사의 프로듀서는 정규직이며 드라마 작가는 방송사나 제작사와 직접 협상을 수행할 수 있을 정도의 상당한 자율성을 가진 직군이다. 그러나 제작 연출, 촬영, 동시 녹음, 조명, 장비, 분장, 소품 등 제작에 투입된 노동자는 팀제로 활동하며, 이 팀 내부에는 팀의 구성과 제작사와의 협상을 책임지는 감독급 종사자들이 있다. 이들은 개인사업자나 중소사업자로서의 지위를 갖지만 제작 현장에서는 노동 시간, 노동 강도 및 구체적인 작업 지시를 방송사와 제작사 연출직에게 받는다는 점에서 사업자와 노동자 사이의 모호한 지위에 놓여 있다. 이들이 고용하는 스태프 노동자들 또한 1

조수–2조수–3조수와 같은 비공식적 지위를 갖고 있으며 계약 형태나 급여 지급 방식에 있어서도 단일한 방식을 따르지는 않는다.

이와 같은 비공식 고용 구조 내 차별화된 지위가 일반적인 현상이라면 한국 방송 산업에는 또 다른 특징과 조직 문화가 반영되어 있다. 예컨대 소속 사업장이 어딘가에 따라 지상파 방송사(중앙 방송사와 지역 방송사의 차이 존재) — 유료 방송(PP) — 독립 제작사 — 제작 협력 업체 순의 지위 차이가 존재한다. 비정규직 노동자가 참여하는 제작 콘텐츠의 장르에 따른 구분도 있다. 가장 높은 수익을 내는 드라마에서 예능, 교양, 시사 보도 간의 구분이 존재하며, 각 장르별로 이직은 쉽지 않은 구조다. 여기에 교양 장르는 스페셜 다큐멘터리와 같은 콘텐츠로부터 아침 생방송 프로그램의 코너물 콘텐츠에 이르는 차별화된 구분이 또한 관행적이다. 여기에 대개의 직군에서 작동하는 근속 연수에 따른 구분, 예컨대 작가의 경우 메인 — 서브 — 신입(막내) — 리서처 researcher(자료조사원)와 같은 지위 구분 또한 존재한다.

비공식 고용 구조 내 차별적인 지위에 한국 방송 산업 특유의 조직 문화가 결합됨으로써 방송 산업 비정규직의 정체성은 실로 복잡한 차이의 정치학을 보여 준다. 일반적으로 비정규직 노동자의 정체성은 같은 업종에 종사하는 정규직을 기준 집단reference으로 하여 형성되지만, 적어도 한국의 방송 산업에서는 정규직보다 비정규직 내 복잡다단한 지위와 위계로 세분화된 정체성이 구성된다. 방송 산업 비정규직 노동의 법적 지위뿐 아니라 방송 산업 특유의 고용 구조와 조직 문화가 중첩된 비정규직 노동 운동은 그만큼 다양한 수준의 저항과 투쟁 목표를 보이게 된다.

고용 형태 및 노동 조건과 관련된 비정규직 노동자의 대응과 요구는 크게 집단 행동과 개인 행동으로 구분되며 양자 모두 사회 내 도덕

**표 2. 문화 산업 부문 불안정 노동의 투쟁 형태**

| | 관료 체제에 의한/법적 정체성 | 도덕적/상징적 정체성 |
|---|---|---|
| 집단 행동 | 법 · 제도적 지위를 얻기 위한 투쟁<br>관료 체제에 의한 인정과 지위 승격의 요구 | 집단의 정당성 획득 투쟁<br>사회적 인정, 정당성 획득; 투쟁의 상흔 |
| 개인 행동 | 산업 부문 내 공식 지위 획득을 위한 투쟁<br>산업 부문 이동권 획득 | 개인 존엄성을 위한 투쟁<br>개인적 정당성, 옹호의 획득 |
| 투쟁 방향 | 소속 집단, 현재와 미래의 고용주 및 경영진의 명확한 구분 | 고용주, 채용 담당, 동료, 공공의 인지 |
| 변화의 목표 | 규제에 의한 보호, 물적 보상 | 이미지 획득, 사회적 부각 |

출처: Michael Gibson-Light(2018).

적/상징적 정체성을 획득함으로써 정부 부처나 방송사와 같은 관료 체제 내 법적 정체성을 요구하는 방향으로 나아간다. 앞서 언급했던 방송 제작 현장 비정규직 관련 최근의 다수 이슈는 이한빛 PD의 사건을 포함하여 도덕적/상징적 정체성을 개인 행동과 집단 행동을 통해 인정받으려는 대응이었다. 이는 사회적 인정과 방송 산업 노동 시장 내 개인적 정당성을 요구하는 수준으로 방송 산업 비정규직의 문제를 당시의 국면과 관련하여 '갑질'과 같은 담론을 통해 비정규직 이미지의 사회적 부각에 성과를 거두었고 방송사 PD를 비롯한 고용주 및 내부 노동 시장의 인정을 끌어냈다.

방송 산업 비정규직 노동자의 저항은 노동조합과 같은 조직화된 투쟁을 취하기 전에 '개인의 존엄을 위한 투쟁'을 통해 고용주와 동료, 그리고 대중적 인지를 획득하는 전략을 취할 수밖에 없었다. 방송작가나 방송 제작 스태프 노동자의 투쟁은 고용 계약의 주체가 누구인지, 자신들이 노동자로서의 지위를 인정받고 있는지를 묻는 개인 차원의 투쟁, 즉 '산업 부문 내 공식 지위 획득을 위한 투쟁'에 집중되어 있다. 이는 법적 정체성legal identity을 획득하기 위한 목적이며, 따라서 개인 수준의 요구에서는 '소속 집단, 현재와 미래의 고용주 및 경영진이 누구인지를 명확히' 하려는 방향으로 나타나 궁극적으로는 법·제도적 규제에 의한 보호와 물적 보상 요구로 나가게 된다.

한편 독립 PD와 스태프 노동자들의 공정 거래 및 안전한 제작 환경 요구 등은 관계 당국의 실태 조사와 정부 부처 합동 대응 방안을 이끌어 냄으로써 관료 체제 내 법적 정체성을 획득하는 집단적 대응이었다. 이전까지는 방송사 측과의 비공식적 합의에 머무는 경우가 많았으나 최근의 변화는 이와 같은 집단 행동이 희망연대노동조합 방송스태프지부나 전국언론노동조합 작가지부와 같은 법적 지위를 갖는 집단 정체성의 형성으로 이어지고 있다. 이는 집단 행동에 있어 규제에 의한 보호와 물적 보상의 목표로 하는 가장 어려운 수준의 목표를 상정했음을 뜻한다.

따라서 방송 산업 비정규직 노동 운동은 앞서 살펴본 두 유형의 미디어 노동 운동과는 다른 양상을 취하며 그 목표 또한 구체적인 통일성을 보이고 있지는 못하다. 그러나 최근 달라지고 있는 미디어 산업과 자본의 수익 전략은 콘텐츠 제작 부문 내 비정규직 노동 시장의 규모뿐 아니라 더욱 복잡하고 다양해지는 직군과 업종을 창출할 것으로 예상된다. 미디어 노동이라는 관점에서 본다면 방송 산업 비정규직 노동 운동은 앞으로 전개될 미디어 자본에 맞선 노동 운동의 첫 걸음이라는 점에서 지속적인 주목과 연구가 필요할 것이다.

## 6. 소외된 행위를 넘어 연대를 향한 노동 운동

1987년 이후 언론 노동 운동은 '언론'이라는 한 단어로 내포하기 어려운 자본의 축적과 노동의 확장을 거쳐 왔다. 언론노조의 국가 권력에 대한 저항, 희망연대의 플랫폼 자본과의 투쟁, 방송 산업 비정규직 노동자의 사회적 인정을 향한 투쟁은 2019년 현재 한국 미디어 자본이 구성한 소외된 행위로서의 노동에 대한 다양한 저항을 통해 보여 준다. 미디어 자본의 재생산과 축적은 역설적으로 자본의 물신성이 은폐하고 있던 모순을 드러낸다. 정치권력에 종속되었던 전통적인 신문과 방송 산업에서 정치적 독립성을 쟁취하려는 투쟁을 넘어 본격적인 노동 관련 이슈들이 불거지는 것은 지상파 방송사를 비롯한 자본이 수익 창출의 위기에 처했음을 보여 준다. 유료 방송 플랫폼 자본을 중심으로 확장되어 온 산업 구조 내에서는 이윤 창출을 위한 자원으로만 취급했던 가입자와의 연대에 기반한 새로운 노동 운동이 부상했다. 마찬가지로 오랫동안 침묵해 왔던 방송 산업 비정규직 노동자 또한 다양한 저항 방식과 조직 형태를 취하며 미디어 노동 운동의 한 영역을 이루게 되었다.

다른 관점에서 보면 1987년 이후 미디어 자본의 성장이 가져온 미디어 노동에 대한 저항은 '창의 노동'으로 위장되어 왔던 소외된 행위에 대한 저항이기도 하다. 이 저항이 다른 자본 일반에 대항하는 노동 운동과 다른 점은 미디어 자본이 갖는 취약함, 즉 시청자와 이용자에 대한 의존성에 있다. 미디어 콘텐츠를 생산하는 자본이건, 콘텐츠를 매개하는 플랫폼 자본이건 모두 이윤 창출의 핵심 요소로 물리적 자원이 아닌 인간을 대상으로 한다. 국가 권력에 대한 저항은 시청률과 조회 수로 위장되었던 시민이 광장 촛불과 같은 적극적인 저항에 나설 때 노동의 대상이 아니라 소통하고 연대해야 할 유적 존재로서의 인간을 만나게 했다. 플랫폼 자본과의 투쟁 또한 소외된 행위로서의 노동이 수행되던 현장, 즉 지역에서 가입자와 성과 지표가 아닌 함께 살아야 할 공동체로서의 지역민과의 연대를 만들어가고 있다. 이와 같은 변화는 1987년 이후 지속된 한국사회 노동 운동에 새로운 방향과 목표를 제시하고 있다. 노동자가 창출한 노동의 가치에 대한 정당한 대가를 요구하는 운동을 넘어 자신의 노동이 사회적 의미를 갖고 공동체에 기여할 수 있는 유적 존재로서의 행위로 전환시키는 투쟁이 그것이다.

그러나 이러한 미디어 노동 운동의 전망은 결코 낙관적이지만은 않다. 전통적 미디어인 신문과 지상파 방송사의 시장 경쟁력 약화와 수익성 위기, 미디어 테크놀로지의 발전과 이용 환경의 변화에 따른 케이블 방송의 침체, 인터넷과 모바일 네트워크를 근간으로 새롭게 등장하고 있는 미디어 자본의 성장은 노동에 대한 거부가 아닌 노동의 대가에 대한 요구와 노동자가 속한 자본의 생존을 위한 협력으로 언제라도 바뀔 수 있기 때문이다. 1987년 이후 언론 노동 운동을 넘어 미디어 노동 운동으로 확대되어 온 지금, 미디어 노동 운동은 또 다른 기로에 서 있는 셈이다.

### 참고 문헌

김동원 (2010). 〈한국방송산업의 유연화와 비정규직의 형성〉. 한국외국어대학교 대학원 신문방송학과 박사 학위 논문.

김동원 (2014). "채권 지배에 종속된 케이블 방송 노동자와 시청자," 투기자본 씨앤앰과 방송플랫폼 공공성의 위기 토론회 발제문, 2014. 9. 15.

김동원 (2017a). "공영방송과 국가의 관계: 예외상태의 합법화를 둘러싼 논란," 박근혜-최순실 게이트와 방송 공공성의 확보 방안 토론회 발제문, 국회 공정언론실현특별위원회 주최.

김동원 (2017b). “플랫폼 담론과 자본, 그리고 노동,” 조현석 엮음 (2018), 《데이터 사회의 명암》. 한울아카데미.

김동원 (2018). “시장의 성장, 노동의 추락” 이한빛PD 죽음 이후, 드라마 제작현장 2년의 변화와 과제 토론회 발제문, 2018. 11.

김왕석 (1990). “80년대 언론노동운동의 전개와 전망,” 김왕석 · 임동욱 외, 《한국언론의 정치경제학》. 아침.

김용백 (2001). “언론개혁과 언론노조운동의 과제,” 〈노동사회〉, 2001년 8–9월호.

김의연 (2007). 〈1990년대 한국 자본주의 계급관계 변화와 국가형태 재구성: 물신주의 비판의 방법적 모색〉. 한국외국어대학교 대학원 정치외교학과 박사 학위 논문.

김창남 (2003). 《대중문화의 이해》. 한울.

박명준 외 (2014). “노동이해대변의 다양화와 새로운 노사관계 형성 과정,” 연구보고서 2014–09, 한국노동연구원.

박상훈 (2018). 《청와대 정부》. 후마니타스.

방송제도연구위원회 (1990). 《2000년대를 향한 한국방송의 좌표: 방송제도연구위원회 보고서》. 나남.

새언론포럼 (2008). 《현장기록, 방송노조 민주화운동 20년》. 커뮤니케이션북스.

손석춘 (1999). “언론노동운동 10년, 평가와 전망,” 〈노동사회〉, 1999년 1월호.

신광영 (2012). “한국의 민주화, 시장화와 언론노조운동,” 〈한국언론정보학보〉, 2012년 봄, 통권 57호.

이병천 (2018). 《한국자본주의 발전궤적과 진로》. 해남.

이승선 (2018). “공정방송 파업의 정당성 여부와 위력에 의한 업무방해의 범위,” 〈언론과 법〉, 17(1), 한국언론법학회.

이종구 (2006). 〈방송산업 비정규직 노동시장 연구〉. 방송위원회연구보고서

이종탁 (2014). 케이블방송 현황, 노동자 실태와 노조현안 및 입장, 매각을 앞둔 투기자본 씨앤앰 케이블방송의 먹튀경영 사례 및 슈퍼갑질 · 비정규직 해고 문제점과 경제민주화 방안 긴급토론회 토론문.

이호석 (1998). 《스타시스템》. 삼인.

임영호 (2002). 《전환기의 신문산업과 민주주의》. 한나래.

전창환 (2002). “미국 ‘신경제’의 종언과 한국경제의 전망,” 〈창작과 비평〉, 제30권 제4호, 2000년 겨울, 창작과 비평사.

전환성 (2006). “케이블 방송시대의 개막,” 한국언론인연합회, 《한국언론 100년사》. 한국언론인연합회.

정준희 (2014). “신규 복합 미디어 기업의 부상과 제작자 엑서더스,” 〈한국언론정보학보〉, 통권 66호, 한국언론정보학회.

조계완 (2007).《언론산업 비정규 노동 연구: 금융산업과 비교를 중심으로》. 커뮤니케이션북스.

조항제 (2018). "한국 공영방송 노동조합의 자율성 투쟁,"〈언론정보연구〉, 55(2), 서울대학교 언론정보연구소.

지주형 (2011).《한국 신자유주의의 형성과 기원》. 책세상.

Bonefeld, W. (2002), "Capital, Labour and Primitive Accumulation," Dinerstein, A. & M. Neary. eds. (2002), *The Labour Debate: An Investigation into the Theory of Reality of Capitalist Work*, Hampshire: Ashgate.

Dyer-Witherford, N. (1999). *Cyber-Marx: Cycles and Circuits of Struggle in High-Technical Capitalism*, Illinois: the University of Illinois Press. [신승철 · 이현 옮김.《사이버-맑스: 첨단기술 자본주의에서의 투쟁주기와 순환》. 이후. 2003].

Graeber, D. (2015). *The Utopia of Rules*. [김영배 옮김.《관료제 유토피아》. 메디치미디어. 2016].

Holloway, J. (2010). *Crack Capitalism*. [조정환 옮김.《크랙 캐피탈리즘》. 갈무리. 2013].

Marx, K. (1844). *Economic and Philosophic Manuscripts of 1844*. [강유원 옮김.《경제학-철학 수고》. 이론과실천. 2012].

Marx, K. (1976). *Capital*. Vol. 1., London: Penguin Books.

Meardi. G. (2013). "Labour movements and labour unions: Emergence, institutionalization, crisis and revitalization of a social movement," Sociapedia.isa.

Michael Gibson-Light (2018). "Classification Struggles in Semi-Formal and Precarious Work: Lessons from Inmate Labour and Cultural Production," in Arne L. Kalleberg and Steven P. Vallas. ed. (2018), *Precarious Work, Research in the Sociology of Work*, Vol. 13, Emerald Publishing Ltd.

Negri, A. & Hardt, M. (2009). *Commonwealth*. [정남영, 윤영광 옮김.《공통체》. 사월의책. 2014].

Negri, A. & Hardt, M. (2004). *Multitude: War and Democracy in the Age of Empire*. [정남영 외 옮김.《다중》. 세종서적. 2008].

Negri, A. (1996). "Reappropriations of public space," W. Bonefeld, (ed.), *Revolutionary Writing: Common Sense Essays in Post-political Politics*. Autonomedia. 2003. [김의연 옮김. "공적 공간의 재전유,"《탈정치의 정치학》. 갈무리. 2014].

Rogan, M., et al. (2018), "Informal Employment in the Global South: Globalization, Production Relations, and "Precarity"," *Precarious Work, Research in the Sociology of Work*, Vol. 31, pp.307~333.

Smythe, D.(1981), "On the Audience Commodity and its Work," Dependecy Road:

Communication, Capitalism, Consciousness and Canada, Norwood: Ablex; in M. Durham, & D. Kellner eds. (2001), *Media and Cultural Studies: Keyworks.* Oxford: Blackwell Publishers.

Toynbee, J. (2006). "The Media's View of the Audience," D. Hesmondhalgh ed. (2006), *Media Production.* Maidenhead: Open University Press.

# 한국 시민 언론 운동, 어떻게 볼 것인가

7장

정연우

정연우는 세명대학교 광고홍보학과 교수로, 합리적 공론장을 형성하기 위해서 시민들이 어떻게 언론을 감시하고 개혁할 것인가에 관심을 갖고 있다. 중앙대학교 신문방송학과를 졸업하고 같은 학교 대학원에서 석사 및 박사 학위를 받았다. 민주언론시민연합 공동 대표, 언론중재위원이며 한국언론정보학회 회장을 지냈다. 저서로는 《한국언론의 정치경제학》(공저), 논문으로는 "언론운동으로서 광고기업 불매운동에 관한 소고," "공영방송 수신료의 헌법적 가치 실현방안에 관한 연구," "한국시민언론운동의 특성과 전망" 등이 있다.

## 1. 한국 시민 언론 운동의 진화 과정

한국 사회는 1987년 6월 항쟁을 거치면서 절차적 민주주의가 조금씩 진전되고 정치 투쟁의 전선이 약화되었다. 1990년대 들어오면서 정치권력에 의한 탄압은 줄어들고 합법적이고 개방적 공간으로서의 시민 사회가 급격히 성장하였다. 의무적으로 이행obligatory fulfillment하는 객체가 아니라 자발적으로 참여voluntary participation하는 주체로서 참여적 시민engaged citizen으로 진화해 갔다.

국가로부터 자유롭고 계급으로부터도 자유로운 공동선을 지향하는 시민 사회의 핵심적 가치는 공공성이다. 시민들의 의식이 성장하면서 시민적 권리를 신장하고 건강한 공론장public sphere을 만들기 위한 시민적 요구가 높아졌다. 이는 공정한 정보 제공, 공개적인 토론, 투명한 절차 등을 통하여 달성될 수 있다. 권력과 자본에 대한 사회적 감시와 비판 그리고 진실하고 공정한 보도를 통한 저널리즘은 민주적 공론장을 만드는 핵심 기제다.

언론에 개입하려는 속성을 지닌 정치권력과 자본 권력의 성장이 새로운 언론 자유와 독립을 위협하는 요소로 부각되면서 공론장은 왜곡될 수 있는 위험에 노출된다. 시민들은 공론장이 왜곡되는 것을 막기 위해 조직적으로 참여하고 개입한다. 언론의 내용을 감시하고 운영과 정책 결정 과정에 참여하기도 한다. 더 나아가 기존 언론 정책, 언론 존재 방식 및 언론 구조와 제도의 변화를 추구하면서 정치권력과 자본 권력에 맞서는 정치적 운동의 성격을 띠기도 한다.

다양한 시민 사회의 성장은 시민 언론 운동에 필요한 토양을 기름지게 하였다. 시민들은 민주주의의 가장 기본적 토대로서 언론이 진실을 보도하고 사회적 의제를 공정하게 제기하며 여론의 형성에 필요한 정보를 제공하도록 하기 위해 집단적이고 조직적으로 활동했다. 언론에 대한 비판과 감시, 견제 그리고 언론 보도나 내용에 대한 시민적 개입과 의견의 제시, 언론 생산물의 생산 과정인 보도나 프로그램 제작 방향과 과정에의 참여, 그리고 나아가 이러한 언론의 역할이 가능하도록 하는 제도와 구조의 변화 추구 활동까지 포함한다.

한국 시민 언론 운동의 발전 과정은 시기적으로 몇 단계로 나눌 수 있다.

### 1) 형성기

한국에서 시민 언론 운동의 씨앗은 1970년대 중반에 이루어진 〈동아일보〉 격려 광고에서 찾을 수 있다. 비록 체계적이고 조직적인 활동은 아니었지만 정치권력의 언론 탄압에 저항하여 언론의 자유와 민주주의를 지키기 위한 범국민적 운동이 벌어졌다. 유신 정권이 언론 자유를 억압

표 1. 시민 언론 운동의 발전 과정

| 정부 | 정치 · 사회적 특성 | 운동의 성격 | 주요 주체 | 목표 | 방법 |
|---|---|---|---|---|---|
| 박정희 · 전두환 | 권위주의<br>언론 자유 억압 | 형성기 | 개별 시민<br>해직 언론인<br>종교 및 시민 단체 | 비판 언론 지원<br>방송 공정성<br>언론 자유 쟁취 | 격려 지지 광고<br>단체 결성<br>언론 통제 폭로<br>매체 창간<br>시청료 납부 거부 |
| 노태우 · 김영삼 | 민주주의 이행<br>언론 권력의 강화 | 성장기 | 해직 언론인<br>언론노조<br>언론 시민 단체 | 공정 보도<br>방송의 독립<br>언론 건전성<br>시민 참여 확산 | 진보 매체 창간<br>언론 상업화 비판<br>선거 보도 감시<br>시민 언론 교육 |
| 김대중 · 노무현 | 시장 권력 확대<br>시민 사회 거버넌스 | 개혁기 | 언론 시민 단체<br>지식인<br>언론노조 | 언론 권력 견제<br>언론 구조 개혁<br>시민 언론권 확대 | 안티조선 운동<br>신문 시장 정상화<br>언론 제도 개선<br>퍼블릭 액세스 |
| 이명박 · 박근혜 | 신권위주의<br>언론 자유 통제 | 저항기 | 언론 시민 단체<br>언론노조 | 공영 방송 독립<br>언론 구조 개편 저지 | 방송 장악 저항<br>수신료 인상 저지<br>미디어 법 개정 저지<br>종편 감시 |

하고 통제하는 반민주적 독재 정권이라는 인식을 사회적으로 확산시키는 계기가 되었다.

조직적인 언론 운동은 1984년 12월 '민주언론운동협의회'(민언협) 결성에서 시작된다. 해직 언론인들이 주축이 된 민언협은 제도 언론의 비판에서 더 나아가 민족·민주·민중 언론을 지향하는 월간 〈말〉지를 발행했다. 군사 정권의 언론 통제 실상을 생생히 보여 주는 '보도 지침' 폭로는 민주화 운동의 중요한 단서를 만들었다. 1985년 총선에서 방송의 불공정 보도가 극에 달하자 민주화 운동에 앞장서 온 종교 단체들을 중심으로 KBS 시청료 거부 운동이 벌어졌다. 초기 언론 운동은 KBS 시청료 거부 운동의 영향으로 방송에 관한 비판적 교육과 모니터 활동이 중심을 이루었다. 이러한 범국민적 저항은 민주화 열기를 지폈고 1987년 민주화 투쟁의 계기를 제공하였다. 또한 독재 권력의 언론 통제를 약화시키면서 새로운 신문의 창간과 복간을 가져왔다.

### 2) 성장기

거대 권력화한 언론을 견제하고 감시하는 한편 언론의 구조 개혁에 힘을 모은 시기다. 1987년 항쟁 이후 정치권력에 의한 언론 통제는 외형적으로는 느슨해졌다. 권위주의 정권에 부역했던 언론은 시장화의 길을 걸으면서 기업적 성장과 함께 언론 자체가 권력으로 등장한다. 언론이 치열한 시장 경쟁을 하면서 상업화가 극심해진 시기이기도 하다. 1990년대 초 기독교 단체 등을 중심으로 선정적인 스포츠 신문 불매운동을 벌였고 방송의 저질 오락 프로그램 추방 운동을 펼치기도 했다. 형식적 언론 자유는 확대되었지만 여전히 언론은 보수적인 성향을 띠면서 민주화의 걸림돌이었다. 보도와 논조는 특정 정치 세력에 편향되어 공정한 공론장을 형성하지 못한다는 비판이 높았다. 특히 선거 시기의 불공정 보도가 사회적 쟁점이 되면서 민언협, 한국여성민우회, 한국사회언론연구회 등의 단체는 1992년 총선을 앞두고 선거보도감시연대회의를 결성하여 신문과 방송의 선거 보도를 감시하였다. 지속적으로 이어지면서 선거 보도 감시 활동은 시민 언론 운동의 새로운 전기를 마련했다는 평가를 받는다. 민언협은 1991년 언론학교를 개설하고 시민회원을 받아들이면서 언론 시민 단체로 발전했다. 언론학교를 수료한 시민들이 모니터 활동 등에 참여하면서 시민운동의 영역이 확장되고 시민 언론 운동의 조직적 기반이 다져졌다.

모니터 운동은 언론 생산물에 대한 비판에 집중한다는 한계가 있었다. 제도권 언론의 비평이나 감시 그리고 수용자의 의식화 교육 차원에 머물고 있다는 문제가 지적되기도 했다. 보도 성향과 내용을 생산하는 구조와 과정에 대한 개혁 없이는 내용의 변화를 기대하기 어렵다는 것이다.

### 3) 개혁기

1998년 8월 민언련, 언론노조를 비롯하여 여성민우회, 경실련, 참여연대 등의 일반 시민 사회 단체를 포함한 48개 단체가 결성한 '언론개혁시민연대'는 통합방송법의 민주적 제정 등을 비롯하여 언론법과 제도의 개선에 초점을 두고 활동하였다. 언론 보도의 불공정성에 대한 단편적 대응을 넘어서 구조적인 틀을 개혁하기 위한 것이었다. 정부와도 협력 모델이 추진되면서 시민이 공적 의사 결정에 참여하게 되었고, 시민 사회의 제안에 정부와 정치권이 적극 반응하였다. 정부, 방송사, 언론 단체, 시민 단체 등이 참여한 '방송개혁위원회'를 구성하여 논의한 통합방송법이 제정되었다. 이후 2001년에는 '신문개혁국민행동'을 출범하고 정기간행물법 개정, 신문 시장 정상화 등의 활동으로 이어졌다. 그 성과로 신문법이 개정되어 신문발전위원회, 지역신문발전위원회, 신문유통원 등의 기구가 만들어졌다.[1] 이는 언론 감시 활동을 넘어 법·제도 개혁이라는 정책 운동으로 언론 운동이 확장한 것이다. 시민 사회는 비판적

1 여론 다양성 보장을 위한 신문 시장 점유율 규제, 신문 지원 제도 구축 등의 제도적 진전을 이루었다. 하지만 신문 편집 자율성을 보장하기 위한 편집위원회와 독자위원회 설치를 강제하지 못했고 소유 지분 분산 규정을 마련하지 못한 한계가 있었다(김은규, 2014).

협력자로서 대의의 대행을 넘어서서 진보적 공론장의 형성자로 진화하였다. 체제와 제도 내에서의 온건한 운동 방식으로서 정책 생산과 제도화가 활발하였다. 행정과 입법 절차는 운동의 중요한 수단이었다. 시민 언론 운동은 실질적 민주화를 가로막고 있는 언론의 민주화를 핵심 과제로 내걸고 다양한 담론 활동과 실천운동을 전개했다.[2] 정치권력과는 비판적 거버넌스를 형성하면서 사회적 대안을 모색하고 언론 구조와 제도 개혁 활동을 전개하는 한편 보수 언론 권력을 견제하고 비판하였다. 시민운동의 주요 이슈들이 제도권 정치에서 해소되어 법과 제도로 수렴되었다. 시민 언론 운동은 회원을 안정적으로 확보하고 정부 및 공영방송과의 교류, 캠페인, 공청회, 시민 교육 등의 활동 방식을 통하여 제도화되면서 조직 기반을 확대하였다. 미디어 교육, 방송 모니터, 퍼블릭 액세스 프로그램의 제작[3] 등 다양한 영역에서 시민 언론 운동이 가장 활발했던 시기이기도 하다(김유진, 2016).

한편 의제 설정과 여론 주도력을 기반으로 권력화된 언론에 맞서서 민주적 공론장을 지키려는 운동도 거세게 일어났다. 1998년 11월 〈월간조선〉과 〈조선일보〉가 최장집 교수의 사상이 친북 좌파라며 이념적 색깔 공세를 펴자 시민 사회 단체가 주도하여 기고, 인터뷰, 보도 협조, 광고, 구독 등 〈조선일보〉에 도움이 되는 일체의 행위를 거부하자는 움직임이 일어나기 시작했다.

2 언론 운동에 참여했던 많은 인사들이 언론 규제 기관이나 정책 담당자로 들어갔지만 이들이 언론 개혁 의지를 얼마나 반영시켰는지에 대한 비판이 일기도 했다. 이들에 대하여 언론 개혁 운동 진영의 비판적 긴장과 견제가 필요하다.

3 방송사들이 시청자가 직접 제작하는 프로그램을 편성하도록 법제화했다. 다양한 플랫폼들에 접근할 수 있는 현재의 미디어 환경에서는 큰 의미가 없다.

〈조선일보〉를 반대하는 안티조선 운동은 소유 구조 제한, 편집권 등의 장치를 통해 언론을 변화시키려고 하는 기존 언론 운동과는 달리 수구 냉전 이데올로기적 공세에 대한 저항적 성격을 띠었다. 언론 운동 차원을 넘어 사회 개혁 운동의 맥락을 띠면서 민주 사회 운동으로 확산되었다(김은규, 2004). 〈조선일보〉를 중심으로 하는 수구 기득권 담론을 약화시키고 진보 민주적 담론을 사회적으로 확산시키려는 지식인 중심의 저항 운동에서 언론, 지역, 노동, 교육, 문화, 예술 등 사회 각 부문 운동이 결합하면서 범국민 운동으로 이어졌다. 안티조선 운동은 시민 언론 운동을 전국적으로 확산시키는 계기로 작용하였다. 건강한 지역 공론장 형성을 위한 지역 민언련이 광역 단체 단위 중심으로 창립되었다. 지역 민언련은 전국적 차원의 언론 운동에도 참여하면서 지역 언론에 대한 감시 그리고 퍼블릭 액세스 및 마을 미디어 운동 등의 의제를 중심으로 지역 운동을 전개해 나갔다. 신문 시장 정상화 운동은 신문의 보도나 논조 등 내용으로 경쟁하는 것이 아니라 막대한 불법 경품을 앞세워서 시장을 교란하고 부수를 늘리는 신문들의 불공정 행태를 고발하고 감시하는 운동이다. 신문 시장을 독과점한 대신문들이 자본력을 통해 여론을 지배하는 것을 막고 다양한 여론이 형성되도록 하는 운동이었다.

### 4) 저항기

이명박 정부가 출범한 뒤 시민 언론 운동은 정치권력과 저항적 관계로 변화하였다. 종합 편성 채널의 출범과 방송 구조 개편, 미디어 시장의 변화 등으로 시민 언론 운동의 목표와 활동 방향도 새로운 환경에 직면했다.

이명박-박근혜로 이어지는 보수 세력의 집권은 시민운동의 재정치화를 불러왔다. 언론 정책은 언론 자유와 독립을 약화시켰고 민주적 공론장을 지향하는 시민 사회는 비판적 저항자 역할을 하게 된다. 시민 언론 운동은 정치권력으로부터의 언론 독립과 언론 권력으로부터의 담론 독립이라는 과제를 떠안게 되었다. 제도화 중심의 운동 방식은 무력화되고 시민 사회는 정권과 투쟁의 국면에 접어들었다. 감시와 투쟁으로 운동의 중심이 이동했다.

이명박 정권은 집권하자 공영 방송을 장악하기 위해 권력 기구를 동원하여 KBS 사장을 강제로 해임하려 하였다. 이에 시민들은 '방송 장악 및 네티즌 탄압 저지 범국민 행동'을 출범하고 촛불 집회로 이를 저지하려 나섰으나 공권력을 동원한 정권의 공세로 사장은 교체되고 방송은 정권의 손아귀에 들어갔다. 2009년 들어와서 정권은 법을 바꾸어 보수 진영에 유리한 미디어 지형을 만들려고 하였다. 언론 시민 단체들은 미디어 악법으로 규정하고 저지를 위해 언론노조 및 다양한 분야의 시민 단체와 연대하여 투쟁력을 모았다. 이어 보수 담론 생산과 확산의 터전이 되는 조중동의 방송 진출을 저지하기 위한 싸움도 주요 운동 전선의 하나였다. 시민 사회, 정당, 네티즌 단체 등 447개 단체로 구성된 '조중동방송저지네트워크'를 발족하고 이를 저지하고자 하였으나 정부는 여론의 반대를 무릅쓰고 조중동매 4개 신문에게 종합 편성 채널 사업을 허가하였다.

한편 방송은 정권의 충실한 대변자라는 비판을 받으며 국민적 신뢰를 잃어 갔다. 방송사 구성원들의 내적 자유는 위축되었고 기레기라는 조롱은 시민들의 언론에 대한 불신을 상징적으로 보여 주었다. 공영 방송을 중심으로 한 방송 독립 투쟁은 파업으로 이어졌고 시민 사회는 방송사 내부 구성원들을 지지하고 연대하는 데 주력했다. 그 과정에서 편파적인 보도를 한다고 규정한 공영 방송의 수신료 인상 저지와 방송사 내 내적 자유 투쟁의 대한 지지와 연대가 주요 활동이었다.

시민들은 공영 방송의 정상화가 진전이 없고 오히려 정권의 충실한 홍보 도구로 전락하자 새로운 대안적 미디어 후원에 나섰다. 해직되거나 억압받는 취재 보도 환경을 비판하며 공영 방송을 떠난 언론인들이 중심이 되어 설립한 〈뉴스타파〉, 협동조합 형태로 설립된 국민TV를 비롯하여 비판적 담론의 생산과 탐사 보도를 지향하는 대안 언론들이 속속 등장했다. 시민들은 사회에 필요한 공론을 형성하는 언론에 대한 지원을 통하여 기울어진 공론장을 바로 세우기에 나섰다. 시민들은 제도 언론을 벗어나서 각각의 성향과 관점에 따라 영역별로 나누어지면서 그들만의 공론장을 지지하고 참여하는 사람들이 늘어났다.

## 2. 시민 언론 운동의 유형

### 1) 언론 운동의 범주

이상훈·김명준(2015)은 주류 미디어에 대한 개입 태도에 따라 미디어 운동의 영역을 둘로 나누었다. 한 영역은 주류 미디어 시스템에 대한 비판적 개입에 주목하여 개혁을 촉구하는 언론 운동이고, 다른 한 영역은 주류 언론과는 거리를 둔 독립적 대안적 영상 운동과 공공적 미디어 영역의 창출 운동이다. 주류 미디어 개혁 운동은 언론노조, 언론 단체, 언론 시민 단체 조직이 연대하여 운동력을 확대한다. 반면 독립적 미디어 운동은 영화 운동, 퍼블릭 액세스, 공동체 라디오, 마을 미디어, 미디어 센터 건립, 미디어 교육 등을 중심으로 활동한다. 독립적 미디어 운동은

표 2. 미디어 운동의 영역

| 영역 | 운동 목표 | 미디어 관점 | 주요 관심 | 주요 활동 |
|---|---|---|---|---|
| 언론 개혁 운동 | 언론의 감시 개혁 | 대의적 언론 | 공론장<br>저널리즘 | 언론 감시<br>언론 독립 |
| 독립 미디어 운동 | 공공 미디어 구축 | 시민 주체 | 문화, 생활 의제 | 퍼블릭 액세스<br>공동체 미디어 |

독자적인 표현 수단인 시민적 커뮤니케이션 체계 구축을 추구한다. 한국 사회에서 두 영역은 유기적인 운동으로 결합되지 못한 채 분리된 운동으로 전개되었다.

언론 개혁 운동은 특히 저널리즘과 공론장 형성에 무게를 둔다. 시민이 직접 미디어 콘텐츠를 생산하는 것이 아니라 미디어 전문가에게 위임하고 이를 견인·통제·감시하는 것을 기본 개념으로 한다. 시민의 언론 주권은 위임받은 언론인들의 취재와 제작 및 보도 활동을 통해 구현된다. 언론의 편집권과 편성권은 언론인들이나 언론사의 것이 아니라 시민이 위임한 권리라는 관점이다. 이는 언론 내용과 운영 방식에 시민이 관여하고 개입할 수 있는 논리적 근거가 된다. 반면 독립적 미디어 운동은 스스로가 주체가 되어 생활 속의 다양한 모습과 가치를 담아내고자 한다. 시민의 언론 주권은 시민들이 직접 행사하는 방식이다. 표현의 영역과 대상이 좀 더 광범위하고 장르와 형식적 틀도 자유로운 경향을 띤다. 독립 미디어 운동은 주류 미디어와 기존 권력의 부정과 비리에 도전하고 다양한 계층과 계급의 상호 이해를 통해 민중 지향적인 미디어 권력을 창출하기 위한 거시적인 전략이라는 점에서 좀 더 근본적이

표 3. 언론 개혁 운동의 유형

| 주체 | 주요 목표 | 주요 방법 |
|---|---|---|
| 수용자/소비자 | 언론 내용 개선 | 언론 모니터/언론 불매/광고 기업 불매/수신료 납부 거부 |
| 시민 | 언론 개혁 | 법 제도 개정 및 대안 제시 |
| | 대안적 언론 확보 | 대안 미디어 창간/후원 |
| | 시민의 미디어 접근권 확대 | 퍼블릭 액세스 |
| 언론 종사자 | 언론의 독립 및 내적 자유 확대 | 언론노조, 언론인 단체 활동 |

고 급진적인 성격을 띤다. 기존 체제에 대한 대항적 담론을 생산하고 다양한 시민의 참여와 의견 개진으로 사회적 발언의 기회가 더 자주적이며 평등하고 민주적으로 제공되도록 하는 것을 지향한다.

한국의 언론 개혁 운동은 언론 자유 수호 운동, 언론 수용자 운동, 언론 소비자 운동, 시청자 운동, 민주 언론 운동, 언론 노동 운동 등의 다양한 형태로 나타났다. 비판과 감시, 언론 정책에 대한 영향력 확대 등 권익 주창형 활동을 중심으로 했다. 언론 개혁 운동은 그 주체와 운동의 방식 그리고 활동의 내용에 따라 분류할 수 있다.

언론 수용자 운동은 언론의 수용자들이 언론 내용에 대한 의견이나 입장을 조직적으로 전달하고 요구함으로써 언론을 변화시키려는 활동이다. 수용자 운동의 주요 활동은 언론 모니터였다. 미디어의 내용을 감시·평가·분석하는 모니터 활동과 그 결과물의 공유는 넓은 의미에서 미디어 콘텐츠에 대한 평가이자 개입으로 볼 수 있다.

언론 소비자 운동은 수용자를 언론 상품의 소비자로 본다. 소비자로서의 권리를 행사하기 위하여 언론사에 요구와 불만을 전달한다. 언론 소비자 운동은 언론 수용자로서의 권리를 사업자에게 요구하기 위한 운동으로서 경제적 권리를 넘어서 언론이라는 사회적 공기公器와 민주주의에 대한 시민들의 권리 주창이라고 할 수 있다.

시민 언론 운동은 운동의 주체로서 시민을 강조한다. 시민은 훨씬 능동적이고 적극적인 의미를 갖는다. 다양한 시민운동의 한 부문 운동으로서 국가와 자본에 의해 지배되는 사회를 시민 사회에 의한 통제로 바꾸기 위한 실천적 의미를 갖게 되는 것이다. 편파·왜곡되지 않은 정보와 공정한 보도, 합리적 논의를 위한 공론장에 대한 요구가 시민적 권리가 되는 것이다. 공론장을 파괴하거나 왜곡하는 언론에 대해 저항하고 이를 바로 잡으려는 운동으로 진화할 수 있다.

언론 개혁 운동은 운동의 목표를 사회 전반의 언론 구조와 제도, 존재와 운영 방식을 중심으로 하는 개념이다. 공론장 형성에 가장 기본적인 정보 소통 통로인 언론을 개혁하자는 것이다. 이는 단순히 언론 내용만이 아니라 그러한 내용이 생산되는 과정과 구조적인 변화까지 지향한다는 점에서 좀 더 근본적인 운동이라 할 수 있다.

대안 미디어는 기존 주류 미디어에 대응하는 미디어다. 대안 미디어 운동은 담론장의 재구성 운동이다. 시민들의 요구와 기대에 얼마나 부응하느냐에 따라 참여자와 재정적 후원의 내용이 영향을 받는다는 점에서 시민 후원형이다. 진실 추적의 결과물인 보도를 후원자에게만 제공하는 것이 아니라 일반 시민들에게도 전달하므로 생산자와 소비자라는 일반 시장형과는 다르다. 인터넷과 다양한 플랫폼의 성장은 새로운 대안 미디어가 등장할 수 있는 미디어 환경을 제공하였고 독립 언론을 비롯한 다양한 대안 언론들이 새로운 저널리즘 환경을 만들어 냈다. 하지만 법 규제의 영역에서 벗어나 있는 유튜브 등의 개방적 플랫폼 특성으로 거짓과 진실이 뒤섞여서 공론장을 교란하고 사회적인 분열과 증오를 부추기기도 하였다.

시민의 미디어 접근권 확대 요구는 퍼블릭 액세스 운동으로 나타났다. 방송사나 방송인뿐만 아니라 시민도 방송을 통해 자신의 관점과 의견을 전달할 수 있어야 한다는 것이다. 방송사는 시민들이 제작한 프로그램을 편성하여야 하며 시민들이 방송을 제작할 수 있도록 시설과 장비를 제공하고 교육을 통해 제작 능력을 갖게 해야 한다는 것이었다.

민주적 공론장 형성을 위한 언론 개혁으로 민주주의 진전이라는 가치를 공유하는 접점이 넓었던 언론 운동들은 다양한 방식의 연대를 통해 운동 현안을 사회적으로 확산시켜나갔다.

## 2) 시민 언론 운동의 시민 참여 방식

### (1) 시민 대의형 운동

시민 단체들의 일반적인 활동 유형은 시민 대의형이다. 시민들을 대의하여 시민들의 의지와 관심을 대변하지만 전문성이 있는 활동가들이 중심이 되는 운동 방식이다. 시민들은 직접적 활동보다는 자발적 지원과 후원을 통해 단체 활동의 기반을 형성한다. 이를 바탕으로 시민의 가치와 요구를 대의하고 대행한다. 시민 대의형 시민 단체는 전문화된 운동 조직이다. 회비와 후원금을 통해 전문적인 활동가를 확보하고 새로운 운동 이슈를 찾아내고 제기하며 회원 기반을 유지 확대해 나갔다.

시민 단체의 시민 대의성은 정부와 정치권을 통해 정책과 제도에 반영된다. 시민 사회와 거버넌스를 할 의지가 있는 정치 환경에서는 그 역할이 부각되지만 그렇지 않은 국면에서는 이들의 감시와 견제, 정책 제안들이 반영되지 않는다. 회원들은 재정적 후원을 통하여 단체 활동을 뒷받침하고 활동가와 전문가들은 '공익'이라는 추상적인 명분과 정당성으로 시민들의 지지와 참여, 자원을 동원해야 한다(김유진, 2016). 시민 단체들은 시민들을 대규모로 동원하기 어렵고 회원들의 후원을 기반으로 소수 활동가들이 활동하는 구조다.

언론 정책은 전문성이 요구되므로 전문가 집단을 통하여 의견과 대안을 제시하게 된다. 탄탄한 시민 회원 조직과 운동에 헌신적인 활동가들은 정권과 자본으로부터 독립할 수 있는 기반이었고 정책 생산과 대안적 논리를 만들고 실천하는 언론 학자들의 참여는 조직의 운동 전문성을 높였다. 기자 회견, 성명과 논평은 현안에 대한 입장과 의견을 사회적으로 제시하는 수단이며 토론회는 현안 쟁점에 대해 좀 더 깊이 있고 체계적인 논의를 이끌어 내고 공론화하는 수단이다. 언론을 감시하며 정책과 제도 등을 제안하고 대안을 모색하며 언론 구조의 변화를 도모한다. 그러한 정책적 전문성을 갖추기가 쉽지 않은 시민들은 언론 모니터와 집회 등을 통하여 활동하기도 하지만 상당한 시간과 실무 능력을 필요로 하기 때문에 적극적인 회원들 일부만 참여하는 현실이다. 이슈 파이팅을 통한 여론전이 주된 운동 방식이 된 까닭이다. 시민적 지지를 바탕으로 사회적 공론화를 이끌며 여론을 통해 영향력을 형성한다.

직접적인 대중 동원보다는 여전히 주요 현안에 대한 의제 설정이 주요 운동 방식이다. 언론 내용에 대한 비판과 감시를 하면서 정책과 법제 등에 대한 시민 사회의 의견을 전달하고 이를 정책과 법안에 반영하고자 하였다. 특정한 이슈가 있을 때는 대중적 동원과 참여를 이끌기도 한다.

안티조선 운동, 수신료 인상 저지 운동, 방송 장악 저지 캠페인 등은 언론의 이슈를 사회적 의제로 확장하고 시민들의 참여를 이끌어 낸 운동이다. 2017년 8월부터 매주 금요일 진행한 '돌마고불금파티'를 통한 공영 방송 정상화 운동도 그러한 대중과 결합한 운동이었다. 시민 단체들은 대중 동원력을 보완하기 위하여 언론 노동조합과 연대하는 경우도 많다.

### (2) 시민 참여형 운동

대중 참여 방식의 운동 조직도 있다. 2008년 언론 소비자 주권 국민 캠페인은 조중동의 편파 왜곡 보도에 분노하여 그들의 재정적 기반이 되는 광고주를 압박하는 운동이다. 언론 내용의 소비자이면서 동시에 시민으로서의 권리 운동이다. 사회적 의제를 제시하거나 비판적 여론을 형성하는 것을 넘어서 대중의 직접적 행동을 지향하였다. 인터넷을 기반으로 활동성이 높은 네티즌이 참여하면서 커다란 사회적 호응을 받기도 하였다. 상대적으로 조직에 대한 소속감이나 언론 운동에 대한 전문성은 약한 편이지만 실천력은 매우 높은 특성을 갖고 있다. 운동의 이슈, 정치적 성격 그리고 전개 방향과 전망에서 탈중심적이고 분산적, 가변적이면서 자율성과 자발성을 추구하고 관계가 평등적이다. 시민 단체에 그들의 주장을 대변하는 역할을 맡기지 않고 스스로 자신들의 요구와 의견을 발언하는 주체가 되어 직접적 민주주의를 실천하는 시민으로 나타났다. 단순히 언론 내용을 비판하고 감시하는 단계를 넘어 문제 해결의 전면에 나서서 광범위한 시민들의 참여를 통한 생활 속의 실천 중심 운동이다. 전문적 지식과 이론보다는 상식에 기반을 둔 운동이며 특정한 시기와 이슈에는 폭발적인 동원과 참여 열기를 보이다가도 순식간에 에너지가 수면 아래로 가라앉기도 한다.

조직화되고 체계적이지는 않지만 대중 동원으로 언론에 대한 저항적 행동으로 나타나기도 한다. 시민들은 시민 단체를 통해 견제와 감시를 하는 것을 넘어서서 직접적으로 언론 감시와 견제에 참여하는 흐름을 나타냈다. SNS를 통한 다양한 시민 참여 운동이 대의적 운동을 대체해나갔다. 시민들은 조직적 활동보다는 직접적으로 자신들의 주장과 의지를 다양한 방식으로 표현하면서 공론장에 참여했다. 대표적으로는 2017년 진보 미디어에 대한 불만에서 비롯된 〈한겨레〉, 〈경향신문〉, 〈오마이뉴스〉의 보도 성향에 대한 거부 운동이다. 그동안 잠재되었던 진보 언론에 대한 비판이 봇물처럼 터져나왔다. 그만큼 시민들의 의식은 성장했는데 여전히 새로운 방식으로 진화하지 못한 보도 행태에 대한 반감도 작용했다. 이미 시민들은 적극적으로 뉴스를 비평하고 취사선택하며 정보를 가공해 스스로 뉴스를 생산하고 확산·공유하면서 특정 프레임을 확산시킬 정도로 의식이 높아졌는데, 여전히 권위주의적 계몽 태도를 벗어나지 못한 진보 언론에 대한 거부감이 나타났다. 이들은 정치적 편향성 논란이 있기도 했지만 집단적 문자나 전화 등으로 항의하고 불매 운동을 벌이기도 하면서 행동하는 시민의 모습을 보였다.

## 3. 시민 언론 운동의 특성

### 1) 소비자, 수용자 그리고 시민

소비자는 제품과 용역의 생산자와 소비자의 관계로 규정하고 있다는 점에서 시장 지향적 개념이다. 언론에서도 시장론자들은 수용자들이 좋아하는 프로그램을 제작 편성하는 것이 수용자의 주권을 보장하는 최선의 길이라고 본다. 이른바 소비자주권론consumer sovereignty이다.[4] 언론 상품은 인간의 의식과 가치라는 요소로 구성된 공공재이며 사회 정책과 제도를 통해 다른 사람들의 삶에 영향을 미치므로 사회적이다. 이러한 소비자로서 언론 운동은 소비자의 개인적 권리뿐만 아니라 사회적 권리를 보호하는 것이 운동의 목표다. 하지만 구조적이고 제도적인 문제에 대해서는 상대적으로 관심을 기울이지 않는다는 비판을 받는다. 이러한 운동은 언론 개혁이기보다는 체제 내에서 언론 내용의 개선에 치중하는 언론 감시 활동으로서의 성격을 가진다.

언론 수용자는 시청자나 독자보다는 좀 더 적극적이고 능동적인 수용자 개념에서 출발한다. 수용자는 주어진 정보나 메시지를 받기만 하는 존재가 아니라 능동적으로 정보 생산 내용과 형식 그리고 생산 과정에 참여해야 한다는 것이다. 이때 수용자는 언론의 주권자이며 정보 상품의 소비자인 동시에 언론 운영의 주체로서의 지위를 갖고 있다고 본다. 특히 방송 수용자는 공공재인 전파의 실질적 소유자이며 방송 정보의 소비자인 동시에 방송 운영의 주체인 주권자라는 것이다. 방송사는 수용자의 권리를 위임받아 실현하는 조직에 불과하다는 관점이다. 수용자 주권은 방송이 민주주의를 실현하기 위한 필수 조건이자 수용자 복지로서 공적 서비스나 보편적 서비스적 성격이 있다는 입장이다.

언론에 대한 권리는 소비자나 수용자의 차원을 넘어서 시민적 권리

4 시장 경제 체제에서는 주어진 생산 자원을 갖고 누가 얼마만큼 생산하여 누구에게 제공할 것인가 하는 문제, 즉 사회 전체의 자원 배분이 소비자들의 자유로운 선택에 의해 결정된다는 것을 의미한다.

로 보는 시각이 있다. 이는 언론에 대한 공공론적 관점을 더욱 적극적으로 해석하는 것이다. 단순히 미디어 내용을 수용하고 소비하는 것이 아니라 민주적인 권리와 의무를 보다 더 잘 수행하기 위해서 개혁되고, 교육을 받고, 정보를 제공받는 시민을 말한다. 시민성의 핵심은 개별 시민으로 구성된 공동체의 발전을 위해서 각종 공동체적 사안에 적극적으로 참여하는 것이다. 매튜 크레선Mattew Crenson(2002) 등은 시민과 소비자를 분명하게 구별했다. "시민은 집단적 존재와 공공 목적을 가진 정치 공동체에 소속되지만 소비자는 시장에서 자신들의 사적 욕구를 충족시키려는 개인 구매자들이다. 소비자는 집단적 이해를 추구하기 위해 집단적 동원에 관여하지 않는다"라는 것이다.

공동체는 공론장을 통해 합리적 토론과 논의를 거치면서 사회적 의견을 만들어 가는 수단이 된다. 시민으로서의 개인은 이러한 사회적 여론 속에서 자신의 이해와 입장을 재조정하게 된다는 것이다. 시민적 권리는 공공적 토론에 참여할 수 있는 진실되고 완전한 정보를 제공받을 수 있는 언론 구조가 사회적으로 보장될 때 실현될 수 있다. 시민론적 관점에서는 언론 상품이 가지고 있는 여론과 의식 형성 기능에 초점을 맞춘다. 공공성은 여론, 공중, 공개성 등과 관계되어 있는 공론장이 강조된다. 일반 상품은 대체로 소비로 인한 영향은 소비자에게 제한된다. 하지만 언론 보도는 그것이 사람들의 의식과 현실에 대한 인식을 구성한다는 점에서 일반 소비와는 본질적으로 다르다. 불량한 언론 상품, 왜곡된 언론 보도는 언론 상품을 소비하는 사람에게만 피해를 주는 것이 아니다. 언론은 민주주의의 핵심적 기반이 되는 공론장을 형성하고 민주주의는 직접적으로 특정 언론 상품을 소비하지 않는 사람의 삶에도 큰 영향을 미치기 때문에 한 사회의 모든 구성원은 모든 언론 보도

에 대해 개입하고 바로잡을 권리를 가진다.[5]

### 2) 한국 시민 언론 운동의 지향성

시민 사회 운동은 국가로부터 자유롭고 계급으로부터 자유로운 운동, 공동선을 지향하는 초계급적 운동이다. 시민 단체는 "비정부, 비정파, 비영리 결사체로서 시민들의 자발적이고 능동적인 참여로 이루어지고 자발성voluntarism에 입각하여 회원의 직접적인 수혜와 관계없이 공익 추구를 목적으로 하는 단체다.[6] 이는 자유주의적 시민 사회 개념에 그 이념적 기반을 두고 있다. 시민들의 자유로운 결사체이며 국가와 시장에서 자유로운 시민의 영역이다. 시민 담론 투쟁이 주요 활동이며 절차적 민주주의가 만들어 낸 합법적 사회 운동 공간에서 시민을 주체로 한 운동 방식이다. 담론 전략은 제도 정당을 대신하여 시민 사회의 의사와 요구를 반영하는 대의의 대행proxy representation 혹은 준정당적 기능을 하였다. 운동 방식은 제도화의 특징인 일상화, 온건화 경향이다. 마르크스주의의 시민 사회가 계급적 변혁을 추구하는 반면 자유주의적 시민 사회는 초계급적 성격을 가지며 사회 체제의 부분적인 변화를 추구하

---

5 모리스 뮬라드Maurice Mullard(1999)는 숙의 민주주의가 중시하는 공공 토론과 심의에 적극적으로 활동하는 시민을 공적 시민의 개념으로 제시했다. 언론의 왜곡된 보도와 불완전한 저널리즘은 공적 시민 형성을 왜곡하여 참여 민주주의의 근본을 훼손한다.

6 시민 언론 운동은 정치적 중립성을 지향하지만 보수 정치 세력의 뿌리인 권위주의 정권에 대한 저항적인 투쟁을 해 온 역사적 맥락이 있고 기득권 중심의 보수 언론 중심의 여론 구조를 비판해 왔기 때문에 보수 정당과는 긴장적 대립 관계에 있다.

는 것이다. 중심 주체는 신중간 계급으로서 교육 수준이 높고 전문적 지식을 가지고 있으며 경제적 안정을 유지하고 있는 계층이다. 이들이 계급적 이해를 넘어서 초계급적 이슈를 중심으로 정치에 대한 시민 참여를 이끌어 내면서 대변형advocacy 시민 단체로서 시민의 정치적 권리를 확대하기 위한 활동을 전개했다.

1990년대 들어 절차적 민주주의로의 이행으로 민중 노선의 동력이 약화되면서 시민 사회가 성장한다. 시민들의 회비를 모아서 운영하는 전문 운동 조직들이 경제, 정책, 환경, 인권, 여성, 평화 등의 영역에서 등장하게 된다. 보편적 시민을 대상으로 하면서 계급적 경향이 약화되었고 시민적 지지를 기반으로 하였다.

한국의 시민 사회는 정책 제안 등을 통해 정책 정당으로서 그 역할을 못하고 있는 한국의 정당과 공공 부문의 기능을 일부 대신해 중산층이 관심을 가진 분야의 담론을 중심으로 형성되었다. 시민 단체의 운동 역량은 크게 두 가지다. 첫째는 사회적 문제를 발굴하고 이를 이슈화할 수 있는 능력이다. 사회적 의제를 설정해내고 합리적인 대안을 만들어 지식인과 정치인 등의 정책 이해 당사자의 신뢰를 획득해야 하는 것이다. 나아가 여론을 쟁점화하고 원하는 여론을 만들어 내는 것이다. 둘째는 지지층과 여론의 동원 역량이다. 형성된 여론을 바탕으로 집합 행동으로 전환하는 저항의 동원 과정과 조직화다. 이를 통해 정책 과정에 참여할 수 있는 동력을 획득하고 운동의 목표를 달성한다.

시민 언론 운동이 사회적 정당성과 지지를 받아온 이념적 근거는 공공성이었다. 공공성의 개념은 모호하고 다양하지만 대체로 사회 구성원들이 어떠한 가치를 추구할 것인가 합의해 나가는 과정을 통해 구성된다. 그 구성 과정은 개방성과 의사소통, 공통의 관심사를 토대로 한다. 임의영(2010)은 공공성의 수준을 정치적 차원의 민주주의와 윤리적 차원의 사회 정의로 규정하였다. 공공성은 절차의 정당성이라는 민주주의를 내포하면서도 민주적 의사 결정의 결과에 대한 비판적 성찰을 요구한다. 그는 절차로서의 민주주의와 내용으로서의 사회 정의의 변증법적 관계로 공공성의 본질을 규정하였다.

언론이 형성하는 핵심적 공공성은 개방되고 합리적인 주장과 논쟁이 교환되고 표현되며 시민들이 참여하고 접근할 수 있는 공론장이다. 언론은 사회정치적인 사안에 대한 문제 제기와 토론, 자발적 참여를 통한 사회적 공론을 형성하여 숙의 민주주의가 실질적으로 작동되게 하는 토대다.

시민 언론 운동은 민주적 공론장을 매개하는 공정한 언론 구조, 여론 다양성을 지향한다. 특히 주류 미디어의 저널리즘에 집중해 왔다.

첫째, 한국의 시민 언론 운동은 공영 방송과 주류 언론이 공론장의 중심이라는 인식이 자리 잡고 있다. 모니터 활동이나 논평, 기자 회견 등은 주류 언론의 보도, 정치적 독립, 공정성 등에 집중되었다. 제도적 논의나 정책 등에 대한 입장에서도 정치적 독립은 가장 중요한 가치였다. 이는 시민 언론 운동 발전의 역사와도 관련이 있다. 방송 민주화 운동의 열기가 높아지던 1990년대 초 방송에 대한 국민들의 불신이 매우 높았다. 당시 방송사 노동조합은 언론 민주화라는 운동의 정당성을 높이기 위해 시민 단체와 적극적으로 연대하였다. 정권의 방송 개입에 맞서는 파업이나 투쟁 과정에서 시민 단체들은 지지와 지원으로 노동조합이 이익 집단이 아니라 사회 민주화 운동의 일환이라는 사회적 정당성을 부여하였다. 한편 공론장의 질을 높이기 위해서는 중앙 권력 중심의 구조에만 집중할 것이 아니라 실질적으로 풀뿌리에서까지 작동되고 지역의 미디어나 소수 미디어들이 다양하게 실핏줄처럼 살아서 숨 쉬어야 하지만 시민 언론 운동은 이러한 문제에는 상대적으로 소홀했다는 비판이 있다.

둘째, 정치적 의견의 다양성을 전제로 하는 다원주의 민주주의 체제를 추구한다. 개인이나 집단이 저마다 갖고 있는 가치관, 이념, 또는 추구하는 목표 등이 서로 다를 수 있다는 관점에서 사회 현상을 파악하고 설명하는 입장이다. 정치학적으로는 "국민은 누구나 국가 존립을 위태롭게 하지 않는 한 사상, 언론, 집회, 결사 등의 자유를 허용하는 체제"다. 상충적인 이익 집단이 정치적 영역에서 서로 경쟁하거나 협상하는 과정 속에서 사회는 민주적으로 운영된다. 각계의 의견들이 표출되어 공론장에 투입되는 단계에서의 여론 다양성과 숙의 과정을 거쳐 주요 의견들이 확립된 단계에서의 여론 다양성이다. 사회 구성원들이 서로 잘 이해하고 사회적 합의에 이를 수 있도록 각계각층의 다양한 입장과 의견을 보도·해설하고 탐사·주창하는 것이 한 사회의 언론 체계가 담당해야 할 공적 책무라는 것이다. 다원주의 공론장이 형성되어야 하며 대립적 관점과 주장들이 주요 언론 미디어에서 공존하고 경합할 때 숙의 민주주의 또는 공론장이 비로소 실효성 있게 작동된다고 보았다.

시민들의 언론 접근권을 확대하면서 특정 세력이나 계급적 이해를 넘어서서 자유롭고 다양한 담론이 시민들 사이에서 경쟁을 하면서 여론을 형성하는 것을 목표로 하고 있다. 2018년 사회적 혐오와 차별을 유포하고 민주주의를 교란하는 가짜 뉴스fake news를 규제하려는 정부 여당의 움직임에 대해 우려의 목소리를 내기도 하였다. 표현의 자유를 위축시킬 수 있다는 것이다.

여론 다양성을 확보하기 위하여 시장에만 맡기지 않고 국가의 정책적 개입이 필요하다고 본다. 그러한 정책적 목표를 달성하기 위하여 법과 제도의 제정을 요구하였다. 참여 정부에서는 이러한 운동의 성과로서 신문법, 지역 신문 특별법 등이 제정되어 신문발전위원회, 지역신문발전위원회, 신문유통원 등이 설립되었다. 여론 시장에 대한 특정 미디어의 지나친 영향력을 배제하기 위한 장치로 신문과 방송의 겸영을 반대했다. 2009년 거대 신문들의 방송 시장 진출을 허용하려는 미디어법 개정에 반대하는 논리도 여론 독과점으로 인한 다양성 축소였다.

셋째, 규제적 시장 질서를 지향하였다. 시장이 가진 경쟁이라는 요소를 제한적으로 용인하였다. 특히 신문 시장에서는 시장에서의 공정한 경쟁을 주요 수단으로 인식한다. 자본력을 앞세워 시장을 지배하지 못하도록 하면서 신문의 내용과 품질을 통해 경쟁할 수 있도록 하기 위하여 신문유통원의 설립을 지원하였다. 시장 지배력을 가진 신문의 독과점을 막고 공정한 시장 경쟁을 요구하면서 신문고시의 부활, 부당 경쟁의 감시 활동을 전개하였다.

넷째, 언론 전문직주의가 언론의 다양성과 공정성을 높일 수 있다고 인식한다. 언론인들이 시대적 이해와 관심을 반영하여 취재와 보도 제작을 하도록 한다는 관점이다.[7] 내적 자율성에 기초한 내부적인 견제 장치가 외부적인 압력과 통제를 막아 낼 수 있다고 보는 것이다. 기획, 취재, 제작, 보도 및 편성의 전 과정에서의 높은 자율성이 언론의 다양하고 공정한 관점을 보장할 수 있다는 입장이다. 언론인들의 양식, 직업의식이 언론의 자유와 독립을 높일 수 있다는 것이다. 독립된 편집위

---

7 시민의 위임받은 주체가 누구냐를 놓고 편집권 논쟁이 일기도 하였다. 경영진은 경영권의 일부로 해석하는 반면 시민 단체나 노조는 제작진이나 기자 등을 포함하여 언론사 구성원들의 집합적 권리라는 해석이다.

원회, 편성위원회의 실효성 있는 활동을 지원하고 제도화하려는 활동을 지속적으로 벌였다. 언론 시민 단체는 이들의 독립성과 자율성을 보장하면서 시민들을 대의하여 그들을 감시·비판한다는 것이다. 시민들은 기본권인 언론권이 구현되도록 언론 활동의 실행을 언론인들에게 부여하고 이를 다시 감시하고 견제하는 역할을 시민 단체에게 위임한다는 논리 구조인 것이다.

## 4. 한국 시민 언론 운동, 어디로 어떻게 가야 하나?

언론 운동은 정치권력으로부터 독립과 동시에 언론 권력을 해체하고 시민들의 언론 주권을 찾으려는 운동이다. 방송과 같은 공적 영역에 있는 언론의 공정성과 독립성을 위협하는 가장 큰 요소는 정치권력인 반면 신문 등 사적 영역에 있는 언론의 건강하고 책임 있는 언론을 방해하는 요인은 소유주로부터 비롯된 언론 권력이다. 이러한 한국 사회의 언론 내용과 구조를 어떻게 민주적으로 개혁하느냐가 언론 운동 진영의 과제다.

시민 언론 운동은 공정한 언론, 정권에서 독립된 언론이라는 지향점을 갖고 다른 부문 운동과 연대하여 어느 정도 성과를 이루었지만 미디어 환경의 변화로 기존 운동의 형태로는 한계에 직면해있다. 광장 민주주의의 가능성을 보여 준 촛불 집회는 시민 단체의 시민 사회 대의성이 약화되고 시민운동의 영향력이 현저히 줄어들고 있음을 상징적으로 보여 주었다. 집회에서 시민들은 시민 단체의 주도권과 지도적 권위를 인정하지 않았고 시민들이 직접 의제 설정agenda-setting을 이끄는 시대가 됐다. 시민들은 자신들의 의견과 목소리를 SNS를 통해 사회적으로 확산시키거나 때로는 사안별로 직접 행동에 나서곤 했다. 자신들을 대변하는 시민 단체와 장기적이고 지속적인 신뢰 관계를 형성하는 방식으로 공론 과정에 참여하는 전통적인 방식이 약화되는 조짐이 뚜렷하다. 또한 언론 정책과 현안 문제에 대해 전문적인 식견과 대안을 제시하고 이를 정책 과정에 반영시키는 방식의 엘리트 중심의 운동이 당면한 위기도 있다. 정치 세력과 갈등적 대립적 관계 국면에서는 저항의 동력을 만드는 데 한계가 있다. 오히려 대중 동원 능력이 저항력을 결정하므로 언론 전문성을 기반으로 하는 지식인이 참여하는 시민 언론 운동은 설자리가 좁아지게 된 것이다. 이러한 조건에서는 정책과 대안을 제시하여 의제를 이끌어가는 시민 언론 운동의 존재감과 필요성이 약해질 수도 있다.

환경적 조건의 변화는 새로운 양식의 운동을 요구한다. 시민 언론 운동이 언론 개혁을 통한 민주적 공론장을 만들어 내려면 운동의 역량과 환경적 조건에 어떻게 유연하게 대응하느냐에 달려 있다. 시민 언론 진영이 가진 역량을 바탕으로 기존의 방식에서 벗어난 새로운 전략과 전술을 개발해야 할 것이다. 시민 언론 운동 진영이 가진 운동 역량을 몇 가지로 정리해 볼 수 있다.

첫째, 사회적 자본과 신뢰에 그 뿌리가 있다. 이익 집단이 아니라 시민들을 대의하여 시민 주권을 실현하는 한 형태다. 이러한 사회적 신뢰는 1970년대와 1980년대 언론 자유 수호 투쟁을 계승한 시민 단체의 역사성, 활동가와 시민 참여자들의 헌신성, 수십 년 활동의 과정에서 축적되어온 운동의 진정성 등에서 비롯된다. 둘째, 그동안 쌓아온 운동 경험과 역량 중 하나가 언론 내용에 대한 분석과 감시다. 모니터를 통해서 언론에 대한 새로운 비평과 관점, 그것을 모티브로 한 다양한 콘텐츠의 생산이 가능하다. 셋째, 시민 언론 운동에 참여한 연구자와 전문가 집단도 시민 언론 운동의 중요한 자산이다. 언론 구조에 대한 제시, 언론 운동의 논리와 전략의 개발, 정책적 대안 마련을 할 수 있었다.

이러한 역량을 토대로 시민 언론 운동은 방향을 모색할 수 있다.

첫째, 합리적 공론장을 만들기 위해서는 시민 사회, 언론노조, 언론 단체 등 사회적 힘을 결집하는 새로운 연대 방식을 찾아야 한다. 정세 인식과 운동의 방향, 구체적 전술과 수단에서 늘 일치하지는 않는다. 언론 개혁이라는 운동성을 존재 근거로 하는 언론 시민 단체와 권익 단체의 성격도 있는 언론 현업 단체는 입장의 차이가 있을 수 있다. 각 단체마다 처한 조건과 역량이 다르기도 하다. 자율성과 독립성을 유지하면서 공조 관계를 유지할 틀을 만들어 언론 운동 역량의 통합 효과를 만들어야 할 것이다. 운동의 정당성을 바탕으로 운동의 장단기적 목표와 의제, 운동의 구체적 방식에서 시민 단체가 선도적 역할을 할 수 있어야 한다. 언론 시민 단체에 참여하고 있는 전문가 집단이 운동의 명분과 논리, 정당성을 생산해내야 할 것이다.

둘째, 운동의 의제와 활동 방식에 시민들이 어떻게 주도적으로 참여하도록 할 것인가에 대한 대안 마련이 필요하다. 기존 시민운동에서는 시민을 대상화하고 온라인 영역에서 조직화하고 동원하는 기제로 본다는 비판이 있다. 언론 시민 단체는 실제 조직 운영에 있어서 전략 계획이나 정책 마련 등 운동 추진에 필요한 전문 운동가와 조직력보다는 교수 등 지식인 참여로 이루어진다는 한계가 있다. 의사 결정 과정과 운동의 실천 과정에 시민들의 능동적 참여를 어떻게 이끌어 내느냐가 당면한 핵심 과제다. 언론 시민 단체가 지향하는 가치와 대의를 어떻게 공감이 가도록 형상화하여 전달하는가가 지지 기반의 확대를 결정한다. 언론 시민 단체가 주창하는 언론 개혁, 합리적 공론장의 형성 등의 가치는 공공적이고 공익적이지만 시민들이 실생활에서 체감하는 개별 혜택은 크지 않을 수 있다. 시민 단체는 이러한 문제가 얼마나 중요한지 시민들이 공감하고 참여할 수 있는 활동과 프로그램을 어떻게 계발하고 실천하느냐가 과제다.

셋째, 언론 핵심 문제를 시의성 있게 발굴하고 이를 어떻게 사회적 의제로 확산할 것인가다. 모니터 활동은 언론 내용의 문제를 찾아내는 주요한 수단이다. 다양한 사안에 대한 모니터를 통해 공론장을 왜곡하는 보도 행태에 대해 지속적으로 지적과 비판을 해왔다. 하지만 이렇게 생산된 감시 활동의 내용이 사회적으로 공유되지 않는다면 운동의 성과는 기대에 못 미친다. 새로운 미디어 환경과 시민들의 콘텐츠 이용 행태에 맞게 이를 포장하고 가공해야 할 것이다. 시민들이 공감할 수 있는 형식과 포맷으로 재가공하는 것이 필요하다. 이러한 역량이 여론을 쟁점화하고 지지층을 모으고 동원하며 집합 행동으로 전환하는 저항의 동원 과정과 조직화 그리고 정책 과정에 참여할 수 있는 동력을 획득하고 운동의 목표를 달성하게 한다.

넷째, 지형이 바뀌고 있는 언론 환경에서 전통적인 미디어에 대한 견제와 감시, 정책과 제도의 제안 등을 넘어서서 언론 운동의 외연을 확장할 필요가 있다. 인터넷, 유튜브, 페이스북 등 새로운 플랫폼의 등장은 시민 언론 운동의 가능성을 넓혔다. 소셜 미디어의 확산은 시민 대중에게로의 권력 이동을 가져왔다. 기존 미디어의 영향력과 의제 설정 능력은 현저히 약해졌고 사회적 이슈의 의제 설정 및 여론 형성에 미치는 영향력의 축이 이동한다. 원용진(2016)은 언론 운동에서 미디어 운동으로 확장해야 한다고 주장한다. 새로운 플랫폼이 속속 등장하고 장르 간의 구분은 물론 플랫폼과 장르의 구분마저 모호해지고 있기 때문에 이를 다 포괄하고 감시하며 사회적 기여를 이끌어 내야 한다는 것이다. 특히 허위·조작에 기반을 둔 가짜 뉴스는 규제의 영역을 넘어서 공론장을 왜곡하고 민주적 기반을 흔들고 있다. 정치 사회적 혐오와 차별을 선동하면서 소셜 미디어를 타고 확산된다. 유튜브 등의 플랫폼은 가짜 뉴스가 유통되는 주요 통로가 되지만 사회적 통제는 현실적으로 마땅한 수단이 보이지 않는다. 표현의 자유와 상충할 수 있는 법적 규제보다는 시민 사회가 이를 감시하고 가려내어 진실을 확인 하는 활동이 더욱 요구된다.

다섯째, 콘텐츠 생산 운동까지 운동 영역을 확장할 필요가 있다. 시민 언론 운동은 모니터를 통해서 사후적 감시 운동에 비중을 두어 왔다. 하지만 새로운 미디어에 시민 참여가 늘고 있으며 다양한 양식의 미디어가 속속 등장하고 있다. 대안 언론, 독립 미디어, 큐레이터 저널리즘, 팟캐스트, 개인 방송 등이 공론장 구성의 중요한 주체로 등장했다. 공론장의 재구성을 통하여 건강한 숙의 민주주의의 질적 진전을 목표로 한다면 새로운 공론장 참여자들을 어떻게 지원하고 다양한 공론적 토론과 시민의 논의를 가능하게 할 것인지에 대한 모색이 필요하다. 이들이 생산한 콘텐츠가 유통될 다양한 플랫폼은 속속 등장하였지만 합리적 경쟁을 바탕으로 협력과 공존의 생태계를 어떻게 조성할 것인가를 시장에만 맡길 수는 없다.[8] 물론 자생적으로 형성된 이들 미디어에 시민 단체가 어떠한 기반을 조성해 줄 것인지는 아직 구체적이지도 않고 워낙 빠르게 변화하는 환경에 시민 단체가 순발력 있게 부응할 수 있을지도 의문이기는 하다.

---

8 시장의 논리와 저널리즘의 논리는 상충될 때가 많다. 광고를 주요 재원으로 하는 시장적 생존 방식은 독립 미디어의 가치를 훼손할 가능성이 높다.

여섯째, 거대 담론을 중심으로 하는 주류 미디어만이 아니라 시민 생활 속의 풀뿌리 미디어 운동으로 확산될 필요가 있다. 지역 중심으로 다양한 공동체 운동이 전개되고 있으며 주민들의 요구를 담아내고 변화를 이끌어갈 소통의 중심 매개체로 마을 미디어 운동이 지역마다 활발하다. 지역 문제에 대한 주요 의제를 확산하거나 주민 참여를 통해 실질적 민주주의를 진전시킨다. 지역의 다양한 운동과 결합하고 그 구심적 역할을 하면서 지역의 비판자이자 감시자 역할을 하고 있다. 마을 미디어가 중심이 되어 실질적 변화를 체감하게 되면 지역의 시민 사회는 생활 속의 민주 공동체의 기반이 형성될 수 있다. 주류 중심의 시민 언론 운동은 이들과 긴밀하게 협력하고 연대하면서 언론 운동을 사회적으로 확장해 나갈 수 있다.

시민 언론 운동은 주류 언론을 감시하고 이들의 독립과 자유를 확대하기 위해 정치권력과 자본 권력을 견제, 비판해 왔다. 그러나 다양한 새로운 미디어가 등장하고 시민들의 직접적인 의사 표현의 기회가 확대되면서 공론장 구조도 변화하고 시민 단체와 시민 사회의 대의성 관계에도 변화가 일어났다. 시민 언론 운동은 운동 영역과 방식, 정치 및 언론, 언론 단체와의 관계, 시민들과의 소통 방식 등에서 새로운 환경 변화에 조응하기를 요구받는다.

시민운동의 이론에 언론 운동을 어떻게 접목시켜서 부문 운동으로서 언론 운동이 시민운동의 한 축을 담당하면서 담론 구조를 만들어 가도록 할 것인지에 대한 방향도 재정립이 필요하다. 운동의 지평을 넓히고 새로운 실천적 힘을 만들기 위한 전략 운동 방식이 모색될 필요가 있다. 운동의 정치 사회적 조건, 운동의 목표, 실행 전략, 구체적인 운동 쟁점, 운동의 대상 등을 고려한 운동 방식이 요구된다. 이는 미디어의 기술적 진화와 시민 사회의 변화, 정치권력의 성격 변화 등 다양한 외재적 요인과 시민 언론 운동 진영의 내재적 요인이 서로 어떻게 작동할 수 있는지 그리고 현실적으로 시민들이 운동의 실질적 실천자가 될 수 있는 운동의 장기적인 전망의 토대에서 목표를 세우고 그 목표를 달성할 수 있는 조직 체계 그리고 구체적 활동과 사업들이 모색되어야 할 것이다.

미디어 기술의 진화와 다양한 플랫폼의 등장으로 교묘하게 포장된 거짓이 넘쳐나면서 공론장이 위기를 맞고 있다. 시민들은 진실보다는 자신들이 믿고 싶은 정보와 관점만을 선택하고 받아들인다. 다양한 정보는 확증 편향confirmation bias을 더욱 부추긴다. 공론장은 합리적 논의와 토론을 통해 여론을 형성하는 공간이 아니라 대립과 갈등을 조장하는 공간으로 바꾸어 가는 경향이 더욱 심화되었다. 미디어들이 공정하고 깊이 있는 보도와 논평을 하도록 개혁을 하는 한편 시민들이 미디어가 제공하는 정보를 비판적으로 수용할 수 있는 능력을 갖도록 하는 것도 시민 언론 운동의 중요한 과제다.

### 참고 문헌

김동노 (2013). "시민운동의 정치참여를 통해 본 시민운동의 성장과 한계," 〈현상과 인식〉, 37(3), pp.59~85.

김동원 (2016). "언론 모니터 운동의 성과와 대응 전략," 토론회 자료집, 전국언론노동조합 · 한국언론정보하회, 2016. 3. 31.

김서중 (1999). "시민언론운동에 대한 평가," 한국시민언론운동의 평가와 전망 토론회자료집. 민주언론시민연합, 1999. 7. 15.

김유진 (2016). "시민언론운동의 과제와 전망," Reboot 언론운동: 다양한 시선, 진솔한 목소리 세미나 자료, 한국언론정보학회, 2016. 8. 26.

김은규 (2014). "1990~2000년대 초 언론운동사," 한국언론운동사심포지엄 자료집, 민주언론시민연합, 2014. 10. 24.

김정훈 (2012). "참여연대를 통해 본 한국 시민운동의 변화," 〈기억과 전망〉, 여름호(통권26호), pp.8~49.

박창희·장석준 (2012). "SNS에 의한 시민운동 과정 — 시민운동단체와 시민 이슈를 중심으로," 학술대회 자료집, 한국소통학회, pp.131~144.

송경재 (2009). "네트워크 시대의 시민운동연구," 〈현대정치연구〉, 2(1), pp.55~83.

신태섭 (2009). "여론 다양성과 방송 소유 규제 완화," 토론회자료집, 민주언론운동시민연합, 2009. 5. 21.

원용진 (2016). "미디어운동의 새로운 패러다임 구축을 위한 제안," Reboot 언론운동: 다양한 시선, 진솔한 목소리 세미나 자료집, 한국언론정보학회, 2016. 8. 26.

이상훈·김명준 (2015). "미디어 운동의 현황, 그 공백과 한계," 〈정치커뮤니케이션연구〉, 통권 39호, pp.123~159.

임의영 (2010). "공공성의 유형화," 〈한국행정학보〉, 제44권 제2호, pp.1~21.

정연우 (2010). "언론운동으로서 광고기업 불매운동의 특성에 관한 소고," 〈정치커뮤니케이션연구〉, 통권 16호, pp.383~418.

조철민 (2014). "참여연대 운동방식의 흐름과 전망," 조대엽·박영선. 《감시자를 감시한다: 고장난 나라의 감시자 참여연대를 말하다》. 이매진.

최영묵 (2008). "'아고라'시대의 안티조선운동: 지식인운동에서 소비자운동으로," 토론회 자료집, 민주언론시민연합, 2008. 6. 30.

Crenson, M. & Ginsberg, B. (2002). *Downsizing Democracy: How America Sidelined Its Citizens and Privatized Its Public*. Baltimore: Johns Hopkins University Press.

Mullard, M. (1999). "Discourses on Citizenship," in J. Bussemaker, (ed.). *Citizenship and Welfare State Reform in Europe*, London: Routledge, pp.12~26.

# 1987년 민주화 운동 이후 대안 미디어 운동

## 무엇을 위한 대안인가

8장

신우열

신우열은 한국탐사저널리즘센터-뉴스타파의 전임연구원으로 한국의 사회적, 역사적 맥락에서 바람직한 언론 실천이란 무엇이고, 무엇이어야 하는지에 대해 연구하고 있다. 사회과학자로서의 전문성을 살려 〈뉴스타파〉의 가짜 학문 관련 탐사 보도 기획에 참여했는데, 이 기획물로 2018년 한국방송기자대상, 미디어공공성포럼 언론상 등을 받았다. 한동대학교를 졸업하고, 연세대학교에서 석사, 미네소타대학교에서 언론학 박사 학위를 받았다. 저서로는 *Digital Korea: Digital Technology and the Change of Social Life*(공저) 등이 있으며, *Journalism, Asian Studies Review, Environmental Communication*, 〈한국언론학보〉 등에 다수의 논문이 실렸다.

이 글은 1987년 민주화 이후 한국 사회에 족적을 남긴 대안 미디어 운동들을 연대기적으로 정리한 것이다.[1] 이를 통해 현재 한국 언론이 이나마 다양성, 전통성, 전문성을 갖게 된 것은 주류 미디어의 덕이 아님을 드러내고자 한다. 구체적으로 다음 질문들에 답을 하고자 한다. 한국의 대안 미디어 운동들은 언제 어느 순간에 활성화되었는가? 각 대안 미디어 운동은 기성 체제의 어떤 문제를 해결하기 위해 대안을 모색했는가? 대안 미디어 운동들의 성과와 한계는 무엇인가?

1 이 글에서 대안 미디어는 정치, 경제, 군사, 미디어 권력이 만들어 유지하는 체제에 대안적 내용과 형식을 보여 주는 미디어를 말한다(유선영, 2005; Atton & Hamilton, 2009/2011).

## 1. 독재 정권의 잔재와 대안 미디어

1987년 이후 한국의 시민 사회의 투쟁은 국가·군부·재벌·언론이 형성한 수구 세력의 헤게모니에 대항하는 과정과 다름없으며, 대안 언론 운동도 이 과정의 일부로서 진행되었다. 특히 이 투쟁은 수구 세력의 나팔수 역할을 자임한 주류 언론이 만들고 유지하는 언론 문화를 바꾸는 것을 목표로 진행되었다. 정치권력과 한몸을 이뤄 권력화한 주요 보수 미디어들은 시민 사회에 의해 반민주 세력으로 규정됐다. 이 반민주 세력이 장악한 언론장에서 펼쳐진 민주화 운동은 1998년에 '언론개혁시민연대'(위원장 김중배)를 결성하기에 이르렀다. 이 연대는 언론사의 소유지분 문제, 관련 법 개정 문제 등을 집중 거론하며 한국 언론장 개혁을 위해 분투했다.

1987년 이후 시민 사회의 언론 개혁을 위한 연대와 더불어 언론장의 민주화를 목표로 삼은 미디어들이 속속들이 등장했다. 특히 〈한겨레신문〉 창간은 1987년 이후 한국의 언론장 내부에서 펼쳐진 대안 언론 운동의 상징이자 전형이다. 〈한겨레신문〉은 국민 모금으로 1988년 5월 15일에 창간됐다. 〈한겨레신문〉은 군부 독재 시절 해직된 언론인들이 1984년에 채택한 "새 언론의 창설을 제안한다"라는 제목의 선언문에 담긴 정신에 따라 창간됐다(김수정, 2016). 해직 언론인들은 "민중의 현실과 의사를 대변할 뿐만 아니라, 민중 스스로의 힘으로 창설하는" 새로운 언론 기관의 창설을 제안했다(〈말〉, 1985). 이 제안은 1987년 이후 〈한겨레신문〉 창간을 위한 국민주 모금 운동의 시발과 그 창간으로 현실화되었다.

〈한겨레신문〉은 창간사에서 "기성 언론과는 시각을 달리 할 것"이라고 선언하면서 민족적 요구를 실현시킬 한국 언론의 대안이 될 것을 다짐했다(송건호, 1988. 5. 15). 〈한겨레신문〉의 창간을 이끈 주주들과 언론인들, 그리고 그들의 지지자들이 새 신문을 통해 바꾸고자 한 한국 언론의 문제는 독립 언론의 부재다. 당시 한국의 언론장은 경계가 없다시피 했다. 주요 언론사들은 연이은 독재 정권들의 영향력하에서 독립성과 자주성을 잃은 상태였다. 자유 언론 실천을 시도한 기자들은 정치 세력과 부역자들로 인해 언론장의 바깥으로 내몰렸다. 1970년대와 1980년대의 언론인들은, 김중배(1999)의 표현을 빌리자면, "해바라기"와 같았다. 언론장은 언론 윤리가 아닌 정치 논리에 의해 지배됐기 때문에 언론인들은 "힘의 태양을 좇아 옮겨다녀" 현 정권을 찬양하고 전 정권을 비난하는 행태를 계속했다.

이에 〈한겨레신문〉은 정치권력으로부터 독립된 시각을 갖고자 했다. 〈한겨레신문〉은 창간호에서 비당파 언론임을 천명했다. 이 신문의 창간 세력은 한국 주류 언론의 "말로는 중립 운운하면서 현실로는 언제나 주로 권력의 견해를 반영"하는 태도를 경계했다(송건호, 1988. 5. 15). 그들은 〈한겨레신문〉이 "국민 대중의 입장에서 장차의 정치·경제·문화·사회 문제들을 보도하고 논평할 것"이라고 선언했다. 또한 특정 사상에 대한 무조건적 지지에 반대했다. 이 창간 세력은 민주주의와 자유 언론 실현을 위한 노력을 제외한 모든 정치·사상 운동을 지양했다. 〈한겨레신문〉은 그 창간사에서 정치권력의 경제 성장에 대한 찬양, 안보에 대한 지나친 강조가 민주화에 미친 악영향을 강조하면서 "자유롭고 독립된 언론"이야말로 민주화 신장과 사회의 발전을 이끌 "가장 믿을 수 있는 운동"임을 지적했다.

〈한겨레신문〉의 이와 같은 선언은 초기 자본의 구성이 국민 주류 언론의 그것과 달리 "국민 대중을 바탕으로 삼고 있기 때문"에 가능했다(송건호, 1988. 5. 15). 〈한겨레신문〉은 당시 주류 언론의 기업 운영 방향이 "순수성을 잃고 독립성을 상실"했다고 평했다. 그에 반해 〈한겨레신문〉은 "세계에서 일찍이 유례를 찾아볼 수없는 국민 모금"에 의해 기틀을 세웠기 때문에 "정치 세력 앞에 공정할 수 있는 힘"을 가질 수 있었다. 게다가 〈한겨레신문〉의 주주들 중 상당수는 "신문다운 신문, 진실로 국민 대중의 입장을 대변해 주는 참된 신문을 갈망한 나머지 없는 호주머니 돈을 털어 투자한 어려운 시민층"이었다. 이에 〈한겨레신문〉은 정치, 경제, 사회, 문화를 일반 시민의 입장에서, 즉 "위에서가 아니라 밑에서 볼 것"을 다짐했다.

대안 미디어로서 〈한겨레신문〉은 편집위원장 직선제나 윤리 강령 제정, 국민주 기반 경영 모델 등 기성 체제와 주류 미디어에 몇몇 대안적 제도들을 선보였다.[2] 한편으로 이러한 제도들의 결과물로서의 〈한겨레신

2 〈한겨레신문〉의 윤리 강령은 〈한겨레신문〉의 언론인들로 하여금 〈한겨레신문〉이 "국민에 의해 만들어진 국민의 신문임을" 기억하게 하기 위해 만들어졌다(〈한겨레신문〉, 1988. 5. 15, 3면). 이는 개별 언론사로서는 최초로 제정한 윤리 강령이었는데, 구체적으로 언론 자유의 수호, 사실과 진실 보도의 책임, 독자의 반론권 보장, 오보의 정정, 취재원의 보호, 사생활의 보호, 정당 및 종교 활동에 대한 자세, 언론인의 품위, 판매 및 광고 활동, 사내 민주주의 확립, 윤리 실천 요강 등에 대해 명시되어 있었다. 〈한겨레신문〉은 또한 이 세부 요목을 실천하는 데 필요한 준칙을 '윤리 강령 실천 요강'을 통해 마련했다. 이 요강은 〈한겨레신문〉 언론인들이 언론 자유의 수호를 위해 어떻게 행해야 하는지, 직무와 관련해 금품을 어떻게 다뤄야 하는지, 취재 비용을 어떻게 마련해야 하는지 등에 대해 구체적으로 설명하고 있다.

〈한겨레신문〉이 고안한 또 다른 대안은 편집위원장(편집국장) 직선제다. 편집위원장 직선제의 취지는 〈한겨레신문〉의 설립 취지, 즉 〈한겨레신문〉 임직원들은 국민주 언론사의 구성원들로서 국민들로부터 경영을 위임받았다는 점과 일맥상통했다. 이 제도의 시행으로 인해 편집위원장은 권력자나 대표이사의 영향으로부터 비교적 자유로울

문〉 콘텐츠는 그 "비판의 강도와 비판의 결과 요구되는 언론 개혁"(김수지, 2016: 17)의 정도가 "전통적인 저널리즘 영역 안"(p.19)에서 상상되고 만다는 점에서 대안 저널리즘이기보다 공공 저널리즘적 실천 경향을 보였다. 〈한겨레신문〉은 급진적인 사회 변혁을 추구하거나 정치 성향을 노골적으로 드러내는 급진적 대항 미디어들과 노선을 달리했다. 〈한겨레신문〉은 "국민 대변"에 주된 목적을 두고 제도권 내에 대안적인 언론 문화를 만들어 가는 "참된 신문"(송건호, 1988)으로서 자리매김하고자 했다.

〈한겨레신문〉 창간 주역은 군부 독재 세력의 언론 장악 시도에 가장 적극적으로 저항했던 언론인들이다. 그들 중 상당수는 저널리즘을 통해 한국 사회의 민주화를 실현하는 과정 중 기자직을 박탈당했다. 해직 기자들이 새 미디어를 창간해 제도권 언론장 내에서 민주화 실현을 위해 노력한 것, 그리고 그들이 고안한 대안이 궁극적으로 언론의 '언론다움'을 유지하고 강화하는 방향으로 펼쳐진 것은 자연스럽다. '해바라기 기자들' 속에서 기자다움을 추구하는 기자의 존재는 언론장의 상황에 따라 '전통 추구'도 대안이 될 수 있음을 드러낸다. 언론장의 구성원들 대다수가 권력과 한몸을 이룰 때, 그리하여 왜곡·편파·축소·무無보도를 일삼을 때는 민주화를 위한 저널리즘 실천을 하는 소수 언론인

---

수 있었고, 취재진은 투표 제도를 통해 편집권을 공유할 수 있었다. 결국 〈한겨레신문〉은 편집위원장 직선제를 통해 더 자유롭고 독립된 언론 실천을 할 전기를 마련했다.

또한 〈한겨레신문〉은 편집위원회 제도 운영, 새로운 취재 편제 도입 등을 통해 변혁을 추구했다. 편집위원회 제도의 경우, 기성 편집회의의 상명하복 공식을 깨기 위해 마련되었다. 이 편집위원회는 편집위원장과 각 부서의 부장(위원)들 간의 민주적 토론을 지향했다. 또한 〈한겨레신문〉 창간 세력은 조직을 기성 언론사들과 다른 방식으로 편제했다. 이들은 '민족국제부,' '민권사회부' 등의 취재 관심사별로 편성한 새로운 취재 부서들을 운영하여 출입처 중심의 취재 관행에서 벗어나고자 했다.

들이 바로 대안이 될 수 있다.

한편, 1995년 〈미디어오늘〉의 창간은 한국의 대안 미디어 운동의 흐름에 큰 영향을 미쳤다(한윤형, 2017). 한국 최초의 언론 비평 전문 신문으로서 〈미디어오늘〉은 지면을 통해 언론의 공과를 논하고, 기자의 행위에 대한 규범적 평가를 해 언론에 대한 담론 형성에 결정적인 역할을 해 왔다. 특히 〈미디어오늘〉은 창간 직후 1년 6개월간 "신문자본 연구"를 연재해 족벌 언론의 성장 과정을 분석했다. 〈미디어오늘〉은 이 연재를 1997년 전국언론노동조합연맹 총서 《한국 언론사의 이해》로 출판했는데, 이 책은 한국 언론과 정치권력, 자본 권력 간의 관계를 분석틀 삼아 언론 자유 축소와 언론 기업 성장에 대해 심도 있게 다룬 역사서다. 1990년대 후반에 활동을 개시한 민주언론운동시민연합의 신문 모니터 보고서와 함께 이 책은 '안티조선 운동'으로 대표되는 보수 언론 반대 운동의 이론적 기반이 되었다(한윤형, 2017).

민중 계급을 대변해 개발·독재 국가 권력에 맞서 사회·정치 담론의 틀을 세우는 것을 목적으로 둔 민중 언론, 그리고 1980년대 학생 운동의 주요 담론 생산자로서 활약했던 대학 언론은 1990년대 들어 쇠퇴해 갔다. 노동계는 1980년대 말과 1990년대에도 몇몇 노동자 신문 및 잡지들을 창간해 그 명맥을 이어가고자 했다. 1989년에 발행된 〈노동자신문〉과 월간 〈노동자〉, 1993년 〈매일노동뉴스〉, 1999년 〈노동일보〉가 그 예다. 그러나 이들은 1990년대 들어 이념적 급진성에 대한 사회적 반감과 언론장의 상업화에 이기지 못해 노동조합 회원을 독자층으로 삼아 명맥만 유지했다. 이 경향은 1990년대 전 지구적으로 확산된 신자유주의의 영향과 무관하지 않다. 1990년대 외환 위기 이후 한국 사회는 노동과 자본의 타협, 그리고 자본의 자유를 강조하는 경향을 띤다. 이 과정에서 노동 운동이 쇠퇴하면서 시민 사회는 중산층 지식인 중심의 "노동 없는" 공간이 되어 갔다(최장집, 2012). 또한 대학신문사나 방송사들도 1990년대 들어 구심점을 잃고 과거의 영향력을 상실했다. 대학 언론의 쇠퇴 역시 신자유주의와 소비자본주의 체제의 영향력으로 인해 "가장 급격하게 소비문화의 주체로 전환해가고 있는 대학생 집단의 보수화 경향"(유선영, 2005: 102)의 결과다.

1990년대의 대안 언론 흐름을 이끈 중심축 중 하나는 비판적 지식인들이 주도했던 진보 이론 잡지들이다. 〈길〉, 〈사회평론〉, 〈현실과 과학〉, 〈노동해방문학〉, 〈노둣돌〉, 〈정세연구〉, 〈새벽〉, 〈진보저널〉, 〈이론과 실천〉, 〈인물과 사상〉 등 월간, 무크, 계간지 등의 형태로 발간된 이 잡지들은 진보 진영에서 사회 변혁 사상에 대한 활발한 토론을 이끌어 냈다. 특히 진보 학자들과 정치 조직 등이 발행한 사회과학 종합지 혹은 정치 무크지들은 현실 정치에 대한 급진적인 주장들을 쏟아냈다. 이 진보 이론 잡지들이 생산한 담론은 한국 사회에서 보수 기득권 세력이 생산하고 주류 미디어가 재생산해 유포하는 담론에 대한 대안이 됐다(유선영, 2005). 그러나 진보 이론 잡지들은 중산층 남성 지식인들이 주도한 반자본주의, 반재벌, 반계급성을 테제로 한 사회 운동의 산물이었기 때문에 범사회적 관심과 참여를 이끌어 내는 데 실패했다는 한계를 갖는다.

## 2. 시민 미디어와 1인 미디어

2000년대 한국의 대안 언론 운동은 인터넷을 주요 무대로 삼았다. 이 시기의 대안 언론 운동은 보다 대중적인 성격을 띠었다. 인터넷으로 장을 옮긴 2000년대 이후의 언론 운동은 보수 언론을 중심으로 형성된 기득권 헤게모니 진영에 대항해 광범위하게 전개됐다. 특히 인터넷과 관련 소통 기술들로 무장한 시민의 정보 생산자로서의 역할이 확대되기 시작했다. 〈오마이뉴스〉가 대표하는 시민 미디어의 활약은 직업 언론인들이나 소수 지식인들이 생산한 정보를 대중이 수용하는, 이른바 일방향적 소통 구조의 깨짐을 의미했다.

'안티조선 운동'은 디지털 시대 초입의 한국 대안 언론 운동의 구심점이었다. 언론학자 강준만이 1995에 펴낸 《김대중 죽이기》를 기점으로 언론 문제, 보다 구체적으로 〈조선일보〉 문제가 사회적으로 부각되기 시작했다(한윤형, 2017). 강준만(1995)은 〈조선일보〉가 전략적인 의제 설정을 통해 극우 이념에 유리한 방식으로 정치 환경을 조성하는 미디어라고 주장했다. 강준만이 운을 뗀 언론 권력 논의는 1997년 대선 이후 탄생한 '국민의 정부' 시절 본격화된다. 1997년 대선 이후, 특히 2001년의 언론사 세무 조사 이후 〈조선일보〉와 여타 보수 일간지들은 정치권력과 본격적으로 대립하기 시작한다. 이때부터 언론 운동 진영은 국가가 아닌 보수 일간지들을 중심으로 형성된 보수 기득권 세력을 상대로 한 장기전에 돌입한다(유선영, 2005).

시민 미디어 〈오마이뉴스〉는 '안티조선 운동'을 포함한 2000년대 대안 언론 운동의 주역 미디어다. 〈오마이뉴스〉는 2000년 2월에 창간됐다. 창간 당시 상근 기자 4명과 시민 기자 727명이 〈오마이뉴스〉를 구성했다. 〈오마이뉴스〉 대표 기자 오연호(2004)는 창간 당시 인터넷의 가능성에 주목했다. 그는 당시 한국 사회에 불어 닥친 '닷컴 열풍'에 편승해 인터넷에 웹사이트를 개설하던 주류 언론사들이 "기득권을 포기할 수 없어 옛 방식을 그대로 따라가"고 있다고 봤다(p.17). 주류 언론사들의 웹

사이트는 기자가 주도하는 공간으로서 전문주의에 기반을 둔 일방향적 기사 전달 구조를 갖추고 있었다. 반면 "모든 시민은 기자다!"라는 〈오마이뉴스〉의 모토가 잘 담아냈듯이, 〈오마이뉴스〉는 새 소식을 가진 모든 이들이 자유롭게 뉴스를 출판해 진보 담론을 생산하는 장으로 기획됐다. 오연호(2004)는 〈오마이뉴스〉 창간 당시의 언론장이 '보수 언론 : 진보 언론 = 8:2'로 구성되어 있다고 봤다. 〈오마이뉴스〉는 이 불균형한 언론장을 "5:5 지형"으로 만들기 위해 "창간 편집 철학을 '열린 진보'로 잡았다"(오연호, 2004: 21). 오연호(2000)는 "5:5 지형"을 이루기 위해서 대안 언론 운동의 기조가 "비판의 문화에서 생산의 문화"로 이동해야 한다고 주장했다. 다시 말해 그는 현재의 불균형한 언론 지형을 바꾸기 위해서는 보수 담론에 대한 비판에 집중할 게 아니라 진보적인 시각에서 작성된 뉴스 콘텐츠의 숫자가 늘어나야 한다고 봤다. 오연호가 보기에 인터넷은 이를 가능케 할 기술이자 장소였다.

〈오마이뉴스〉가 포문을 연 한국 시민 미디어의 핵심 성과는 소통의 민주화다(Rodriguez, 2001). 시민 미디어는 주류 미디어가 외면하거나 축소·왜곡해 재현했던 대중이 스스로의 힘으로 스스로의 상징을 만들기 위한 기획이다. 이는 〈한겨레신문〉이나 1990년대의 진보 잡지 등의 대안 미디어들이 대항적·대안적 역할을 수행하면서 주류 미디어들과의 이분법적 대치 상황에 종속됐던 것과는 다르다. 〈한겨레신문〉은 2000년대에 이르러 미디어 기업의 형태를 갖춰 가면서 저널리즘 원칙과 영리 기업 원칙 모두에 구조적으로 종속되고 만다. 〈한겨레신문〉은 자본주의 원리로부터 자유롭기 위해 항시적으로 노력할 수밖에 없었는데, 이 과정에서 조직의 체계화, 기자 전문주의를 추구하는 방향으로 나아간다. 결국 〈한겨레신문〉은 시민을 계몽의 대상, 뉴스의 수용자 이상의 존재로 바라볼 역량도 여유도 없었다. 반면 시민 기자들은 언론장의 주류 시스템에 종속되거나 의존하지 않은 채 전체 담론의 지형에 개입하는 주체가 됐다. 대표적인 예가 미디어몽구다.

2005년부터 활동을 시작한 미디어몽구는 영상 취재를 전문으로 하는 1인 미디어다. 미디어몽구는 일상적 이슈부터 사회적 이슈까지 분야를 가리지 않고 취재한다. 특히 미디어몽구는 주류 미디어들이 저널리즘적, 상업적, 혹은 정치적으로 보도할 가치가 없다고 판단한 아이템들을 "초등학생도 이해할 수 있는" 형식으로 기사화한다(미디어몽구·이건범, 2012: 21). 미디어몽구 운영자 김정환을 인터뷰한 이건범은 미디어몽구가 "언론의 손길이 미치지 않는 서러운 곳, 비틀린 사건, 고단한 삶"을 취재해 "그들의 이야기를 알리고 그걸 알게 된 시민이 그 아픔에 함께하도록 서로를 잇는 일"을 한다고 평했다(미디어몽구·이건범, 2012: 305~306).

미디어몽구는 "함께하기 위해 끝까지 현장에 남는다"는 원칙을 지키고 있다(미디어몽구·이건범, 2012: 87). 그가 이런 원칙을 갖게 된 이유는 생존이다. 취재 현장에는 직업 언론인들이 구축해 지키고 있는 규칙들이 많다. 이 현장의 멤버십이 없는 미디어몽구는 "취재 현장에서 무시"를 "많이 당하고 쫓겨"나기가 일쑤였다(p.93). 미디어몽구는 "쫓겨나서 취재를 못 하게 되면 오기가 생겨서 나중에라도 꼭 취재해 기사거리를 가지고 가려고 했고, 기자들이 취재를 다 하고 돌아가면…… 혹시나 뭐 더 없을까 하며 취재하고, 당사자들을 끝까지 설득해서 인터뷰하려고 일찍 돌아가지 않고 끝까지 자리를 지키"고자 했다(p.93). 1인 미디어로서 언론계에서 생존하기 위해 세운 이 원칙으로 인해 미디어몽구는 큰 사회적 반향을 일으킨 보도물들을 펴낼 수 있었다. 예컨대, 그의 "롯데월드 대형 압사 사고로 번질 뻔한 아찔했던 순간들"이란 제목의 2006년 3월 26일 영상은 당시 포털 사이트 다음의 블로거 뉴스 서버가 다운될 정도로 방문객이 몰렸던 특종 기사였다. 또한 미디어몽구의 2007년 5월 22일 기사인 "황금돼지해 '새끼돼지 능지처참' 이천시민의 분노"는 AFP통신을 포함한 수많은 국내외 언론사에서 기사와 사진 요청이 쇄도한 특종이었다. 특히 미디어몽구의 고 노무현 대통령 관련 영상들이나 일본군 위안부 피해자 할머니들의 수요 집회 영상 시리즈 등은 기성 미디어들에서 단골로 참조하는 보도물들이다. 취재 현장에서는 더 이상 미디어몽구를 이방인 취급하지 않는다. 미디어몽구·이건범(2012)의 책 표지에 적혀 있듯이, 미디어몽구는 주류 미디어 기자들로부터 "기자질로 밥 먹고 사는 모두를 부끄럽게 만드는 진짜 기자"라는 평가를 받는다.

물론 대중성, 시장 경쟁력, 콘텐츠 경쟁력 측면에서 온라인 대안 미디어들은 여전히 주류 미디어들에 비할 바가 아니었다. 당시 누리꾼들의 주류 미디어 웹사이트 이용률은 대안 미디어 웹사이트 이용률에 비해 현저히 높았다. 예컨대, 2003년 1분기의 경우, 〈중앙일보〉에서 운영하는 조인스닷컴과 〈조선일보〉에서 운영하는 조선닷컴이 각각 메인 페이지 방문자 수와 사이트 전체 방문자 수 1위를 차지했다. 해당 기간에 조선닷컴에 937만 명이 방문했는데, 〈오마이뉴스〉에 182만 명이 방문했다(조수선, 2003). 게다가 2000년대 중반에 이르러 온라인 대안 미디어들은 정체기에 빠졌다. 이들 대안 미디어들은 경제적으로 수익성과 생존 가능성이 부족하다는 평가를 받았는데, 그 이유로 유선영(2005)은 만성적인 재정 적자, 저임금 혹은 무보수의 노동 착취 구조, 경영 마인드 및 비즈니스 모델의 결여, 유통망의 부재와 시장의 협소성 등을 꼽았다. 당시 인터넷 신문들이 가진 또 다른 문제점은 아마추어리즘이다. 대안 언론인들은 주류 언론인들에 비해 취재에 투입할 시간이나 자원이 현격히 부족했기 때문에 경쟁력 있는 콘텐츠를 만들어 내기가 쉽지 않았다. 게다가 당시 대안 미디어 제작진은 교육 및 연수 기회를 갖기가 쉽지 않았다. 때문에 주류 언론과 대안 언론 간 뉴스 콘텐츠의 질적 차이는 좀처럼 극복되지 않았다(류정민, 2005). 또한 유사한 지향을 가진 대안 미디어들이 단기간에 우후죽순처럼 생겨나 〈오마이뉴스〉처럼 선도적인 역할을 한 미디어나 〈딴지뉴스〉처럼 두터운 마니아층을 형성한 미디어가 아니면 정체성을 확보하기가 어려웠다(유선영, 2005). 이러한 상황에서는 과거와 달리 "진보 언론도 '진보 깃발' 하나로 언론 수용자들의 선택을 받기 어렵게 됐다"(류정민, 2005).

그러나 온라인 대안 미디어는 문화적인 측면에서 주류 미디어에 크고 장기적인 영향을 미쳤다. 주류 직업 언론인들의 사회적 권위는 이른바 '언론 고시'를 통과해 언론장의 멤버십을 취득하고, 언론계 관행에 따라 취재와 보도 기술을 익히는 전문화 과정에 의해 부여돼 왔었다. 특히 매스 미디어 시대 직업 언론인들의 힘은 한정된 전파와 지면에 뉴스를 게재할 자격이 있기 때문에 발생했다. 언론인 집단의 이와 같은 전문주의와 특권적 지위는 〈오마이뉴스〉의 시민 기자들이나 미디어몽구와 같은 1인 미디어에 의해 전환점을 맞았다. '전달'이 아니라 '공유'를 핵심 소통 방식으로 여기는 미디어, 더 나아가 시대와 세대의 등장은 직업 언론인들로 하여금 기존의 사회적 권위를 유지하기 위해 어떤 가치와 규범을 따르고 실천해야 할지 고민하게 만들었다.[3]

3 미국의 언론학자 세스 루이스Seth Lewis(2012)는 영미권 직업 언론인들이 디지털 시대에 어떤 윤리적 갈등을 겪고 있는지, 그 과정에서 어떤 선택을 하고 있는지를 잘 정리했다. 영미권의 직업 언론인들은 디지털 저널리즘의 핵심 가치나 규범들, 예컨대 참여와 개입, 소통과 공감, 쌍방향성, 투명성을 자신들의 권한을 유지하는 한도 내에서,

## 3. 소수자 미디어

2000년대 초중반의 온라인 대안 미디어 운동의 특기할 만한 흐름 중 하나는 소수자 미디어의 태동이다. 여성주의 미디어, 퀴어 미디어, 장애인 미디어, 이주민 미디어 등의 소수자 미디어는 소수자의 시각에서 주류 사회, 그리고 소수자 자신들을 둘러싼 사회 공간과 질서에 대한 해석을 해 나가는 독립적인 문화 생산자다. 특히 2000년대 초중반 생겨난 온라인 소수자 미디어 중 상당수는 소수자가 소수자의 시각에서 사회적 이슈들을 해석해 소수자의 목소리로 표현한다는 특징을 갖는다. 이러한 소수자 미디어는 적극적 문화 생산자로서 사회 문화 다양성을 확보하고 소수자 인권 향상을 이끌어 내고 있다. 그리고 소수자 미디어는 '차이'를 드러내 소수자 커뮤니티와 주류 사회를 잇는 역할을 해 왔다.

에스닉 미디어의 일종인 이주민 미디어는 이러한 소수자 미디어의 특징을 잘 드러낸다.[4] 한국 사회는 억압적인 정치 구조와 뿌리 깊은 단일 민족 이데올로기에 의해 다문화에 대한 왜곡된 시각을 유지해 왔다(이상길·안지현, 2007). 특히 주류 언론은 주로 "소외적 관점"이나 "구조적 관점"으로 이주민 문제를 재현해 이러한 사회적 시각의 형성에 크게 기여해 왔다(채영길, 2009). 첫째, 소외적 관점은 이주민을 노동 시장의 상품

---

그리고 전통적인 규범과 실천 방식에 맞춰 점진적으로 표준화하고normalizing 있다. 투명성이 대표적인 예다(예: Appelgren & Salaverria, 2018; Karlsson, 2010; Lasorsa, Lewis, & Holton, 2011; Singer, 2005).

4 에스닉 미디어는 특정 지역 내 이주민이나 인종적·언어적 소수자를 위한 혹은 이들이 주체가 되어 운영하는 모든 미디어를 일컫는다(김유정·김용찬·김지현·우지희·정혜선·손해영, 2012: 349).

으로 대하는 경향을 의미한다. 이 관점으로 이주민 이미지를 생산·재생산하는 매스 미디어는 이주민이 제공하는 노동 가치, 원주민과의 관계에서 발생하는 계급적 차이를 강조하며, 이주민을 국내·국제 시장의 효율성과 안정을 위해 관리돼야 하는 대상으로 그린다. 둘째, 구조적 관점은 이주민 집단을 '지배-피지배,' '억압-착취,' '자본가-노동자' 등의 이분법적 도식에서 이주민의 피해자 위치를 강조한다. 이 관점은 이주민이 피해자 위치에 서게 된 구조적 원인을 강조하는 경향을 보이는데, 이때 이주민은 종종 힘없고 무지한 존재, 그러므로 관용과 계몽의 대상으로 여겨진다. 따라서 구조주의적 시각은 "그 자체가 지닌 과학적 정치, 경제적 관점으로 이주민 노동 소외의 구조적 모순과 구조적 원인, 그리고 계급성을 바탕으로 하는 새로운 노동 관계의 구성을 추구한다는 측면에도 불구하고, 이주민의 다중적이며 주체적인 사회 변동의 매개자로서의 정체성을 '소외'시킬 수 있다"(채영길, 2009: 57).

이와 같은 소외적 관점과 구조적 관점이 한국 사회의 왜곡된 이주민 이미지를 고착시키고 있지만, 이주민은 이 현상을 가만히 두고 보는 무력한 존재가 아니다. 이주민들은 한국 사회의 다른 소수자들과 마찬가지로 자발적·능동적이며, 이들이 만드는 이주민 미디어는 이주민들의 "커뮤니케이션 자원"을 구축하는 "커뮤니티 스토리텔러"로 기능한다(김유정 외, 2012: 348). 커뮤니케이션 자원은 이주민들이 그들의 거주 지역, 특히 도시 내에서 지역 공동체를 형성하고 유지하는 데 가장 중요한 요소 중 하나다. 이주민 미디어는 이주민들의 특수한 역사적 경험, 관계, 가치관을 바탕으로 미디어 콘텐츠를 생산·유통하면서 이주민들의 커뮤니케이션 자원을 보전하고 발전시키고 있다. 특히 이주민들은 이주민 미디어의 적극적인 참여자로서 정체성의 문제들을 주체적으로 해결하면서 이분법적,

경제 중심, '한국인' 중심 패러다임을 스스로 극복해 나가고 있다.

이주민방송(Migrant World TV: MWTV)은 이주민의 주체적 참여자, 문화 생산자로서의 역량을 분명하게 드러낸다. "이주민과 선주민이 동등한 사회의 구성원으로서 차별 없는 삶을 영위할 수 있는 공동체를 지향"하는 이주민방송은 2004년 12월에 설립된 이주민 미디어 운동 단체다(이주민방송, 2018). 이주민방송은 웹사이트를 통해 자체 제작한 영상 및 오디오 방송을 출판한다. 이 프로그램들은 팟캐스트podcast와 스마트폰 어플리케이션을 통해서도 시청 및 청취 가능하다. 또한 이주민 대상 미디어 리터러시 교육, 미디어 제작 교육을 실시하고, 이주민 문제에 대한 사회적 관심을 높이기 위해 정기적으로 영화제를 개최한다. 이와 같은 활동을 통해 이주민방송은 커뮤니케이션 자원을 생산해 한국 사회 내 이주민들이 공동체를 이루는 데 기여한다.

특히 이주민방송 제작진은 '독립'의 가치를 중요하게 여긴다(채영길, 2009). 이주민방송은 한국 시민 사회에 의존해 '인정의 정치' 역학에 말려드는 상황, 즉 수혜자의 위치에 처하는 상황을 지양한다. 대신 이주민방송은 이주민들의 관점에서 유입국 내 이주민의 삶을 규정하는 법과 제도의 개선을 위한 대안 어젠다를 직접 생산하고 유통시킨다. 게다가 이주민방송은 미디어 교육 프로그램을 운영해 이주민들의 "정보·문화에 접근하고, 그들의 이슈나 정체성을 표현할 수 있는 권리," 즉 "커뮤니케이션 권리"를 신장시키기 위한 노력을 기울인다(정의철, 2015: 259). 예컨대, 이주민들은 이주민방송의 '이주민 라디오 제작 교육'에 참여해 라디오 콘텐츠 제작 방법을 익혀 자신의 이슈를 직접 표현할 역량을 강화한다. 이주민방송의 설립 과정과 그 후의 활동 양상은 이주민들이 "하나의 민족, 국가라는 문화 커뮤니티를 벗어나 새로운 형태의 사회 참여 공간”(채영길, 2009: 80~81)을 만들어 낼 역량을 가진 존재임을 드러낸다.

소수자 미디어가 만들어 가는 대안 문화는 지배 문화에 깔린 무의식의 질서, 이 질서를 옹호하는 권력 구조를 드러내고 소수자에 대한 정치적·사회적 무관심과 혐오의 정치를 폭로한다. 물론, 전문 인력의 부족과 그로 인한 만성적인 콘텐츠의 질 저하에 시달리고, 주류 미디어와의 끝없는 경쟁에 시달리는 소수자 미디어(박지훈, 2011)가 지배 문화를 혁명적으로 파괴하거나 대체하기를 기대하는 것은 무리다. 그러나 미디어를 통한 소수자들의 자발적·능동적 폭로 가능성이야말로 “‘보통’의 사회, ‘정상’의 공간을 안으로부터 흐트러뜨리는 문화정치”이고(전규찬, 2011: 9~10), 대안 미디어의 존재 가치다.

## 4. 국가 권력 대항 미디어 운동

2008년 2월부터 2016년 12월까지의 시기는 한국 언론의 암흑기였다. 민주언론실천연합(2017a)의 〈언론장악백서〉에 따르면, 이명박·박근혜 정권 언론 정책의 핵심은 “언론 장악”이다(p.11). 이명박·박근혜 정권은 주요 공영 미디어들의 인적 구성에 영향을 미쳐 경영권과 편집권을 좌지우지했다. 이들의 인적 장악은 “사장 교체, 간부 교체, 관료주의적 상명하달식 통제의 부활, 비판 프로그램과 비판적인 언론인의 축출, 정권 홍보 프로그램 신설, 친정부적 여론몰이나 종북 위기 조장 등 조작적 프레이밍의 일상화 순으로 진행”됐다(p.11). 이 언론 장악 과정 중 언론인들은 연대 파업과 대안 뉴스 프로그램 제작 등으로 대응했다. 그 결과, 총 452명의 언론인들이 부당 징계를 받았다(p.18).

언론 자유를 위해 투쟁하던 언론인들을 징계한 주요 언론사들은 점점 전문성을 상실해 저널리즘 원칙이 아닌 정치 논리에 의해 움직였다. 민주언론실천연합(2017b)의 〈왜곡편파보도백서〉에 따르면, 이명박·박근혜 정권 당시 주요 미디어들의 "왜곡 편파는 '선전' 수준에 도달했다"(p.11). 주류 미디어들은 특정 정치 세력의 이익을 위해 "사실을 특정한 모습으로…… 조성하는 수준"(p.11)의 왜곡·편파 보도를 일삼았다. 이 행태가 계속되면서 공영 미디어의 정상화에 대한 사회적 관심은 시들해졌고, 기자 집단은 '쓰레기' 취급을 당하기에 이르렀다.

당시 국가 권력 대항 미디어 운동은 크게 두 갈래로 나누어져 있었다. 첫째, 팟캐스트 대항 공론장이 형성됐다. 둘째, 공영 방송사로부터 징계를 받은 엘리트 언론인들이 대안적 뉴스 기관을 설립했다.

### 1) 팟캐스트 대항 공론장

시청이나 청취를 원하는 사용자가 원하는 프로그램을 선택해 자동으로 구독할 수 있게 해 주는 인터넷 방송 기술인 팟캐스트는 이명박 정권 시기에 한국 사회에서 크게 유행했다. 팟캐스트는 시공간적 제약으로부터 비교적 자유롭고 확산성이 뛰어난 기술이기 때문에 콘텐츠의 인기만 보장이 된다면 매스 미디어에 준하는 파급력을 가질 수 있었다. 다운로드한 파일을 재생할 스마트폰, 태블릿 PC 등의 단말기를 가진 사람이라면 언제 어디서나 청취할 수 있다는 점, 그리고 그 파일은 이메일, 인스턴트 메시지, 소셜 네트워킹 사이트(social-networking site: SNS)를 통해 쉽게 공유가 가능하다는 점 등을 특징으로 가진 팟캐스트 기술은 정치적·대중적인 취향에 부응하는 프로그램들을 만나 한국 사회에서 대중화에 성공했다.

특히 팟캐스트 언로로 국가 권력을 견제하는 콘텐츠들이 흐르게 된 데는 〈나는 꼼수다〉의 힘이 절대적이었다(이재진, 2013). 〈나는 꼼수다〉는 인터넷 신문사인 〈딴지일보〉에서 2011년 4월부터 2012년 12월까지 제작한 팟캐스트 방송이다. 〈나는 꼼수다〉는 "국내 유일 가카 헌정 방송"을 캐치프레이즈로 삼았다. 여기서 '가카'란 각하를 의미하는 말로서 당시 대통령인 이명박을 가리켰다. 방송 이름과 캐치프레이즈가 잘 드러내듯이, 〈나는 꼼수다〉는 이명박 대통령을 정면으로 겨냥한 시사·정치 토크쇼였다. 이 쇼는 이명박 대통령과 주변 인물들에 대한 의혹, 예컨대 BBK 주가 조작 사건, 디도스 공격, 새누리당 알바 댓글 의혹 등을 주로 다뤘다. 당시 기성 미디어들이 다루지 않는 이슈들을 오락적인 요소를 가미해 풀어낸 〈나는 꼼수다〉의 인기는 상당했다. 〈나는 꼼수다〉는 에피소드 회당 평균 700만 회 이상의 다운로드 수를 기록했고, 특히 첫 방송 이후 4개월 만인 2012년 4월에 세계 팟캐스트 오디오 부문 다운로드 1위를 차지했다(이건희, 2017). 이 인기는 오프라인으로 이어져, 〈나는 꼼수다〉 제작진이 모이는 집회에 수천 명의 팬들이 모이는 일이 잦았다. 그리고 〈나는 꼼수다〉 제작진은 총선과 대선 과정에서 노골적으로 야당 후보들을 지지했는데, 이는 실제 20~30대의 정치적 관심을 증폭시켜 투표율 증가를 이끌었다는 평가를 받았다(이재진, 2013).

몇몇 언론학자들은 〈나는 꼼수다〉가 이명박 정권과 한몸을 이룬 기성 언론에 대항하는 대항 공론장의 기능을 했다고 봤다. 원숙경과 윤영태(2012)는 〈나는 꼼수다〉의 활동을 "저항적 정치운동"이라고 평했다. 대안 미디어로서 〈나는 꼼수다〉는 언론 장악을 통해 언로를 차단한 정치권력과 대중 간 정보 불평등에 저항하는 기능을 했다. 또한 〈나는 꼼수다〉

는 기성 기자들이 전파나 지면에서 쉽게 사용하지 않는 과격하고 직설적인 표현, 다시 말해, 대중이 "쉽게 이해할 수 있는 언어"로 정치인들을 저격함으로써 "세상의 불평등에 대한 배설구 역할"을 수행했다(p.49). 또한 권규상(2012)은 〈나는 꼼수다〉와 정치권력 간 관계가 정보 사회를 구성하는 행위자들의 정보 생산 구조를 잘 드러낸다고 주장했다. 그는 국가, 재벌, 시민 사회 등의 정보 사회의 행위자들은 매스 미디어에 의존하던 과거와 달리 다양한 디지털 기술을 활용해 담론 형성에 기여함으로써 상대방을 견제할 수 있다고 봤다. 이명박 정권하 정치권력이 매스 미디어를 장악하는 동안 〈나는 꼼수다〉와 그 지지자들이 팟캐스트 기술을 전유해 대항 권력을 만들어 냈던 것처럼, 정보 사회의 행위자는 웹 기술과 모바일 장비를 활용해 지배 권력에 대한 대항 권력을 형성할 수 있다.

〈나는 꼼수다〉의 인기와 영향력에 힘입어, 2012년 이후 팟캐스트장은 수구 세력의 헤게모니에 대항하는 각종 프로그램들로 채워졌다. 예컨대, 〈나는 꼼수다〉의 경제 분야 버전인 〈나는 꼽사리다〉는 이명박 정권의 경제 정책과 경제 분야 현안을 비판적으로 분석하는 토크쇼였다. 이명박 정부 당시 국가정보원이 작성해 운영한 '문화계 블랙리스트'에 포함이 되었던 개그우먼 김미화와 경제학자 우석훈, 선대인이 진행한 〈나는 꼽사리다〉는 주류 미디어들과 사뭇 다른 방식으로 경제 이슈들을 풀어냈다. 특히 김미화는 일반 시민의 눈높이에서 경제학자들에게 질문을 던지고, 복잡한 내용을 일상적 언어로 의역해 〈나는 꼽사리다〉의 대중화에 기여했다. 또 다른 팟캐스트 방송 〈이박사와 이작가의 이이제이〉는 한국 현대사에 대한 잡담회를 콘셉트로 한 프로그램이다. 이 프로그램의 세 진행자는 "역사를 갖고 논다"(정운현, 2013). 이들은 현대사의 주요 인물들을 일대기 형식으로 편성하는데, 이 일대기의 핵심 소재는 민주주의에 대한 위협과 침탈이다. 〈이박사와 이작가의 이이제이〉는 딱딱하고 엄숙한 이미지를 갖고 있는 '역사'를 오락의 영역으로 끌어들였다는 평을 받았다(예: 정운현, 2013).

이명박·박근혜 정권 시절의 팟캐스트 기술은 대안 미디어의 운동적인 목표와 정치적인 한계 요인 사이의 끝없는 모순을 해소했다. 매스 미디어 시대의 대안 미디어 운동은 종종 딜레마에 빠졌다. 신문·라디오·텔레비전의 힘을 따라갈 수단은 없었으나, 이 매스 미디어에 대한 진출입 및 규제를 좌지우지하는 세력은 바로 국가였다. 〈한겨레신문〉의 경우가 잘 보여 주듯이, 주류 경계선 안쪽에 속하는 순간 대안 미디어는 규칙이나 법령에 따라 활동을 할 수밖에 없고, 결국 대안 미디어로서의 선명성이 떨어질 수밖에 없다. 선전 수준의 선명성을 유지하고자 하는 대항 운동들은 해적 라디오나 불법 잡지 등의 불법적인 수단을 활용하거나 혹은 팸플릿 등의 국가가 비교적 규제를 가하기 어려운 수단을 활용해야만 했지만, 이 수단들의 파급력은 매스 미디어에 비할 바가 아니었다. 반면, 이명박·박근혜 정권 시절의 팟캐스트 기술은 기술 발전과 활성화 속도를 규제 속도가 따라가지 못했기 때문에 국가에 대한 대항 수단으로 활용될 수 있었다. 게다가 디지털 기술의 특징으로 인해 대중적 인기를 누리는 팟캐스트 방송은 매스 미디어 못지않은 영향력을 가질 수 있었다.

그러나 이와 같은 정치적 선명성과 큰 파급력은 팟캐스트 대안 미디어에게 칼이 되어 돌아왔다. 팟캐스트 프로그램들은 방송 주제와 표현의 수위에 있어서 기존 방송과 큰 차이를 보였다. 팟캐스트 방송인들의 비속어 사용, 직설적인 정치 비판, 전문성과 신뢰성 부족 등은 반대 진영의 공격의 빌미가 됐다. 특히 다툼의 여지가 있거나 사실 관계 확인이 되지 않은 내용을 보도하는 팟캐스트 방송의 신뢰성은 끊임없이 의심 받았다.

예컨대, 〈나는 꼼수다〉의 진행자 중 한 명인 김어준은 주류 미디어들로부터 "음모론의 대가"라는 평가를 받았다(송채경화, 2017). 〈나는 꼼수다〉에게 덧씌워진 이 '음모론'과 '막말' 이미지가 〈나는 꼼수다〉의 영향력에 기댄 야당의 19대 총선 참패에 영향을 줬다는 주장도 있다(최성진, 2012).

### 2) 엘리트 언론인들의 대안: 한국탐사저널리즘센터

이명박·박근혜 정권 시절 동안, 팟캐스트 대항 세력이 가진 틈을 잘 메워 준 미디어가 바로 한국탐사저널리즘센터다. 탐사 보도 전문 독립 언론사 한국탐사저널리즘센터는 〈뉴스타파〉란 이름으로 2012년 1월에 창립되었다. 앞서 언급을 했던 것처럼, 이명박 정부의 언론 장악 과정 중 수백 명의 언론인들이 부당 징계를 당했는데, 그들 중 탐사 저널리즘에 뜻을 가진 언론인들이 모여 만든 단체이자 프로그램이 바로 〈뉴스타파〉다. 당시 〈뉴스타파〉는 탐사 보도를 위한 한시적 프로젝트로 기획됐다. 그러나 〈뉴스타파〉는 독립성을 상실한 언론장에 절망한 시민들, 특히 〈뉴스타파〉를 통해 공영 방송의 권력 감시 기능이 마비된 현실을 타개하고자 한 시민들의 물적·심적 지지로 인해 항시적 비영리 독립 언론 기관으로 개편되었다.

창립 초기 전국언론노동조합 민주언론실천위원회 기금으로 운영을 하던 〈뉴스타파〉는 2012년 7월부터 일시 및 정기 후원 회원 모집을 해 재정적 독립을 추진했다. 2012년 8월, 후원 회원 모집 한 달여 만에 3000명 이상의 시민들이 〈뉴스타파〉 후원 회원으로 등록했다. 그리고 이 숫자는 2012년 12월 19일에 실시된 제18대 대통령 선거 이후 3만여 명으로 급증했다. 대선에서 보수 후보였던 박근혜가 승리했는데, 이 보수 후보 승리의 원인으로 이명박 정권의 언론 장악을 꼽은 시민들의 지지가 〈뉴스타파〉 후원으로 이어진 것이다. 이에 〈뉴스타파〉는 보다 안정적인 물적 기반을 토대로 2013년 2월 비영리 민간 단체 한국탐사저널리즘센터로 재출범했다.

1980년대 말의 〈한겨레신문〉과 같이, 한국탐사저널리즘센터의 저널리즘 지향과 인적 구성은 다분히 주류적·전통적이다. 한국탐사저널리즘센터의 리더십은 엘리트 언론인들로서 공영 방송국에서 저널리즘의 정수라고 할 수 있는 탐사 보도에 천착했던 인물들이다. 그런 그들이 정권의 언론 탄압에 저항해 새로운 미디어를 만들었으니, 그 미디어가 저널리즘 원칙에 집중하는 건 당연한 수순이었다. 한국탐사저널리즘센터는 뉴스의 질을 끌어올리기 위해, 기자의 자율성을 극대화하기 위해 비영리, 무당파, 독립 언론을 표방했다. 또한 주류 미디어들이 정부·여당의 이익에 따라 왜곡·편파·축소해 보도한 사건들을 심층적으로 취재해 보도했다.

한국탐사저널리즘센터의 자율성, 독립성은 비교적 잘 유지되었는데, 이는 그 경영 모델에 기인한다. 대기업은 물론 소상공인의 광고도 거절함으로써 한국탐사저널리즘센터는 자본 권력의 위협을 원천적으로 차단했다. 박근혜 정권 내내 3만여 후원 회원들은 한국탐사저널리즘센터가 비교적 많은 돈과 시간을 필요로 하는 탐사 보도를 안정적으로 수행할 수 있도록 물심양면으로 지원했다.

그 역도 마찬가지다. 시민들이 한국탐사저널리즘센터를 후원하는 이유는 바로 그 자율성과 독립성에 있다. 〈뉴스타파〉가 2012년 7월에 첫 후원 회원 모집을 했을 때 수천 명의 시민들의 참여를 이끌어 낸 까닭은 시민들이 〈뉴스타파〉 언론인들의 직업적 삶을 신뢰했기 때문이다.

〈뉴스타파〉의 초창기 회원들은 이명박 정권의 언론 장악 시도에 저항하다가 해직을 당한 언론인들의 자유 언론을 향한 실천력, 그리고 그들의 저널리즘 영역에서의 전문성이 〈뉴스타파〉를 통해 꽃을 피길 바랐다. 또한 한국탐사저널리즘센터의 후원자 수는 한국탐사저널리즘센터가 가장 본질적인 저널리즘 실천을 할 때, 즉 권력을 감시해 의제 설정을 해낼 때마다 급증했다. 구체적으로 나열하면, 후원자 수는 한국탐사저널리즘센터가 댓글 부대를 운영한 국정원의 실체를 밝혔을 때, 조세 도피처를 이용하는 권력자들의 존재를 폭로했을 때, 재벌 총수의 부도덕함을 드러냈을 때, 세월호 사태와 관련된 진실을 추적했을 때, 그리고 정권의 언론 장악 시도에 부역한 언론인들의 실체를 들춰냈을 때 급증했다. 결국 한국탐사저널리즘센터의 지속성은 '언론다움'에 기반을 둔다. 언론장이 정권과 집권 여당에게 완전히 휘어 잡힌 상황에서 한국탐사저널리즘센터의 언론다움은 단연 돋보일 수밖에 없었다. 박근혜 정권 당시 한국탐사저널리즘센터의 탐사 보도는 시민들로 하여금 전통적인 언론장에 독립적인 영역, 즉 정치권력과 자본 권력에 잠식당하지 않은 영역이 남아 있음을 느끼게 해 준 거의 유일한 지표였다.

게다가 리더십이 해직 언론인들이라는 사실은 한국탐사저널리즘센터에게 정당성과 정통성을 부여했고, 그들은 이를 뉴스와 조직 운영을 통해 강화해 나갔다. 한국탐사저널리즘센터는 뉴스를 통해 주류 언론과 정치권력, 재벌 간의 공생 관계를 자유롭게 비판했다. "공영 방송의 낯 뜨거운 박[근혜] 대통령 보도 행태"를 지적한 2013년 11월 1일 '"땡박뉴스" 전성시대,' "건설산업연구원이나 주택산업연구원 같은 건설 및 주택 사업과 밀접한 관련이 있는 연구소나 부동산 컨설팅 업체들의 주장을 언론이 그대로 받아쓴" 행태를 고발한 2013년 11월 12일 "양치기 언론, 5년 내내

'부동산 바닥이다' — 언론이 말하지 않는 부동산의 숨은 진실," "가장 정확하고 공정해야 할 뉴스 프로그램에서도 의도적으로 광고주를 부각시키려다 사실과 다른 엉뚱한 뉴스를 내보낸" 종합 편성 채널을 고발한 2015년 3월 19일 "광고가 된 뉴스, 영업 사원이 된 기자" 등이 대표적인 예다. 또한 한국탐사저널리즘센터 제작진은 한국 언론사 속의 자유 언론 수호투쟁의 상징적인 사건, 단체와 자신들을 공식적·비공식적으로 연결시켜 자신들의 활동에 의미를 부여했다. 예를 들어, 그들은 '10·24 자유언론실천선언,' '동아자유언론수호투쟁위원회'에 대한 다큐멘터리를 제작하고, 자유 언론 수호 투쟁의 주역들을 자문위원으로 위촉해 한국탐사저널리즘센터의 뿌리가 어디에 닿아 있는지 강조했다.

이러한 한국탐사저널리즘센터의 정당성과 전통성은 팟캐스트 프로그램들의 대중성과 시너지 효과를 창출해 주류 언론의 행태에 대한 담론 형성에 기여했다. 박근혜 정권 당시, 정치권력과 기득권 언론에 비판적인 시민들은 기자들을 '기레기'라고 부르며 비난했다. 이 "기레기 담론"(신우열, 2018)은 한국 언론의 집단적 실천에 대한 집단적 해석, 특히 세월호 침몰 사건과 관련하여 오보와 비윤리적 취재를 남발한 한국 언론에 대한 통렬한 사회적 반응이었다. 이 기레기 담론의 주요 패턴 중 하나는 담론 참여자들이 한국탐사저널리즘센터와 〈나는 꼼수다〉의 김어준이 진행했던 〈김어준의 파파이스〉, 당시 MBC 해직 기자 이상호가 운영한 대안미디어인 〈go발뉴스〉 등의 언론 실천을 부각시킨 것이다. 기레기 담론의 형성과 발전의 계기가 된 세월호 침몰 참사 당시 대부분의 한국 언론사들이 과도한 속보 경쟁, 특종을 향한 욕심, 낙종에 대한 두려움, 정치권력과의 관계에 함몰이 되어 오보와 비윤리적 보도를 남발하는 동안 이 대안 미디어들은 "침몰해가는 사회 정의와 공정을 붙잡고 있는 자랑스런

얼굴들"(@choisk03, 2014. 12. 1)이라는 평을 받았다. 기레기 담론 참여자들은 "메이저 괴물들 속에서 진실을 추구하는"(@kgba2580, 2014. 11. 29) 대안 언론사들의 실천을 "가식적인 기자라는 탈을 뒤집어쓴 기자 쓰레기"(@mrrkgpy7, 2014. 12. 24)의 행적을 밝히는 데 동원했다.

그러나 한편 한국탐사저널리즘센터가 주류 언론과 대립 각을 세우고 전통성을 강조할수록, 그리고 팟캐스트 대안 미디어들과 한편으로 특징지어질수록 한국 사회 구성원들은 한국탐사저널리즘센터를 당파성을 띤 미디어로 여겼다. 제아무리 무당파, 독립 미디어임을 강조하더라도, 한국 사회에서 언론의 정치 병행성에서 자유로울 수 있는 언론사는 없다. '보수–진보'의 내러티브는 한국탐사저널리즘센터의 활동을 평가하는 데도 영향을 미친다. 이에 일부 진보 성향 시민들은 한국탐사저널리즘센터가 언제까지나 '우리 편'에 서 주길 기대했다. 한국탐사저널리즘센터는 정치적 진보성과 저널리즘 가치가 충돌할 때 종종 정치적 진보성을 포기하는데, 이때 일부 진보 성향의 시민들은 노골적으로 불만을 제기한다. 예컨대, 한국탐사저널리즘센터는 2014년 당시 국회의원 보궐 선거에 출마한 권은희 새정치민주연합 후보의 재산 문제를 다룬 보도 이후 항의 전화와 후원 중단 요청 전화로 인해 업무가 마비되었다. 이 한국 언론장의 정치 병행성은 무당파, 독립 언론 실천을 하는 언론인들이 지속적으로 맞닥뜨릴 숙제다.

촛불 혁명 이후 출범한 문재인 정권의 언론 환경에서 탐사 보도는 더 이상 드물지 않다. 물론 여전히 모든 언론인들이 한국탐사저널리즘센터의 언론인들과 같은 수준의 자율성과 독립성을 누리고 있진 않다. 하지만 언론의 전통적 역할을 강조하는 언론사들은 지난 정권하에 비해 보편하다. 예컨대, 문재인 정권 출범 이후 공영 방송국들은 모두 탐사 보도 역량 강화를 추구하며 언론의 감시견 역할을 강조하고 있다. 탐사 보도 무한 경쟁의 시대가 도래했다고 해도 과언이 아니다. 이런 의미에서 이명박·박근혜 정권하 한국탐사저널리즘센터가 제시한 한국 언론의 대안은 언론장을 어느 정도 성공적으로 변혁시켰다고 볼 수 있다.

또한 한국탐사저널리즘센터가 후원금을 기반으로 안정적으로 운영된다는 사실은 광고 수입 감소로 인해 생존을 위협 당하다 못해 공공성을 포기한 언론사들에게 이정표로 기능했다. 언론학계는 언론사들의 경영 전략이 언론인들의 취재 및 보도 활동에 영향을 미친다는 사실을 지속적으로 지적해 왔다(예컨대, 정동우, 2009). 현재 광고 모델에 의존하는 언론사들은 한정된 광고 시장에서 무한 경쟁을 하고 있으며, 이는 언론인들로 하여금 자사 이기주의에 빠져 언론 윤리와 책임을 잊게 만들고 있다(민주언론실천연합, 2017b). 물론 모든 언론사들이 한국탐사저널리즘센터와 같은 후원 모델을 채택하기란 현실적으로 불가능하다. 하지만 한국탐사저널리즘센터의 공공성이 후원 모델로 인해 유지·강화되고 있다는 사실, 그리고 공공성의 추구로 인해 그 모델이 지속 가능하다는 사실은 언론인들이 겪고 있는 정체성의 위기가 어디에서 비롯되었는지를 확인하게 해 주는 표지가 되어 준다.

## 5. 공동체 미디어

한국의 2010년대 대안 미디어를 논할 때 빼놓을 수 없는 것이 바로 공동체 미디어다. 공동체 미디어는 "집합적 거주 공간을 공유하는 실체를 지닌 동네 또는 마을"(채영길, 2017: 145)에서 운영하는 미디어다. 이 시기 공동체 미디어의 활성화는 서울시가 2012년부터 추진한 '마을 공동체 지원 사업'과 관련이 있다. 이 사업은 "주민들의 이웃관계망 회복과 호혜적인 생활 문제 해결을 지원하기 위해" 시작되었다(안현찬 · 구아영, 2016: 2). 특히, 사업 1기(2012~2015) 기간 동안 서울시는 마을 공동체 저변 확대를 사업의 목표로 삼았는데, 이 목표 달성에 가장 크게 기여한 요인들 중 하나가 바로 마을 미디어의 활성화다. 서울시는 마포FM이나 〈구로타임즈〉 등의 기존의 공동체 미디어들을 지원하는 한편, 마을미디어지원센터를 통해 주민들의 자발적인 마을 미디어 운동을 돕고자 했다. 그 결과, 2016년 당시 서울시 마을 미디어 참여자 수는 3655명에 이르렀는데, 이는 2012년에 비해 6배 이상 증가한 수치다(서울마을미디어지원센터, 2017).

이 시기의 공동체 미디어 운동은 불평등을 야기하는 한국의 사회문화적 구조, 특히 중앙-지역, 서울-지방, 개발-비개발 등의 구조를 재편하고자 한 정치적 실천의 일환으로 볼 수 있다(채영길, 2017). 국가 주도 개발이 야기해 온 불평등을 주민들의 자발적인 참여를 통해 극복하고자 한 2010년대 한국의 공동체 운동은 사회 및 경제 공동체의 공공성을 복구하는 것을 목적으로 삼았다. 따라서 이 운동은 대의 민주주의에 비해 참여 민주주의를, 엘리트 민주주의에 비해 풀뿌리 민주주의를 지향한다. 특히 공동체 미디어는 공동체의 관계, 연대 강화에 집중한다. 공동체 미디어는 지역의 뉴스, 신변잡기를 공동체 구성원들의 입을 통해 전하는데, 이 소통 행위 속에서 구성원들은 유대감과 연대감을 형성하고 강화해 간다(김영찬 · 반명진, 2018). 즉 공동체 미디어는 공동체 내에서 스토리텔러storyteller로서의 역할을 통해 공동체를 조직해 나가는 주체다(채영길 · 김용찬 · 백영민 · 김예란 · 김유정, 2016).

또한 공동체 미디어는 콘텐츠의 영향력이나 파급력보다는 제작과 운영 과정의 민주성에 더 큰 가치를 둔다.[5] 공동체 미디어의 운영자, 콘텐츠 생산자, 그리고 이용자 사이에는 경계가 없다. 이용자가 곧 생산자이자 운영자다. 이 소통 방식과 운영 구조는 공동체 미디어의 정체성과 같다. 이는 주류 언론사는 물론 대다수의 대안 언론사가 콘텐츠 생산자와 이용자의 역할을 명확히 구분하고, 그 콘텐츠가 이용자에게 미치는 영향력에 기반을 두어 미디어의 성패를 가늠하는 것(Shin, 2016)과는 다르다.

## 6. 촛불 혁명 이후의 대안 미디어

촛불 혁명으로 인해 박근혜 대통령이 탄핵된 이후, 기존의 대안 미디어들과 주류 미디어들 간의 경계가 흐려지는 한편, 전 세대의 대안 미디어들이 놓친 틈을 채우는 새로운 대안 미디어들이 등장했다.

먼저 이명박, 박근혜 정권하에서 대안 언론인이었던 이들이 주류 언론계로 진출 혹은 재진출하는 현상이 발생했다. 이 대안 언론인들의 문화 자본을 주류 미디어들이 필요로 했다는 사실도 흥미롭지만, 결국 이 주류로 편입된 대안 언론인들도 주류 미디어 작동 원리의 영향으로부터 자유로울 수 없다는 점도 시사하는 바가 크다. 예를 들어, 김어준은

5 모든 공동체 미디어가 비슷한 정도와 유형의 상호 소통을 추구하는 것은 아니다. 예컨대, 채영길 등(2016)에 따르면, "마을 주민의 참여와 이들의 욕구에 대한 고려가 극히 제한적이라는 측면에서 폐쇄적이며 매체 자체의 이해와 목적을 성취한다는 점에서 사적"인 공동체 미디어도 존재한다(p.39). 독자들은 내 서술을 공동체 미디어 소통 구조가 주류 미디어나 다른 유형의 대안 미디어에 비해 갖는 상대적 특징으로 이해해 주길 바란다.

2018년 1월부터 8월까지 지상파 민영 방송 SBS의 시사 프로그램 〈블랙하우스〉를 진행했다. 이 프로그램은 〈나는 꼼수다〉 진행자로서 김어준이 쌓아 온 이미지, 그리고 그의 진행 방식을 배제하기보다는 적극적으로 활용했다. 때문에 〈블랙하우스〉는 숱한 화제를 불러일으키는 데는 성공을 했으나 잦은 편향성 시비에 시달렸다. 〈블랙하우스〉 제작진은 2018년 3월에 성추행 의혹에 휩싸인, 〈나는 꼼수다〉의 진행자들 중 한 명이었던 정봉주 전 국회의원 증언을 뒷받침하는 방송을 내보냈다. 그러나 이후 정 전 의원의 거짓말을 입증하는 증거가 드러나자 〈블랙하우스〉는 '편파 방송'이라는 비난을 피할 수 없었다. 이에 제작진이 사과문을 내고, 프로그램 관계자들은 SBS로부터 징계를 받았지만, SBS는 방송통신심의위원회의 '관계자 징계' 처분 조치를 피할 수는 없었다. 이외에도 〈블랙하우스〉는 특정 정당 소속 의원들을 조롱했다는 이유 등으로 방송통신심의위원회로부터 '권고' 조치를 받기도 했다. 거침없는 폭로와 노골적인 편들기, 조롱 등은 김어준의 〈나는 꼼수다〉가 대중적인 인기를 얻은 비결이었다. 그러나 사뭇 다른 잣대가 적용되는 주류 미디어에서 이와 같은 행태는 용인되지 않았기 때문에 〈블랙하우스〉는 공정성 시비를 극복하지 못하고 폐지됐다.

한편, 현재 신생 대안 미디어들은 개인의 삶의 질 개선을 꿈꾸고, 이를 위해 사회적 모순의 해결과 제도의 개혁을 도모하고 있다. 예컨대, 〈닷페이스〉, 〈고함20〉, 〈슬로우뉴스〉 등의 대안 미디어는 다양한 언론 원칙을 탐색하고 실험하고 있다. 특히 이들은 청년층을 타깃 삼아 주류 미디어를 통해 왜곡되고 타자화된 형태로 재현되는 문제들 — 예컨대, 여성주의, 성 소수자 — 이나 일상적 문제들 — 예컨대, 청년 실업 — 을 해결하기 위해 목소리를 내고 있다. 이들의 뉴스 문법은 주류 미디어의 그것과 사뭇 다르다. 예를 들어, 그 이름으로부터 짐작 가능하듯, 〈슬로우뉴스〉는 얇게 취재해 빠르게 전달하는 주류 미디어의 뉴스 생산 방식에 대한 대안을 제시한다. 〈슬로우뉴스〉는 주류 미디어의 속도에 대한 집착이 "더 풍부한 맥락, 더 깊은 성찰, 이미 잊혀진 것으로부터 이어진 큰 흐름과 연결"을 놓치고 있다고 보고, 한 사안을 천천히 오랫동안 깊이 있게 다루고자 한다(〈슬로우뉴스〉, 2018).

대안 미디어들의 이와 같은 새로운 저널리즘 실험은 이들의 자본 권력과 문화 권력이 상대적으로 부족하기 때문에 가능하다. 쉽게 말해, 이들은 잃을 게 없다. 이들은 부족한 경제적, 문화적 자본에 맞춰 미디어 실천을 할 수밖에 없고, 때문에 더욱 혁신적이고 도발적인 방식으로 콘텐츠를 생산하고 배포한다. 그리고 바로 그 이유 때문에 기성 언론 원칙들과 운영 원리를 뒤틀어 볼 수 있는 위치에 설 수 있기도 하다(김선기, 2018).

## 7. 대안이 제시해 온 정론

한국 사회를 공동체로 봤을 때, 한국 사회와 소통은 서로가 서로의 원인이자 결과다. 레이먼드 윌리엄스Raymond Williams(1961/2007)의 통찰을 빌리자면, 한국 사회 구성원들의 소통 과정 — 사물을 보는 공통의 방식, 공통의 의미를 만들어 내고 공유하는 방식, 그리하여 공통의 이해에 이르는 과정 — 이 곧 한국 사회의 과정이다. 언론은 이 소통 과정의 중심에 있다. 언론은 한국 사회 구성원들의 소통을 이끈다. 언론은 구성원들이 이야기할 소재를 제시하고, 그 소재를 이해할 틀을 제공한다. 언론은 구성원들의 상상에 영향을 미쳐 공동체를 이루는 과정을 이끈다

(Anderson, 2006). 즉 언론은 한국 사회의 현재를 구성한다.

문제는 한국 언론이 전혀 독립적이지 않다는 것이다. 언론은 다양한 행위자들이 참여해 만들어 가는 장이다. 언론장의 경계는 언론인들의 행위, 행위에 따른 결과물인 뉴스, 그 행위와 뉴스에 대한 사회적 평가와 해석에 의해 구축된다. 그리고 언론장의 경계는 이데올로기, 기술 발전, 정부 정책, 언론 문화, 언론사 관행, 언론인 개인의 가치관 등 다층적 요인의 영향을 받아 흐릿해졌다가 뚜렷해지기를 반복한다. 언론인들이 언론 본연의 역할에 충실할 때, 다시 말해 전문성을 발휘할 때 언론장은 뚜렷한 경계를 갖는다. 이때 언론인들은 전문성에 대한 존중을 받으며 사회적 지위를 유지한다. 반면, 언론인들이 언론인답지 않을 때, 예컨대 언론인들이 정치, 경제 권력과 한몸을 이룰 때 언론장의 경계는 모호해진다. 1987년 민주화 이전은 물론, 민주화 이후에도 한국 언론장은 뚜렷한 경계를 형성하지 못했다. 한국 언론장은 정치, 경제, 문화, 군사 권력 등, 힘을 가진 누구나 넘나들을 수 있는 장소로 여겨져 왔으며, 이에 저널리즘은 아마추어리즘 취급을 받아 왔다. 특히 1987년 민주화 이전은 물론 민주화 이후에도 주류 언론은 정치권력의 눈치를 보기에 바빴다. 언론은 정치권력의 도구 취급을 받았으며(이재경, 2013), 급기야 정치권력과 한몸을 이뤄 권언복합체勸言複合體를 이뤘다(송건호, 2012). 언론의 도구화가 지속되면서 주류 언론의 소유자들과 언론인들은 편향성을 갖게 됐고, 결국 한국 주류 언론은 사회적, 정치적 현실의 다양성을 반영하지 못했다.

대안 미디어 실천은 주류 언론의 허물을 분명하게 드러낸다. 이주민 방송을 포함한 소수자 미디어의 실천은 미디어 권력이 어떻게 사회 통념과 질서를 강요하고 단일한 세계를 구성해 왔는지 보여 준다. 시민 미디어와 1인 미디어의 활성화, 그리고 비직업 언론인들이 제작하는 팟캐스트 프로그램의 인기는 언론–시민의 관계가 생산자–이용자로 규정되어 있던 현실에 균열을 일으켰다. 공동체 미디어의 활동가들은 여기에서 한걸음 더 나아가, 미디어 소유자–생산자–이용자 간의 구분을 없앴다. 1987년 민주화 직후의 〈한겨레신문〉이나 이명박, 박근혜 정권 시절의 한국탐사저널리즘센터의 탄생과 활약은 한국 언론사의 중요한 순간들, 즉 언론의 기준이 다시 선 순간들에는 늘 대안 언론 운동과 그 운동을 향한 시민들의 지지가 있었음을 깨닫게 해 준다. 주류 언론이 정치, 경제 권력에 종속되어 불공정한 행위를 남발할 때, 대안 미디어에 대한 사회적 지지는 커졌다. 이러한 한국 대안 미디어 운동과 그 운동에 대한 지지는 언론장의 경계선을 보다 분명하게 긋기 위한 실천적 행위였다. 다시 말해, 한국 언론의 전통성과 전문성은 상당 부분 대안 미디어들에 의해 유지됐다.

대안 미디어는 주류 언론이 한국 사회에 낸 틈들을 매워 왔다. 주류 언론은 기성 체제를 유지하는 방식으로 정치, 사회적 현실을 재현함에 따라 공중은 투명하고 진실한 정보에 접근할 기회를 갖기 쉽지 않다. 반면, 대안 미디어는 사회에 대안적인 담론들을 제시해 왔는데, 특히 이 담론들은 자유, 평등 등 보편적인 인간의 권리를 확대하는 데 기여해 왔다. 이러한 측면에서 대안 미디어는 "사회 변혁을 위한 운동"이며, '또 다른 현실'이 있음을 이해시키기 위한 문화정치이자 담론의 정치"(유선영, 2005: 17)를 해 왔다고 볼 수 있다.

## 참고 문헌

강준만 (1995).《김대중 죽이기》. 개마고원.

권규상 (2012). "정보사회의 권력관계와 대항권력의 형성: '나는 꼼수다'를 사례로," 〈정보와 사회〉, 23호. pp.35~79.

김선기 (2018). "청년세대의 대안 저널리즘 실천과 구조적 제약," 〈한국언론정보학보〉, 87권, pp.38~76.

김수정 (2016).《시민 언론 운동》. 커뮤니케이션북스.

김수지 (2016). 〈대안언론의 공정성 인식과 실천: 뉴스타파 사례분석〉. 서울대학교 대학원 석사 학위 논문.

김영찬 · 반명진 (2018). "지역공동체 구성원들의 공동체미디어 실천에 대한 고찰: '창신동라디오 〈덤〉' 현장에 대한 참여관찰을 중심으로," 〈한국언론학보〉, 62권 3호, pp.277~308.

김유정 · 김용찬 · 김지현 · 우지희 · 정혜선 · 손해영 (2012). "중국동포 커뮤니티 형성과 에스닉미디어의 역할: 커뮤니케이션하부구조의 관점에서," 〈한국언론학보〉, 56권 3호, pp.347~375.

김중배 (1999).《미디어와 권력》. 나남.

류정민 (2005. 5. 4). "진보언론 구성원은 '소모품'이 아니다," 〈미디어오늘〉. http://www.mediatoday.co.kr/?mod=news&act=articleView&idxno=36635

〈말〉 (1985. 6. 15). "새로운 언론기관의 창설을 제안한다." 표지.

미디어몽구 · 이건범 (2012).《미디어몽구, 사람을 향하다: 소통과 공감으로 읽는 우리 시대》. 상상너머.

민주언론실천연합 (2017a). 〈이명박 · 박근혜 정권 시기 언론장악 백서〉. 민주언론실천연합.

민주언론실천연합 (2017b). 〈2008-2017 왜곡 · 편파보도백서〉. 민주언론실천연합.

박지훈 (2011). "한국 퀴어 미디어의 역사와 발전," 한국방송학회 엮음,《한국 사회 미디어와 소수자 문화 정치》(pp.321~364), 커뮤니케이션북스.

서울마을미디어지원센터 (2017). 2017서울마을미디어 연간영상. https://www.youtube.com/watch?v=IoPL-eRt44g

송건호 (1988. 5. 15). "창간사," 〈한겨레신문〉, 1면.

송건호 (2012). "박정희 정권하의 언론," 송건호 · 최민지 · 윤덕한 · 박지동 · 손석춘.《한국언론 바로보기 100년》(pp.240~319). 다섯수레.

송채경화 (2017). "세상에 없던 시사 프로 만날 것," 〈한겨레21〉, 1183호. http://h21.hani.co.kr/arti/society/society_general/44306.html

슬로우뉴스 (2018). "Q. 슬로우뉴스는 무엇인가요?" http://slownews.kr/about-us

신우열 (2018). "마음에 든 뉴스: 한국 언론이 뉴스를 담아야 할 장소에 관한 연구," 〈한국 탐사저널리즘센터 - 뉴스타파 창립 5주년 기념 심포지엄 자료집〉, pp.2~17.

안현찬 · 구아영 (2016). 〈서울시 마을공동체 지원사업 성과평가와 정책과제〉. 서울연구원.

오연호 (2004). 《대한민국 특산품 오마이뉴스》. 휴머니스트.

원숙경 · 윤영태 (2012). "대항공론장의 변화에 관한 연구: 〈나는 꼼수다〉를 중심으로," 〈사이버커뮤니케이션 학보〉, 29권 3호, pp.49~81.

유선영 (2005). 《한국의 대안 미디어》. 한국언론재단.

이건희 · 김유진 (2017. 3. 14). "팟캐스트 춘추전국시대," 〈머니투데이〉. http://news.mt.co.kr/mtview.php?no=2017031409097669325

이상길 · 안지현 (2007). "다문화주의와 미디어/문화연구: 국내 연구동향의 검토와 새로운 전망의 모색," 〈한국언론학보〉, 51권 6호, pp.58~83.

이재경 (2013). 《한국형 저널리즘 모델: 한국 저널리즘 선진화를 위한 성찰》. 이화여자대학교출판문화원.

이재진 (2013. 1. 1). "아듀! '나는꼼수다' 그들이 남긴 것은?," 〈미디어오늘〉. http://www.mediatoday.co.kr/?mod=news&act=articleView&idxno=106915

이주민방송 (2018). "이주민방송의 설립목적." http://www.mwtv.or.kr/index.php?r=home&c=1/9

전규찬 (2011). "소수자 미디어 문화 연구의 구성과 궤적," 한국방송학회 엮음, 《한국 사회 미디어와 소수자 문화 정치》(pp.3~44). 커뮤니케이션북스.

정동우 (2009). "신문기업의 생존전략이 저널리즘적 가치 수행에 미치는 영향," 〈한국언론학보〉, 53권 3호, pp.395~416.

정운현 (2013. 4. 15). "팟캐스트 '이이제이,'" 〈PD저널〉. http://www.pdjournal.com/news/articleView.html?idxno=38173

정의철 (2015). "이주민의 커뮤니케이션 권리와 역량강화: 이주민 미디어와 이주민 미디어 교육을 중심으로," 〈한국언론학보〉, 59권 2호, pp.257~286.

조수선 · 김유정 (2004). "온라인신문의 의제 및 의제속성 설정 연구: 〈조선닷컴〉과 〈오마이뉴스〉의 비교 연구," 〈한국언론학보〉, 28권 3호, pp.302~329.

채영길 (2009). "다문화사회 변화과정의 재해석: 이주민 주체와 이산 공론장의 형성," 〈언론과 사회〉, 17권 2호, pp.49~86.

채영길 (2017). "마을미디어의 참여와 정치문화에 대한 비판적 검토," 〈언론과 사회〉, 25권 1호, pp.141~194.

채영길 · 김용찬 · 백영민 · 김예란 · 김유정 (2016). "서울시 마을공동체미디어와 공동체 공론장의 분화와 재구성," 〈커뮤니케이션 이론〉, 12권 2호, pp.4~46.

최성진 (2012. 5. 4). "김어준 인터뷰 뒤 나꼼수 팬 항의메일 '폭탄'," 〈한겨레〉. http://www.

hani.co.kr/arti/society/society_general/531384.html
최장집 (2012). 《노동 없는 민주주의의 인간적 상처들》. 폴리테이아.
〈한겨레신문〉 (1988. 5. 15). "한겨레신문 윤리강령," 3면.
한윤형 (2017). 《미디어 시민의 탄생》. 시대정신연구소.

Anderson, B. (2006). *Imagined communities: Reflections on the origin and spread of nationalism*. London, UK: Verso.

Appelgren, E., & Salaverría, R. (2018). "The Promise of the Transparency Culture: A comparative study of access to public data in Spanish and Swedish newsrooms," *Journalism Practice*, 12(8), pp.986～996.

Atton, C. & Hamilton, J. F. (2009). *Alternative journalism*. [이효성 옮김. 《대안언론》. 커뮤니케이션북스. 2011].

Karlsson, M. (2010). "Rituals of transparency: Evaluating online news outlets' uses of transparency rituals in the United States, United Kingdom and Sweden," *Journalism Studies*, 11(4), pp.535～545.

Lasorsa, D. L., Lewis, S. C., & Holton, A. E. (2012). "Normalizing Twitter: Journalism practice in an emerging communication space," *Journalism Studies*, 13(1), pp.19～36.

Lewis, S. C. (2012). "The tension between professional control and open participation: Journalism and its boundaries," *Information, Communication & Society*, 15(6), pp.836～866.

Rodriguez, C. (2001). *Fissures in the mediascape: An international study of citizens' media*. Cresskill, NJ. Hampton Press.

Shin, W. (2016). "Being a "Truth–Teller" in the Unsettled Period of Korean Journalism: A Case Study of Newstapa and its Boundary Work." Unpublished doctoral dissertation, School of Journalism and Mass Communication, University of Minnesota, Minneapolis, MN.

Singer, J. B. (2005). "The political j–blogger: 'Normalizing' a new media form to fit old norms and practices," *Journalism*, 6(2), pp.173～198.

Williams, R. (1961). *The long revolution*. [성은애 옮김. 《기나긴 혁명》. 문학동네. 2007].

3부

# 한국 언론과 언론 운동

## 도전과 전망

# 민주주의와

# 촛불

# 그리고 저널리즘

9장

김서중

김서중은 성공회대학교 신문방송학과 교수로 민주주의 사회를 유지하기 위한 중요한 기제로서 언론의 기능과 구실을 고민하고, 이의 구현을 위한 바람직한 언론 법과 제도 그리고 저널리즘 원칙을 연구하고 있다. 서울대학교 언론정보학과를 졸업하고 같은 학교 대학원에서 석사 및 박사 학위를 받았다. 현재 민주언론시민연합 정책위원장이며, 한국언론정보학회 회장, 민주언론시민연합 공동 대표, 민주화를 위한 전국교수협의회 상임 공동의장, 신문발전위원회 부위원장, 언론중재위원회 위원, KBS 이사 등을 지냈다. 저서로는《한국 민주주의의 미래와 과제》(공저), 논문으로는 "세월호 보도 참사의 근본 원인" 등이 있다.

지금 우리 언론을 상징하는 표현은 '기레기'다. 시민들이 언론을 불신하기 때문이다. 이명박·박근혜 정부를 지나며 기존 언론의 신뢰도는 추락했다. 특히 신뢰도의 선두를 달렸던 KBS, MBC의 추락은 주목할 만하다. 박근혜 정부에 부역했던 공영 방송 사장들을 해임시키고 구성원들의 지지를 받는 새로운 사장이 취임한 이후 한편에서는 콘텐츠의 내용이 좋아졌다고 평가하지만 시청률이나 신뢰 회복이 쉽지 않다. 지금도 마음에 들지 않는 기사에는 여지없이 기레기라는 댓글이 붙는다. 문제는 시민들이 기존 정부에 장악됐던 공영 방송만이 아니라 언론 전반을 불신하고 떠나고 있다는 점이다. 그나마 기사를 보고 기레기라며 비난하면 다행이라 생각할 정도로, 수용자들은 아예 새로운 플랫폼으로 이동하고 있다(박아란, 2015: 50).

이런 플랫폼 이동 현상이 기술의 발전에 따른 불가피한 현상이든 불신을 자초한 기존 언론 탓이든, 민주주의 관점에서는 그런 현상을 방관할 수만은 없다. 불신의 대상이었더라도 기존 언론에게는 민주주의적 기능을 수행해야만 한다는 기대가 있었다. 따라서 수용자들이 새로운 플랫폼으로 이동한다면, 새로운 플랫폼에서 이루어지는 콘텐츠 소비가 기존 언론에 기대했던 민주주의적 기능을 대체할 수 있는지 여부는 매우 중요하다. 만약 그렇지 못하다면 기존 언론의 민주주의적 기능을 유지하거나 복원하려는 사회적 대응이 필요하기 때문이다.

이를 위해서는 우선 기존 언론이 신뢰를 구축하지 못한 연원을 파악하고 그 신뢰 재구축의 방법을 찾아야 한다. 물론 전술한 대로 새로운 플랫폼이 기존 언론의 기능을 대체할 수 있다면 기존 언론의 신뢰 재구축을 사회적으로 논하는 게 큰 의미는 없을 것이다. 그러나 새로운 플랫폼은 그 강점에도 불구하고 가짜 뉴스 논란에서 보듯 저널리즘 위기의 한 원인이 되고 있는 측면도 있다. 따라서 새로운 플랫폼의 한계를 살펴보고 지금 이 시점에 필요한 저널리즘의 방향성을 고민해 봐야 한다.

## 1. 미완성의 언론 민주화

우리 언론은 구한말 〈한성순보〉 창간 이후 일본 제국주의, 독재 정권 등의 영향으로 정상적으로 성장할 기회를 갖지 못했다. 1987년 민주화 투쟁 이후 일정 정도 형식적 민주화의 기회를 가졌다고는 하지만 아직 민주화되지 못한 노태우·김영삼 정치권력의 영향과 새롭게 부상한 자본의 영향을 극복할 수 있는 상황은 아니었다. 이후 김대중·노무현 정부 시기는 언론 민주화를 위한 여러 정책을 실시하였으나 과점 신문들의 저항으로 그 본래 의도가 실현됐다고 평가하기는 어렵다. 저널리즘의 기본을 정착시키고 강화하기보다는 언론의 정파적 성격이 강해졌다. 또 사회 제 세력도 언론의 정당한 비판을 정파적으로 이해하려는 경향이 높아졌다. 이명박·박근혜 정부 시기 방송 장악은 김대중·노무현 정부의 언론 개혁 노력과 민주화된 언론의 저널리즘 행위를 정파적이라고 공격했던 한나라당의 인식에서 비롯된 바가 크다.

### 1) 독재에서 민주화로

김대중·노무현 정부 이전 민주화의 기회가 있었지만 정권의 탄압으로 사라졌다. 4·19 혁명으로 찾은 언론의 자유는 5·16 쿠데타로 사라졌고, 1970년 대 초반 유신 선포를 전후해 기자들이 언론자유수호선언이나 언론자유실천선언을 하고 저항했지만 〈동아일보〉, 〈조선일보〉의 언론인 대량 해직과 권력의 긴급조치로 무산됐다. 1979년 10·26 사태로 온 기회는 계엄에 따른 검열, 5월 광주 항쟁의 무력 진압, 그리고 이어진 언론 통폐합, 언론기본법 등으로 사라지고 신군부 정권은 언론 통제 체계를 구축하였다(송건호 외, 2000).

신군부가 세운 5공 정권은 문공부 홍보조정실을 통해 이른바 보도지침을 내려 보내 언론을 획일화했다. 언론 통폐합의 결과 방송은 KBS와 MBC만 남았지만, MBC의 주식 70%를 KBS가 소유함으로써 사실상 KBS만 존재했다. 더군다나 한국방송광고공사를 통해 방송의 재원인 광고를 통제하였다. 신문의 경우는 신규 사업자의 진입이 전무했고 기존 사업자들은 신문협회를 중심으로 카르텔 구조를 형성했다. 카르텔 구조로 1980년대 고도 경제 성장 시기를 지낸 언론은 경제적으로 급성장했지만 저널리즘 측면에서는 퇴보했다(김서중, 2010a).

이렇게 억눌렸던 한국의 언론인들에게 1987년 민주화 운동은 언론 자유를 쟁취할 좋은 기회였다. 각 사가 노조를 결성하고 방송사들은 직능 단위의 협회를 결성하였다(새언론포럼, 2008: 23~38; 새언론포럼, 2009: 21~22) 언론노조는 언론 민주화를 거부하는 권력과 경영자를 동시에 비판하며, 경제 투쟁보다는 '편집'이라는 정신 활동의 권리와 자유를 되찾겠다는 정치 투쟁을 전개했다(방정배, 1990: 71~72).

1975년 〈동아일보〉, 〈조선일보〉에서 해직된 기자들과 1980년 해직 기자들이 주축이 되어 1984년 결성한 민주언론운동협의회(언협. 지금 민주언론시민연합의 전신)는 이러한 목표를 달성하고 제도 언론 한계를 극복하기 위해 대안 언론으로서 잡지 〈말〉을 창간하였다. 그 〈말〉이 5공 정권 시기 문화공보부가 언론을 옥죄었던 보도 지침의 실체를 폭로했다. 이후 1987년 대통령 선거 시기 보여 준 언론의 왜곡 보도에 대응하여 언협을 중심으로 선거보도감시연대가 구성돼 언론 보도 감시 운동을 전개했다. 선거 보도 감시 운동은 수용자들이 피부로 느끼는 언론의 불공정성을 구체적 자료로 제시한 것이며, 이 결과에 분노한 제 언론 운동 단체들이 이후 언론 개혁 운동에 나섰다.

### 2) 미완의 언론 개혁 — 민주 정부 10년

1987년 민주화 운동 이후 각 사에 노동조합과 자율적 직능 조직이 등장하면서 일시적으로 언론 자유를 향유하는 것처럼 보였지만, 노태우 정부는 물론 문민 정부를 자처했던 김영삼 정권도 비공식적으로는 유형무형의 많은 통제를 가했다(이효성, 1998: 255~256). 언론사나 그 모기업의 세무 사찰, 빈번한 언론사 상대 명예훼손 소송, 청와대 정무수석의 전화 항의, 공보처 장관의 언론사 간부 접대 협조 요청 등이 이루어졌다. 동시에 언론의 권력화, 보수화도 진행됐다. 김은규(2003)는 자본이 언론에 개입하는 방식을 광고주, 언론사 직접 소유와 더불어 언론의 기업화를 지적했다. 1987년 언론 자율화 조치로 거대 자본이 모기업의 방어 차원에서 신문을 소유 운영하였다.[1] 한편 과점 신문들은 신생 언론사가 늘어나면서 이에 대응하여 이른바 무한 경쟁을 벌였다. 무한 경쟁은 기자들에게 언론의 공적 가치보다는 '기업의 생존'이라는 조직 목표를 우선하도록 강요했고 이 신문들에서 노동조합은 무력화됐다. 게다가 1987년부터 〈조선일보〉를 비롯한 일부 언론이 대통령 만들기에 나섰다는 비판이 제기됐다.

따라서 언론노조나 시민 언론 운동 단체들은 언론 감시 수준의 운동으로는 언론의 편파성이 근본적으로 해결되지 않을 것이라 판단하고 구조적인 개혁 운동을 펼쳐 나가기 시작했다. 1990년대 초반부터 시민 언론 운동 단체들은 경품 제공이나 무료 구독 제공 등 불공정 경쟁을 막고 투명한 경영을 위해 언론사 세무 조사를 촉구했다. 또 편집권의 독립을 위해 정간법(정기간행물의 등록 등에 관한 법률) 개정을 요구했다. 1998년에는 민주언론운동시민연합과 언론 현업 단체들, 참여 연대 등 시민 단체 그리고 학계에서는 한국언론정보학회가 참여하여 언론개혁시민연대(언개연)를 결성하였고 2001년에는 언개연을 중심으로 더 많은 시민 단체가 참여해 '신문개혁국민행동'을 결성하여 언론 개혁을 요구했다.

IMF 관리 체제 시기에 집권한 김대중 정부는 권력화한 언론, 즉 신문보다는 정부의 결단으로 비교적 쉽게 해결할 수 있는 방송 개혁 과제

---

1 1987년 언론 자율화 이후 한국화약(《경향신문》), 롯데(《국제신문》), 대우(《부산매일신문》), 대농(《내외경제》, 〈코리아헤럴드〉), 갑을(《영남일보》) 그룹 등이 기존의 신문사를 인수하는 한편, 현대그룹이 〈문화일보〉를 창간했다.

부터 시도했다. 사회조합주의적 모델의 방송개혁위원회(방개위)를 구성하여 다양한 이해 집단의 요구를 사회적 대타협과 조정으로 해결하려고 했다. 김대중 정부의 방송 개혁은 국가 권력과 시장 권력의 갈등을 야기할 만한 사안은 피했기에 사회조합주의 모델이었다기보다는 의견 수렴 장치 정도였다는 평가(정용준, 2006)도 있었다. 하지만 방개위 부위원장이었던 강대인(1999: 43)은 최대한 다양한 의견을 수렴하려 노력했으며, 이전 제도보다 그 방향성에서는 개혁적이었다고 술회한 바 있다.

시민 단체의 요구를 받은 김대중 정부는 경영 투명성을 강조하며 세무 조사를 실시하고 결과를 공표했다. 23곳의 언론사가 1조 3594억 원의 소득을 탈루한 혐의를 확인하고 5056억 원의 세금을 추징하기로 했다. 또 사기 등 부정한 방법에 의한 소득 탈루 혐의가 있는 중앙 언론사 6~7곳은 조세범 처벌법 위반 혐의로 검찰에 고발했다(편집부, 2001: 57). 2001년 〈대한매일〉이 실시한 여론 조사에 따르면 신문들의 편파 왜곡 보도와 횡포에 불만을 느끼고 세무 조사 결과에 놀랐던 78.9%의 응답자들이 세무 조사와 그 결과에 따른 조치를 지지했다(유선영, 2004: 481). 반면 당사자인 과점 신문들은 언론 탄압이라며 항의했고, 〈조선일보〉 기자들은 비판 언론 말살 기도라며 규탄 성명을 발표했다. 당시 야당이었던 한나라당과 과점 신문들은 언론 개혁을 친김대중-반김대중 구도의 음모론으로 전환시키려 했다(김연종, 2004: 233~234). 과점 신문들과 야당의 공세 속에서 2002년 대선 국면에 들어서면서 여론은 부정적으로 돌아섰고, 신문 개혁은 미완으로 남았다.

노무현 정부는 언론 개혁의 일환으로 우선 언론 관행 개선 조치를 실시했다. 1단계로 취재 보도의 민주화를 의미하는 정책으로 기자실을 개방했다. 다음으로 이해당사자에게 기사 내용을 수정할 기회로 악용되어 권언유착, 경언유착의 고리였던 가판 구독을 금지시켰다. 권언유착 단절은 물론 경언유착도 끊으라는 경고였다. 또 신문고시를 개정하여 불공정 거래로 점철된 신문 시장에 질서를 부여하려 했다. 노무현 정부는 신문 개혁의 정점으로 '정기간행물 등의 등록에 관한 법률'(정간법)을 폐지하고 '신문 등의 자유와 기능 보장에 관한 법률'(신문법)을 제정했다. 여론 독과점을 깨고 언론의 내적 자유를 보장하려는 의도였다. 하지만 시장 지배적 사업자 조항은 헌법재판소의 위헌 판결로, 편집권 조항은 내용은 좋지만 선언적 권고 조항이라서 실효성을 상실했다. 참여 정부의 언론 개혁 정책은 권력이 스스로 결정하는 부분에서는 일정 정도 성과를 거두었지만, 법 개정을 통한 노력은 정치적 공격을 극복하지 못하고 소유 지분 및 편집자율권 등 핵심 조항을 삭제하거나 완화하는 등 그 한계를 보였다(김서중, 2005).

그에 비해 방송은 제도 개혁보다는 정권이 공영 방송 운영에 개입하지 않으면 되는 문제였기에 변화가 가능했다. 정권이 가하는 유무형의 압력을 거부했던 양 공영 방송사의 사장이 방송인들의 자율성을 보장함으로써 공영 방송들은 본연의 비판 감시 기능을 제대로 수행했다고 볼 수 있다. MBC는 경영 위기를 감수하며 정권이 신지식인 1호로 지정하며 공을 들였던 황우석의 논문 조작을 보도했고, KBS는 정부가 적극 추진하던 한미 FTA를 우려하는 방송을 내보냈다. 대표 공영 방송이 정부 핵심 정책을 비판하는 방송을 한 것은 이전에는 물론 이후 이명박·박근혜 정부에서도 거의 없었다. 방송 민주화의 필요성을 상징하는 사례들이다. 정도의 차이는 있지만 김대중·노무현 정부 아래 공영 방송은 최대의 자율성을 향유했다. 하지만 김대중 정권과 노무현 정권의 언론 개혁 노력은 정권의 선택이었을 뿐 제도화되지 못했다. 이는 이명박 정부에서 방송 장악이 가능했던 요인이다.

한편 참여 정부의 언론 개혁은 기득권 체제를 혁파하는 방식이었기에 기존 언론사는 물론 언론인들에게도 불편한 방식이었다. 언론인들의 80.8%, 중앙 일간지 기자들의 경우 91.8%까지 노무현 정부 이후 정부-언론 관계가 "불필요하고 감정적인 긴장 관계로 변화했다"고 평가했다(이준혁, 2003). 언론노조도 공동배달제와 지역언론육성법, 개방형 브리핑제 도입 등 그 방향성에는 동의하지만 언론 정책의 큰 그림이 없이 방법론에서 미숙해서 일관성이 부족했고 소모적 논쟁을 야기했다고 보았다(유선영, 2004: 485) 시민 단체와 언론노조 등 현업 단체의 요구를 수용했던 참여 정부의 언론 개혁은 오히려 언론계 내부의 동의를 얻지 못한 미완의 개혁으로 마무리됐다. 물론 참여 정부의 언론 개혁이 기자들을 비롯한 언론계의 동의를 이끌어 내지 못하고 실패한 것은 정부의 미숙함 때문이다. 하지만 자신들의 기득권부터 챙긴 기자들의 이기주의가 언론 개혁의 발목을 잡은 것은 아닌지 검토해 볼 필요도 있다. 예로서 참여 정부의 취재 지원 선진화 방안을 취재 제한의 위험이 있다며 언론 자유 침해라 주장했던 언론계가 이명박·박근혜 정부 시절 언론 장악이나 취재 제한에 미온적으로 대응한 것에 합당한 설명이 필요하다.

### 3) 이명박 · 박근혜 정권의 민주화 후퇴

김대중·노무현 정권 시절 불완전한 개혁, 즉 제도적 장치를 제대로 마련하지 못한 한계는 권력의 언론 장악 기회를 제공했다. 이명박 정권은 편법 불법으로 공영 방송의 경영진을 교체하여 공영 방송의 비판 감시 기능을 억압했다. 공영 방송들이 올바른 의제 제시나 감시 견제 기능을 하지 못했고, 국정 홍보 방송으로 전락했다.[2] 과점 신문인 수구 보수 언론 조중동 지지를 받고 있었던 이명박 정권은 공영 방송까지 장악하였다. 여기에 그치지 않고 이명박 정권은 사영 방송 영역에서도 우호적인 세력을 구축하였다. 이른바 미디어 관련법을 날치기 통과시키고 이를 이용하여 무려 네 개의 종합 편성 채널 사용사업자(종편)를 승인하였다. 지배 권력에 우호적인 〈조선일보〉, 〈중앙일보〉, 〈동아일보〉, 〈매일경제〉가 대주주인 이른바 조중동매 종편이다. 이를 통해 언론 장악을 완성했다.

참여 정부 시절 '잃어버린 10년'이라며 선거 패배를 방송 때문이라고 주장한 한나라당과 이명박 정권은 방송 장악에 나섰다. 정권은 2008년 8월에는 뉴라이트전국연합, KBS이사회, KBS노조, 감사원, 국세청, 교육과학기술부, 동의대, 검찰, 경찰, 방송통신위원회를 모두 동원하여 정연주 KBS 사장을 해임하였다. 또 두 번이나 대통령이 사과할 정도로 심각한 광우병 촛불 정국의 한 틈에서 YTN, 스카이라이프, 아리랑TV 등 방송사는 물론 지상파 방송사의 재원에 직접 영향을 줄 수 있는 한국방송광고공사 사장 자리에 특보 출신들을 앉혔다. '특보사장단' 체제를 만든 것이다. 이 과정에서 YTN노조는 사장의 출근 저지 투쟁을 벌이다 해직(6인), 정직(6인), 감봉(8인), 경고(13인) 등 33명이 징계당했다. 하지만 군사 정권 때도 사장의 출근을 저지했다는 이유로 기자들을 대거 해고한 언론사는 없었다(최영묵, 2012: 13). MBC도 예외는 아니었다. 〈PD수첩〉을 명예훼손으로 수사하고, 비판적 클로징 멘트를 했던

2 이명박 정권 당시 국정기획수석이었던 박재완 씨는 〈신동아〉(2008. 9. 18)와 한 인터뷰에서 "한국 방송 사장은 정부 산하 기관장으로서 새 정부의 국정 철학과 기조를 적극적으로 구현하려는 의지가 있어야 한다"고 했다.

〈뉴스데스크〉 진행자 신경민 앵커를 물러나게 했다. 2009년 8월 MBC의 대주주인 방송문화진흥회의 이사를 뉴라이트 계열 인사 중심으로 교체해서 엄기영 사장을 압박하고 자진 사퇴하도록 유도했다. 이런 과정을 통해 방송을 장악한 정권은 김제동, 정관용, 윤도현, 김미화, 손석희 등을 퇴출시켰다. 이명박 정권 당시도 다양한 분야에서 블랙리스트가 언급되고 있었고, 방송계도 예외는 아니었음이 증명됐다(정연우, 2009: 176) 전술한 조치를 취한 것은 원활한 언론 구조 개편을 위해서였다. 법제도 개편 권한을 가진 국회의원들에게 영향을 줄 수 있는 여론을 우호적으로 조성하기 위한 조치였다.

이명박 정권은 언론 구조 개편을 위해 2008년 12월 3일 방송 산업에 대한 규제 완화 내용을 담은 신문법과 방송법 등 미디어 관련법 개정안을 제출했다. 방송을 신산업 성장 동력으로 활용하겠다거나 지상파의 여론 독과점을 완화하겠다는 명분이었지만 근거는 박약했고 야당과 여론의 반발을 받았다. 결국 2009년 7월 22일 여당만 들어 간 본회의장에서 미디어 관련법들을 일방적으로 통과시켰다. 한나라당이 날치기 처리한 방송법 개정안의 주요 내용은 1인(특수 관계인 포함) 소유 지분 상한선 30% → 40%, 신문과 대기업의 지상파 방송 소유 지분 10%까지 허용, 신문과 대기업의 종합 편성 채널/보도 전문 채널 소유 지분 30%까지 허용, 외국 자본의 지상파 방송 지분 소유 금지, 종합 편성 채널 20%, 보도 전문 채널 10% 지분 소유 허용, 지상파 방송과 케이블 방송의 교차 소유 및 겸영 허용 등이다(유영주, 2011: 226).

미디어 관련법 개정의 목표는 신문과 대기업이 뉴스를 할 수 있는 방송 영역에 진출할 수 있도록 하는 것이다(김서중, 2010b). 이후 종편 도입을 둘러싸고 찬반 논의가 격렬하게 진행되는 가운데 2010년 12월

31일 방송통신위원회는 한 곳도 쉽지 않을 거라는 시장 상황을 무시하고 4개의 종편 승인을 결정했다. 결국 정책적 배려 없이 생존이 불가능한 상황이 됐다. 방송 권역(전국 방송), 광고 직접 영업, 중간 광고, 각종 프로그램의 의무 편성 비율, 방송 발전 기금 납부 유예 등 비대칭 규제 논란이 일었다(유영주, 2011; 김서중, 2010b). 그러나 무엇보다도 종편의 도입이 미친 영향은 안정적 경영을 하던 지상파의 경영을 어렵게 했다는 점이다. 방송 시장에서 공익성을 고려할 여지가 줄어들도록 만들었다.

### 4) 탄압과 저항의 역사: 미완의 언론 민주화

우리 언론은 오래 동안 독재 정권의 탄압으로 비판, 감시, 견제 기능을 제대로 펼친 적이 없었다. 당연히 민주적이고 공정한 저널리즘 체계가 적절한 관행으로 정착할 기회도 없었다. 독재 정권이 물러난 이후에는 노조 결성이나 직능 단체 결성을 통해 언론 민주화를 요구했고, 형식적 민주주의 정도는 획득했다. 하지만 공영 방송의 경우 노태우·김영삼 정권 시절에도 반민주적 성향의 사장을 낙하산 방식으로 내려 보내는 일이 반복됐으며 구성원들은 희생을 감수하며 저항을 해야만 했다. 민주주의는 완성된 것이 아니라 여전히 민주화 투쟁 과정을 겪고 있었던 것이다. 상대적으로 언론인들이 언론 자유를 더 누릴 수 있고, 정권의 간섭을 적게 받았던 시기는 김대중·노무현 정권이었다. 하지만 전술한 대로 당시의 민주적 운영이 제도적 뒷받침을 받은 것이거나 역진할 수 없는 관행으로 정착했음을 의미하지는 않는다.

이명박 정부가 편법, 불법으로 공영 방송이나 연합뉴스를 장악할 수 있었던 것은 우리 사회 그리고 언론이 충분히 민주화가 되지 못했기 때문이다. 한편 신문은 이미 1990년대 무한 경쟁으로 불리는 과정을 통해 과점 신문들이 보수적 노선을 확립했으며, 언론 권력 강화를 위해 '대통령 만들기'라는 정파적 행위를 하였다. 생존을 앞세운 무한 경쟁의 압박 속에 구성원들의 민주화 요구도 자연스럽게 소멸했다. 따라서 이미 신문 시장을 과점한 보수 세력, 정권의 공영 언론의 장악에 이어 보수적인 신문 시장의 과점 세력에게 방송 뉴스를 할 수 있는 종편 진출을 승인한 것은 자본-정치-언론의 기득권 삼각 동맹 구도 완성에 마침표를 찍는 작업이었다고 할 수 있다(이영주·류웅재, 2017: 54). 언론을 진정으로 민주화하려면 반저널리즘적인 이런 삼각 동맹 구도를 해체해야만 한다. 언론은 특정한 자본 또는 정치권력이 지배하는 대상이거나 이들과 유착하는 존재가 아니라 사회 제 권력을 감시 비판하는 독립적 주체여야만 하기 때문이다.

## 2. 세월호에서 촛불 혁명까지

언론이 민주화되고 자유로운 환경에서 저널리즘 원칙을 내재화하는 기회를 갖지 못한 채 우리 언론은 다시 정권, 자본에 포박된 상황에 처했다. 그 결과로 나타난 것이 세월호 보도 참사이고 박근혜 정부의 국정 농단이다.

### 1) 선정성과 권력 지향성이 상승 작용을 일으킨 세월호 보도 참사

2014년 4월 16일 세월호 침몰과 함께 희생자 304명이 발생했다. 그리고 시민들은 전원 구조 오보로 시작해서 대통령 옹호 보도에 이르기까지 세월호 참사 상황에서조차 편파 왜곡 보도로 보도 참사를 일으키는 언론을 목도했다.[3] 이런 경험이 있었기에 국정 농단을 규탄하며 모인 촛불 시민들 사이에서 자연스럽게 기레기라는 표현이 나오고, 시민들이 KBS나 MBC의 취재 기자들을 쫓아냈다.

세월호 보도 참사 당사자이기도 한 방송 기자들은 반성의 차원에서 방송이 보인 세월호 보도 참사를 《세월호 보도… 저널리즘의 침몰》이라는 책에 담아냈다(방송기자연합회, 2015). 이 책은 세월호 보도 참사의 문제점과 유형을 ① 사실 확인 부족과 받아쓰기 보도, ② 비윤리적·자극적·선정적 보도, ③ 권력 편향적 보도, ④ 본질 희석 보도, ⑤ 누락·축소 보도 등으로 구분하였다.

첫 번째 유형의 대표적인 보도는 전원 구조 오보다. 정확성보다 속보성에 매여 있는 언론의 현실이 그대로 반영된 사안이다. 제대로 된 저널리즘 원칙을 정착시키지 못했던 언론의 현실이 반영된 것이다. 더군다나 현장에 있던 목포 MBC 기자들이 전원 구조 보도가 오보일 가능성이 높다고 여러 번 첩보를 올렸음에도 정정이 쉽지 않았던 것은 MBC의 친정권 성격과 무관하지 않다. 이 외에도 당일 KBS, MBC, SBS 메인 뉴스는 "육해공 총동원, 하늘·바다서 입체적 구조작업"(KBS), "육해공 구조작업 '총출동'… 함정 23척·병력 1천여 명 동원"(MBC), "혼신의 구조… 헬기에 함정에 어선까지"(SBS)라고 보도했다. 이른바 총력 구조 보도다. 하지만 당시 구조는 전혀 이루어지지 않았다. 언론은 무엇을 보았을까?

두 번째 유형의 대표적 사례는 참사 당일 오후 5시 MBC의 피해자 보·배상액 보도다. 참사에 정서적 공감이 전혀 없는 상업적, 비윤리적

---

3 이 부분은 김서중(2015: 37~64)을 발췌했다.

보도의 전형이었다. 참사 현장에서 희생자 또는 피해자의 권리가 보호되지 않고 그대로 영상으로 나간 사례들도 이 유형에 해당한다. 또 5월 7일 MBC 박상후 전국부장이 잠수사가 사망하자 "분노와 슬픔을 넘어서"라는 제목으로 유가족들을 질책했던 것도 같은 유형이다.

세 번째 유형, 즉 권력 편향적인 보도는 대통령을 보호하려는 목적에서 비롯됐다. 이로 인해 저널리즘의 기본 원칙인 진실성과 공정성이 무너졌다. 박대통령 체육관 방문 당시 항의하는 현장음을 배제한 KBS는 사실을 조작해서, 설명하지 않았던 YTN은 사실을 외면해서 진실을 덮었다. 방송들은 논란은 덮고, 정부 해명만 전달하는 경호견guard dog 소임에 충실했다.

네 번째 유형은 유병언 일가로 도배한 보도 행태를 의미한다. 침몰 원인, 해경의 구조·구난 실패 등 주요 사안보다는 세월호와 간접적인 관련만 있는 유병언 일가에 주목하여 세월호 참사의 본질을 희석했다. 유병언이 실소유주라는 보도가 나온 이후 유병언과 그가 속한 구원파는 참사의 유일한 원인 제공자로 둔갑했다. 사실 확인이라는 저널리즘의 기본도 사라졌다. 우연의 일치인지 인과적 관계인지는 중요치 않았다. 거의 매일 이어진 인천지검의 백그라운드 브리핑 내용으로 뉴스와 시사 프로그램을 도배한 것도 세월호의 본질에 관한 관심을 유병언으로 돌리려는 의도에 부응한 것이었다.

다섯 번째 유형은 정권 관련 인사의 보도에서 나타난 편파성이다. 정권에 유불리 여부를 따져 김장수 안보실장, 민경욱 대변인 등의 발언을 보도하거나 제외했다. 또 해경과 구조 업체 '언딘 마린 인더스트리' 유착 의혹, 국정원 관련 사안이 담긴 노트북 발견 사실 등도 보도로 나가지 못했다.

세월호 보도 참사로 인한 피해는 재삼 설명할 필요가 없다. 그럼 왜 이런 오보나 왜곡 보도가 일어났을까? 일반적으로 신속성, 선정성을 언급한다. 그런데 이런 보도의 경향은 개별적이기보다는 구조적이라고 봐야 한다. 신속성, 선정성 등을 촉발하는 근본 원인은 경쟁 체제를 부추기는 언론의 상업성에 있다. 신속성을 앞세워 시청률, 클릭 수를 높이려는 언론의 상업적 이윤 추구 논리가 기자들의 취재·보도 윤리를 억누르고 있기 때문이다. 그러나 한국의 특수성을 고려하면 보도 참사의 근본 원인은 권력으로부터 자유롭지 못한 언론 현실에 있다. 세월호 관련 오보나 선정적 보도들이 궁극적으로 권력에게 유리한 방향으로 작동했음에 주목해야 한다. 따라서 언론 보도로 인한 폐해를 줄이려면 우선은 정치적 통제 요인을 제거해야 하고, 이어서 기자들에게 미치는 상업적 압박을 줄여야 한다.

## 2) 정략적인 이해타산에 따라 움직인 친권력 언론[4]

### (1) 권력과 언론의 관계를 보여 준 국정 농단 보도의 시작

이명박 박근혜 정권에 장악되었거나 우호적이었던 언론의 보도 태도는 〈한겨레〉가 최순실 의혹을 단독 보도하고 국회가 문제를 제기한 2016년 9월 20일 극명하게 드러났다. 관련 보도를 한 방송은 jtbc, TV조선, MBN뿐이었다. 이른바 공영 방송인 KBS, MBC와 준공영 방송인 YTN, 연합뉴스TV 등은 언급조차 하지 않은 것이다. 물론 TV조선은 jtbc가 노회찬 의원의 탄핵 발언을 전달하고, MBN이 우병우 거취

4 이 부분은 민주언론시민연합(2017: 464~566)을 참조하였다.

문제를 언급한 것과 달리 야당 의원의 목소리를 통해 최순실이 미르, K스포츠재단의 배후라는 것을 지적하는 정도의 소극적 태도를 보였다. 이는 2016년 7월 26일 최초로 안종범 수석의 500억 모금 건을 터트렸다가 송희영 주필의 대우조선 비리 연루설로 역공당했던 경험의 반영이었다고 볼 수 있다. 이렇듯 여러 방송들의 보도 행태 차이는 언론과 권력이 맺고 있는 관계의 반영이었다. 한편 KBS에서는 기자협회장이 특별 취재단을 꾸릴 것을 요구하자, 정지환 보도국장이 최순실의 존재를 부정하며[5] 묵살했다고 한다. 방송 장악과 그에 부역한 언론인의 행태를 극명하게 보여 주는 예다.

### (2) 은폐에는 실패, 꼬리 자르기에 나선 공영 방송

2016년 10월 20일 박 전 대통령이 미르·K스포츠 재단에 대해 언급했다. 박대통령은 최순실을 언급하지 않고 모든 의혹을 일축한 채, 의미 있는 사업이라며 다만 불법 행위를 저질렀다면 엄정히 처벌받을 것이라 발언했다. 한편 의혹의 일단을 인정하는 대통령의 언급이 나오자 방송사들의 미르·K스포츠 재단 관련 보도량이 급증했다. 권력의 향배에 따른 언론의 보도 태도를 보여 줬다.

한편 최순실 보도에서는 적극성을 보이면서도 친권력적인 언론들은 이 불똥이 박근혜 정권 전반에 튀는 것은 우려했다. 특히 TV조선의 경우는 최초 문제 제기한 7월 26일 보도부터 박근혜 정부 자체를 공격

---

5 "최순실이 대통령 측근이야? 측근이 맞나? 뭐가 맞다는 거지? 알려져 있다는데 어떻게 측근이라고 장담할 수 있느냐"(《미디어 오늘》, 2017. 11. 20). http://www.mediatoday.co.kr/?mod=news&act=articleView&idxno=139876&sc_code=&page=&total=

했다기보다는 박근혜 정부에 경고를 통해 보수 정권을 재창출할 권력의 정비를 요구하는 시도를 했다고 봐야 한다. 그런 태도는 국정 농단이 충분히 쟁점화되자 잠재적으로 가장 유력한 대선 후보인 문재인을 공격한 것으로도 알 수 있다.

### (3) 대통령의 전략에 호응했던 친권력 언론

2016년 10월 24일 대통령은 개헌 언급을 했다. 개헌 언급은 세인의 관심을 최순실 그리고 박근혜로부터 개헌으로 돌리려는 의도였다. 이때부터 친권력적인 방송들은 대부분 개헌 논의를 부각시켰다. 24일 보도량은 KBS·TV조선 각 7건, MBC·채널A 각 8건, SBS 11건, jtbc 5건, MBN 12건이었다. 반면 '최순실 게이트'를 언급한 보도는 KBS와 TV조선 1건, MBC와 채널A가 2건, SBS와 MBN이 3건이고 jtbc는 5건이었다. 그래도 jtbc는 개헌 관련 모든 보도에서 최순실 게이트를 관련시켜 보도했지만, 타사는 이를 슬쩍 언급하고 넘어가는 수준에 멈췄다. 보도의 초점을 돌리려는 박근혜 전 대통령의 의도에 장단을 맞춘 것이다.

하지만 그날 jtbc의 태블릿 PC 보도는 박근혜 대통령의 사과까지 이끌어 냈다. 그리고 추가 폭로를 이어갔다. 반면 박근혜 홍위병 노릇을 했던 MBC와 채널A는 대통령의 사과를 옹호하고 jtbc가 폭로한 '청와대 문건 유출'의 상세한 내용도 제대로 보도하지 않았다. 심지어 MBC는 타사와 달리 박 대통령의 현행법 위반 혐의나, 여타 '최순실 게이트' 관련 의혹도 전혀 다루지 않았다.

### (4) 폭로에서 진영 옹호로

2016년 11월 3일 최순실 구속과, 특검과 국정조사에 응하겠다는 대통령의 담화 이후 친 권력적인 언론들은 적극적으로 대통령 감싸기에 나섰다. 정권의 재창출에 가장 큰 걸림돌이었던 최순실을 제거한 이후, 정권 재창출을 위해서는 박근혜 정권 수호가 중요하다고 판단한 것으로 보이는 행태였다. TV조선에 출연한 조갑제 씨는 대통령의 담화가 역대 대통령의 담화 중 가장 진솔했고 담화를 하는 대통령이 불쌍해 보였다거나 대통령이 신속하게 처리하여 정국을 안정시키려는 태도를 평가해야 한다는 등으로 발언했다. 여론을 우호적으로 호도하려는 행태였다. 11월 4일 채널A 〈신문이야기 돌직구쇼+〉에 출연한 이계진 전 새누리당 의원은 문고리 3인방을 박근혜 대통령이 뽑지 않았으며 이 만남은 운명이라는 운명론까지 펼쳤고, TV조선 〈박종진 라이브쇼〉에서는 정윤회는 능수능란했는데 최순실은 아마추어 수준이라서 문제가 발생했다는 주장까지 나왔다. 폭로되는 불법적인 행위에서 박근혜 전 대통령의 연결 고리를 끊으려는 시도였다. 심지어 연합뉴스TV 〈뉴스일번지〉(11. 7)에 출연한 김우석 미래전략개발연구소 부소장은 총리 추천권을 국회에 넘겨 국회가 공전하게 하고 야당에 책임을 돌리는 것이 유효한 전략이라는 주문까지 했다.

11월 초 당시 국정 농단에 분노한 야당의 주문은 대통령 2선 후퇴였다. 하지만 여당은 이를 거부했다. MBC는 이런 논리를 철저하게 대변했다. "대통령 2선 후퇴?… 하야 없이는 '위헌'"이라는 제목 자체에 이미 '2선 후퇴는 위헌'이라는 주장이 내포되어 있다. 언론의 이런 옹호 행위는 결국 국회가 탄핵을 선택하도록 불을 질렀다는 평가를 받았다.

2016년 11월 29일 대통령 3차 담화 이후 12월 9일 탄핵안이 가결됐다. 이후 최순실 등 국정 농단 청문회는 시민의 제일 관심사였다. MBC는 최순실 청문회가 진행되는 동안에도 분석 보도를 거의 하지 않았고,

KBS 역시 종편들에 못 미치는 소극적 보도로 일관했다. 이 외에도 두 공영 방송은 박지만 씨 사찰, 예술계 및 종교인 사찰 등 박근혜 정부의 전방위적 사찰 문건을 가지고 있다고 주장한 조한규 전 사장의 증언 등은 언급하지 않았다. 청문회의 중요 내용은 빼고 오히려 청문회 비판 보도만 내보냈다.

### (5) 언론 장악, 신뢰도 저하

권력에 장악된 공영 방송은 대통령 국정 농단이 밝혀지고 탄핵이 이루어지는 순간에도 권력 옹호의 질곡에서 벗어나지 못했다. 편파 왜곡 보도의 상징이었던 종편들보다도 상황 판단이 자유롭지 못함을 보였다. 결국 정치권력으로부터 독립이 얼마나 중요한지 보여 준 일련의 보도 사례였다. 정치권력에 부역했던 사장과 간부의 정치적 집착이 보여 준 왜곡 보도의 전형이었다. 언론은 권력을 취재할 때 일반인을 취재할 때처럼 적극성을 보이지 않았고, 권력이 강할수록 더 역량을 집중해야 하지만 오히려 그 원칙에 역행했다(심석태, 2017). 언론은 사회 제반 권력을 취재하지만 동시에 그 권력들에 약할 수 있는 개연성은 늘 존재하기 때문이다.

세월호 보도와 박근혜 정부 국정 농단 보도는 권력에 장악되거나 유착한 언론의 왜곡된 보도 행태를 보여 준 상징적 사례다. KBS 길환영 사장의 해임을 이끌어 낸 세월호 유가족과 시민의 항의 촛불, 박근혜 전 대통령이 탄핵을 견인한 촛불은 감시견으로서 제 구실을 다 하지 못한 언론에 대한 비판과 항의이기도 했다. 2016년 촛불 집회 현장에서 기레기를 소리를 들으며 쫓겨나야 했던 MBC 기자들의 모습은 이를 극명하게 보여 준다.

지난 이명박·박근혜 정부 기간 정치권의 '언론 장악'이 언론을 황

폐화시킬 수 있음을 입증했다. 따라서 언론 스스로의 반성 못지않게 언론을 자유롭게 하는 정책적 대책이 필요하다. 공영 언론이 장악된 시기 jtbc가 보여 준 보도는 공영 언론의 공백을 대신했다고 평가할 수 있다. 그러나 상업 언론이 일시적으로 권력을 비판할 수는 있지만 자본으로부터 자유롭지 못한 것이 일반적인 경향이다. 원론적으로 언론은 정치권력은 물론 자본 권력으로부터도 자유로워야 한다. 정치권력을 효과적으로 배제한 공영 방송 등 공영 언론을 중심으로 선도적인 저널리즘이 구현될 수 있도록 하는 것이 필요하다.

## 3. 저널리즘의 위기

이명박·박근혜 정부의 언론 장악 이전에도 언론은 위기 상황에 놓였다는 진단은 나오고 있었다. 자체 저널리즘 위기요 새로운 플랫폼의 등장으로 인한 위기이기도 했다. 이명박, 박근혜 정부의 언론 장악과 이로 인한 언론의 신뢰도 상실은 위기를 극복할 기회를 놓친 것이라는 의미를 지닌다. 손석춘(2006)은 이미 오래전 미디어 빅뱅 현상을 언급하며 수용자 복지audience welfare가 크게 향상됐고 인터넷 미디어의 쌍방향성이 지닌 긍정적 측면을 평가할 필요가 있다고 인정하면서도, 민주주의 사회에서 미디어의 공공성을 담보하는 상징적 기능인 저널리즘은 정작 위기를 맞았다고 판단했다. 객관성, 공정성과 관련된 비판, 상업주의와 관련된 비판, 직업 윤리와 관련된 비판, 변화와 지속의 역사적 흐름을 읽는 안목의 부족 비판 등 위기 담론도 있지만, 기자들 스스로 언론을 신뢰하지 못하는 상황에까지 와 있다는 점을 지적했다. 한국기자협회가 한길리서치와 공동으로 2006년 8월 전국 기자들을 대상으로 한 여론조사 결과가 그 사례다. 기자들이 발행 부수 1, 2, 3등을 다투는 〈조선일보〉, 〈중앙일보〉, 〈동아일보〉에 보낸 신뢰도의 합이 당시 신뢰도 1위인 〈한겨레〉에 못 미쳤다. 조중동이 상업적 '대중지'가 아닌 이상 이런 상황이 정상적이라고 보기 어렵다. 손석춘(2006)은 이런 위기의 본질을 진실과 공정의 위기라고 진단했다. 말하자면 이명박·박근혜 정부 시기 한국 언론은 플랫폼의 변화에 대응할 기회도, 낮은 신뢰도에서 보듯 진실과 공정의 위기를 극복할 기회도 놓친 것이다.

### 1) 플랫폼의 이동과 그 의미

인터넷의 발달은 모든 영역을 흡수하는 포털이라는 괴물을 등장시켰고, 수용자들은 뉴스 소비에서도 포털의 미디어면을 주로 이용하기 때문이다. 뉴스를 획득하는 1차 미디어로 전통적 미디어를 활용하는 비중이 점차 줄고 있다. 신문 산업이 위기라고 하던 시기는 오래됐지만, 이제 신문만이 아니라 방송도 위기 상황에 처한 것이다. 이는 언뜻 기술의 발달에 따른 자연스런 현상으로 보인다.

그 결과 종이 신문 구독률은 2002년 52.9%에서 2014년 20.2%로 12년 새 절반 이상 하락했다. 한국언론진흥재단이 2015년 발행한 《한국언론연감 2014》에 따르면, 29세 미만 수용자의 경우 종이 신문을 이용하지 않는다는 응답률이 83.6%에 달했다. 종이 신문을 이용한 경험이 없는 세대가 주를 이루면 종이 신문은 사라질지도 모른다. 이에 대응하기 위해 언론사는 자사 언론사닷컴을 만들었지만 뉴스 서비스 이용에서 네이버와 다음 등 주요 포털 뉴스 서비스의 이용이 절대적으로 많을 뿐만 아니라, 언론사닷컴과 인터넷 신문 이용자 트래픽의 상당 부분도 포털 뉴스 서비스에 의지하는 것으로 나타났다. 뉴스를 접하게 되는 창구가 바뀌면서 시민들의 언론 개념에 대한 인식도 변화하고 있다. 2015년 10월 한국언론진흥재단이 20~50대 성인 1030명에 대해 실시한 설문 조사 결과에 의하면, 응답자들은 전통적 미디어뿐만 아니라 인터넷 뉴스 사이트(77.9%), 인터넷 포털(68.4%)도 언론 미디어라고 답하였다. 또한 큐레이션 서비스(32.7%)와 팟캐스트(23.7%)를 언론 미디어로 여기는 응답자 비율이 SNS(12.1%)와 블로그(9%)의 2~3배에 달하는 것으로 나타났다. 즉 언론 개념에 대한 시민들의 인식도 미디어 테크놀로지의 변화와 함께 빠르게 변화하고 있으며 향후 뉴스 큐레이션과 팟캐스트도 언론으로 인식될 가능성이 매우 크다는 것을 알 수 있다(박아란, 2015: 50). 미디어 소비 패턴이 종이 신문에서 모바일로 넘어가는 기세를 거꾸로 돌릴 상황이 아닌 것이다. 〈뉴욕 타임스*The New Times*〉, 〈가디언 *The Guardian*〉 등 해외 정론지가 종이 신문 부수 경쟁에 목매지 않고 모바일 등 다른 미디어 사업으로 수익 다각화에 나선 것도 이런 이유에서다(권만우 외, 2015: 1420)

방송도 그 상황이 예외는 아니다. 유료 방송 플랫폼, OTT(Over-The-Top)와 같은 신규 방송 플랫폼 등 시청 경로가 다양해지면서 방송 콘텐츠 종류와 이용 채널에 대한 시청자 선택의 폭이 넓어졌다. 이동통신사들은 미디어 사업과 제휴 및 합병을 통해 영상 콘텐츠를 확보하고 가입자 유치에 나섰으며, 콘텐츠 소유자들은 OTT 서비스를 운영하여 방송 콘텐츠 제작에서 유통까지 역할을 확장하고 있다. 온라인 유통을 담당하던 OTT 사업자가 직접 프로그램 제작에 참여하기도 한다. 이와 같이 방송 사업자의 사업 다각화가 활발해지고, 방송의 범위가 온라인과 모바일 시장으로 확대되고 있다. '프로그램 제작 → TV → 유료 방송 채널 → 온라인 서비스'로의 일방향적인 방송 콘텐츠 흐름도 온라인 선공개, TV 동시 공개, 웹 전용 콘텐츠 등 유통 형태가 다양해지고 있다. 거대 방송 콘텐츠 인프라를 보유한 기업들이 독자적인 온라인 유통 플랫폼을 구축하고, CJ E&M의 경우, OTT 서비스인 Tving을 통해 자사 계열의 콘텐츠만 제공하도록 전략을 변경하였다. 방송 사업자뿐 아니라 포털 사업자들은 웹 콘텐츠(웹 드라마, 웹 예능)를 제작하고 자사의 서비스를 통해 제공하고 있다. 기존의 방송 콘텐츠 제공 사업자(지상파, PP)뿐 아니라 다양한 사업자들이 방송 콘텐츠를 자체적으로 제작하기 시작했다(이선희, 2016: 1~3).

전통적 미디어의 관점에서 보면 더 이상 이른바 '본방 사수'를 기대하기 힘든 상황으로 나아가고 있다. 수용자들이 경험하는 것은 콘텐츠이기 때문에 콘텐츠를 잘 만들면 된다는 주장도 있을 수 있지만 플랫폼은 수용자를 유지하는 힘이다. 따라서 경영의 측면에서 보면 플랫폼을 상실하는 것은 영향력을 잃는 것이다. 콘텐츠를 생산해도 플랫폼이 없으면 수용자에게 도달할 수 없기 때문이다. 또 플랫폼은 콘텐츠의 내용이나 형식을 강제하는 힘이 있다. 전통적 미디어가 생산하던 콘텐츠 양식을 달라지게 할 수 있다. 최근 지상파도 웹 드라마를 활용하는 방안을 고민 중이다. 역으로 단순히 콘텐츠를 나르던 구실만 하던 플랫폼들이 생산에 직접 나설 수 있는 힘은 플랫폼이 수용자가 콘텐츠를 접촉하는 창구라는 점에서 나온다.

문제는 저널리즘이다. 우리 사회의 전통적 미디어는 비록 정치 사회 요인으로 제대로 저널리즘을 구현하지 못했다는 비판을 받을 수 있지만, 저널리즘 가치를 부정하고는 존립할 수 없다는 부담을 가지고 있었다. 하지만 새로운 플랫폼들은 저널리즘 가치를 고민할 필요가 없다는 점에 문제의 핵심이 있다. 물론 새로운 소통 구조가 가지고 있는 소통의 잠재력에 기대를 걸기도 하지만, 새로운 플랫폼의 주체들은 그런 사회적, 도덕적 의무를 느낄 필요는 없다. 전통적 미디어는 저널리즘의 가치를 지킬 수 없는 조건에 있고 새로운 플랫폼들은 그럴 필요가 없어 저널리즘이 붕괴의 위험에 직면해 있다(김서중, 2017: 552).

대부분의 언론은 사실 광고에 의존한다. 따라서 광고비의 이동은 곧 영향력의 이동을 의미할 수도 있다. 플랫폼 전체로 놓고 보면 모바일 광고비가 다른 여타 플랫폼을 앞섰다. 모바일이 콘텐츠의 형식을 넘어 내용을 좌우할 수도 있는 상황이다. 모바일이 이런 힘을 가지게 된 주요 요인 중 하나는 SNS 때문이다. 민주적이고 평등하게 소통할 수 있는 SNS는 직접 민주주의를 가능하게 할 수 있는 새로운 기술로서 주목받고 있다.

SNS에 내재한 특성, 즉 지리적 경계를 초월하고 다양한 대상과 일상적으로 소통할 수 있는 기술적 잠재성으로 인해 SNS는 정치적 사회자본의 요소 중, 특히 네트워크 크기의 확장에 최적화되어 있다(최지향, 2016: 127). 그렇기 때문에 SNS 사용은 또 다른 중요한 정치적 사회 자본인 정치적 상호 작용의 가능성을 높인다. 온라인상에서는 정치적 이슈를 둘러싼 상호 작용이 활발한데, 이는 이용자가 오프라인에서보다 정치적 상호 작용에 따른 물리적, 시간적, 심리적 제약을 덜 느끼기 때문이다. 더불어 SNS는 정치적 식견이 높은 이용자와 더 많이 접촉할 수 있다는 장점이 있다. 오프라인에서는 일반 시민이 기자, 정치평론가, 정책전문가, 정치인 등 정치적 전문성이 높은 이들과 상호 작용할 기회가 드물지만, SNS상에서는 이들과 온라인상의 친구가 됨으로써 일상적 소통 관계를 형성할 수 있다. 고도로 복잡한 사회이기에 어쩔 수없이 대의 민주주의의 불가피성을 인정하던 정치적 주체에게는 직접 민주주의에 근접해갈 수 있는 새로운 경로가 열린 것이다.

하지만 SNS는 바로 이런 특성으로 인해 민주주의에 역행할 수 있는 위험을 내포하고 있다. 영향력이 큰 위치에 있는 개인들로 이뤄진 소수 집단이 자신들의 뜻대로 전체 집단을 이끄는 것을 의미하는 소수 세력 효과minority power effect가 나타날 가능성이 크다. 우리식으로 하면 우두머리 중심으로 모이는 집토끼들의 네트워크만이 형성되는 것이다. 상호 소통을 전제로 하는 민주주의와 거리가 멀어진다.

### 2) 가짜 뉴스 논란과 저널리즘

더욱 심각한 문제는 2016년 미 대통령 선거 전후해서 화두로 떠오르고 있는 가짜 뉴스의 문제다. 〈뉴욕 타임스〉 CEO 마크 톰슨Mark Thompson은 자신의 책《이너프 세드*Enough Said*》에서 "우리의 디지털 생태계는 가짜 뉴스가 번성할 수 있는 최적의 환경이 되고 있다"라고 밝혔다(류동협, 2017: 62). 버즈뉴스 분석에 의하면 지난 미국 대선 기간에 교황이 도널드 트럼프Donald Trump를 지지한다거나 힐러리 클린턴Hillary Clinton이 이슬람 국가에 무기를 팔았다는 가짜 뉴스가 진짜 뉴스보다 페이스북에서 더 많은 공유와 '좋아요'를 받았다. 이런 현상이 일어난 것은 저널리즘 가치 실현이 기본 조건인 종이 신문의 뉴스보다 소셜 미디어의 뉴스를 더욱 신뢰하는 경향으로 나아가고 있기 때문이다. 특히 25세 이하 성인 4명 중 한 명은 소셜 미디어를 주요 뉴스원으로 인식하고 있어서 소셜 미디어 속 가짜 뉴스가 끼치는 해악은 더욱 크다고 볼 수 있다.

실제로 진짜와 가짜 뉴스를 식별하는 것은 쉽지 않다(오세욱, 2017:

12). 진짜와 가짜 뉴스의 일부 내용을 섞어서 제시한 결과 응답자의 1.8%인 19명만 정확히 식별했다. 가짜 뉴스의 피해를 사전에 예방하기가 쉽지 않다는 것이다. 더군다나 가짜 뉴스가 사회적 혼란과 분열을 일으키므로 규제해야 한다는 의견에 대해 50대의 경우 59.6%가 규제 의견에 매우 동의한다고 답한 반면, 20대의 경우 35.0%만이 규제 의견에 매우 동의한다고 답하였다. 가짜 뉴스를 규제하는 명분으로 자유로운 소통을 억압할 수 있다는 판단이 작용했을 수는 있지만 가짜 뉴스의 피해에 대한 인식이 젊은 층일수록 낮다고 해석할 수도 있다. 따라서 가짜 뉴스 그 자체를 규제하는 방식으로 대응하는 것에는 한계가 있다.

하지만 가짜 뉴스가 심각한 사회 문제로 대두하면서 가짜 뉴스 규제는 현실화되고 있다. 독일은 가짜 뉴스와 직접 관련은 없지만 가짜 뉴스의 주요 내용을 이루는 증오 표현을 방치하는 SNS 기업에 최대 5000만 유로의 벌금을 부과하는 법안(오세욱, 2017: 1)을 통과시켰다. 프랑스에서는 구글, 페이스북, 르몽드, AFP 등 플랫폼과 언론사들이 공동으로 참여한 '크로스체크CrossCheck' 프로젝트를 통해 가짜로 의심되는 뉴스의 사실 여부를 확인하는 시도를 했다. 하지만 가짜 뉴스는 유포되는 양으로 볼 때 사실상 팩트 체크로 대응할 수준을 넘어섰다. 궁극적으로는 신뢰할 수 있는 언론 소비가 대안이지 않을까? 신뢰할 수 있는 소통을 늘려야 하지 않을까?

플랫폼의 이동이 급격히 이루어지는 현실에서 기존 언론, 특히 공영 언론의 중요성을 강조하는 것은 시대착오적인 것으로 보일 수도 있다. 하지만 가짜 뉴스가 SNS를 지배하고, 구글의 내용에 누구도 책임지지 않는 현실이 과연 장밋빛일까?

## 4. 전통적 미디어의 저널리즘 구축

세월호, 국정 농단 사태를 맞이하며 기레기라는 말이 유행했지만 사실 우리 언론은 오랜 통제의 역사 속에서 기레기였는지도 모른다. 이를 극복할 수 있는 민주화 시기도 있었지만 짧게 지나갔다. 그리고 드디어 세월호, 국정 농단을 맞이하며 수용자들의 불만이 폭발했다. 하지만 이 불만은 기존 언론의 저널리즘 복원을 요구하는 원동력으로 작용하기 보다는 수용자들의 기존 언론의 이탈을 재촉했다. 새로운 플랫폼의 등장과 새 플랫폼이 지니는 흡수력이 막강하기 때문이다.

역으로 새로운 플랫폼들이 내재하고 있는 신뢰성 결핍이라는 한계는 전통적 미디어의 저널리즘 가치를 복원할 필요성을 부각시킨다. 이를 강조하는 〈워싱턴 포스트*The Washington Post*〉의 마틴 배런Martin Baron 편집국장은 2015년 6월 워싱턴 D.C.에서 열린 제67차 세계신문협회 총회에서 "집에 불이 난 사실을 보도하는 게 아니라 왜 불이 났는지를 묻는 게 저널리즘"이라고 했다(오선민, 2016: 100). 저널리즘의 기본 가치를 적절하게 표현했을 뿐만 아니라 새로운 플랫폼이 지닌 한계를 극복할 수 있는 기본 방향을 제시했다고도 볼 수 있다.

배런은 한 발 더 나아가 사안이 발생한 저변의 이유를 취재하는 탐사 보도의 가치를 강조했다(최진주, 2016. 9. 2). 배런은 "언론사는 다시금 탐사 보도에 역량을 쏟아야 한다. 필요한 자원이 없다면 만들어서라도 해야 한다"고 말했다. 그는 훌륭한 탐사 보도는 언론에게 세상 어떤 기관도 얻을 수 없는 엄청난 신뢰를 부여하기 때문에 가치가 있다고 했다. 진지한 뉴스와 거리가 먼 콘텐츠를 만들어 온 버즈피드나 허핑턴포스트, Mic 같은 뉴 미디어도 최근 탐사 보도 기자를 영입해 보도를 하고 있으며, 이는 탐사 보도야말로 언론사가 남과 다른 차별점을 보여 줄 수 있는 분야라는 사실을 뉴 미디어도 깨닫기 시작했기 때문이라는 그의 주장은 울림이 있다. 이 모든 주장은 결국 전통적 미디어의 신뢰성 확보로 이어진다. 새로운 플랫폼들의 다양한 가능성에도 불구하고 새로운 플랫폼이 본질적으로 가질 수 있는 한계인 신뢰성 결핍을 메꾸는 것이 전통적인 미디어의 소임이고 생로라고 본 것이다.

### 1) 숙의 민주주의와 저널리즘

신뢰성 회복과 관련해서 고민해 볼 수 있는 지점은 숙의 민주주의다. 숙의 민주주의는 직접 민주주의가 불가능한 현대 사회가 대의제 민주주의를 채택하면서 발생한 한계를 극복하는 대안으로서 부상했다. 비록 모든 사안을 숙의 민주주의 방식으로 해결책을 찾을 수는 없지만 공공의제 토론과 결정에 공중이 자유롭고 평등하게 참여함으로써 참여자의 의견 형성이 질적으로 성숙하게 하는 숙의 과정이 인간의 "공적 이성the public reason"을 활성화시키고 현실화시키는 실천적 과정이나 도구라는 것이다(박승관, 2000: 163). 박승관은 칸트의 계몽 프로그램을 개인성의 발견에서 더 나아가 시민성의 구현에 의미가 있음을 지적하고 상호 분리 가능하면서도 관련성이 있는 '개인성'과 '시민성'이 숙의 민주주의의 조건이며 또 결과임을 강조한다(pp.170~176). 민주주의에서 언론이 행해야 할 본질적 기능은 시민에게 진실한 정보를 전달하고, 시민이 자유롭게 토론하여 올바른 결정에 이르게 하는 것이다. 이는 곧 언론의 존재 이유이고 이를 통해 언론이 신뢰성을 회복할 수 있을 것이다. 숙의 민주주의는 언론이 지향해야 할 지점을 제시하고 있다.

그런데 숙의 민주주의는 직접 민주주의적 속성을 강조하면서 '정치 참여를 절차적 논증에 귀속시키는 것'을 강조하는 데 한계가 있다. 절차적 과정에 방점을 둔 숙의는 역으로 일반 시민들의 정치 참여 가능성을 제약(협애화)할 위험성을 안고 있다(홍성구, 2011: 153) 대의 민주주의 한계를 극복하려는 숙의 민주주의가 자칫 민주주의 구성원 사이의 불평등한 관계를 발생시킬 수 있다는 것이다. 숙의 민주주의의 한계를 극복하는 방법으로 공화주의적 접근을 제안한다. 숙의 민주주의가 공동선이라는 이상향을 지향한다면 이는 개인적으로 보면 시민의 의사소통을 일정 정도 제약할 위험이 있다는 것이다. 이를 극복하는 것은 의사소통, 의사 결정 과정에서 공화주의적 접근을 하는 것이다. 홍성구는 공화주의는 서로 동등하다는 것을 받아들일 수 있는 시민적 덕성, 즉 숙의 과정을 개인의 합리성에만 의존하지 않고 갈등 표출이 수반되더라도 자율적 정치 참여를 가능하게 하는 시민적 덕성을 강조한다(p.178). 충분한 지적 수준을 이상향으로 하더라도 모든 시민의 동등한 참여를 가능케 하는 것 역시 필요하다는 주장이다.

이런 논의는 허버트 갠스Herbert Gans의 관점을 인용하여 공론장을 강조한 남재일 등(남재일, 이강형. 2017)의 주장과 연결된다고 본다. 이들은 언론의 사회적 역할이 공적 영역의 사안을 시민들에게 알리고 판단을 도움으로써 공중을 '유식 공중informed public'이 될 수 있게 하고 이들이 활발한 토론을 통해 공론장을 활성화할 수 있도록 하는데 있다는 점을 강조한다. 그런데 이는 결국 개별 공공 의제를 다루는 숙의 민주주의와 형식은 다르지만 민주주의를 유지 발전시키기 위해서 형식적 민주주의만을 갖추는 것을 넘어서 민주주의 주체로서 시민을 성장시키는 것이 매우 중요함을 강조하는 것이라고 본다. 공론장이 기존 언론의 한계를 극복할 수 있는 대안으로 등장했던 것도 유식 공중의 토론이 가능한 장이라고 보았기 때문이다. 동시에 이를 소수(편파적이지 않은 방식으로 대표성을 가질 수는 있지만)에 한정하지 않고 다수의 시민이 숙의 민주주의에 참여하는 방식이 필요함을 강조하는 것이라고 볼 수 있다.

새로운 플랫폼이 직접 민주주의적 소통이 가능한 기술적 가능성을 제공하고 수용자의 이동이 급격하게 일어난다 하더라도 아직까지 새로운 플랫폼의 콘텐츠 소비가 민주주의에 필요한 지식과 정보 전달에서 얼마나 기여할 수 있으며, 새로운 플랫폼 방식의 소통이 민주주의에 얼마나 기여할 수 있을지 알 수 없다. 오히려 가짜 뉴스의 온상이 되는 것처럼 우려가 크다. 이런 상황에서 기존 언론의 중요성과 기존 언론의 사회적 기능을 복원하는 것은 매우 중요하다고 본다. 그러나 수없이 많은 언론 모두에게 그 기능을 요구할 수도 없고 가능하지도 않다고 본다. 그래서 저널리즘의 기본을 구축할 수 있고, 타 언론 또는 새로운 플랫폼에게 저널리즘 기능의 기준을 제시할 수 있는 핵심 언론의 저널리즘 기능 구축이 필요하다고 본다. 물론 이와 더불어 새로운 플랫폼에서 사회적 가치를 띠는 콘텐츠 생산이 어떻게 가능할지 고민하는 것도 필요하다.

### 2) 전통적 미디어의 개혁 방안[6]

민주주의는 헌법이 규정한 주권자가 주권을 제대로 행사할 수 있을 때 비로소 성립 가능한 제도다. 따라서 시민이 실질적인 주권자가 되려면, 공적 사안들을 숙지하고 그에 관해 토론할 수 있어야 하며, 그와 관련한

6 이 부분은 김서중(2017: 48~57)과 민주언론시민연합(2017)을 압축 요약한 것이다.

사회적 의사 결정 과정에 참여할 수 있어야 한다. 이것이 구현되기 위한 장forum으로서 언론은 독립성(외적 자유), 자율성(내적 자유), 다양성이 존재하여야 하며 수용자의 참여를 보장하는 것이어야 한다. 즉 공론장을 강화하고 공론장에 직간접으로 수용자의 참여 가능성을 높여야 한다.

물론 독립성, 다양성이 보장된 언론이라고 해서 당연히 저널리즘 가치를 구현할 것이라 전제할 수는 없다. 그러나 독립성과 다양성이 보장되지 않은 언론에서 저널리즘 가치 구현이란 애초 불가능하다.

독립성과 다양성을 보장하기 위한 첫 번째 방안은 방송에서 기존의 오도된 현실을 바로 잡는 것부터 시작해야 한다. 과거 정권의 방송 장악, 비판적 방송인과 프로그램 탄압, 인터넷 표현의 자유 억압, 언론 자유와 공정 언론을 요구하는 언론인에 대한 대규모 탄압 등의 진상을 규명하고 그 책임 여부를 밝혀 경고해서 정권에 의한 언론 장악이 재연되지 않도록 해야 한다.

다음으로는 방송사 경영진이 권력의 대리인 노릇을 했던 경험을 반면교사 삼아 방송사의 경영진 선임 과정에서 대통령이나 여당의 영향을 최소화하고, 즉 정치적 개입을 최소화하고 공영 방송 신념이 투철한 사람이 사장이 되도록 해야 한다. 더불어 민주당은 2016년 최악의 상황을 벗어나고자 정치권의 균형을 맞춰서 공영 방송 이사를 7:6으로 추천하고 이사들이 사장을 임명하는 일명 박홍근 안을 내놓았다. 당시 여당이었던 자유한국당은 이에 반대했지만 야당이 되자 다시 이 안을 중심으로 방송법 개정을 주장하였다. 이 개정안은 정치권의 개입을 공식화하는 것으로서 정치적 유불리만을 따지는 정치권의 정략 대상이 되고 있음을 의미한다. 그 결과는 공영 방송의 독립성을 부정하는 이어질 것이다. 2017년과 2018년 MBC나 KBS에서 시민 참여를 확대 보장했던 방식을 고려한 제도 개선이 꼭 필요하다.

경영진 선임 못지않게 중요한 것은 내적 자유의 확보다. 취재 보도 편성의 자유를 위해 노사 동수 편성위원회를 구성하고, 편성위원회에서 방송 편성 책임자를 추천하며, 편성 보도 제작 간부 임명 동의제(직선제·임명동의제·추천제 중 한 가지, 중간평가제·소환제 중 한 가지)를 통해 현장 언론인들이 부당하게 저널리즘 가치 실현을 억압당하지 않도록 해야 한다.

방송의 공적 가치를 보호하는 것은 방송 규제 기구의 사명이다. 그런데 이명박·박근혜 정부 시절 방송통신위원회나 방송통신심의위원회 등은 대통령의 영향력으로 정파적이라는 평가를 받았다. 따라서 방송 규제 기구 역시 대통령의 영향을 벗어나 독립성을 확보할 수 있어야 한다.

그 외에도 방송이 자본 권력으로부터 억압당하지 않기 위해 대기업의 방송 뉴스 영역 진출을 막고 대주주의 소유 지분도 미디어 관련법 개악 이전인 30%로 환원시켜야 한다. 방송의 다양성을 위해 여론 집중을 규제해야 하고, 약탈적 광고를 통해 정상적인 영업을 하지 않고 방송과 광고주인 자본이 유착하는 현상을 개선해야 한다.

비록 사양 산업이라고 하지만 앞에서 살펴본 바와 같이 새로운 플랫폼이 오염되고 있는 현실을 개혁하는 출발은 저널리즘의 복원이고 저널리즘 복원의 핵심은 저널리즘 가치를 지키는 신문의 생존력을 높여주는 것이다. 유럽에서 국가가 나서서 신문의 사양화를 막고자 하는 것은 시장에 개입하기 위한 목적이 아니라 민주주의를 지키기 위한 것이다. 신문의 경향성을 훼손하지 않는 범위 내에서 저널리즘 가치를 구현하는 신문(산업)을 지원하기 위한 사회적 방안을 강구해야 한다.

### 3) 시민의 알 권리 보장 강화와 표현의 자유 확대

2016년 시작된 탄핵 정국이 대통령 파면으로 일단락 됐다. 이른바 촛불 혁명이다. 그런데 촛불 혁명의 가장 큰 소득은 대통령 파면이 아니라 직접 민주주의의 경험이다. 대의 민주주의가 불가피한 점이 있지만 소수 정치인들이 다수의 주권자를 대표하는 것이 아니라 군림[7]하는 맹점이 있다. 이를 극복하고 종다수로 결정하는 다수결 원칙의 폐해를 줄이려면 수평적 시민 토론을 통한 집단적 의사 결정을 제도화해야 한다(이진순 외, 2016. 17). 직접 민주주의적 소통과 의사 결정이 있어야 한다는 뜻이다.

이를 위해 시민의 알권리 보장과 직접 소통에 참여하는 다양한 행위들을 보호 권장해야 한다. 모든 정보는 공개되어야 하고 누구나 쉽게 찾아볼 수 있어야 한다. 또 적극적인 소통 참여자, 즉 독립 미디어(저널리스트)의 활동을 활성화하기 위해 사회적 지원을 필요로 한다.

우선 이명박 정부 시 후퇴한 공공 기관의 정보 공개 체계를 원상 회복하고 더욱 강화해야 한다. 즉 국민의 알권리를 실효적으로 보장하는 방향으로 '공공기관의 정보 공개에 관한 법률'을 개정하고 공공기관이 능동적이고 적극적으로 정보 공개에 나서도록 해야 한다. 또 자유로운 의사 표현을 억제하는 인터넷상의 또는 오프라인상의 명예훼손 처벌 규정을 완화하고 인터넷의 정보를 임시 조치로 가리는 것을 신중하게 처리하도록 절차를 강화해야 한다. 민주주의는 여론의 정치이고 여론이 올바로 형성되려면 정보와 의견이 자유롭게 유통되어야 하기 때문이다.

---

7 대의 민주주의에서 선거는 대표representative를 뽑는 것인데 대중은 지도자leader를 선출하는 것으로 인식한다. 이런 인식은 대중 독재의 가능성을 예비하는 것이다.

또한 자본에 포획된 SNS를 비롯한 새로운 플랫폼이 상업 마케팅의 대상으로 전락하거나 가짜 뉴스로 범람하는 것을 막기 위해서는 바람직한 플랫폼 사용의 질서를 구축해야 한다. 현재 정치, 사회, 노동 등 특정 주제에 전문성을 가지고 주류 언론, 상업 언론과 차별화하여 대안적 시각을 제시하려는 전업 언론인들이 독립 미디어, 독립 저널리스트로 활동하고 있다. 이 저널리스트들은 새로운 플랫폼이 지닌 취약점을 개선하기 위한 씨앗들이다. 따라서 독립 저널리스트들에게 취재증을 제공하고, 인터넷 상업 대중망에 저렴하고 쉽게 접근하여 독립 저널리스트들이 생산한 콘텐츠를 대중에게 전달 가능하도록 하며, 전문성을 강화하기 위한 교육도 제공하고 독립 미디어(저널리스트)들이 부딪치는 제반 어려움을 해결해 주는 제도적 장치(예로서 대안 미디어 재단 같은)를 마련하는 것이 필요하다.

민주주의는 완성된 제도가 아니라 완성을 향해 나아가는 제도임을 전제로 하면 민주주의는 주권자들이 더 나은 질서를 위해 진지하게 토론하고 결정하는 과정(숙의 민주주의)이라고 볼 수 있다. 이를 위해 가장 필요로 하는 것이 의사 결정을 돕는 언론 현상이다. 새로운 플랫폼이 직접 민주주의 가능성을 높이고 있지만 그렇다고 전통적인 미디어의 저널리즘 가치가 축소될 수는 없다. 동시에 숙의 민주주의를 위해 새로운 플랫폼을 활용하는 독립적인 전업 언론인들의 활동이 더 확대되어야 한다. 이것이 곧 언론이 민주화되는 것이고 동시에 사회가 민주화되는 길이다.

#### 참고 문헌

강대인 (1999). "독립성·자율성·경쟁력 제고가 목표," 〈신문과 방송〉, 340호, pp.43~47.

권만우 · 전용우 · 임하진 (2015). “가짜뉴스(Fake News) 현황분석을 통해 본 디지털매체 시대의 쟁점과 뉴스콘텐츠 제작 가이드라인,” 〈멀티미디어학회논문지〉, 제18권 제11호, pp.1419~1426.

김서중 (2005). “노무현 정부의 언론 정책 평가: 법적인 측면에서,” 언론정보학회 특별토론회.

김서중 (2010a). “언론 · 출판계의 민주화 운동,” 민주화운동기념사업회 한국민주주의연구소 엮음.《한국민주화운동사 3》. 돌베개, pp.542~587.

김서중 (2010b). “종합편성방송채널 도입 정책목표의 허구성과 비대칭규제의 문제점,” 종편채널 도입 정책, 진단과 모색, 한국언론정보학회 세미나.

김서중 (2015) “세월호 보도 참사와 근본 원인,” 〈역사비평〉, pp.37~64.

김서중 (2017) “민주주의의 기반 언론: 공공성 강화하고 시민의 공론장 참여 확대해야,” 2017 민주 · 평등 · 공공성의 새 민주공화국을 위한 정치사회적 제안 보고대회 자료집, pp.48~57.

김연종 (2004). “신문보도로 본 〈조중동〉의 언론개혁 대응방식,” 한국언론학회 심포지움 및 세미나, pp.229~249.

김은규 (2003).《미디어와 시민참여》. 커뮤니케이션북스.

남재일 · 이강형 (2017). “‘좋은 저널리즘’의 구성 요소에 대한 기자 인식 변화 추이,” 〈언론과학연구〉, 제17권 제2호, pp.82~128.

류동협 (2017). “주목! 팩트첵킹 · 인공지능 · 챗봇 · 동영상 뉴스,” 〈신문과 방송〉, 555호, pp.62~67.

민주언론시민연합 (2017). 〈2008~2017 왜곡편파보도백서〉. pp.464~566.

박승관 (2000). “숙의 민주주의와 시민성의 의미,” 〈한국언론학보〉, 제45권 제1호, pp.162~194.

박아란 (2015). “뉴미디어 시대 언론 개념의 특성 및 한계,” 〈언론과법〉, 제14권 제3호, pp.49~79.

방송기자연합회 저널리즘 특별위원회 재난보도 연구분과 (2014). 〈세월호 보도… 저널리즘 침몰 — 재난 보도의 문제점과 개선방안〉.

방정배 (1990). “언론노조운동, 어디까지 왔나,” 〈저널리즘 비평〉, 2호, pp.70~75.

새언론포럼 (2008).《현장기록, 방송노조 민주화운동 20년》. 커뮤니케이션북스.

새언론포럼 (2009).《현장기록, 신문노조 민주화운동 20년》. 커뮤니케이션북스.

손석춘 (2006). “저널리즘 위기의 실체와 극복방안에 관한 연구,” 〈한국언론정보학보〉, pp.42~77.

송건호 외 (2000).《한국 언론 바로보기》. 다섯수레.

심석태 (2017). “국정 농단 사태 ‘조연’은 인론, 밀뿐인 반성으로는 변화 없다,” 〈방송기자〉,

34, pp.6~7.
오선민 (2016). "진짜 기자가 더욱 필요한 세상," 〈신문과 방송〉, 541호, pp.98~100.
오세욱 (2017). "일방 국민들의 '가짜 뉴스'에 대한 인식," 〈미디어 이슈〉, 3권 3호.
유선영 (2004). "언론개혁론과 참여정부," 〈시민과 세계〉, 5호, pp.480~503.
유영주 (2011). "종편 도입과 특혜," 〈진보평론〉, 49호, pp.224~238.
이선희 (2016). "방송시장 환경 변화에 따른 방송 콘텐츠 유통구조 현황과 전망," 〈정보통신방송정책〉, 622호, pp.1~17.
이영주 · 류웅재 (2017). "공공 커뮤니케이션과 언론의 실패, 위험한 정부에 대한 시론," 〈문화와 정치〉, 제4권 제1호, pp.31~61.
이준혁 (2003. 4. 30). "언론정책에 거는 기대," 〈기자협회보〉.
이진순 외 (2016). 《듣도 보도 못한 정치》. 문학동네.
이효성 (1998). "'국민의 정부' 언론정책," 〈관훈저널〉, 67호, pp.251~268.
정연우 (2009). "이명박 정부의 언론장악 기도와 시민사회의 대응," 〈진보평론〉, 42, pp.174~183.
정용준 (2006). "시민사회와 국가/시장의 관계 분석: 김대중/노무현 정부의 방송 정책 갈등을 중심으로," 〈언론과학〉, 6권 2호, pp.356~379.
최영묵 (2012). "이명박 정부 언론장악 실패 '전말기'," 〈황해문화〉, 75, pp.10~27.
최지향 (2016). "SNS 이용과 정치참여," 〈한국언론학보〉, 제60권 제5호, pp.123~144.
최진주 (2016. 9. 2). 〈한국일보〉.
편집부 (2001). "언론사 세무조사, 부당내부거래조사, 언론개혁 관련 일지," 〈저널리즘 비평〉, 32, pp.53~60.
홍성구 (2011). "숙의민주주의의 이론적 보완," 〈언론과 사회〉, 제19권 제2호, pp.152~184.

# 사회 운동 미디어의

# 조직 원리와 가치의 변화

## 비판적 이해

10장

채영길

채영길은 한국외국어대학교 미디어커뮤니케이션학부 교수로, 글로벌 커뮤니케이션, 사회 변화를 위한 미디어와 커뮤니케이션 과정, 저널리즘에 대해 연구하고 있다. 한국외국어대학교 신문방송학과를 졸업하고 미국 텍사스주립대학교(오스틴)에서 커뮤니케이션학 석사 및 박사 학위를 받았다. 현재 민주언론시민연합 정책위원, 이주민방송 MWTV 운영위원, 마포FM 이사를 맡고 있다. 저서로는 《커뮤니티 미디어 이론과 실천》, 《미디어와 공동체》(공저), 논문으로는 "마을미디어의 참여와 정치문화에 대한 비판적 검토" 등이 있다.

## 1. 미디어와 사회 운동

오늘날 사회 운동과 미디어는 사회 변화를 이해하고자 하는 거의 모든 논의들에서 발견된다. 지난 20년간 미디어 연구 분야의 주요한 경향 중에서도 가장 두드러진 것 역시 "사회 운동 미디어에 대한 폭발적인 관심"(Downing, 2006: 40)과 관련되어 있다. 그러나 사회 운동 미디어 연구는 미디어 사회학자나 비판적 연구자들을 중심으로 수행되면서 미디어학에서 주변화되었던 분야인 것을 상기한다면 최근의 갑작스러운 관심은 다소 생소하다. 대표하지 못하는 정치unrepresented politics와 착취하는 경제exploitive economy 그리고 소외시키는 사회alienating society 속에서 우리가 자유롭게 유영할 수 있는 곳은 오로지 역동적이며 변화무쌍한 저두 언어가 만들어 내는 저항의 공간밖에 없기 때문일 수도 있다. 혹은 어쩌면 액체와 같이 고착되지 못한 정신과 질서로 사회의 위험성이 증대되고 바틀비적인 공동체의 무력감과 냉소를 더 이상 묵과할 수 없는, 혹은 대안을 찾는 것 외에 다른 방법이 없는 상황 때문일 수도 있다.

하지만 일각에서는 이를 본질적으로 미디어를 중심으로 하는 사회 변화의 양태가 반영된 결과로 해석하기도 한다. 오늘날 개인과 집단적 저항의 갈등은 일상에서 미디어를 통해 저실현되는 현상을 반영하기 때문이라는 것이다(Cottle, 2008).

미디어를 중심으로 사회 변화 과정을 이해하려는 노력들은 현 사회과학 연구의 일반적 경향을 반영한 것이기도 하다. 시공간적 경계를 초월하며 분절되어 있는 다양한 주체들을 유동적으로 연결하는 커뮤니케이션 기술의 확산은, 사회 자체의 역동성을 양적/질적 측면에서 이전과는 다르게 다층적이고 중첩적 차원으로 '운동'시키고 있다. 이러한 네트워크의 효과로서의 역동성은 미디어 커뮤니케이션이 사회 변화 과정의 거의 모든 수준과 측면에 개입하여 이 사회가 어떠한 방향으로 변화해 갈 것인지 종종 예측조차 힘들게 한다. 돌이켜보면 미디어가 작동하는 논리와 사회의 재구성 과정을 연관시키면서 변화의 특성과 전망을 논의하고자 하는 시도들이 오늘날처럼 자연스럽고 당연한 적이 있었던가? 즉 사회의 재조직화 노력들과 미디어 커뮤니케이션의 과정들을 오늘날처럼 직접적이고 분리될 수 없을 만큼 초상호 의존적으로 인식하였던 때가 있었던가? 미디어화Mediatization(Hjarvard, 2004; Schulz, 2004)라는 개념으로 오늘날 사회 변동 과정을 설명하고자 하는 시도나 근대적 시민이 퇴조하고(Bennett, 2008), 네트워크화된 개인들networked individuals이라는 미디어화한 주체들(Castells, 2015)이 사회 변화의 핵심 집단으로 대체되고 있다는 주장들이 이제는 부정할 수 없는 명제로 받아들여지고 있다. 레지 드브레Régis Debray(1994)는 매체학Mediology을 통해 미디어를 인간 집단이 행하는 상징적 활동 및 그 조직으로 규정하고 아예 미디어를 통해 사회의 모든 기능들과 조직화를 체계적으로 이해해야 한다고 주장한다. 이는 실로 사회 변화를 이해하기 위한 미디어 커뮤니케이션적 전환media-communicative turn이라고 해도 과언이 아니다.

1990년대 이후 2000년대를 거쳐 오늘날 미디어는 더 이상 상징 체계에 갇혀 있지 않고 거리 밖으로 나와 이동하는 주체에 의해 사회 자체를 일시적인 관계 공간들로 만들며 미디어 스스로도 비인간non human 주체로 진화하는 듯이 보인다. 거의 모든 분야에 걸쳐 미디어를 중심으로 하는 커뮤니케이션 과정이 모종의 새로운 정신과 질서를 파악하는 데 필수적이라는 새로운 사회 인식의 한 유형이 전면에 등장한 것이다. 미디어화 세계의 도래는 상상의 공동체가 공동체들의 상상으로 전환되고 있음을 상징한다.

> 이는(미디어화) 매우 중요한 일반적 주장인 동시에, 많은 문화적 그리고 사회적 과정들이 미디어 재현에 적합한 형태로 발현될 것을 요구한다는 구체적인 주장을 포함한다는 측면에서, 동시에 부정할 수 없는 전환적 과정에 기반을 둔 주장이기도 하다. 예를 들면, 미디어에 드러나지 않는 정치를 하는 정치인에 대해서는 어떠한 질문도 제기되지 않으며 어떠한 방식이든지 미디어에 드러나지 않는다면 아무런 사회적 캠페인도 작동하지 않는다(Couldry, 2008a: 376).

사회 운동 미디어를 체계적으로 이해하려는 시도가 증가하는 데는 미디어를 중심으로 급진적인 사회 변화 과정을 이해할 수 있다는 특정한 이해 방식이 반영되어 있다. 그렇기 때문에 사회 운동 미디어를 이해하기 위해서 먼저 밝혀야 할 것은 우리가 미디어를 인식하는 방식이다. 먼저 이 인식의 근간에는 이 시대의 미디어는 사회 운동 조직이나 단체의 메시지를 전달하고 확산하는 도구적 기능 이상의 무엇을 제공해 주고 있음을 전제한다. 미디어 자체가 사회 운동의 주체이며 미디어 공간을 점령하는 것이 — 광장을 점령하는 것과 아울러 — 사회 운동의 목적이 되면서 미디어의 커뮤니케이션 과정이 사회의 역동적 변화 과정과 궤를 같이한다는 믿음이 있다. 이러한 믿음은 사회 운동 조직가들로 하여금 운동의 목적, 조직, 그리고 연대하는 과정을 미디어 중심으로 재편하는 것이 당연하게 만든다.

닉 콜드리Nic Couldry(2007)가 일컫는 이른바 미디어 의례media rituals[1] 개념을 통해 그 의미를 체계적으로 파악할 수 있다. 미디어 의례는 "주요 미디어와 관련된 범주와 그 경계선에서 미디어가 우리 사회의 중심을 향한 통로라는 인식에 내재된 가치를 강화하고 정당화하는 모든 조직화된 행위"를 의미한다(p.3). 사회 조직화의 모든 과정에 미디어가 개입되면서 미디어화가 진행되는 동안 사회 운동 역시 미디어를 중심으로 실천되고 미디어가 사회 운동 목표를 이루기 위한 "중심을 향한 통로"라는 인식이 발생한다는 것이다. 점차적으로 더 많은 대중적인 사회 운동의 레퍼토리가 미디어에 기초하며(예를 들면 온라인 아고라, 댓글달기, 플래시몹, 스마트폰 불꽃 점등, DDOS 등), 해시태그운동Hashtag activism 등과 같은 플랫폼 기반 사회 운동 레퍼토리들이 미디어 의례가 발생하는

1 닉 콜드리의 《미디어 의식의 비판적 접근*Media Rituals: A critical approach*》(2007)을 번역한 김정희·김호은은 media rituals를 미디어 의식으로 번역하였는데, 미디어 의례로 표기하는 것이 더 적절할 듯하다. 그 이유는 의식이라는 용어는 ritual의 의례적 의미가 명확하지 않고 '미디어에 대한 의식' 또는 최근의 AI 등의 논의에서 제기되는 '미디어의 의식consciousness'이라는 용어와 유사하여 의미 전달에 혼란을 줄 수 있기 때문이다. 이 장에서는 '미디어 의식' 대신 '미디어 의례'로 표기하였다.

제단이 된다. 이는 곧 미디어 실천이 사회 운동이며 사회 운동이 미디어 플랫폼에 기반을 둔 다양한 사회 재조직화 실천의 하나라는 인식을 갖게 한다. 우리는 이를 자연스럽게 받아들이고 신념화하며 실천을 통해 이러한 믿음을 강화하는 미디어 신화 세계를 형성하게 되는 것이다. 미디어 실천을 통해 사회 운동 미디어에 대한 특정한 태도가 형성되고, 이는 다시 새로운 미디어 실천을 기획하게 하며 사회 운동에서 미디어가 차지하는 비중이 증폭되어 가는 것이다.

그런데 흥미롭게도 우리는 미디어화 인식을 별다른 거부감 없이 거의 모든 사회화 과정에 무비판적으로, 즉 보편적 진실로 적용하여 해석하려 한다. 미디어화에 대한 보편적 인식은 사회 운동 조직화 원리와 가치 변화도 거의 아무런 진지한 논의 없이 미디어 환경의 변화와 함께 자연스럽게 동시에 발생하는 과정으로 동조화시키고 있는 것이다. 미디어화가 만들어 낸 사회 운동 미디어에 대한 인식의 변화는 사회 운동 조직화의 내용과 방식에도 영향을 주면서 이전과는 다른 운동의 조건들을 요구하고 새로운 방식과 목적을 가진 사회 운동을 자극한다는 논리다. 즉 미디어 환경은 기술과 미디어 이용자들에 내재된 특수한 성질에 의해 사회 운동과 사회 운동 미디어의 조직 원리와 가치도 재구성했다는 것이다. 하지만 이러한 주장은 현실적이기보다 다소 신화적이라고 해야 한다. 그리고 모든 신화가 그러하듯이 우리나라 사회 운동 미디어 변화 과정에 대한 주요 논의들은 사회 운동 미디어의 조직 원리와 가치 변화를 관념적으로 형식화하며 탈역사적으로 변형시키고 무비판적으로 그러한 잘못된 인식을 확대 재생산한다.

문제는 이러한 사회 운동의 미디어화 논의가 한국 사회에서는 역사적 맥락과 중첩되면서 더욱 왜곡되어 나타난다는 사실이다. 한국 사회에서 사회 운동의 미디어화는 민주화로 인한 사회 정치 체제 전환의 특수성들과 시기적으로 겹치거나 인과적으로 전후에 위치하면서 사회 운동 미디어의 변화의 역동성들이 상당 부분 자의적으로 재구성되어 이해되고 있다. 이 과정에서 한국 사회의 사회 운동 미디어는 신화화되고 그 효과는 존재하는 정치 사회적 내적 갈등 양태들을 모호화시키고 은폐하게 하여 실제 체제 전환기의 사회 운동 미디어의 조직 원리와 가치 자체를 왜곡시킨다. 이는 결국 1987년 체제 이후 1990년대를 지나면서 등장했던 저항 공론장 내부의 비대칭적이고 불평등한 커뮤니케이션 권력이 만들어 내는 포섭과 배제를 은폐시키고, 참여 주체들의 커뮤니케이션 매개 원리와 가치를 추상적인 현대 공론장의 미디어화의 원리와 가치로 대체하였다. 이러한 논리적 한계와 비현실적 이해는 의도하지는 않았겠지만 사회 운동 미디어에 대한 특정한 신화화의 논리적 기초가 되었고 변증적인 사회 운동 공론장의 '체제' 전환 과정을 적확하게 이해하는 데 장애로 작용하고 있다. 따라서 이 글을 통해 이러한 기존의 사회 운동 미디어에 대한 태도, 사회 운동 공론장의 변화 과정에 대한 비판적 지점들을 확인하고자 한다. 이를 바탕으로 실재하는 사회 운동 미디어의 조직 원리와 가치의 변화를 새롭게 재구성함과 동시에 사회 운동과 미디어에 대한 객관적이고 실질적인 이해와 분석을 위한 새로운 접근 방식을 고민해 보고자 한다.

## 2. 사회 운동 미디어 전환의 신화화

사회 운동 미디어는 사회학과 정치학의 주변에서 부당하게 취급되어 왔다. 이 미디어는 사회 운동의 목적 달성을 위해 동원되는 단순 '자원 resource'이거나 정치적 기회 구조에 영향을 미치는 하나의 하위 요소로 인식되어 왔다(Snow, Soule, & Kriesi, 2004). 하지만 오늘날 미디어 환경은 사회 운동 미디어에 대해 이러한 저차원적 접근 방식을 더 이상 허용하지 않는다. 이제 미디어는 사회 운동의 기능적 역할을 포함하여 사회 운동의 계기와 전개를 변화시키는 참여 주체들의 인정, 도덕, 감정 등과 같은 집단적 정서 구조의 형성 과정과도 밀접하게 관련시켜 이해해야 하며, 더 나아가 사회가 미디어를 중심으로 재조직화되는 현상까지 포착해야 할 필요성을 요구받고 있다(Jasper, 2014). 물론 대안 미디어 커뮤니케이션 학자들을 중심으로 파편적이며 단순한 사회 운동 미디어 연구에 대한 비판은 꾸준히 제기되어 왔다(Atton, 2010). 무엇보다도 사회 운동 미디어는 기술 결정주의적인 미디어 기술 중심 태도를 부정하고 미디어를 급진적인 사회 재조직화 과정의 수단이 아닌 '징후'로 인식하며, 사회 운동을 조직화하는 사회정치적 커뮤니케이션 과정을 관련 주체들 간의 변증적이면서 상호적인 관계 맥락에서 해석하고자 하였다. (이제 본격적으로 논의하겠지만) 한국 사회에서 사회 운동 미디어의 조직 원리와 가치의 변화 과정은 사회정치 조직들과 이들 내외부의 불평등하며 비대칭적인 소통 구조에 의해 규정되어 왔고 동시에 사회 운동 미디어의 내적 역동성에 의해 재구조화되는 변증적인 특성을 보여 준다.

1990년대 이후 한국 사회에서 네트워크 미디어의 등장과 함께 인터넷과 모바일 미디어의 확산은 사회 운동 미디어 연구를 자극했다. 또

미디어를 통한 정치 사회의 변화를 이해하려는 시도들도 증가시켰다. 1990년대 이래로 디지털 세대가 주축이 된 사회 참여와 사회 운동 방식들과 그러한 실천 행위들의 조직 원리와 가치들에 대한 체계적인 논의도 나타났다. 예를 들면, 누리꾼들, 특히 '386' 이후 세대들에게 정모와 번개 모임, 게임방, 블로그, 싸이질, 댓글, 펌, 아햏햏, 포샵질, 유시시, 온라인 카페와 클럽, 인증샷 등은 새로운 놀이의 소재들이자 문화정치의 공작소였다. 이들을 통해 느슨하지만 기존의 전통적인 사람 간 관계 맺기(인맥 관리) 방식과는 다른 새로운 소통과 참여의 자유로운 출구들을 만들어 냈다(이광석, 2011: 79).

사회 운동 미디어 연구에서 '1990년대'는 매우 특별하다. 1990년대는 1987년 민주화 체제로 전환이 된 직후이며 이 당시부터 사회 운동의 미디어적 전환media turn이 발생한다는 담론이 출발하였기 때문이다. 이광석(2011)의 분석에서도 나타나듯이 한국 사회에서는 1990년대를 기점으로 하여 새로운 미디어 논리가 사회 체제의 변화 과정과 맞물리면서 미디어에 의한 사회 운동의 조직화와 더 넓게는 사회 체제의 미디어에 의한 재조직화라는 미디어-사회 체제 관점이 서서히 형성되기 시작한 듯이 보인다. 또한 1990년대 PC 통신에서 2000년대의 인터넷과 최근의 모바일 미디어 기술을 이용하는 청년 세대들은 기존의 사회 운동 시대와는 다른 그들 고유의 미디어 중심의 정치를 실현하기 위한 운동 방식을 조직하고 그들이 추구하는 운동 내용을 실현하고자 한다는 것이다.

이러한 미디어-세대적인 사회 조직화 방식의 전환 논리는, 최근의 인터넷과 관련한 커뮤니케이션 기술 변화와 사회 운동의 조직화 과정 및 그것의 정치적 효과에 대한 연관성을 설명하는 하나의 전형적 서사로서 거의 모든 뉴 미디어와 관련된 사회 운동 미디어 연구에서 공통적으로 발견된다(송경재, 2005, 2010; 이창호·배애진, 2008; 김용철, 2008). 이들 연구들은 서로를 상호 인용하면서 그러한 미디어–세대–사회 재조직화 논리를 의도하지는 않았겠지만, 스스로 확대 재생산하며 신화적 이론화에 기여하고 있다. 이러한 분석에서 발견할 수 있는 것은 구체적으로 다음과 같다. 첫째, 미디어를 중심으로 하는 운동의 방식과 내용이 미디어 기술의 혁신적 발전에 기초하며, 둘째, 이를 조직하는 주체들은 이전과의 단절을 통해(디지털 청년 세대, 촛불 세대, 모바일 세대 등 다양하게 호명되면서 이전과의 세대와는 차이를 선명히 드러내려고 하듯이), 셋째, 그들 고유의 특정한 선호 가치와 태도를 매개 변인으로 하여, 넷째, 운동을 조직하는 주체와 조직하려는 객체와 공명하면서 새로운 운동 방식과 내용을 갖게 된다는 것이다. 앞서 인용한 이광석(2011)의 연구에서는 이것이 좀 더 분석적으로 드러난다. 그는 이러한 미디어–세대 공명 논리를 "역사적, 정치적, 사회적, 문화적 감정 구조"(p.80)와 관련된다고 표현한다. 공동체의 감정 구조는 장구한 역사의 흐름에서는 혁명적으로 요동치지만 하나의 특정 시기epoch에서는 지배적 담론의 구조로써, 견고하게 해당 공동체의 구성원들로 하여금 일정한 태도와 가치의 틀을 갖게 하는 기능을 수행한다(Williams, 1961/2007, 1973/2013). 즉 1990년대의 감정 구조에는 사회 운동 주체들이 이전과는 다른 사회 운동 조직과 참여의 방식과 내용을 추구하는 요소들이 있으며, 다른 미디어 환경과 조응하여 사회 운동을 조직하는 데 미디어를 통해 '새로운 소통'과 '참여의 자유로운 출구'를 찾게 한다는 것이다.

이러한 분석에서 주의 깊게 논의하고자 하는 것은, 1990년대 이후 세대의 특정한 '새로움'의 태도와 미디어 기술의 새로움이 서로 공명하며 사회 운동의 '감정 구조'를 구축한다는 주장들에 내재된 미디어에 대한 인식이다. 예를 들면, 1990년대 이후 탄생한 것은 PC 통신에서 출발하는 디지털 미디어 기술과 '함께' X세대, N세대, M세대 등 다소 모호한 새로운 미디어 실천 집단 또는 신인류의 탄생 또는 변화를 추동할 재림적인 탄생 신화의 경향이다. 1987년 체제 이후 등장하는 이들 새로운 세대들은 신주체–신미디어–신사회라는 사회 재조직화 논리의 기승전결을 완성한다. 이들은 사회 운동 미디어 조직 원리와 가치의 성격을 전환시키며 PC 통신 세대, 인터넷 세대, 모바일 세대에 의한 사회의 미디어화 논의의 정형화된 틀을 제공해 주는 신화적 존재다. 즉 미디어화에 의한 사회 체제 전환론이 미디어 세대론을 매개로 하여 사회 운동 미디어의 진화적 변화 과정으로 인식하는 경향의 기원이 발생한 것으로 보인다. 한편으로는 사회 변화의 주체를 미디어화하는 것으로 주체가 미디어를 설명하는 방식을 넘어서 미디어가 주체를 설명하고 이해하는 계기로 전이되었음을 보여 준다. '1990년대'를 기점으로 미디어를 통해 사회를 설명하려는 미디어화가 사회를 구성하는 주체들에 이르기까지 확장되었다. 우리는 이를 자연스럽게 받아들일 뿐 아니라 다양한 사회 변화에 대한 분석에서 드러나듯이 그러한 믿음을 당연시하며 강화하는 것이다.

미디어를 사회 변동과 관련시키면서 미디어에 대해 특유의 상승하는 '전환적'인 이미지를 우리는 가지고 있다. 이를 주체–미디어–사회와 연관시켜 설명해 보자. 우리는 미디어를 떠올릴 때 단순히 새로움이 아니라, 주체와 미디어 그리고 사회를 상호 연관시키면서 개인적 수준에서 사회적 수준에 이르기까지 미디어가 전면적인 전환의 계기이자 체계적인 변화를 위한 의식적, 무의식적 '운동의 기회를 제공해 준다고 파악한다. 이러한 전환적 움직임들에서 주체–미디어–사회는 분리되지 않고 동일한 지평에서 서로 연결되어 떠오른다. 주체가 부각되면 미디어와 사회 운동이 딸려 올라오고 미디어가 떠오르면 이 새로운 주체와 사회 운동이, 사회 운동이 떠오르면 미디어와 새로운 주체가 딸려 올라오는 식이다. 이는 분명히 미디어가 지배적 담론을 생산하며 (재)구성함으로써 사회 구조와 권력의 통제와 억압을 수행한다는, 과거의 전통적인 '지배하는 담론 조직'이라는 미디어 태도(Escobar, 1984)와 분명한 차이가 있어 보인다.

1980년대 팽배하였던 전통적 미디어 태도는 헤게모니의 하부 구조로서 한 사회의 변화와 발전을 통제하는 지배적 권력의 하부 구조인 동시에 루이 알튀세르Louis Althusser적 국가 권력 장치로 인식되어 왔다. 비판적 미디어 연구들이 미디어를 헤게모니를 조율하는 체제로 인식하거나, 미디어 효과 연구에서 사회 통념적 신념과 태도 및 행위가 미디어를 통해 어떻게 매개되는지 그 영향과 함의를 분석하였다는 것을 상기한다면, 주체-미디어-사회는 상호 조응한다기보다 상호 배제하거나 경합하고 수평적이 아닌 위계적인 관계로 파악하였다. 하지만 이러한 미디어에 대한 비판적 태도가 1990년대에 이르자 급진적으로 전화되면서 과거의 미디어 태도와 단절 되는 담론이 형성된 것이다. 주체들이 행하는performing 다양한 온라인/오프라인 미디어 의례들은 이러한 '전환'하는 주체-미디어-사회의 이미지를 강화시키며, 미디어를 더 이상 지배적 담론의 생산과 유통을 통해 규율하는 사회, 안정적이고 통제하는 사회, 그리고 전환되지 않는 사회와의 관련성을 단절시킨다. 새로운 디지털 미디어 의례들을 통해 미디어에 대한 신념을 강화시키고, 이를 바탕으로 사회 변화의 주체와 운동의 내용과 방식도 이전과는 다르게 파악하게 하는 것이다.

## 3. 체제전환론과 미디어화

미디어에 대한 이러한 전환적 태도는 분명히 과거의 미디어 태도들과는 단절적이다. 아니, 정확히 이야기하자면 우리가 단절시킨다. 예를 들면, 김은규(2006)는 1970년대에서 2000년대에 이르기까지 30년간 한국 사회의 사회 운동 미디어의 변화를 대안적 공론장의 역사적 흐름 속에서 체계적으로 고찰한다. 특히 그는 한국 사회에서의 대안 공론장은 국가-자본-시민(사회)과의 권력 관계가 시대적 상황에 따라, 내용적 특성에 따라 다양하게 변화되어 왔음을 통시적으로 보여 준다. 정치권력과 자본 권력의 억압 구조가 폭력적이거나 시민 권력의 권한과 자율성이 확대됨에 따라 대안 미디어의 유형이 변화한다는 것이다. 또한 국가-자본-시민 사회를 중심으로 형성되는 정치적 기회 구조는 대안 공론장이 지향하는 가치와 운동의 성격까지 변화시키고 있음을 보여 준다. 이는 기존의 미디어 중심과 달리 정치 사회의 구조적 변동 과정 속에서 공론장의 성격을 분석한다는 점에서 과학적인 설명력을 갖는다. 그런데 그에 따르면 1987년 체제를 전후하여 대안 공론장의 핵심 가치가 '민주화'와 '당파성'에서 '다원성'과 '참여성'으로 '차별적'인 '질적 전환'이 발생하였다. 이러한 정치 사회의 체제전환론에 기초하여 사회 운동 미디어도 저항 언론과 대항 언론에서 대안 언론 및 시민 미디어로 미디어의 내용과 조직 방식도 전환되었다는 것이다.

1987년 체제는 그 이전과 비교하여 우리 사회의 권위주의의 축소, 절차적 민주주의의 강화 그리고 정치 사회 중에서 시민 사회 영역이 획기적으로 확장되었다는 점에서 1987년 체제전환론은 다소의 이견은 있을지라도 사회학과 현대사학에서 큰 이견은 없어 보인다(박해광, 2010).

이에 따라 한국 사회의 정치에 대한 기대와 태도의 변화와 맞물려 사회 운동 미디어의 조직 원리와 가치 역시 1987년 체제를 전후하여 단절적인 전환을 이룬다는 입장이 체제 전환과 사회 운동 미디어 논의와 관련하여 일반적인 받아들여지는 것이다. 사회 체제가 전환되면서 사회 운동 조직 원리와 가치도 이에 동조하면서 사회 운동 미디어의 그것들 역시 동일하게 변화하였다는 자연스러운 논리가 확정된 것이다. 사회 운동 미디어의 조직화의 원리와 내용 및 방식은 1987년 이전 체제와 결별하고 새로운 것들로 대체되면서 미디어를 대안적인 민주주의 공론장의 계기로 인식하게 된다는 것이다.

이를 볼 때 우리나라에서 미디어에 대한 태도는 정치적 구조와 미디어의 조직 원리 및 가치가 서로 연동되어 변화하면서 자연스러운 전환적인 역할을 한다는 인식의 경향을 발견할 수 있다. 이러한 미디어에 대한 태도는 사회 체제에 대해 전환적이며 미디어 조직화의 원리와 성격에 있어서 단절적이라는 특성을 갖는다. 즉 1987년 체제의 전후(1987년 전후)로 사회 운동 미디어 의례들의 내용과 방식도 그러한 미디

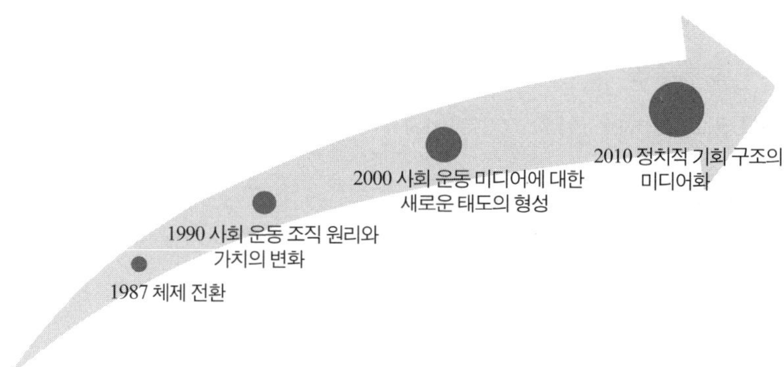


**그림 1. 체제 전환과 사회 운동 미디어에 대한 인식 경향**

어 태도의 전환에 따라 달라질 것으로 예측할 수 있으며 어렵지 않게 이 논리에 부합하는 의례들을 발견하고 대입시킨다. 미디어에 대한 체제 단절적 태도는 미디어 의례들을 발견하게 하고 주체-미디어-사회에 대한 관념을 강화하게 되는 것이다. 그림 1처럼 우리는 통상 체제 전환적이고 단절적인 미디어 태도를 통해서 변화된 사회 운동 미디어의 주체와 사회 운동의 내용 및 방식을 이해하려 하고, 이를 통해 특정한 정치적 기회 구조의 가능성과 한계를 이해하고자 한다는 것이다.

이러한 체제전환론은 (다음에 이어지는 비판적 논의에서 제기되겠지만) 실제 조직되고 실천되었던 사회 운동 미디어의 역사적 실체를 투영한 것이 아니라 우리가 새로운 미디어에 대해 가지는 특정한 신념 체계를 투영한 해석일 가능성이 크다. 오히려 체제전환론과 달리 실제 사회 운동 미디어에서 주체-미디어-사회의 관계의 전환은 단선적인 진화적 성격을 갖지 않았다. 이들 간의 관계는 종종 역사적 기대에 부응하지 못하거나 지체되거나 유보되었으며 변화의 과정도 체제전환론과 같이 선형적이지 않았다. 실제 1987년 체제 이후 한국 사회에서 사회 운동 미디어는 체제 전환과 가치의 변화와 동조하지 않았다. 오히려 비동조화에 따른 운동의 참여 주체와 조직 주체 간의 조직 방식과 내용의 비대칭의 문제, 그들 간의 조직 자원의 소유와 배분의 불균등의 문제 등은 1987년 체제 전후 사회 운동 미디어에 대해 비판적인 이해가 필요함을 보여 준다.

## 4. 지체된 전환과 저항 공론장의 봉건화

미디어화 이론가인 스티그 아바드Stig Hjavard(2008)에 따르면, 미디어가 과거와 단절할 수 있는 이유는 기술적인 특성과 혁신 때문이 아니다. 미디어가 사회를 조직하는 새로운 역사적 함의를 갖게 되는 순간은 개인과 조직들이 미디어에 대해 가지는 정치 문화적 태도의 변화와 관련이 된다. 사회 운동 측면에서 보자면 사회적 주체들이 사회 운동 미디어에 대해 가지는 특정한 인식 경향의 전환에서 이를 발견할 수 있다는 의미다. 닉 콜드리의 미디어화는 "미디어가 커뮤니케이션 과정을 제도적, 기술적으로 추동하고, 또 다른 한편으로는 자신이 추동한 커뮤니케이션 실천에 배태되어 가는embedded 복합적인 과정"(박홍원, 2018: 14)이다. 이는 사회화의 한 특수한 유형으로 사회 시스템의 조직화 과정에서 미디어를 중심으로 하는 커뮤니케이션 원리와 가치의 실현 방식이 사회의 핵심 작동 원리에 근접해 졌음을 의미한다. 이러한 측면에서 보면 그림 1로 요약되는 체제 전환과 사회 운동 미디어의 조직 원리와 가치 변화의 관계가 보여 주는 선형적이고 전환적 이해가 함의하는 것은 무엇일까? 이를 다르게 표현하자면, 이러한 선형적이고 전환적인 미디어화 과정의 서술 방식에 내재된 미디어화는 어떠한 사회정치적 의미를 갖는가?

그림 1에서 제시된 사회 운동 미디어에 대한 전환적이며 단절적 태도의 기원은 미디어화의 배태되어 가는 복합적인 커뮤니케이션적 과정을 외면한 데서 출발한다. 미디어에 대한 전환적이며 단절적 태도는 구조와 미디어 간 그리고 미디어를 조직하는 주체와 대상들 간의 관계를 기계적으로 구조화시키며 진화적인 방식으로 이들 간의 변화 과정을 단순하게 이해한 결과다. 체제의 전환이나 기술 구조 또는 경제 사회 구

조가 주체들의 의식과 공명하며 새로운 주체의식을 발현시키고 — 미디어에 대한 태도를 포함하여 — 사회 변화의 내용과 방식을 전환시킨다는 주장은 논리적 선명함에도 불구하고 구조와 주체 그리고 미디어의 관계를 피상적으로 해석한 결과일 뿐이다.

로버트 크레이그Robert Craig(1999)는 커뮤니케이션 이론이 중립적이고 독립적으로 구축되는 것이 아니라 미디어나 커뮤니케이션에 대한 이론들의 메타담론적인, 즉 지배적인 담론 방식과 유사하게, 주요한 이론적 서술 경향들의 특정한 인식 경향들과 밀접하게 연관되어 있다고 주장한다. 우리가 일상에서 특정 미디어를 언급할 경우나 소통에 대해 이야기를 나눌 때 논리적 차이는 있지만 특정한 방식으로 미디어나 커뮤니케이션에 대해 고차원적인 전제들을 갖고 있으며, 이러한 전제들에 대한 다양한 체계화가 커뮤니케이션 이론화로 진행된다는 것이다. 이는 한 가지 문제를 야기하는데, 지적 메타담론적 논의intellectual metadiscourse가 스스로 구조화되어 자기 참조적self-referential 논의 속에 갇혀 닫힌 논리 게임rhetorical game화가 되곤 한다는 것이다. 이론이 지향해야 하는 현상에 대한 객관적이되 성찰적인 열린 논리 과정은 스스로에게 참조하는 닫힌 논리에 의해 외면되곤 한다는 것이다. 일종의 이론의 자기 신화화 과정처럼 보인다. 그 근본적 원인은 현실에서 실제 작동하는 미디어 환경과 커뮤니케이션 실천을 외면하고 추상적인 메타담론적 논의들과의 접점들을 자의적으로 부각시킨 결과다. 그런데 사회 운동 미디어 메타담론이라고 할 수 있는 우리가 지닌 전환적이고 단절적인 이해 방식도 그러한 자기 참조적인 논리 게임에 갇힌 것은 아닐까? 국가나 자본의 이념과 시스템의 체제전환론에 기초한 사회 운동 미디어 조직화의 핵심 원리와 가치의 변동을 읽어 내려는 시도에서 확인할 수 있는 유일한 사실은, 새로운 미디어화가 아니라 기존의 무비판적인 구조결정주의의 닫힌 논리의 반복이라는 점이다.

체제-미디어 전환이라는 이러한 관념적 모델에 기반을 둔 사회 운동 미디어와 운동 참여 주체들을 획기적으로 조직하여 혁신하고자 하는 정치적 기회 구조를 견인할 수 있을까? 만약 미디어 태도와 사회 운동 미디어에 대한 우리의 이해에 문제가 있다면, 그것이 이론적 그리고 실천적 장애와 문제들을 발생시킬 수도 있지 않을까? 미디어 태도의 통시적 변화를 체제전환론에 기대어 미디어화 과정을 설명하려는 것은 미디어와 사회정치화 과정 간의 관계를 정태적이고 선형적으로 파악한 것이다. 체제라는 개념은 특정 시기가 정치 사회적으로 이전과 구분되는 상이한 "시대정신을 보여 주거나 역사적 특수성을 갖고 있거나, 혹은 사회 발전의 논리"(박해광, 2010: 107)를 드러내 준다. 1987년 체제를 중심으로 한국 사회 운동 미디어의 핵심 원리와 가치의 변화를 논하는 것은 이러한 체제론이 내포하는 '시대정신'에 대한 일반적 믿음을 투영한다.

그런데 이러한 역사적 특수성을 반영한 시대정신을 사회를 조직화하는 주체들의 실천 원리나 가치와 동일화시키는 것은, 현실적이지 못할 뿐 아니라 실제 사회 운동의 조직 원리와 가치의 변화를 객관적으로 이해하는 데 방해가 된다. 민주화 이후 모든 것이 민주적으로 재조직된다는 믿음은 신화일 뿐이다. 그리고 이러한 신화는 자기 참조적 담론에 의해 메타담론화한다. 홍성태(2017)의 한국 사회 운동의 조직화 과정에 대한 연구를 살펴보면, 우리나라 1960~1970년대 사회 운동은 연대와 참여를 중요한 가치로 인식했음을 보여 준다. 1960년대의 과두적 행동주의나 1970년대 내밀한 엘리트주의 모두 소수 내부 조직의 이질적인 실천 내용과 방식을 억압하는 대신 이를 수렴하는 전략적 연대를 중요한 사회 운동 조직의 가치로 인식했음을 보여 준다. 횡적이고 종적인 연대 구조는 대중적인 민주화 운동과 노동 운동을 위한 기본 원칙인 동시에 강령으로 인식되었으며, 노동자–학생–시민의 참여 기회를 확장시키려고 조직적으로 노력했다는 것이다. 다양성과 참여성을 고려한 이러한 대중적 리더십은 1970년대 이후 급진적으로 이념화한 사회 운동 및 노동 운동 경향과 차이가 있었던 것이다.

미디어를 통해 '전략적 연대'를 추구한다는 점에서 당시 존재한 다양성과 참여성의 적극적 수용이 1960~1970년대 사회 운동 미디어 조직의 핵심 원리였다면, 1970년대 이후는 이념을 중심으로 한 급진적 사회 운동 및 노동 운동이 발현되기 시작한 때라고 할 수 있다. 즉 다양성과 참여성을 1990년대 이후의 사회 운동 미디어 원리와 가치로 독점적으로 전유시키는 것은 역사적 사실과 다른 자의적인 분석 태도다. 오히려 한국 사회에서 조직화의 원리와 가치는 정치, 사회, 문화적 조건들에 따라서 유동적이고 때로는 보수적으로 때로는 급진적으로 진동하면서 변화해 왔다.

체제전환론에 기대어 통용되는 사회 운동 미디어 가치전환론은 미디어–구조와 미디어–주체 간의 관계를 정태적이고 단선적으로 인식하게 한다. 이와 관련하여 1987년 체제 전환이 오히려 기존의 사회 운동과 사회 운동 미디어 조직화의 원리와 가치를 변화시키는 데 실패하였다는 주장들은 특히 흥미롭다(유시주·이희영, 2007; 최장집, 2010; 박해광, 2010; 최민석, 2018). 한 사례를 살펴보자. 이는 노동 운동 사례인데, 미디어학계에서는 사회 변동과 관련한 연구에서 거의 아무런 관심을 두고 있지 않는 영역이다. 사회 운동과 노동 운동이 참여 주체의 성격과 목적에 있어서 상이하지만 집단 행동collective action 연구와 사회 운동 미디어 연구에서는 동시에 주요하게 고려된다는 점에서 노동 운동이 배제된 한국 사회 운동 미디어 연구는 예외적이라고 할 수 있다. 어쨌든, 체체전환론에 기초한 논의는 실제 존재했던 그리고 존재하는 다양한 운동의 실제 조직 원리와 방식과는 거리가 있는 미디어 태도의 편향성을 다시 확인하게 한다. 예를 들면, 최민석(2018)은 1987년 체제 이후 시기인 1990년대의 노동 운동이 민주주의에 대해 과연 어떠한 현실 인식과 전망을 가지고 노동 운동을 조직하였는지를 분석하였다. 30년 전 1987년 체제로 회귀하여 당시의 노동 운동을 새롭게 복기하고 조명하고자 한 이유를 그는 자신의 논문 서두에서 다음과 같이 밝힌다.

> 민주화 이후 노동 운동은 민주주의를 대표하는 세력으로서 스스로를 각인시키는 데 성공하지 못했다…… '민주'라는 가치를 그토록 소중히 여겼음에도 정작 민주화 이후에 민주주의를 진전시키는 역할을 수행하지 못한 것으로 평가받고 사회적으로 고립된 이유를 찾아보고자 하는 동기에서 시작되었다(최민석, 2018: 176).

그에 따르면 오늘날 노동 운동 조직은 1987년 체제 이후 1990년대를 거쳐 30년이 지난 지금에 이르기까지 민주주의 가치와 작동 원리를 내재화하는 데 실패했다고 평가한다. 또 체제의 이행은 이전 제도와의 결별과 새로운 제도의 수립에 의해 형식적으로 가능할 수 있으나, 그것이 지향하는 이념과 가치의 전환은 그것과 병행되지 않을 수 있다는 것이다. 신념 체계가 구조 변화를 견인했으나 변화된 구조는 새로운 신념 체계를 사회 일반의 조직화 원리로 전이시키는 데 실패할 수도 있기에 이 둘의 관계는 결코 인과적이지 않으며, 변화된 구조의 내적 모순과 한계로 인해 오히려 보수적 가치가 우세하게 나타나는 가치의 역전 현상도 발생할 수 있음을 증명하고 있다.

1987년 체제 자체의 모순도 지적이 된다. 최장집(2010)에 따르면, 1987년 체제는 노동을 배제한 민주화이자 협상이 아닌 타협에 의한 민주화 체제였다. 1987년 체제 자체가 제한적인 민주주의 시대정신을 담고 있었다는 것으로, 이는 1987년 체제 이후 사회 운동이 그 이전과 결별될 수 없으며 오히려 기존의 조직에 의한 조직화 원리와 방식을 유지했을 가능성이 높음을 암시한다. 실제로 1990년대 노동 운동 조직은 스스로의 정체성을 국가와 총자본의 저항 세력으로 규정하고 일반 노동자들을 그러한 조직화의 이념적 울타리에 포섭하려는 대상으로 인식하였다. 1987년 체제 전환은 실제 사회 운동을 조직화하는 방식과 가치를 상대적으로 후퇴시키는 결과를 낳은 것이다. 그 결과 1987년 체제 이전과 마찬가지로 운동 조직의 미디어는 변화되지 않은 채 조직의 내적 통일성과 전투성을 강화시키기 위한 담론 전략의 '수단'이자 '선전 도구'로 인식되었다.

다음은 1990년대 초 전국노동자협의회(전노협)의 내부 회의 자료다. 자료의 내용을 살펴보면 이러한 운동과 미디어에 대한 보수적 조직화 원리와 가치를 발견할 수 있다.

> 4) (전국적 구심의 형성과 선전선동 강화) 전국회의, 전국투본 보다 전노협은 그 조직의 형성과 내용을 분명히 해야 하며 이는 미조직대중마저 쉽게 인식할 수 있도록 하여 그들을 전노협의 틀안에 포용해 낼 수 있도록 해야 한다. 따라서 전노협이 지향하고 있는 일반적 사업내용을 보다 광범하고 보다 전면적으로 선전 선동을 지속화 해나감으로서 민주노조 총

합의 확고한 구심을 세우고 조직의 확대로 지속화 해 나가야 할 것이다.

(출처: 민주화운동기념사업회 Open Archive)

위 사례는 미디어 조직 주체와 조직 과정에 '포섭'되는 참여 주체 간의 위계적 관계 및 미디어를 메시지 전달의 도구로 인식하는 1987년 체제 전환 이전의 전형적 프로파간다 커뮤니케이션 관계를 반영하는 것이다. 그래서 "노조 간부들은 변혁적 지향을 강하게 보인 반면 평조합원들의 의식은 그렇지 않았다…… 평조합원들에게 민주노조는 민주적 절차를 준수하는 노동조합 이상을 의미하지 않았다"(최민석, 2018: 187)라는 자조적인 평가를 하게 하는 것이다.

1990년대 중반으로 갈수록 노조는 민주주의 심화와 민주 노조라는 담론을 강화하며, 이를 내외부 조직원들을 대상으로 선전 매체를 통해 '교육'시키고 "전투에의 동원을 위해 '민주'에 호소하고 있었다"(p.191). 이 사례에서 알 수 있는 것은, 체제가 전환되었음에도 불구하고 사회 운동 미디어의 조직 원리와 가치는 변화되지 않았다는 사실이다. 오히려 이전 체제에서 작동하였던 사회 운동 미디어의 이념성과 정치성이 강화됨에 따라서 새로운 가치들의 발현을 지체시켰다. 즉 사회 운동 미디어의 전환론은 사회 운동 미디어 지체론으로 대체되어야 할 필요가 있다. 1990년대 내내 사회 운동과 노동 운동에서 기존의 지배적인 미디어 조직 원리와 가치는 존속되거나 공고화되었고, 미디어의 생산자이자 조직 주체인 '간부 노조원'과 '수용자'라고 할 수 있는 '평조합원'들, 즉 참여 주체 간의 거리는 여전히 벌어져 있었다. 어쩌면 사회 운동 미디어 조직 주체의 미디어 태도와 미디어의 조직 원리 및 가치는 1987년 체제 이전과 달리 1987년 체제 이후 달라진 정치적 기회 구조 속에서 조직 주체와 참여 주체 사이에서 접점을 잃기 시작한 것일 수도 있다.

이는 커뮤니케이션이 — 그것이 아무리 급진적 사회 운동 조직이더라도 — 본질적으로 그 자원을 소유하고 배분하며 조직화하는 방식 및 내용을 결정하는 권한은 항상 불평등하다는 것을 다시 한 번 확인해 주는 것이기도 하다(Silverston, 2005). 위의 사례는 1987년 체제를 조직한 조직 주체와 조직하려는 대상인 참여 주체 간의 커뮤니케이션 권한의 불평등성과 그것에 기반을 둔 사회 운동 미디어 조직화의 내용과 방식의 한계가 1987년 민주화 이후 상대적으로 더 부각되었음을 시사한다. 참여 과정의 비대칭성과 불평등성이 1987년 체제 이후에도 상존했다는 사실은 지배적인 미디어 조직 원리가 크게 달라지지 않았음을 보여 준다.

오히려 사회 운동 미디어의 체제전환론은 실제 사회 운동 미디어 조직화 원리의 변화 과정에 존재하는 내적인 모순과 갈등을 은폐하고 대안적인 조직화 원리와 가치를 형성시키는 역동성을 발견하는 데 장애가 될 수도 있다. 일부에서는 이러한 평조합원이나 일반 시민들의 노동운동에 대한 무관심을 1990년대 세대의 탈물질, 탈권위주의적 가치관(예를 들면, 로널드 잉글하트Ronald Inglehart의 세계 가치관 변화 연구들)과 사회 운동의 비물질적 경향성에서 찾기도 한다(예를 들면 신사회 운동론들). 하지만 이는 1990년대 후반의 노동자 대투쟁 이후 급성장한 (일시적이었으나) 노동 운동과 민주 노조 운동 그리고 진보 정당 건설 등을 고려하면 결코 일반화될 수 없는 주장이다. 오히려 1990년대 이후 소비자본주의적 행위의 영향력이 더욱 커졌다는 사실에서도 노동과 물질은 민주화 이후에도 여전히 시민들의 일상에서 중요한 가치 기준이었다고 할 수도 있다. 어쨌든 1990년대 사회 운동 미디어의 조직 원리와 가치는 구체제의 방식과 내용에서 그다지 다르지 않고, 조직 주체와 참여 주체 간의 미디어 내용과 조직화를 위한 자원과 권한의 능력의 비대칭성과 불평등성도 유지되었던 것으로 보인다. 지체된 민주주의 체제이든 형식적 민주주의 체제이든 민주주의가 제도적으로 확장된 공간에서 이러한 커뮤니케이션 불평등성은 상대적으로 두드러져 보인다.

## 5. 사회 운동 공론장의 분화: 지체에서 경합으로

여기서 한 가지 더 확인할 수 있는 것은 조직 주체와 참여 주체 간의 운동 조직의 방식과 내용에서의 괴리가 (이는 이전에도 존재했지만) 사회 운동의 정당성 및 실효성에 의문을 제기하게 하였으며, 이는 '실천하는 조직'과 그러한 사회 운동 조직을 '배제하는 시민'이라는 시민 사회의 내적 균열의 양상을 심화시켰다는 것이다. 이와 관련하여 사회 운동의 사례를 살펴보자. 박해광(2010)은 1987년 체제가 보수적이고 타협적인 민주주의로의 이행 결과 구정치 세력, 민주화 세력, 노동자 계급, 그리고 중산층이라는 매우 다양하고 복잡한 세력들의 이해가 경합하게 만들었다고 본다. 이러한 다층적 정치 주체들의 발현과 달리 1987년 체제가 만들어 준 형식적 대의 체제와 무기력한 정당 체제는 준정당적인 역할을 수행하는 시민 사회 운동 단체들의 폭발적 성장을 자극하였다. 시민들은 시민 사회를 지체된 민주주의를 보완할 대안적 정치 공간으로 인식하고 대표하지 못하는 정치적 민주주의와 진보적이지 못한 국가 정책 담론의 형성 및 실현을 대리해 줄 것으로 기대하였던 것이다.

하지만 시민 사회 단체는 1990년대에서 2000년대에 이르기까지 양적으로 크게 성장한 것과는 대조적으로 일반 시민들을 위한 '정치 참여와 관련한 구조적 부재'로 인하여 자율적인 공론장의 발전을 또다시 지체시켰다. 정치 참여를 위한 구조의 부재와, 전문성의 부재, 정치적 역할의 부재, 그리고 대중성의 축소는 당시 시민 단체들에 대한 비판의 주요 내용들이다. 1987년 체제 이후 경제정의실천연합(경실련)으로 대표되는 시민 사회의 폭발적 성장은 시민들의 정치 참여 분야와 기회를 엄청나게 확장시켰음에도 불구하고, 이러한 내적 정치 역량의 부재로 인해 일반 시민들이 시민 사회로부터 매우 빠르게 빠져나가게 하는 효과를 낳았다. 특히 "대중성을 단지 많은 대중을 대상으로 한, 혹은 대중들을 회원으로 확보한 운동으로 간주하는 인식의 한계"(박해광, 2010: 43)는 시민운동 단체들의 회원 가입이 급격하게 줄어들게 하는 계기가 되기도 하였다. 1990년대 중반 이후 시민 사회 단체에 대한 신뢰도의 지속적 하락(사회발전연구소, 2007)은 시민 사회 '단체'라는 조직 주체의 조직화의 원리와 가치가 참여 주체인 일반 시민들의 그것들과 큰 괴리가 있어 왔음을 반증한다. 즉 이들 간의 사회 운동 조직화의 내용과 방식에 있어서 특정한 비대칭적인 태도의 차이가 발생하고 강화되었을 수 있다는 것이다.

한편 사회 운동 미디어의 내용과 방식을 조직하는 원리와 가치 역시 마찬가지로 정체되면서 과거와 크게 달라진 것은 없었다. "유인물도 나눠주고, 언론사에 문제의 심각성을 호소하는 투고도 한다. 그래도 상황은 전혀 진전되지 않는다"(유시주·이희영, 2007: 222). 그래서인지 "억압이 사라지면 많은 시민들이 지지해 줄 것이라고 믿었던 가치와 신념이 시민 사회 내부에서 외면당하는 일이 벌어지게"(같은 책: 128) 되는 제도와 삶의 부조화가 발생한다. 이전 체제의 전복을 주도하였던 '민주화' 세대는 확장된 시민 사회 단체에서 "관료화의 길"로 들어서며 "급진화의 딜레마"에서 "회원들의 관심을 불러일으킬 새로운 주제를 찾게 되고 이리하여 이른바 백화점식 운동이라는 비판을 초래"(백종국, 2001: 202)하게 되었다. 이 과정에서 시민 사회는 국가와의 교류 속에서 정부의 지도력과 정당성 및 정책의 실효성을 강화시키는 역할을 하는 체제 보완의 공론장을 형성하는 대신 참여 주체인 시민들의 배제로 인한 체제 전환적인 공론장은 구호로만 남게 되는 결과를 야기하였다.

다양성과 참여성이라는 가치를 발견했으나 실현시키지 못한 인식과 실천의 '부조화 현상'은 운동의 조직화 과정을 권위적으로 만들었다. 1987년 이후 2000년대 초까지 20여 년 동안 노동 운동과 사회 운동 조직과 단체들, 조직 주체들이 가진 태도와 가치 및 이에 기초한 사회 운동 미디어 태도는 참여 주체와의 관계 측면에서 비대칭성과 불평등성이라는 측면에서 크게 달라지지 않았다. 이 20여 년은 지체, 지연, 혹은 내적 경합(실천하는 조직과 배제하는 시민 간의)의 시기로 규정할 수 있지 않을까? 미디어를 통한 사회 운동이나 노동 운동은 여전히 소수의 내부 조직원의 이념과 가치를 확장시키는 전통적 매스 미디어 모델을 따르며 참여와 개방은 추구하되 실현되지 못한 잠재적 가치로서만, 구호로서만 남게 된다. 이는 체제전환론에 기초한 사회 운동 미디어 분석들이 주장하는 것과 달리 1987년 체제 이후의 가치 전환이 사회 운동 조직 주체들 내에서 발현되지 않았음을 보여 준다. 오히려 체제 전환에도 불구하고 전환적이 아닌 구체제의 사회 운동 미디어 조직 원리와 가치의 존속으로 대안적인 그것들의 발현을 지체시켰다고 서술해야 하는 것이 더 정확해 보인다. 즉 사회 운동 미디어를 중심으로 하는 조직 원리와 가치의 변화가 제도나 체제와 같은 외적 토대가 변화했던 시기와 동조했다는 결론은, 실제 그것이 발현되는 과정을 고려하지 않고 체제 전환이 커뮤니케이션 패러다임을 가져온다는 믿음을 미디어에 무비판적으로 투영한 것일 수 있다는 것이다.

1990년대에서 2000년대 초반까지 참여 주체들이 '기대'하고 '추구'하는 사회 운동 조직 원리와 가치가 조직 주체들의 그것들과 일치하지 않았고 그것이 실현되기 위한 자원과 권한의 불평등한 배분의 문제들은 지속되었으며, 체제 전환 이후 사회 운동이 추구하였던 정치적 기회 구조political opportunity structure의 개혁을 위축시켰던 것으로 보인다. 이는 정치 사회적 구조와 미디어 문화 정치적 구조의 변화는 기존과 다른 사회 운동의 조직화 원리와 가치를 요구하였음에도 불구하고 그것을 반영하고 전환적이며 단절적인 사회 운동 미디어를 조직하는 데 실패하였음을 보여 준다. 이는 상이한 정치적 기회 구조 속에서 동일한 사회적 기회 구조social opportunity structure를 유지 강화한 탓이다. 그 결과는 기존의 정치 구조를 오히려 강화시키고 사회적 기회 구조를 보수화시키는 참여적 공론장의 실패 또는 공론장의 재봉건화를 가져왔다. 지금까지의 논의를 통해 밝히려고 한 것은 사회 운동 미디어를 이해하고 분석하는 데 우리는 특정한 미디어 태도를 가지고 있으며, 이는 실제 주체–미디어–사회의 연관성의 내용과 방식을 규정한다는 점이다. 이러한 인식적 편향성은 종종 사회 운동 미디어의 변화 과정을 왜곡하며 구축하고자 하는 정치적 기회 구조를 실현시키는 데 장애가 될 수 있으며, 탈정치화의 문제를 은폐하는 데 기여할 수 있다는 문제의식과 관련된다. 그러나 이러한 비판적 논의의 초점은 다른 곳에 있다. 이 글에서 강조하고자 하는 것은 사회 운동 미디어의 조직화 과정은 역동적인 주체(들)과 이들의 창의적이며 연대적인 미디어 실천을 통해 대안적인 실천을 가능하게 하고 이를 통해 새로운 사회적 기회 구조를 구축한다는 것이다.

## 6. 저항적 공론장의 민주화

체제전환론은 구조적 변화가 반드시 커뮤니케이션 방식과 내용의 전환을 견인하지도 않을 뿐 아니라 오히려 공론장의 성격을 이전의 체제 속에 남겨두거나 변화를 유보시켜 사회 운동의 역동성을 제한하고, 사회 노동 조직의 정치 사회 공론장을 봉건화시켰을 수도 있다는 비판에 노출되어 있다. 위르겐 하버마스Jürgen Habermas가 국가-자본의 권력 관계에서 주류 공론장의 봉건화에 대한 급진적 비판의식을 보여 준 것과는 달리, 가치체제지체론은 국가-자본 권력 구조의 대척점에 서 있는 저항적 권력들도 (결과적으로) 공론장의 보수화에 기여할 수 있음을 보여 준다.

그렇다면 기존의 체제전환론이 제시한 현 시대의 새로운 사회 운동과 사회 운동 미디어의 조직 원리와 가치의 변화는 허구인가? 1990년대 이후 세대의 특정한 '새로움'의 태도와 미디어 기술의 새로움이 서로 공명하며 사회 운동의 '감정 구조'를 구축한다는 주장들에 내재된 미디어에 대한 특정한 인식을 가져온 것은 어떤 이유에서인가? PC 통신 세대에서 출발하여 인터넷 세대의 2008년 광우병 촛불 집회와 모바일 세대의 2016년 탄핵 촛불 집회에 이르기까지 우리가 주목한 개방성, 참여성, 다양성과 같은 새로운 조직화의 원리와 가치는 어떻게 설명이 되는가?

이러한 질문에 답하는 것은 사회 운동 미디어를 이해하는 데 중요하게 고려해야 할 것이 무엇인지를 탐색하게 한다. 이를 위해 콜드리(2008a)의 논의를 빌리고자 한다. 콜드리는 실버스톤의 매개 개념을 통해 "전체 사회적 공간들을 일거에 전환시키는 단일한 '미디어 논리'가 아닌 미디어가 복잡하고 분열된 사회적 공간을 가로지르며 야기하는 전환의 이질성heterogeneity"을 강조한다(p.375). 그러한 전환의 이질성은 미디어가 다양한 문화적 그리고 사회적 과정에 개입되어 있기 때문인데, 이 과정에서 사회의 미디어화는 역동적이며 '비선형적non-linear'으로 변증하는 매개의 특성을 갖는다.

> 매개는 내가 의도하는 관점에서 보자면, 커뮤니케이션이 제도화된 미디어(언론, 라디오 방송과 텔레비전 그리고 증가하는 인터넷)가 사회적 삶에서 우리의 상징 체계에 개입되는 과정이 근본적fundamentally으로, 그러나 균등하지는 않게unevenly, 변증dialectical적임을 설명해 준다(Silverstone, 2002: 762. Couldry, 2008a 재인용).

"근본적으로, 그러나 균등하지는 않게, 변증적인 과정"이라는 의미는 매개라는 것이 변증적인 것인 동시에 모순적인 과정으로서, 하나의 미디어 공간이 열리면 동시에 일부 매개의 과정이 고립되어 차단되기도 한다는 것이다. 전환 방식과 내용은 역사적으로 고정되어 있지도 않고 대립되는 구조와 주체, 주체와 주체, 구조와 구조 간의 선형적인 방식으로 전진하지도 않는 이질성을 갖는다. 오히려 우리는 전환 과정에서 "비선형성뿐만 아니라 불연속성과 비대칭성"(p.381)이 전형적 변화 과정임을 인정해야 한다는 것이다. 1987년 체제 전환이 열어 놓은 열린 '미디어 공간'에도 불구하고 기존의 주류 사회 및 노동 운동 조직들의 보수적 커뮤니케이션 태도와 방식은, 전환적인 사회 운동 미디어의 조직 원리와 가치의 발현 가능성을 닫게 하면서 저항적 공론장의 봉건화를 가져온 것 역시 그러한 변증적인 가능성의 닫힘과 사회적 과정이 비선형적이라는 쿨드리의 가정을 확인해 준다. 그럼에도 불구하고 쿨드리는 닫히는 미디어 공간을 다시 열기 위해서 앙리 르페브르Henri Lefebvre의 사회적 공간의 생성, 낸

시 프레이저Nancy Fraser의 정의론, 그리고 에티엔 벵거Etienne Wenger의 실천 공동체 논의를 통해 이러한 비대칭성과 불균등성의 의식적 극복 과정 역시 필요함을 주장한다. 그의 실천 윤리가 민주주의의 확장을 방해하거나 퇴보를 중단시키는 도전들에 대한 의식적인 응답인 것임에는 의심의 여지가 없다. 그렇다면 한국 사회의 사회 운동 미디어에 대한 태도와 조직화의 원리 및 가치가 어떻게 새로 발명되고 발견되었는지 이해할 수 있는 단서를 찾아야 할 필요가 제기되는 것이다.

콜드리(2008a; 2008b)에 따르면, 민주주의의 확장과 심화는 다양한 실천 공동체 목소리들voices이 사회적으로 인지되고 공유됨으로써 대안적인 사회적인 공간이 생성된다. 그러나 불평등하고 비대칭적으로 분배되어 있는 커뮤니케이션 자원의 배분은 주류 권력들로 하여금 그들의 목소리와 사회적 공간만을 들리게 하거나 확장시킨다. 이것의 효과는 목소리 없는 참여 주체들의 정치적 좌절이다. 이러한 이유로 인해서 커뮤니케이션 자원의 평등한 분배만이 정의로운 사회적 공간을 형성하게 하고 민주주의의 조건과 가능성을 높일 수 있다고 주장한다. 커뮤니케이션 자원은 단지 미디어를 포함한 기술적 자원과 경제적인 물질적 자원만을 의미하지 않는다. 그보다는 그들의 사회적 공간에 그들의 목소리를 채울 수 있게 하는 비물질적 역량이 포함되어야 한다. 사적인 서사를 자연스럽게 소통하고 공유하게 하는 '사회적' 과정의 구성 능력의 '소유'야말로 정치적 실천이라는 공적 전환이 발생될 수 있게 하는 핵심적 역량이다.

> …… 공적인 영역에서 드러날 수 있기 위하여 자신과 관련한 중요한 서사들을 전달할 수 있는 역량의 더 광범위한 배분을 위한 — 사회적으로, 그래서 스스로가 정치적 실천 주체로 대표될 수 있게 하는 — 수단

들…… (Couldry, 2008a: 386. 저자 강조)

콜드리에 의하면 커뮤니케이션 자원의 평등한 재분배는 진정한 민주화를 확장시킬 수 있을 뿐 아니라 민주화의 조건들도 풍부하게 활성화시킨다. 그래서 그가 구하려는 사회는 특정 실천 공동체만을 위한 민주주의가 아니라 모든 공동체의 민주주의라는 점에서 이상적인 동시에 급진적이라고 할 수 있다. 1987년 이후 노동이 배제되고 참여가 형식화되면서 확대된 것은 어쩌면 다양한 공동체들의 목소리들이 부재한 텅 빈 사회적 실천 공간이었고 그로 인해 심화된 것은 이들의 사회적 정치 조직화를 견인하는 커뮤니케이션 권력의 불평등한 배분이었다. 이는 결국 체제 전환 이후 민주주의를 실질적으로 뿌리내리게 할 수 있는 대안적 '가치와 인정을 구성'하기 위한 실천의 지체나 퇴보의 경험, 즉 반사회적 정치화 과정의 확대를 가져왔다. 평등의 정치가 민주주의 실현을 측정하는 핵심적인 척도라면 목소리를 낼 기회나 자격이 박탈되었던 집단과 공동체들은 그 기회를 가질 권리를 확인하고 회복할 수 있게 사회적인 기회의 구조를 갖게 해야 한다.

미디어 자원의 확대에도 불구하고 정치적 자원의 빈곤함은 '새로움'을 추방한다. 새로운 체제는 구체제의 기만으로 인식될 수도 있었다. 과연 청년 세대나 빈곤층, 사회적 소수자들의 목소리가 조직적 사회 운동 과정이나 노동 운동 과정에 투영되었는지 의문이 드는 이유다. 1987년 체제 이후 1990년대에서 2000년대 초까지 20여 년간은 오히려 사회 운동 미디어의 정체기 또는 잠재기로 인식해야 한다. 즉 미디어를 통한 매개의 결과, 자신의 이야기를 전달할 역량이 있었음에도 불구하고 불균등한 사회적 공간 속에서 그 가능성이 소멸되었던 것이다. 매개의 부정적 전환이며 실현되지 못한 미디어화 또는 비대칭적 미디어화로 규정할 수 있다.

> 조직이 의사 결정을 하는 과정에서 조직 구성원들의 의사를 묻는 절차가 없다는 것이다. 문제의 근원은 조직의 의사 결정이 사회적 영향력이 큰 상층의 유력 인사들에 의해 좌우되어 구성원들 간의 소통이 제대로 이루어지고 있지 않은 데 있지만, "거기는 직접 맞상대할 수 있는 대상"이 아닌 까닭에…… (유시주·이희영, 2007: 243).

2000년대 초반, 시민 사회 조직에 오랫동안 몸을 담아 두었던 활동가의 인터뷰에서 알 수 있는 것은 민주주의를 실현하는 시민의 생동감이 아니라 "상층"의 "유력"한 조직 내 인사들의 권한에 "맞상대"할 수 없는 좌절감이다. 조직 구성원들이 어리거나 여성일 경우 또는 어린 여성일 경우에 연장자이거나 남성 또는 남성 연장자 활동가에게 맞상대할 수 없는 내부의 비민주성은 봉건적인 사회적 기회 구조로 작용한다. 결국 아무리 민주적인 시스템을 갖춘 미디어 환경에서도 조직화 과정에서 그러한 미디어는 권위적 의사 결정의 수단인 동시에 미디어 주체들을 대상화하는 매개체에 불과하다. 이때 "우리는 더 많은 민주주의를 원한다"(같은 책)고 주장해야 하며 이것이 소통의 급진성의 계기가 될 수 있다.

## 7. 조직 주체에서 참여 주체의 저항 공론장

자신이 사회와 정치의 주체로서 자신을 대표할 수 있는 물질적, 비물질적 커뮤니케이션 자원과 권한의 배분 과정을 조직화하는 것은 자신의 자연적 권리이자 사회적 책임의 성격을 가진다. 이는 사회 운동을 조직하는 주체와 대상들의 커뮤니케이션 권한과 자원의 불평등한 배분의 현실과 조건을 확인하는 것에서부터 시작하며, 2000년대 이후 본격화되기 시작한 아래로부터의 새로운 사회 운동 미디어는 그러한 현실 인식의 비판적 실천 결과로 볼 수 있다. 예를 들면 PC 통신 세대, 2002년 인터넷 운동을 통한 노무현 전 대통령의 당선, 그리고 2008년 광우병 촛불 집회와 2016년 탄핵 촛불 집회로 이어지는 일련의 '새로운' 사회 운동들은, 그러한 비대칭적이고 불평등한 정치 사회적 공간을 교정하고 대안적인 가치와 인정을 구성하려는 '배제된' '시민'들이 회복하고자 한 역동적 커뮤니케이션적 실천들이다. 미디어 기술과 체제 및 정치 문화에 연동하여 자연적으로 발생한 참여성과 다양성이 아니라 비대칭적이고 불평등하게 조직화된 사회 운동과 사회 운동 미디어의 원리와 가치에 대한 대안으로 목소리를 대표하지 못한 주체들이 의식적으로 구성한 것이다. 즉 새로운 사회 운동 조직의 원리와 가치는 체제 전환이나 전환된 체제에 의해 필연적으로 발생한 참여 시민 혹은 특정 세대의 어떤 추상적 관념의 결과가 아닌 봉건화한 사회 운동 조직 과정에 대한 구체적 개입이라는 실천 경험의 산물이다.

이른바 디지털 청년 세대의 자유롭고 수평적이며 개방적인 상호 소통적인 태도는 당대에 사회 운동을 조직하려는 활동가들을 대상으로 요구한 사회 운동 조직화의 원칙인 동시에 새로운 사회 운동 조직화를 위한 커뮤니케이션 자원의 윤리적인 분배 원칙이다. 이는 기존의 조직 주체들이 사회 운동 과정에서 실현되지 못한 가치이자 원리이기도 하다. 가령 1990년대 PC 통신 세대에서 2000년대에 이르기까지, "사회 운동의 성격"은 "실용적"이거나 "협업적"이고 "참여적"이며 "개방적"이라고 규정되곤 하는데(이광석, 2011), 이는 체제가 규정하거나 체제가 만들어 낸 자연 발생적 원리와 가치가 아닌 당대에 현실화되지 못한 커뮤니케이션 자원의 분배 윤리이며, 지체된 분배 원칙을 현실화하고자 하였던 실천 윤리이기도 하다. 즉 이 시기 사회 운동의 성격은 미디어를 통해 대안적 사회 공간을 매개하고자 한 참여 주체들의 의식적인 변증적 실천 과정이다. 이들에게 허용되지 않았던 커뮤니케이션 자원이 새로운 미디어를 중심으로 접근 가능하게 되었으며, 자신의 목소리가 다른 목소리를 만나는 방법을 발견하게 되었다. 이를 통해 사회 운동이 필요한 시기에 요구하고자 한 이슈를 목소리들의 실천 공동체의 가치와 인정으로 소통이 이루어지는 사회적 공간을 창출해낸 것이다. 1987년 체제 이후 20년간 그들의 목소리가 배제된 공간을 박차고 그들의 공간을 새롭게 창출한 것이다. 즉 실용적이며 협업적이고 참여적이며 개방적인 사회 운동 성격은, 그들에게 내재된 고유의 특성이 결코 아니며 그들이 발견하고 발명해낸 커뮤니케이션 자원을 통해 구축한 사회적 공간의 성격이며 그 공간의 소통 내용과 방식이라고 할 수 있다. 비대칭적이고 불평등한 방식으로 조직된 사회 운동에서 잠재적 목소리로만 침잠되어 있던 실천의 공동체들이 대칭적이고 평등한 목소리의 공동체들을 조직한 변증적인 과정이라고 할 수 있다. 이러한 논리는 사회 운동에서 이들이 비판적으로 반응하고 수용을 거부하던 '조직 주체들의 미디어'에 대한 태도를 나의, '참여 주체들의 미디어'로 바꾸면서 사회 변화를 매개하는 수단을 인식하기 시작했다.

조직 주체-참여 주체가 함께 소유하지 못한 저항 공론장에서 생산되고 유통되는 사회 운동 미디어는 권위적이며 효력 있는 권력을 상실한 소통 자원일 뿐이며, 참여 주체들과의 상호 주관적 소통이 소멸된 생동하지 않는 무실천의 공간만 확장시킨다. 하지만 참여 주체가 다른 참여 주체를 만나면서 조직한 대안적인 실천 공간에서 사회 운동 미디어는 수단이 아니라 커뮤니케이션 과정이 되며 그 자체가 역동하는 수평적이고 평등한 공간으로 인식된다. 과정이 (공론장이라는 상징) 공간을 창출하며 공간은 그 과정을 재구조화하는 계기가 되는 것이다. 즉 이들에 의해 조직되는 사회 운동 미디어는 기존의 지배적 구조나 체제가 아니라 오히려 기존의 사회 운동 미디어에 대하여 '전환적'이며 '단절적'인 특성을 갖게 되고 그러한 미디어들을 급진적으로 매개하려는 실천이 모색되는 것이다. 이로 인해서 사회 운동의 공간은 기존과는 다른 상이한 운동의 역사와 조직 방식 및 원리를 가진 '공간들'로 분화되고 이들은 서로 긴장하며 자극하는 역동성을 갖게 되었다. 체제 전환 이전부터 사회 운동을 조직하고 통제해 오던 조직 주체들의 공간은 이미 생성되어 있던 저항적 공간이라는 점에서 그 공간을 재구성하여 보다 수평적이고 참여적으로 만들 수도 있었다. 하지만 새로운 다양한 커뮤니케이션 자원들은 그러한 '오래된' 공간의 재구성보다 새로운 사회 공간을 구축할 수 있는 역량을 그 공간 밖에 있던, 대상으로 존재하던 이들에게 부여하였다. 이는 이전의 공간을 재점유할 이유를 상쇄시키기에 충분한 역동성을 만들어 주면서 대안적인 대안 공론장이 구축되는 결정적 계기가 되었던 것이다. 하나의 단일하고 통일된 저항 공론장의 조직 원리와 가치의 변증적 발전 가능성이 만들어지면서 이제는 복수의 공론 공간들 사이에 긴장이 형성되고 새로운 형태의 운동 동학이 마련될 가능성을 갖게 된 것이다.

## 8. 커뮤니케이션, 사회 운동 미디어, 그리고 사회적 기회 구조

2000년대 들어 두드러진 일반 시민들의 참여에 의한 사회 운동의 역동성은 시민 사회의 구조적 성격의 변화 원인을 새롭게 이해하는 방식을 찾게 하였다. 홍성태·신종화(2007)는 1990년대 이후 시민 사회가 질적으로 기존의 시민 사회와 다르다고 주장한다. 이러한 주장은 매우 일반적으로 받아들여지지만 이들은 그 원인을 국가–사회 또는 자본–사회와 같은 거대 구조의 변화 속에서 파악하지 않고 시민 사회 내부의 동학에서 찾고 있다. 또한 1990년대 이후 한국 시민 사회의 근본적 변화는 "운동에서 제도로 이행하면서, 운동과 제도가 공존하는 시민 사회는 집합적 구성체들 간의 복잡한 정치경제적 이해관계가 갈등적 상호작용을 거쳐 제도화"(p.325)에서 출발하였다고 주장한다. 시민 사회 내부가 이미 매우 다양하며 다차원적인 갈등과 합의의 과정이 발생하는 그 자체가 독립적인 사회정치적 경합의 공간이 되었다는 것이다.

1987년 체제 이후에도 시민, 노동 사회 내 커뮤니케이션 자원의 비대칭적이고 불평등한 사회 운동의 조직화 과정은 유지되었고 한국 사회의 저항적 공론장의 역동성은 지연되었음은 이미 확인하였다. 새롭게 열릴 것으로 기대한 저항적 공론장은 여전히 닫힌 공간으로 인식되었고 1990년대를 거쳐 2000년대 초에는 이 공간에 대한 인식 자체가 비판적이거나 심지어 "보수적"이라고 판단하기도 하였다(홍일표, 2004). 이러한 시민 사회 내부의 균열은 시민운동에서 시민과 사회 간에 경계선을 만들면서 새로운 저항의 사회적 공간을 잉태하게 한 변증적 역동성의 동력이 되었다.

물론 이러한 내적인 저항 공론장의 분화의 시초와 과정을 국가–자본–시민 사회라는 외적 정치 구조와의 관계 속에서 해석할 수도 있다.

사회학이나 사회학적 미디어 연구에서는 그러한 전통적 체제전환론에 기대어 설명하고 있다. 하지만 우리가 관심을 가진 주체와 주체들 사이의 소통 관계와 그 소통 관계의 구조 및 그것들의 역동적 매개 과정은 다층적이며 불균등한 변화 과정을 좀 더 세밀하게 묘사하고 이해해야 할 필요성을 가중시킨다. 이러한 분석은 기존의 지배적인 사회 운동 미디어에 대한 태도와 체제 전환적 논의의 신화들을 밝혀내고 저항 공론장의 실제 역사적 변화 과정을 이해하게 한다. 또한 이러한 분석 노력들은 사회 운동 미디어가 매개하며 재구성하려는 조직적 실천과 그것들의 사회적 조건들을 발견하는 데 도움을 줄 수 있다. 대안적 실천 공동체의 원리와 가치 및 그것이 발현되는 커뮤니케이션 공간이 갖는 정치적 효과는 특정한 사회적 조건들을 형성하면서 정치적 기회 구조에 영향을 주기 때문이다.

그렇기 때문에 마지막으로 이 글을 정리하면서 추가적으로 사회적 기회 구조를 고려해 볼 것을 제안하고자 한다. 이 개념에 대한 관심은 사회 운동 미디어의 조직 원리와 가치의 변화를 이해하는 데 커뮤니케이션의 조건과 과정을 좀 더 체계적으로 분석하는 작업에 기여할 수 있을 것으로 기대하기 때문이다. 우리는 기존의 정치 사회학적 권력 구조의 동학을 통해서는 사회 운동 미디어의 변증적 매개 과정이 제대로 포착되지 못하였음을 확인하였다. 그 이유는 기존의 사회학적 접근은 사회 운동 미디어가 갖는 정치적 조건과 효과에만 관심을 갖는 반면, 커뮤니케이션적 접근은 사회적이며 문화적인 조건과 과정에 주목할 수 있게 해 주기 때문이다. 예를 들면, 사회학적 사회 운동 미디어에서 고려되는 커뮤니케이션 자원의 분배는 통상적으로 '자원동원론Resource mobilization theory'과 관련이 된다. 이 이론에서 커뮤니케이션 자원은 운동 조직 주체가 참여 주체를 효율적으로 동원하고 조직하기 위하여 필요한 집합적 유인들이다. 여기에는 운동 조직, 이념, 전문 지식, 리더십, 자금, 시설, 커뮤니케이션 수단, 외부 집단과의 협력 등이 포함된다(Klandermans, 1984). 사회 운동 미디어나 이를 조직하고 실천하기 위한 커뮤니케이션 지식과 기술 등도 이러한 통상적 운동 자원에 해당될 수도 있다.

하지만 자원 동원 이론은 운동을 조직하는 과정에서 요구 자원과 선택 자원의 결정을 비용과 효율이라는 합리적 선택의 문제로 인식한다. 이는 운동 자원의 선택과 배분 기준은 오로지 사회 운동 목적 달성에 기여해야 하며 그 목적이 얼마나 효율적으로 성취되었는지 그 정도에 따라 좌우된다. 그렇기 때문에 경우에 따라서는 사회 운동의 대중 동원이 달성하고자 하는 전략적 목적에 필요하다고 판단될 경우 특정 지식, 기술, 조직, 주체 들은 아예 배제되거나 또는 그 반대로 그 자원을 소유하고 있거나 있지 않은 이로부터 강제로 동원하기도 한다. 커뮤니케이션 자원이 조직화를 위한 동원 대상이고 사회 운동 목적의 수단으로 전락하게 된다. 사회 운동 미디어는 오로지 "정치적 맥락의 구조적 특징들에 의해 형체가 이루어지는"(Koopmans 2004: 68) 기능적 역할에 의해서만 평가되며, 사회 운동 과정에서 부수적이거나 수동적 제도화의 성격을 갖게 된다. 즉 사회 운동 미디어는 사회 운동에 대해 우호적인 '정치적 기회 구조'를 만드는 데 기여할 경우에만 의미를 갖게 된다.

사회 운동 연구에서 정치적 기회 구조는 주류 제도 정치와 정책에 영향을 주기 위한 사회 운동의 외부 조건들을 파악하게 하고, 사회 운동을 조직하는 주체들을 위한 전술과 전략의 이해하게 하는 이론적 기반을 제공한다. 사회 운동 미디어가 자원으로 동원되는 방식과 내용은 주류 제도 정치와 정책에 영향을 주기 위한 사회 운동의 외부 조건들을 우호적으로 만드는 전술과 전략적 차원에서 결정되는 것이다. 이는 미디어를 메시지의 생산과 확산을 통한 행동 변화를 예측하는 사회 운동의 정치적 미디어 효과 이론을 연상시킨다. 이처럼 사회 운동 미디어를 자원으로 인식하고 정치적 효과 차원에서 그 역할과 의미를 축소할 경우 사회 운동의 사회적이며 문화적인 조건과 영향에 대해서는 거의 주목하지 못하게 한다. 예를 들면 '사회적 기회 구조'라는 개념은 사회 운동을 조직화하는 과정에서 사회 운동 미디어가 정치적 기회 구조를 어떻게 매개하는지 그 과정을 포착할 수 있게 함에도 사회 운동 미디어를 포함한 사회 운동 연구에서 거의 다루어지고 있지 않다(Palacios, 2007).

사회적 기회 구조는 다양한 주체들이 사회 운동을 조직화하는 과정에서 어떠한 가치, 동기, 습관, 그리고 이상을 형성하며 사회 운동의 미디어 레퍼토리들, 즉 미디어 의례들이 커뮤니케이션 과정으로서 어떻게 조직되며 이를 통해 새롭게 열리거나 또는 닫히는 사회적 소통의 가능성이 정치적 기회 구조와 어떻게 연관되는지를 설명해 줄 수 있다. 사회적 공간과 그 공간에 그들의 목소리를 채울 수 있게 하는 비물질적 역량, 사적인 서사를 자연스럽게 소통하고 공유하는 '사회적' 과정에서 정치적 실천이라는 공적 전환으로 전이시킬 수 있는 역량이 어떠한 과정에서 형성되는지를 살펴보는 것은 매우 중요하다. 이 글에서 사회적 기회 구조라는 개념을 중심으로 더 깊이 있는 논의를 하기는 어렵지만 미디어 커뮤니케이션학이 향후 사회 운동 미디어가 사회 운동을 조직하는 과정에서 변증적으로 매개하는 주체, 구조, 가치, 관계 등으로 채워진 사회 공간을 이해하는 하나의 방식을 안내할 수 있을 것으로 생각한다.

## 참고 문헌


김용철 (2008). "정보화시대의 사회운동: 온라인 사회운동의 유형과 특징," 〈사이버커뮤니케이션 학보〉, 25(1), pp.5~42.

김은규 (2006). "한국 대안적 공론장의 변화과정과 추동 요인에 대한 고찰," 〈한국언론정보학보〉, pp.87~114.

백종국 (2001). "시민사회의 정치동학," 〈한국정치연구〉, 10, 163~209. 서울대학교 한국정치연구소.

박해광 (2010). "한국 시민사회의 참여정치 구조," 〈민주주의와 인권〉, 10(2), pp.5~48.

박홍원 (2018). "정치의 미디어화," 〈언론정보연구〉, 55(2), pp.5~44.

사회발전연구소 (2007). "국민의식조사: IMF 10년, 한국사회 어떻게 변했나," 발표자료집.

송경재 (2005). "네트워크 시대의 인터넷 정치참여: 탄핵정국 디시인사이드 정치토론게시판을 중심으로," 〈담론201〉, 8(3), pp.123~160.

송경재 (2010). "인터넷 시민운동 양식의 변화와 의미," 〈사회이론〉, (38), pp.203~234.

유시주 · 이희영 (2007). 《우리는 더 많은 민주주의를 원한다》. 창비.

이광석 (2011). "인터넷 한국의 사회운동," 한국언론학회 심포지움 및 세미나, pp.79~105.

이창호 · 배애진 (2008). "뉴미디어를 활용한 다양한 사회운동방식에 대한 고찰," 〈한국언론정보학보〉, pp.44~75.

최민석 (2018). "민주노조운동의 '민주' 개념," 〈경제와 사회〉, pp.175~202.

최장집 (2010). 《민주화 이후의 민주주의: 한국 민주주의의 보수적 기원과 위기》. 후마니타스.

홍성태 (2017). "한국의 사회변동과 운동리더십의 역사적 변환," 〈민주주의와 인권〉, 17(1), pp.39~77.

홍성태 · 신종화 (2007). "한국 시민사회의 정치과정과 성격변화," 〈민주주의와 인권〉, 7(1), pp.321~345.

홍일표 (2004). "17대총선과 시민운동," 〈시민과 세계〉, 6, pp.205~225.

Bennett, W. L. (2008). "Changing Citizenship in the Digital Age." *Civic Life Online: Learning How Digital Media Can Engage Youth*. Edited by W. Lance Bennett. The John D. and Catherine T. MacArthur Foundation Series on Digital Media and Learning. Cambridge, MA: The MIT Press.

Castells, M. (2015). *Networks of Outrage and Hope*. Cambridge: Polity.

Cottle, S. (2008). "Reporting demonstrations: the changing media politics of dissent," *Media, Culture & Society*. 30(6), pp.853~872.

Couldry, N. (2003) *Media Rituals: A Critical Approach*. London: Routledge.

Couldry, N. (2008a). "Mediatization or mediation? Alternative understandings of the emergent space of digital storytelling," *New Media & Society*, 10(3). pp.373~391.

Couldry, N. (2008b) "Media and the Problem of Voice," in N. Carpentier and B. de Cleen(eds), *Participation and Media Production*(pp.15~24). Cambridge: Scholars Press

Craig, R. T. (1999). "Communication theory as a field," *Communication Theory*, 9(2), pp.119~161.

Debray, R. (1994). *Pour une médiologie. Définitions premiéres*. [안성찬 · 박배형 · 윤미애 · 황승환 옮김.《매체이론의 지형도 I》. 서울대학교출판문화원. 2018].

Downing, J. D. (2006). "Social Movement Theories and Alternative Media: An Evaluation and Critique," *Communication, Culture & Critique*, 1, pp.40~50.

Hjarvard, S. (2008). "The Mediatization of society: A theory of the media as agents of social and cultural change," *Nordicom Review*, 2. pp.105~134.

Jasper, J. M. (2014). *Protest: A Cultural Introduction to Social Movements*. Polity Press.

Klandermans, B. (1984). "Mobilization and Participation: Social Psychological Expansions of Resource Mobilization Theory," *American Sociological Review*, 49. pp.583~600.

Palacios, J. M. (2007). *The Catholic Social Imagination: Activism and the Just Society in Mexico and US*. Univ. of Chicago Press.

Silverstone, R. (2005). "Media and communication," In C. Calhoun, C. Rojek & B. Turner (eds.). *The international handbook of sociology*(pp.188~208). London: Sage.

Snow, D, Soule, S. A., & Kriesi, H. (2004) *The Blackwell companion to social movements*. Malden, MA: Blackwell Publishing.

Schulz, W. (2004) "Reconsidering Mediatization as an Analytical Concept," *European Journal of Communication* 19(1): pp.87~101.

Williams, R. (1961). *The Long Revolution*. [성은애 옮김.《기나긴 혁명》. 문학동네. 2007].

Williams, R. (1973). *The Country and the City*. [이현석 옮김.《시골과 도시》. 나남. 2013].

# 포스트미디어 시대, 새로운 소통 기술과 사회 변화

11장

박성우

박성우는 우송대학교 글로벌미디어영상학과 교수로 비재현적 방식의 문화연구, 디지털과 기술철학, 비판 언론학 전반에 대하여 연구하고 있다. 성균관대학교를 졸업하고 샌프란시스코주립대학교에서 석사, 런던대학교 골드스미스 칼리지 문화연구센터에서 박사 학위를 받았다. 번역서로는 《인터넷, 신화를 넘어 공공성으로》(공역)가 있으며, 논문으로는 "미디어화, 해방과 소외의 파르마콘" 등이 있다.

민주주의를 향한 1987년 6월의 뜨거웠던 기억 이후 어느덧 30여 년이란 시간이 훌쩍 지났다. 화살처럼 흘러가 버린 시간 속 기억들을 지나 지금 우리는 대다수가 동의할 수 있는 적어도 몇 가지 인식을 가지게 되었다. 첫째, 지금의 한국 사회는 민주화, 산업화 시기를 넘어서 인공 지능이 주도하는 이른바 '자동화 사회'로 진입하고 있다는 점이다. 하지만 지금의 '선진 과학 기술' 담론은 과거 근대화론이나 포스트모더니즘 논의와 같은 정도의 날카로움과 열정을 지닌 시대적 사유와 논쟁의 대상으로 우리 지식 사회에서조차 위치되어지지는 않는다. 둘째, 우리는 여전히 혁명의 시대를 살고 있다는 점이다. 그러나 과거 '6·10 항쟁,' '노동자 대투쟁,' '촛불 혁명'과 같이 대중이 사회와 미래에 대한 꿈과 희망을 표출하며 이끌었던 민주주의 혁명보다는 이제는 자본주의 기획이 주도적으로 이끄는, 또 다른 모습의 혁명인 '4차 산업 혁명'이 그 자리를 대신하고 있다.

• 이 글은 〈언론과 사회〉, 26(4)(2018. 11)에 게재된 원고를 수정 및 보완한 것이다.

이러한 장밋빛 전망과 푸른 청사진 속 과학 기술, 4차 산업 혁명과 우리의 언론 그리고 사회는 어떻게 만나며 변화될 것인가? 특히, 1987년 전국의 뜨거운 광장과 아스팔트 위에 모여 꿈꾸고 외치고 그리던 세상과 지금, 앞으로의 우리 모습은 얼마나 닮아 있는가? 범위를 좁혀 현실 사회의 소통(커뮤니케이션) 기술과 민주주의의 영역만 보더라도 이 희망들이 일정 정도 위태로워지기까지 했다는 점을 알 수 있다. 우선 모두가 기대한 대로 민주주의의 가장 기본이라고 본, 모든 사람들이 이야기하는 시대가 왔는가? 1990년대 이후 인터넷의 본격적 보급과 함께 모두가 꿈꿨던 이상적으로 네트워크화된 사회성sociality은 현실화되었는가? 더욱이 광장으로 대표되는 민주주의의 물리적 공간들은 대중에 의해 더 쉽고 편리하게 활용되고 있는가? 결국 모두의 기대대로 열린 미디어를 통해 우리의 민주주의가 더 성숙하고 낫게 바뀌었나? 이 질문들에 대한 공통의 답은 '아직은 그렇지 않다'일 것이다. 즉 모든 사람들이 이야기하는가의 문제는 온오프라인에서 주로 누가 무엇을 어떻게 이야기하는지를 살펴봐도 쉽게 짐작할 수 있다. 네트워크화된 낭만적인 사회성은 대부분 수학적 알고리즘에 기반을 둔 통치성governmentality과 자본을 중심으로 형성되고 있음 역시 지속적으로 드러나고 있다. 대중이 사랑했던 물리적 공간들은 시간이 지날수록 기술과 결합하며 더 쉽고 효율적으로 차단될 수 있게 되었다. 관련된 법 제도 또한 더 빠르고 기민하게 선제적으로 수정되고 있음은 분명하다. 더욱이 가짜 뉴스가 범람하고 더 세련된 감시 기술이 득세하는 등 미디어가 정치 사회의 잠재성을 잠식시키며 사회적 소통과 민주주의라는 본연의 가치마저 훼손되고 있는 시대상을 보면 열린 미디어와 민주주의의 체제에 대한 현재의 방향성을 어렵지 않게 파악할 수 있다.

이제 30년 전 용광로와 같았던 민주주의에 대한 우리의 열망과는 다른 방향에서 갈수록 강력해지는 현실 사회에서의 기술 숭상주의 국면과 이에 기반을 둔 새로운 소통 기술에 대하여 우리는 어떻게 바라보아야 하는가? 이 장에서는 신자유주의와 촛불 혁명의 시대에 강력하게 부상하는, 4차 산업 혁명으로 표상되는 포스트미디어 그리고 기술 낭만주의에 대한 문제의식을 중심으로 새로운 소통 기술이 언론, 사회, 민주주의에 미치는 긍정적, 부정적 영향과 전망에 대하여 기술철학적 관점에서 간략히 살펴본다.

## 1. 포스트미디어 시대와 자동주의 신화

포스트미디어는 무엇이고 그리고 포스트미디어 시대는 어떤 시대를 말하는 것인가? 우선 이에 대한 이야기부터 시작하고자 한다. '포스트미디어'를 바라보는 서로 다른 학술적 관점들이 일반적으로 존재함에도 불구하고, 이 글에서는 모두가 비교적 쉽게 인식하는, 소통 기술과 관련된 몇 가지 핵심적인 개념들을 중심으로 이른바 '포스트미디어 시대'에 대하여 논의하고자 한다.

첫 번째는 자동주의automatism다. 여기에서 말하려는 자동주의는 인공 지능으로 대표되는 급진적 형태의 자동주의다. 이 용어는 우리의 현실 사회에서 많은 오해와 환상을 불러일으키며 매우 특정한 방식으로 신화화된 개념을 지칭한다. 이와 관련하여 기술철학자 베르나르 스티글레르Bernard Stiegler(2016)는 "자동화 사회"라는 시대적 화두를 제시하며, 왜곡된 자동주의 신화가 만들어 내는 현 시대의 병리적 현상을 자세히 설명한 바 있다. 실제 디지털 테크놀로지는 우리 일상을 촘촘히 둘러싸며 소통과 관련한, 어떠한 특별한 종류의 자동주의 신화, 혹은 디지털 환영을 강력하게 생산해낸다. 이는 과거와는 차별적인 현 시대의 모습이다. 예를 들면, 거의 모든 사람들이 스마트폰과 같은 개인 이동 통신 기기, 더 엄밀히 말하자면 개별적 보조 기억 도구를 통해 스스로 정보를 꾸준히 업데이트한다. 그 과정에서 겹겹이 쌓여 가는 데이터들은 이른바 '네트워크 효과'[1]를 통해 사회적(소셜) 네트워킹 기술마저 어렵지 않게 구현하게 한다. 가령 주변 친구들이 페이스북이나 카카오톡에 자주 머무르면 우리들 또한 자연스레 이러한 공간들로 이주하고 소통 과정에 참여하도록 네트워크로부터 직간접적으로 요구받는 것이다.[2] 급진적 자동주의는 디지털 테크놀로지, 특히 수학적 연산 가능성이란 핵심 무기로 번성하는 알고리즘 기술에 의해 크게 고양되면서 포스트미디어 시대를 가장 잘 상징하는 표현의 하나가 되었다. 그렇지만 신화illusion라는 단어가 암시하듯, 디지털 알고리즘을 앞세우는 지금의 급진적 자동주의의 시대는 심각한 문제들을 새로이 야기한다. 대표적으로 SNS 공간을 중심으로 단편적이고 정확하지 않은 정보와 지식들이 별다른 검증 과정 없이 짧은 시간에 널리 퍼지는 가운데, 특정한 정치적 의도를 가진 현상적 오독이 횡횡하는 현실은 어느덧 주변에서도 쉽게

---

1 어느 특정 상품에 대한 수요가 다른 사람들에게 영향을 주는 효과를 말한다. 사람들이 네트워크를 형성해 다름 사람의 수요에 영향을 준다는 뜻에서 붙여진 경제 현상이다. 이 이론은 1950년 미국의 하비 라이벤스타인Harvey Leibenstein(1922~1994)이 주장한 것이다.

2 한편 대단해 보이는 이러한 네트워크 효과의 이면에서 작동하는 원리에는 아주 오래된 인간의 행동 양식인 "따라하기," "모방하기"(Tarde, 1903) 역시 존재한다.

관찰된다. 더불어 급진적 자동주의 소통 기술을 무기로 장착한 새로운 언론 생태계와 함께하는 우리의 민주주의와 정치 현실 역시 많은 부분 우려스럽기는 마찬가지다.

이제 조금 다른 시선에서 소통과 관련한 신화적 성격의 자동주의 담론을 떠받치는 핵심적 개념들에 대해 살펴보자. 이는 포스트미디어 시대에 대한 해석보다는 전망과 관련하여 기술철학을 빌어 대안적 관점을 도출하고자 하는 목적에서다. 우선 비교적 가장 익숙하게 다가오는 자동성automaticity 혹은 자동적automatic이란 개념에 대해서다. 기술철학의 입장에서 바라보면 자동성은 기계, 컴퓨터와 같은 비인간 행위자들의 능력이라기보다는 오히려 우리 인간의 가장 기본적 능력으로 위치된다. 스티글레르(2016: 44)가 흥미롭게 이야기했듯, 자동화되는 가장 적절한 사례는 인간, 즉 우리의 생명 자체다. 그에 의하면 생물학적인 세포야말로 생명 활동과 관련된 여러 기관의 지시instruction들이 연속된 결과들이며 이 연속적인 지시 과정은 당연히 자동적이다. 실제 생명의 탄생 역시 일련의 자동적 과정의 연속이라는 것이다. 또한 이러한 생명 탄생의 과정에서 모두가 두려워하는 것은 바로 자동적이지 않은 것을 의미하는, 무서운 느낌의 단어인 변이다. 이와 같이 우리가 너무도 당연하게 여기는 생명 작용의 기본이 바로 자동성에 기반을 둔 반복이다. 이에 더하여 우리는 문화, 사회와 정치 등을 구성케 하는 심리적, 정신적 자동주의도 가진다. 언론 환경 역시 고유한 특성의 유지를 위하여 다른 형태의 특정한 자동주의에 기반을 둔다. 대중문화 역시 그러한 관점에서 어떠한 자동주의가 모인 현상으로 바라볼 수 있다.

이에 더하여, 자동성만큼이나, 혹은 이보다 훨씬 더 중요한 능력인 비/탈자동화disautomatization라는 개념이다. 흔히 생각하기에 자율적, 자주적 혹은 주체적autonomous이라는 의미는 자동적automatic이라는 말과는 다른 것으로 여겨진다. 그래서 자율적, 주체적인 인간과 자동적인 기계는 흔히 서로 반대되는 성격의 주체들로 인식된다. 이는 사실 그리스 철학에서부터 현대 서구 철학(대륙 철학)으로 이어져 온 지배적 입장이기도 하다. 그러나 이 둘의 성격과 상호 간의 관계에 대한 시선 교정에 대해 기술철학은 꾸준히 문제 제기를 해왔다. 특히 스티글레르(2016: 15)는 자율적이라는 것은 자동적인 것과 반대되는 개념이라기보다는 오히려 많은 자동주의와 결합해야 하는 것임을 강조한다. 예를 들면, 자율적인 피아니스트가 되려면 어느 정도 수준에 도달한 후, 몸의 연주 행위를 피아노에 맞게 스스로 변형시킬 수 있어야 한다. 이는 다른 종류의 예술가나 운동선수에게도 마찬가지다. 뛰어난 피아니스트는 연주의 자동성을 익힌 다음 그 너머의 즉흥적 조합을 결합시켜 낼 때 비로소 창조적인 예술가가 되고 최고의 축구선수는 끝없는 슈팅, 드리블 연습을 거친 후에 자신만의 고유한 기술을 만들어 낸다. 이처럼 기술철학에서 자동화는 탈자동화 능력을 향상시킬 기회 혹은 토대가 되는 과정이며, 동시에 탈자동화는 획득된 자동성이 충분히 내면화하며 이에 기반을 둔 새로운 능력이 결합되는 과정이라고 할 수 있다. 이는 마찬가지로 정보와 지식 습득에도 적용될 수 있다. 지식 습득 역시 뇌, 즉 몸에 체화된 자동주의들이 주체적으로 기능하는 과정이기 때문이다. 우리가 연습을 통해 어떻게 뇌를 단련시킬 수 있는지 비교적 잘 알고 있는데서 보듯이, 뇌 역시 분명한 자동적 기계(들뢰즈적 의미)이며 이는 동시에 스스로의 기능을 탈자동화시키는 욕망 기계desiring machine[3]로 신체 속에서 종합

3 질 들뢰즈Gilles Deleuze와 펠릭스 가타리Felix Guattari(1999)의 "기관 없는 신체"를

적으로 작동하는 것이다.

기술철학을 통해 배울 수 있는, 포스트미디어 시대의 핵심이라고 할 수 있는 급진적 자동성과 자동주의에 대하여 필요한 시선은 다음과 같이 요약할 수 있다. 우리는 분명한 관점을 가지고, 이러한 현실 사회와 민주주의 속 급진적 자동주의, 혹은 자동주의 신화에 새롭고 창조적으로 다가서야 한다는 것이다. 그렇지 않다면, 우리가 직면하게 될(사실 심각하게 직면하는) 문제는 다음 측면들에서 더 크고 강력해질 것이다. 대표적으로 포스트미디어 시대, 특히 신화적 성격으로 무장된 급진적 자동주의 소통 환경을 통해 이용자들이 가진 자율적 성격의 자동주의가 조절될 수 있으며, 결국 이들의 자동주의는 조절자의 관심에 따라 거시적으로 통합될 수 있다. 이는 우리 언론의 현실과도 매우 밀접하다. 예를 들어 스마트폰과 SNS를 사용하는 사람들의 경우, 자신이 원하는 해답, 뉴스, 정보라는 영역이 스스로 꾸준히 입력하는 정보들을 기반으로, 자동화 서비스 플랫폼에 의해 선제적으로 구성되고 있다. 이는 구글이나 네이버에서 뉴스 이용자의 취향이란 이름으로 비교적 온순하게 드러나기도 한다. 또 페이스북과 유튜브에서는 사용자와 유사한 존재, 즉 사이버 닮은꼴 혹은 온라인 우상들에 의해 각자의 정치, 사회, 문화 정보 혹은 정체성으로 대체되거나 정의되기도 한다. 뿐만 아니라 소셜 커머스 사이트 역시 여러 제휴 네트워크에 남겨진 이용자들의 흔적과 같은 과거 이용 기록을 기반으로 미래 구매 성향을 제시한다. 여기서 그치는 것이 아니라 이 사이트들은 이 가상 소비자들 근처에 위치한 물류 창고에 소비 예측 상품을 미리 배치한 후, 구매 시 엄청나게 빠른 속도로 서비스를 제공하는 '로켓 배

---

의미하는 기계machine로 이는 동시에 탈영토화, 재영토화하는 것을 의미한다.

송'까지 이루어지게끔 치밀하게 유도한다. 더욱이, 급진적 자동화 과정에서의 작업 속도에 의해 발생하는 새로운 종류의 소외 문제 역시 매우 우려스럽다. 가령 몇 해 전, 인공 지능 바둑 프로그램 '알파고'와 세계 최고 수준의 프로바둑기사의 대결 아닌 대결에서 보았듯, 어떠한 종류의 자동적 작업에서 인간을 완전히 제압하는 것은 다름 아닌, 사람보다 몇십, 몇백 배 빠른 속도로 이 작업을 수행하는 연산 네트워킹의 속도다. 비록 스티글레르(2016: 198)의 경우엔 칸트가 바라본 이성의 작동[4]과는 본질적으로 구분되는 성격의 작업이라는 이유로 이러한 자동적 컴퓨팅 연산 과정을 매우 낮은 수위의 자동화 과정의 하나로 단순하게 바라볼 것을 주문한다. 하지만 여기서 정작 심각한 문제는 알고리즘 기반의 디지털 자동주의 소통 과정에서 새롭게 수반되는 또 다른 종류의 소외다. 지금의 포스트미디어 환경에서 새로워지는 소외[5]의 문제는 오랫동안 인식해 왔던, 기계에 대한 인간의 소외뿐만 아니라 인간과 기계 상호 간의 소외와 인간에 대한 기계의 소외 문제에까지 포괄적으로 확장하게 된다. 역사적 서술들 속에서 보더라도, 가치와 기능의 영역에서부터 인간은 점차 기계와 분리되기 시작했고 2차 산업 혁명 이후에는 급격해진 소비주의에 의해 급기야 기술적 대상마저 '과잉 역사성superhistoricity'에 의해 소외되기 시작했다는 점을 알 수 있다(Simondon, 2011; Stiegler, 2011). 이처럼 역할 분리와 과잉 역사성에 의한 인간과 기계의 이중의 소외는 시간이 갈수록 두드러

4 일반적으로, 칸트(1965)에게 이해understanding는 분석적이지만analytic 이성reason은 종합적임synthetic을 의미하기 때문이다. 그리고 칸트에게 사고thinking 또한, 어떻게 일련의 분석을 이성으로 파악할 수 있는가를 말한다.

5 인간과 미디어 기계 사이의 상호적 소외 현상에 대해서는 박성우(2018)를 참조하라.

지게 된다. 스마트폰을 예로 들자면, 스마트폰의 여러 기술적 장치나 환경에서 사용자가 점차 소외되는 동시에 사용자에 의해 스마트폰 자체도 빠르게 과잉 진부화된다는 것이다. 즉 기존의 스마트폰이 기능하지 않기 때문이 아니라 사회 심리에 의해 기술적 대상의 상징적 가치가 떨어졌기 때문에 기계 자체도 빠르게 진부해져 소외된다는 점이다. 이러한 소외 과정은 기계의 연산과 인간의 이성 두 능력 사이의 불균형과 무관심, 적대감을 더욱 야기하게 되는데, 그 속에서 인간의 이성과 지식, 장기 기억은 점차 줄어들게 되고 동시에 기계의 정보, 데이터는 방치되고 버려지고 사라지게 된다. 이는 결국 새로운 총체적 "빈곤화proletarianization"(Stiegler, 2016: 90)의 과정과 같다고 할 수 있다.

이처럼, 우리의 미디어와 사회 현실에서 주의 깊게 사고해야 할 새로운 자동주의는 다름 아닌 데이터와 알고리즘을 중심으로 한 소통 자동주의다. 구체적으론 소셜 네트워킹, 스마트기기, GPS, 온라인 미디어 등과 관련된, 새로운 소통 환경, 즉 "프로그래밍 기록 산업"(Stiegler, 2011: 187)에서의 급진적인 자동성이다. 앞서 이야기했듯, 현재의 디지털 기반 프로그래밍 기록 산업은 우리가 생산하는 기억, 기록을 가지고 우리의 미래를 그럴듯하게 보여 주는 것을 핵심 가치로 여긴다고 할 수 있다. 그래서 가끔 이들이 놀라운 우리의 미래를 보여 준다 하더라도 이는 (단순히 말해서) 자동적으로 재포장된 우리 기억이 산업적으로 재등장한 경우가 대부분인 것이다. 더욱 엄밀히 표현하면, 미래 예측에서 진기함, 놀라움으로 포장된 이러한 기술적(산업적) 작동 방식은 우리들의 경험 양식 결과에 대한 스스로의 인지적 확인, 즉 되돌아오는 포착recursive prehension(Whitehead, 1978), 재포착/재확인 과정에 주로 의존하는 것이다. 하지만 정작 이 정도 단계가 되면 사람들은 앎knowing을 이해함understanding으로, 경험experiencing을 합리적 믿음belief으로 '고요하게' 오인하게 된다(Stiegler, 2016). 지금의 가짜 뉴스 범람을 통한 사회적인 부작용 현상이 우리에게 더욱 심각하게 다가오는 점은 이렇듯 새로운 자동주의 기술이 추동하여 왜곡된 정보에 가치와 의미가 증폭되는 환영적 특성과 그 효과의 가속화, 전면화에 있다. 자동화에 대한 이러한 일종의 오인, 오독, 오해가 우리 사회와 언론 환경에 미치는 영향이 심각할 수 있다는 점은 너무나 분명해졌다.

## 2. 포스트미디어 시대와 디지털 기억/기록

전 대통령 지인의 국정 농단 사건, 국가 기관까지 동원된 온라인 댓글 조작 사건, 그리고 미투 운동 등 최근 몇 년간 우리 사회에 큰 파장을 불러일으킨 사건들은 모두, 개인 혹은 집단이 (의도치 않게) 남겨 두었던 흔적이나 기억, 즉 기록된 데이터에서 출발했다는 흥미로운 공통점이 있다. 현 시대는 어느덧 디지털 기억/기록 사회라 부를 수 있을 정도에 이르게 된 것이다. 그런 점에서 포스트미디어 시대에 대한 적절한 인식에 다가가기 위한 또 다른 주요 개념으로 디지털 기억, 기록에 대하여 살펴보고자 한다. 여기에는 무엇보다 오랜 시간 여러 철학자들이 지적했던 문제이기도 한 "기억의 외재화externalization of memory"(Stiegler, 2011: 57)라는 기술적 환경이 현실 사회와 민주주의를 위협할 정도로까지 가속화, 전면화되었으며 그 가운데 특히 새로운 소통의 기술이 중요하게 자리한다는 점이 핵심일 것이다.

에드문트 후설Edmund Husserl에서 마르틴 하이데거Martin Heidegger,

질베르 시몽동Gilbert Simondon 그리고 스티글레르에 이르기까지 많은 철학자들이 기억과 관련하여 오랜 기간 강조했던 내용들 가운데 가장 기본이 바로 기억記憶은 곧 기투企投/Entwurf/project라는 점이다.[6] 그래서 우리의 뇌 속에 자연스레 남은 무엇을 의미하는 기억은 우리에 의해 세상으로 던져진 어떤 경험인 것이다. 기억을 구성하는 요소들 가운데 가장 근원적이며 정신적인 기억을 뜻하는 '1차 파지把持/primary retention'[7]는 곧 '1차 예지豫持/primary protention'로서 개인의 정신적인 충격이나 쇼크와 같이 자신이 직접 휘말려 세계 속으로 내던져진 감정의 경험을 일반적으로 의미한다. 또한 사회적, 집단적 기억을 지칭하는 '2차 파지secondary retention'는 사회적, 집단적으로 수행한 경험의 잔존물, 즉 '2차 예지'인 것이다(Husserl, 1966). 여기에다 기술적 기억이나 자취를 의미하는 '3차 파지tertiary retention'(Stiegler, 2011: 54)의 개념이 최근 들어 새로이 주목받고 있다. 스티글레르를 세계적인 철학자의 반열에 올라서게 한 3차 파지는 기존의 1, 2차 파지를 의미하는 개인적, 집단적 기억들 사이를 넘나들며 이들을 중층 매개[8]하는, 기술적 경험(구체적으로 기술적 쓰기 경험)에서 발생하는 일종의 '단기 기억'과 같은 것을 의미한다. 이 '3차

6 기투는 후설, 하이데거와 장 폴 사르트르Jean-Paul Sartre 등의 현상학 개념에서 피투된 존재의 기투성을 말할 때 쓰는 개념으로, '목적 없이 내던져진 현존재가 미래를 향해 스스로를 내던질 수밖에 없음'을 의미한다.

7 후설에 의해 주로 논의된 파지retention과 예지protention 개념은 고유한 의식의 양식들을 지칭하는 서로 다른 표현으로, 인지적, 경험적 내용을 기억하는 것, 즉 앞으로 내보내는, 혹은 던지는 것을 총칭한다. 여기서 retention은 기억하는 것 가운데 재생하는 것을 나타내므로 파지, protention은 던짐으로써 현존재의 가능성으로 기능하는 것이므로 예지라고 칭하는 것이 적절하다(Heidegger, 1996 참조).

8 스티글레르에게는 이것이 곧 기술 본연의 기능과 역할이기도 하다.

파지' 개념은 스티글레르의 기술철학 사상에서 줄곧 핵심적 역할을 담당한다. 특히, 현 시기 번성하는 '3차 파지' 혹은 '단기 기억'은 "포월 개체화trans-individuation"[9](Stiegler, 2011: 207)를 추동하면서 오랜 기간 개인적으로 남아 있던 정신적, 심리적psychic 상처를 사회적, 집단적collective 기억으로 대체하고 이 과정에서 이들의 장기 기억이 서서히 제거한다는 점은 그만의 독창적인 사유다. 이와 같이, 사람들에게 기술적으로 강화되어 경험(외재화)된 기억 혹은 지식이나 정보는 오랜 기간 서서히 굳어지는 침전물처럼 가지게 되던 개인과 집단의 오래된 장기 기억과 특정한 방식에서 상호 작용하게 된다. 하지만 이 과정에서 심지어 사회적, 집단적인 꿈, 욕망을 포함한 순수한 의미의 장기 기억까지도 기술적 경험에 기반을 둔 단기 기억에 더 의존하게 되고 급기야 '사회적 상상력'은 완전히 고갈된다는 것이 현실 사회에 대한 그의 핵심적 비판 지점이다. 그의 사유를 좀 더 따라가자면, 현실 사회와 민주주의의 전망에 긍정적 역할을 담당하는 '사회적 상상력'이 소진되는 데 기여하는 이러한 기술적 기억, 즉 '3차 파지'[10]는 포스트미디어 시대의 소통 방식과 경험을 중심으로 사람들의 근원적 욕망과 리비도 경제마저 서서히 왜곡하고 파괴할 것으로 전망된다. 그런 점에서 '전면화된 기억의 외재화,' 즉 개별적, 정신적 그리고 사회적, 집단적인 방식을 넘어 기술적으로 기억하게 하

9 스티글레르에 의하면 "포월 개체화"는 '1차 파지'에서의 '외상적 예지traumatized protention'가 '2차 파지'의 '상설적 예지stereotized protention'로 대체되는 과정에서 생기는 집단개체화를 의미한다.

10 후설에 따르면, 기본적으로 리텐션과 프로텐션은 함께 발생하는 의식attention의 각 양식들로, 이 둘이 함께 의식을 구성한다. '3차 파지' 개념은 스티글레르의 주저 '기술과 시간' 시리즈(1998, 2008, 2011) 등에서 언제나 핵심적으로 다뤄진다.

는 기술적 '쓰기grammatology' 환경은 지금의 포스트미디어 시대와 소통 기술에 대한 사유를 위해 시급히 필요한 또 다른 핵심 개념인 것이다.

이와 같이 전면화되는 기억, 기록의 외재화 현상을 떠받치는 핵심적 개념에 대해서도 조금은 다른 시선과 함께 살펴보자. 우선 전면화된 기억의 외재화를 추동하는 기술 환경과 관련하여 새로이 등장한, 개체화 현상인 '포월 개체화'[11]다. 이 용어는 시몽동(1958/2011)이 이야기한 "초개별 주체trans-individual," "개체화 과정individuation"이라는 각기 다른 개념을 스티글레르가 하나로 묶은 것이다. 그 핵심은 전면화된 기술적 쓰기, 기록의 환경 속에서 통시적 대상이던 서로 다른 주체들(I's)이 공시적 집단화[12](We 혹은 One)의 기술적 과정 속에서 다분히 환영적이면서 일시적, 반응적reactionary 속성과 함께 재구조화된다는 점이다. 이러한 과정에서 결국 기술적 기억의 매개에 의해, 역사성과 다원성을 나타내는 주체들의 집단성을 의미하던 기존의 We를 대신하여 불행한 동일성을 의미하는 새로운 집단성인 One이 자리하게 된다는 우려다. 실제 우리의 포털 뉴스 서비스나 SNS 사이트, 그리고 여타 디지털 미디어 플랫폼을 보더라도 대중들의 급진적 개체화가 현재와 과거의 정치, 사회, 경제 등 각종 정보, 기억들을 파편적으로 결합시켜 쓰고 기록하는 경험을 통해 이뤄짐을 쉽게 알 수 있다. 하지만 여기서 다시 주목해야 할 점

11 개체를 넘어선다는 의미와 그 과정을 강조하려는 표현이지만 뛰어넘는다는 초월超越 대신 기어 넘는다는 "포월匍越"이라는 표현이 시간의 연속성, 역사성을 함께 강조한다는 측면에서 더 적합하다.

12 스티글레르(2010)의 경우 이 용어를 비교적 긍정적 의미에서 사용할 땐 "연계된 밀리유associated milieu"와 함께 "We"로, 부정적 의미에서 사용할 땐 "분리된 밀리유 dissociated millieu"와 함께 "One"으로 표현한다.

은 (스티글레르의 지적처럼) 이러한 참여와 흔적 남기기를 통해 구조화되는 대중의 단기 기억이 궁극적으로 시대적, 세대적 차이에 기인했던 사회적 사실과 지식 자체를 모호하게 한다는 것이다. 즉 현실에서 대중의 기술적 쓰기, 참여와 단기 기억들의 영원한 (재)등장은 역사성 속의 자리하던 다원적 개별성을 언제나 실시간 환경 아래 동일하게 수렴적으로 재구조화시켜 버리는 구성적 기능을 수행하며 우리의 현재와 미래에 끊임없이 영향을 미친다는 점이다. 이는 2000년대 이후 보편화된, 디지털 미디어와 SNS 환경에서의 쓰기(참여, 기록) 문화 그리고 이와 관련된 사회적 사실과 지식의 구성 과정을 통해 더욱 현상적으로 드러난다. 반면 이러한 심각한 우려에도 불구하고 포월 개체화는 새로운 소통 환경에서의 쓰기, 기록, 저장 작업이 본질적으로 지닌 '파르마콘parmakon'[13]의 성격을 통하여 다른 차별적이고 생산적인 잠재성 역시 가질 수 있다. 그리고 이것은 현 시기 우리에게 시급한 대안적 사유의 하나일 수 있다. 그래서 디지털과 자동주의에 기반을 둔 기술적 경험과 기억, 기록에 의해 더욱 강화되는 새로운 개체화 과정은 언제 어디에서나 상당히 구성적이지만, 앞서 말했듯이 동시에 모순적이고 심지어는 매우 긍정적일 수도 있다.

결국, 파르마콘의 양면성과 관련하여 우선, 일찍이 플라톤에서부터 쓰기, 기록하기와 '히폼네마타hypomnemata'[14] 사이의 딜레마를 지적한

13 플라톤, 자크 데리다Jaques Derrida, 쉴뱅 오루Sylvain Auroux, 스티글레르 등에 의해 오랫동안 소개되어 왔던 '파르마콘'의 개념은 쓰기grammatisation의 과정이 지닌 본질적 속성으로, 결국 약과 독의 성질은 언제나 서로에 대해 규정하면서 변증법적으로 존재케 한다는 의미로 해석할 수 있다.

14 히폼네메타는 다양한 도구, 보조재에 의해 기억이 저장되는 기술적/인공적 기억

데에서도 알 수 있듯이, (폭넓은 관점에서) 기억의 외재화와 관련한 핵심은 거세되는 능력이기도 한 '쓰기' 기능이 '저장' '기억'이라는 인간 본연의 능력을 지속으로 대체, 파괴하는 데 있다. 이에 발맞추듯 지금의 우리 언론과 디지털 미디어 환경 또한 수용자들의 자발적 쓰기와 참여를 장려하고 이 과정에서 3차 파지(기술적 기억, 단기 기억)를 실시간, 끊임없이 양산해낸다. 우리 언론 역시 이전과는 현격히 구분되는, 극단적이며 일시적인 그리고 준안정적인 성격의 집단적 개체화의 단계들에서 대중과 적극적으로 함께하고 있는 것이다. 디지털, SNS 소통 공간들을 중심으로 끝없이 등장하는, 예를 들어 'ㅇㅇ혐오,' 'ㅇ포세대,' '헬조선,' '수저론,' '이생망'과 같이 부정적이고 허무한 의미의 집단적 신조어의 범람에서부터 스스로의 기억과 기록, 정보를 어떻게 보관, 관리해야 하는지에 대한 무관심과 방관, 이에 따라 더욱 만연해지는 여러 종류의 개인 정보 유출, 리벤지 포르노, 가짜 뉴스 등은 대표적 현상이다. 관련한 기술철학적 시선은 다음과 같다. 이러한 부정적 포월 개체화는 급기야 정치 사회적 대상에 대한 욕망 투사와 관련하여, 자신감, 신념 그리고 신용을 실시간 집단적으로 제거해 버리거나 접촉과 충절의 가능성마저 쉽게 없애는 식으로까지 반응하며 정치적으로 작동한다는 것이다(Stiegler, 2016). 달리 표현하자면, 무엇(정치, 민주주의 등)에 대한 사랑을 멈추게 만드는 행위이자, 기능적으로는, 대상 자체를 이해할 수 없게 만들어 버리는 작용과 같다. 그래서 이러한 개체화 작용은 개별 주체들을

의 과정을 지칭한다. 플라톤은 이 과정을 지식과 상관없는 저장의 관점에서 보았으며, 스티글레르는 히폼네메타의 역사 곧 기억의 외재화의 역사를 인류의 역사로 바라본다. 이와 반대의 개념으로 외부에 의지하지 않는 순수, 장기 기억을 플라톤은 아남네메타anamnēmata라 부른다(Stiegler, 2011: 35).

지속적으로 사용 불능하게 만들고자 하는 현실에서의 어떤 정치적 의도와도 관련이 있다.[15] 어느덧 지식 습득 과정에서 필요한 사회적이고 집단적 기억은 단기 기억으로 주로 자리하게 되고, 개인, 집단들이 꿈꾸는 정치, 사회적 내용까지 의도적인 목적에서 구성되고 소진될 수 있는 상태에까지 이르게 된다. 급기야 지금 우리 현실에서 사회적 사실, 지식 구성의 과정은 이러한 지식의 외재화에 더욱 의존하게 되며 갈수록 위태로워지고 있다. 동시에 지식과 정보에 대한 원천적 이해는 갈수록 무력해진다.

그럼에도 불구하고, 앞서 언급한 것처럼, 기억의 외재화와 관련한 파르마콘적 시선은 매우 중요하다. 이 관점에서 우리 현실 사회와 소통 기술이 연계하는 희망적 조건과 잠재성 또한 결코 간과해선 안 된다. 즉 기술적 기억, 포월 개체화와 수반되는 긍정적, 창조적이며 생산적인 관점 역시 존재하고, 이것이 우리 사회와 민주주의 정치 현실과도 새롭게 상호 작용할 수 있다는 대안적 시선 또한 반드시 가져야 할 태도인 것이다. 최근의 역사는 또 다른 측면에서 이 점을 잘 보여 주었다. 2008년 글로벌 경제 위기 국면은 거대한 글로벌 금융 프로젝트 아래서도 결국 데이터가 금융 시장을 접수하지 못하고 실패했음을, 그리고 최근 국내 정치에서 벌어진 일련의 온라인 댓글 조작 사건들 역시 알고리즘과 데이터가 현실 정치를 직접 구성해내지는 못했음을 보여 준 것이다(Curran, 2016). 이에 따라 포스트미디어 시대 새로운 소통 기술과 함께

15 이처럼 현실 사회에서 어떠한 긍정적 전환/전이/중단의 가능성마저 미리 제거해버리는 선제적 지배 행위이자 정치 행위에 대해 스티글레르(2009)는 "멍청함stupidity"의 시스템화로 불렀다.

하는 우리 사회의 전망 역시 지극히 우울하기만 한 것은 아니라는 점도 분명하다.

## 3. 앞으로의 우리 사회와 언론 환경

이제 우리 사회와 언론이 직면할 문제와 전망에 대해 앞서 언급한 파르마콘의 관점에서 이야기해 보자. 사회 전체를 보면, 향후 오랜 기간 목격할 고용과 노동 질서의 변화와 관련된 문제가 두드러질 것이다. 소득 재분배에 기반을 둔 포디즘적 타협이 무너지기 시작하면서 이전과는 다른 새로운 사회 질서로 진입하는 문제는 갈수록 두드러지고 있다. 최근만 보더라도, 비트코인, 부동산, 청년 실업, 세대 갈등, 양극화, 최저 임금과 소득 주도 성장에 대한 뜨거운 사회적 논란과 갈등의 모습은 그 대표적 사례들이다. 하지만 민주주의의 용광로처럼 뜨거웠던 촛불 혁명을 거쳐 등장한 지금의 정부도 이러한 문제들에 대한 적절하고 명쾌한 해답은 내놓지 못하고 있다. 이 점은 앞서 살펴보았듯 포스트미디어 시대에 대하여 무조건적으로 깎아내리거나 혹은 과도하게 신화적, 낭만적으로 접근 하는 양 극단에 정책 방향이 주로 머물러 있는 한계에서 기인한 측면도 있다. 더불어 자동화 사회, 디지털 기록 사회가 가진 잠재성에 사회적 역량이 전략적, 창조적으로 접근하지 못한 탓이기도 하다.

우리의 언론 현장 역시 이와 크게 다르지 않다. 기성 언론들은 이미 오랫동안 수입 감소와 고용 문제 등 쉽게 해결하지 못하는 경영상의 어려움을 갖고 있다. 여기에다 기존 방식의 소득 재분배에 기반을 둔, 전문직주의, 순혈주의로 대표되는 기성 언론의 조직 문화 역시 소통 기술의 발전과 함께 서서히 붕괴하기 시작했다.

그렇다면 우리는 다가올 미래를 위하여 어떻게 새로운 소통 기술과 언론 그리고 사회 환경에 대하여 이해하고 재구성해야 하는가? 다시 스티글레르(2010, 2016)의 입장을 빌자면, 무엇보다 재분배 혹은 공유해야 할 대상에 대한 새로운 이해와 접근이 우리에게도 시급하다. 그래서 이는 매우 정치적인 문제이기도 하다. 포스트미디어 시대의 언론과 사회에서 새롭게 접근해야 할 대상은 구체적으로, 시간이나 에너지 그리고 동기 같은 것일 수 있다. 특히 기술철학적 관점에서 시간과 에너지는 지식과 능력의 생산에 직결되는 비자동화, 탈자동화, 부엔트로피[16]를 발전시키기 위해 각자에게 반드시 주어져야 하는 토대와 같이 중요한 것이다. 관련하여 생각해 볼 수 있는 대표적 방안은 간헐적이지만 전문적 노동, 소통에 기반을 둔 새로운 형태의 기여, 성과나 소득을 만드는 일, 그리고 양보와 협업을 통하여 자본과 상관없이, 경험과 정보, 기억과 기록을 나누는 것이다.[17] 지금 우리 사회에서 많이 이야기되는 52시간 노동제와 같은 시간에 대한 양적인 고민을 넘어 시간, 시간성, 에너지, 동기, 휴식 등에 대한 질적 접근, 새로운 가치 부여, 혹은 기존의 질서에

---

16 '네겐트로피Negentropy' 혹은 '네트로피Netropy'라는 용어는 1943년 물리학자 에르빈 슈뢰딩거Erwin Schrodinger가 쓴 《생명이란 무엇인가?*What is life?*》에서 처음 사용된 용어로 'Negative Entropy'의 약자다. 1865년 독일의 물리학자 루돌프 클라우지우스Rudolf Clausius에 의해 처음 소개된 '엔트로피Entropy'의 개념과는 반대 부호를 가진 양量으로 일반적으로 정의된다(두산백과 참조).

17 구체적으로는, 한때 세계 언론의 칭송을 들었던, 〈오마이뉴스〉, 〈뉴스타파〉로 대표되는 한국형 시민/전문가 저널리즘 모델의 장점을 결합하여 노동, 보상, 시민-전문가 협업 방식, 디지털 기술(블록체인 기술, 크로스 팩트체킹 등)이 적용될 수 있는 새로운 글로벌 뉴스 미디어 제작 양식으로 발전시키는 것도 해당될 수 있다.

대한 전복과 재조합 같은 것들 역시 우리의 언론 현장에서 매우 중요하다. 그래서 이는 다시 한 번, 구체적인 실천의 문제들이며 정치적인 과제라고 할 수 있다.

조너선 크레리Jonathan Crary(2014: 81)는 《24/7: 후기 자본주의와 잠의 종말*24/7: Late Capitalism and the Ends of Sleep*》에서 끝없이 지속되는 '단기 상황' 속에서 현실 자본주의가 체계적으로 우리의 잠과 꿈을 파괴한다는 점을 잘 보여 주었다. 여기서 크레리가 말한 꿈이란 상상할 수 있는 단락段落된, 간헐間歇적 상황, 그리고 이는 곧 새로운 사회이자 미래의 모습이었다. 그런 점에서 그가 말한 꿈은 더 나은 사회, 사회구성체, 정치 체제, 민주주의 모두에 대한 우리의 희망이기도 하다. 스티글레르(2016)는 크레리의 이러한 꿈꾸기를 (레오나르도 다 빈치의 하늘을 나는 공상과 같았던 꿈이 몇백 년 뒤인 19세기에 비로소 이뤄진 것처럼) 부엔트로피적/탈자동적 잠재성이 미래에 실현되는 과정으로 바라보았다. 기술철학의 관점에서, 꿈을 꾸는 일은 전적으로 특이한 것으로 무장한, 완전히 비개연적인 것을 의미하는 새로운 파지(기억/기록)를 위해 기존의 파지(기억/기록) 사이에 새로운 파열과 배치, 조합을 만들어 내는 과정으로 요약할 수 있다. 이처럼 새로운 소통 기술과 함께하는 우리 언론 미디어 환경도 부엔트로피와 탈자동화를 추동하며 꿈꾸는 일을 활성화하는 과정에 함께해야 한다. 이것이 바로 파르마콘의 입장에 서서 포스트미디어 시대의 급진적 자동주의와 전면화된 기억의 외재화 환경에서 더 효과적으로 발현시킬 수 있는 우리 언론과 새로운 소통 기술의 생산적 작용이자 역할이다.

스티글레르(2016: 216)가 적절히 설명했듯, 인류세anthropocene[18]

18 1995년 노벨화학상을 받은 네덜란드의 화학자 파울 크뤼천Paul Crutzen이 2000년

는 결국 현실 사회주의가 붕괴하면서 결정적으로 날개를 단 자본세 capitalocene와 다르지 않아 보인다. 그는 한 대중 강연에서 entropy를 anthropy의 동음이의어로 활용하며 엔트로피 법칙에 의해 끌려 온 자본세에 대하여 강력하게 비판한다. 마찬가지로 특정한 자동주의 신화와 기록의 문화가 창궐한 지금 어떻게 계량화, 연산화 경향성과 그 결과 발생하게 되는 엔트로피적 파국의 흐름에 맞서야 하는지는 우리 현실에서 또한 절실한 문제다. 극단적 자동주의와 기록 사회가 엔트로피적 과정에만 복무시키기 위해 부엔트로피를 위한 문화와 부엔트로피적 삶의 방식, 그리고 고유한 지식을 파괴한다면 어떻게 이에 맞서야 하는가? 그 대안으로, 새롭고 긍정적인 부엔트로피의 재구성을 위해, 즉 탈자동화의 생산적 구성을 위해 우리는 어떻게 자동주의가 지배해 온 그동안의 오랜 역사들을 새롭고 급진적으로 재사용해야 하는가? 결국 이에 대한 핵심은 현재를 둘러싼 부정적 불확실성을 긍정적 우연성으로 바꾸어 인식하고 이를 견인하기 위한 전복적 실험과 현실 개입에 대한 요청을 새로이 시작해야 한다는 점일 것이다. 그 시작에서 우리는 구조적으로 지식과 정보가 훼손되어 파괴되는 토양에 맞서 오히려 주도적으로 이를 재구성해야 한다. 이는 곧 자동주의의 극단 속에서 역설적으로, 그만큼의 무한한 잠재성을 지닌 탈자동주의에 대한 생산적, 긍정적 인식 아래, 기록 사회의 전면화 속에서 새로운 꿈을 꾸게 해 줄 새로운 집단 기억/기록을 파열하고 배열하여 분기를 드러내는 일, 그래서 긍정적, 생

---

에 처음 제안한 용어로, 새로운 지질 시대 개념이다. 인류의 자연 환경 파괴로 인해 지구의 환경 체계는 급격하게 변하게 되었고, 그로 인해 지구 환경과 맞서 싸우게 된 시대를 뜻한다.

산적 밀리유(milieu, 분위기/환경)를 상상하는 작업일 것이다. 이것이 바로 파르마콘적 시선과 함께 우리가 시급히 다루어야 할 포스트미디어 시대 우리 언론 환경에 필요한 핵심적 사명이자 과제다.

## 4. 메타데이터의 시대, 새로운 사회와 언론을 위하여

결론을 대신하여, 새로운 소통 기술과 언론 환경이 직면한 포스트미디어 시대, 4차 산업 혁명 시대의 핵심 유산인 메타데이터가 현실의 정치 사회와 맺고 있는 관계를 새롭고 긍정적 관점에서 정리하는 작업을 시도하는 것으로 글을 마치려 한다. 오래전 발터 벤야민Walter Benjamin(1991)이 이야기한 법과 폭력 사이의 상호 배타적이면서 동시에 공생적이고 변증법적인 관계를 참조하여 자동주의와 기록 문화의 유산인 메타데이터와 현실 민주주의 사이의 관계에 대하여 적용해 볼 수 있는, 비판적이며 동시에 탈비판적인 시험적 접근은 다음과 같다.

1. 데이터(기억/기록)를 규정하는 데이터(기억/기록) — 정치 사회적 포섭
2. 데이터(기억/기록)를 둘러싸는 데이터(기억/기록) — 정치 사회적 분위기(환경)
3. 삶의 형태로서의 순수 데이터(기억/기록) — 혁명

새로운 소통 기술을 중심으로 번성하는 디지털 기록 문화와 자동주의 사회를 핵심적으로 규정짓는 메타데이터는 이른바 데이터의 데이터 혹은 데이터 위의 데이터를 의미한다. 이러한 메타데이터는 다음

의 세 가지 층위를 가진다. 첫째, 우리가 일반적으로 바라보는, 데이터를 규정하는 데이터다. 다르게 표현하면 기존의 기록을 규정하고 정의하는 기록을 의미한다. 이러한 메타데이터의 기능과 역할은 당연히 지식과 정보에 대한 자동적인 포섭이다. 이는 다분히 부정적이며 또 권력적인 작동이므로 이에 대한 저항과 비판의 관점이 요구된다. 둘째, 데이터를 에워싸고 이와 함께하는 데이터다. 특히 이 메타데이터의 경우에는 작동의 과정에서 고유한 환경이나 분위기를 생성하게 된다. 그러므로 이는 생산적이며 기술적이다. 기억, 기록을 둘러싸며 생성되는 고유한 환경과 분위기는 또한 정치적이며, 이는 곧 관찰과 투쟁, 승리를 위한 대상이 된다. 가장 중요한 세 번째는 생명의 형태로서의 데이터다. 이는 계산하거나 의도적으로 만들어 낼 수는 없는 초월적 성향, 즉 자신만의 고유한 삶의 형태를 가지는 메타데이터를 말한다. 이 순수한 데이터는 긍정적 역할의 자동주의를 바탕으로 고유한 분위기(환경)에서 꾸준히 되살아나는 기억이자 기록, 즉 탈자동주의와 자동주의가 생산적, 긍정적으로 결합하여 고유한 방식에서 계통 발생하며 자라나는 기억과 기록이 모습이라고 할 수 있다. 즉 삶(생명)의 개념처럼 언제나 어디선가 꾸준히 되살아나는 꺼지지 않는 등불 같은 것을 의미한다. 여기서 고유한 분위기, 환경이란 물리적이면서도 동시에 형이상학적인, 그리고 단절되었지만 그 이면에서 언제나 계승 및 발전되는 연속성을 의미한다. 이것이야말로 과도한 기술 낭만주의가 횡행하는 현 시기 우리에게 필요한 또 다른 긍정적 사유라고 할 수 있다. 그런 점에서 포스트미디어 시대에 필요한 데이터, 기록에 대한 생산적인 문제의식은 포섭과 환경(분위기)이라는 대립적 관계에 대한 기존의 비판적 인식을 넘어, 새로운 가능성을 가지게 하는 비가시적인 잠재성에 대한 것이어야 한다. 이는 바로 새로운 민주주의 정치 공간으로의 고유한 환경(분위기), 즉 새로운 밀리유의 구성에 대한 것이라고 할 수 있다. 새 시대의 언론이 함께해야 할 자리 또한 이 지점이어야 한다.

마지막으로 사회 진보와 관련하여 보자. 이미 100여 년 전 블라디미르 레닌Vladimir Lenin이 시간으로의 혁명을 이야기했고, 10여 년 전 '점령하라 운동'이 지구적인 공간에서의 그 모습을 언뜻 보여 주었다면, 우리의 놀라운 촛불의 역사는 1987년, 1991년을 관통하여 21세기 이후에도 지속적으로 되살아나는 우리만의 고유한 민주주의 질서와 흐름을 보여 준 것이다. 이것은 바로 어떠한 환경이나 분위기로서의 혁명, 혹은 꾸준히 되살아나는 생명의 형태로서의 긍정적이며 생산적인 민주주의의 도도한 흐름일 수 있다. 특히 이것이야말로 스티글레르 등 서구 철학자들이 현실 정치에서 그 사례를 찾기 어려웠던, 긍정적 연합 환경(밀리유)의 생성 경험일 수 있다. 더불어 우리의 이 놀라운 집단 기억과 기록의 역사는 지난 몇 백 년의 세계 역사에서 시간이나 공간으로서의 혁명이 언제나 새로운 포섭과 이에 대한 저항 그리고 또 다른 불행의 결과를 초래해 왔던 것과는 다른 어떤 것일 수 있다.

결국 과도한 기술 낭만주의가 갈수록 득세하는 우리 사회와 언론 현실에서 우리에게 시급히 요구되는 관점은 다음과 같다. 첫째, 신화적 성격의 자동주의와 미디어 테크놀로지에 대한 분명한 철학적 인식을 가지는 것이다. 둘째, 새로운 소통 기술과 디지털 민주주의를 비판적이지만 동시에 긍정적이며 생산적으로도 바라보는 파르마콘적 사유와 실천을 시작하는 것이다. 헤겔이 말했듯이 부재에 대한 인식이야말로 또 다른 재가동의 가능성을 가장 처음으로 분명히 이야기해 주는 고마운 선물이다. 그렇다면 지금 우리들이 꾸는 꿈, 특히 민주주의와 더 큰 꿈들은 얼마나 차별적이고 특이한 것들인 물어보자. 만약 그렇지 않다면 우리에게 시급하게 필요한 일은 다시금 정치 사회적 꿈들을 소환하는 것 그리고 이를 위해 소통의 기술과 언론의 역할을 다시 세우는 일일 것이다.

### 참고 문헌


박성우 (2018). "미디어화, 해방과 소외의 파르마콘: 쿨드리의 미디어화 논의에 대한 비판적 검토," 〈언론정보연구〉, 55권 2호, pp.45~74.

Benjamin, W. (1991). *Illuminations*. London: Fontana Press.

Crary, J. (2014). *24/7: Late Capitalism and the Ends of Sleep*. Verso: London.

Curran, J. et al. (2016). *Misunderstanding the Internet*. [김예란 · 박성우 옮김. 《인터넷, 신화를 넘어 공공성으로》. 컬처룩. 2017].

Deleuze, G. & Guattari, F. (1999). *A Thousand Plateaus: Capitalism and Schizophrenia*. Translated by B. Massumi, London: Athlone Press.

Derrida, J. (1983) *Dissemination*. Chicago: University of Chicago Press.

Husserl, E. (1966). *On the Phenomenology of the Consciousness of Internal Time*. Translated by J. B. Brough. Boston: Kluwer Academic Publisher.

Heidegger, M. (1996). *Being and Time*. Translated by J. Stambaugh. Albany: State University of New York Press.

Kant, I. (1965). *Critique of Pure Reason*. Translated by N. C. Smith. New York: McMillan.

Simondon, G. (1958). *Du mode d'existence des objects techniques*. [김재희 옮김. 《기술적 대상들의 존재양식에 대하여》. 그린비. 2011].

Stiegler, B. (1998). *Technics and Time 1*. Translated by R. Beardsworth, et al. Stanford: Stanford University Press.

Stiegler, B. (2008). *Technics and Time 2*. Translated by S. Barker. Stanford: Stanford University Press.

Stiegler, B. (2009) "The Theater of Individuation: Phase–Shift and Resolution in Simondon and Heidegger," in *Parrahesia, 7,* Translated by K. Lebedeva.

Stiegler, B. (2010). *For a New Critique of Political Economy*. London: Polity.

Stiegler, B. (2011). *Technics and Time 3: Cinematic Time and the Question of Malaise* (S. Barker Trans.). Stanford: Stanford University Press. (Original work published 2001).

Stiegler, B. (2016). *Automatic Society: The Future of Work* (D. Ross Trans.). London: Polity. (Original work published 2015).

Tarde, G. (1903). *The Laws of Imitation*. London: General Books.

Whitehead, A. N. (1978). *Process and Reality: An Essay in Cosmology*. New York: Free Press.